Johannes Heibel (Hg.)

DER PFARRER UND DIE DETEKTIVE

Bibliographische Information der Deutschen Nationalbibliothek:
Die Deutsche Nationalbibliothek verzeichnet diese Publikation in der
Deutschen Nationalbibliographie; detaillierte bibliographische Daten
sind im Internet abrufbar: http://dnb.d-nb.de

© Horlemann Verlag
Berlin, Mai 2014
Alle Rechte vorbehalten

Umschlag: Till Kaposty-Bliss, Berlin
Satz: Katrin Kassel, Berlin
Druck: Clausen & Bosse, Leck

E-Mail: info@horlemann-verlag.de
Internet: www.horlemann.info

ISBN: 978-3-89502-373-6

Johannes Heibel (Hg.)

DER PFARRER UND DIE DETEKTIVE

Einblicke in innerkirchliche Abläufe bei
sexuellem Missbrauch durch Kleriker

HORLEMANN

INHALT

I. MISSBRAUCH UND INSTITUTION

II. FALL PFARRER K.

III. FALL PFARRER W.

IV. FAZIT

ANHANG

Editorial

Was veranlasst einen Verlag, der sich bisher keinem religiösen Thema zugewandt hat, ein Buch über Fälle von sexuellem Missbrauch in der Katholischen Kirche zu veröffentlichen? Eins der ersten Bücher unseres Verlages trug bereits Anfang der 1990er Jahre den Titel »Gebrochene Rosen« und hatte die Problematik des Sextourismus in asiatische Länder zum Thema. 2003 erschien das Buch »Kinder auf dem Strich« über die sexuelle Ausbeutung von Kindern an der deutsch-tschechischen Grenze. Diese Bücher haben dazu beigetragen, die Strafverfolgung der Täter zu erwirken und deutlich zu machen, dass es sich um alles andere als Kavaliersdelikte handelt.

In der Katholischen Kirche scheint dies noch anders gesehen zu werden. Die zwei hier dokumentierten Fälle von Kindesmissbrauch zeigen, dass die Täter innerhalb der Institution mit Glacéhandschuhen angefasst und die Opfer weitgehend ignoriert werden. Nur auf Druck von Außen hin werden letzteren finanzielle Mittel für die Traumabehandlung bewilligt, was mit Wiedergutmachung wenig zu tun hat. Gleichzeitig werden nach wie vor die heißen Eisen Zölibat und Sexualethik ausgeklammert, die die Täter geradezu produzieren. Und letztlich werden manche Täter auch zu Opfern ihrer Veranlagung, was im Extremfall zu Suizid führen kann. Mehrere Fälle, auch unter Priestern, sind bereits bekannt geworden.

Nachdem die Katholische Kirche ihr im Laufe der Jahrhunderte begangenes Unrecht – Beteiligung an der Conquista, Inquisition,

ihr beschämendes Verhalten während der Naziherrschaft etc. –
nie ernsthaft aufgearbeitet hat, wäre es jetzt an der Zeit, dass der
Klerus endlich einmal gesellschaftliche Verantwortung übernimmt und das Übel an der Wurzel ausreißt.

Einer fragte Herrn K., ob es einen Gott gäbe.
Herr K. sagte: »Ich rate dir, nachzudenken, ob dein Verhalten je
nach der Antwort auf diese Frage sich ändern würde. Würde es sich
nicht ändern, dann können wir die Frage fallen lassen. Würde es
sich ändern, dann kann ich dir wenigstens noch so weit behilflich
sein, dass ich dir sage, du hast dich schon entschieden: Du brauchst
einen Gott.«

Aus: Bertolt Brecht
»Geschichten vom Herrn Keuner«

Geleitwort

Dein Reich komme, dein Wille geschehe
Wunibald Müller

───────────

Wie ein roter Faden zieht sich bei dem Thema sexueller Missbrauch durch Priester das, was man Klerikalismus nennt. Es ist
die Vorstellung, dass die Kleriker, also die Priester, aufgrund ihrer
sakramentalen Macht eine besondere Elite oder Klasse verkörpern,
es in der Kirche ein Oben und ein Unten gibt. Der Klerikalismus
hat mitunter so weit geführt, dass Priester, Bischöfe, einschließlich Papst, sich ontologisch, also seinsmäßig, anders verstanden
als Laien, da sie von Gott auserwählt wurden, um Jesu Platz auf
Erden einzunehmen. Diese Vorstellung und dieses Selbstverständnis werden – zumindest von manchen – kirchlichen Offiziellen,
darunter Bischöfen und Priestern, aufrechterhalten. Diese Vorstellung und dieses Verständnis werden aber auch am Leben erhalten durch die Laien in der Kirche.
Die daraus abgeleitete Macht, die oft zum Teil spirituell begründet wird, hat zu einer Vielzahl von gesellschaftlichen Privilegien
für die Kleriker und – wie wir es gerade bei der augenblicklichen
Krise erleben – zu tragischen Missständen in der Kirche geführt.
Geht man diesen Missständen im Zusammenhang mit sexuellem
Missbrauch in der katholischen Kirche im Einzelnen nach, so lassen sich folgende Bereiche aufmachen, in denen der Klerikalismus dem sexuellen Missbrauch in der Kirche Vorschub leistete
und den Umgang damit negativ beeinflusste.
Der Fokus klerikaler Aufmerksamkeit galt in erster Linie dem Ansehen der Kirche, wobei dieses oft gleichgesetzt wurde mit dem

Ansehen der klerikalen Führungsschicht der Kirche. Obwohl es unübersehbar war, dass Priester, Bischöfe, Kardinäle und Päpste trotz der heiligen Zeremonien, die sie vollziehen und die sie in eine besondere Rolle bringen, menschlich bleiben, hielt sich hartnäckig die Vorstellung, dass irrende oder fehlerhafte Kleriker irgendwo außerhalb der sonst geltenden Gesetze stehen. Diese Einstellung und das Bestreben, den guten Ruf der (klerikalen) Kirche aufrechtzuerhalten, ermöglichten und erleichterten es den missbrauchenden Klerikern, sich zu verweigern und abzuschotten, wenn sie mit der Möglichkeit oder gar der Tatsache konfrontiert wurden, dass sie Minderjährige missbraucht haben.

Aber auch die, die in der Kirche Verantwortung für diese Priester hatten, waren nicht selten von der gleichen Einstellung und dem gleichen Bestreben bestimmt, wenn sie damit konfrontiert wurden, dass ihre Mitbrüder Minderjährige sexuell missbraucht hatten, und verhielten sich entsprechend (vgl. Doyle 2007, 151). Der ehemalige Bundesverfassungsrichter Ernst-Wolfgang Böckenförde (in: Süddeutsche Zeitung vom 29. April 2010, S. 2) meint: »Der eigentliche Grund – die Wurzel für die jetzt zutage getretene Krise und den Skandal – liegt im steten und bei hohen Amtsträgern tief verwurzelten *Handeln nach Kirchenraison*. Das Wohl und Ansehen der Kirche steht über allem. Was meint das? So schlimm, schwer sündhaft und auch verbrecherisch ein Verhalten von Priestern sein mag – mit ihm ist stets so umzugehen, dass das Ansehen der Kirche, ihre ›Heiligkeit‹ und die Erfüllung ihres Auftrages im Interesse der Gläubigen dadurch keinen Schaden nimmt. Eben diese Maxime erklärt und bedingt die über Jahrzehnte geübten Verhaltensweisen: Geheimhaltung so lange wie möglich, eventuell mit Geheimhaltungsversprechen, nur interne (Maß-)Regelung, die nicht öffentlich bekannt wird, nur Versetzung statt (öffentlicher) Entfernung aus dem priesterlichen Dienst, keine Information der zuständigen Stelle des neuen Wirkungsbereiches. Das eine zieht das andere nach sich, insgesamt ein Zudecken oder Vertuschen der relevanten Vorgänge. Dies konnte weithin ohne schlechtes Gewissen geschehen. Denn es geht ja um mehr als um die Abschottungstendenz, die Organisationen stets eigen ist. Es geht um die Wahrung des Ansehens und der Glaubwürdigkeit der Kirche als Voraussetzung für die Erfüllung ihres Auftrages, die anvertrauten Gläubigen zum Heil zu führen.« So weit Ernst-Wolfgang Böckenförde.

Das eigentlich Unfassbare, das damit einhergeht und das zugleich fundamental deutlich macht, dass bei einer solchen Denkart klerikales Denken durchscheint, ist: »Die Opfer des Missbrauchs treten dabei wie von selbst in den Hintergrund. Denn Ansehen und Glaubwürdigkeit der Kirche schützen heißt nach diesem Verständnis: die Klerikerkirche schützen, also die Kirche der Priester und Amtsträger.« (Ebd.)

Wenn man in den Blick nimmt, wie in der Vergangenheit oft in Fällen sexuellen Missbrauchs Minderjähriger durch Priester seitens der Verantwortlichen vorgegangen wurde, ist am auffälligsten, dass das Opfer offensichtlich überhaupt nicht vorkam. Der Verantwortliche erkundigte sich nicht nach ihm, zeigte kein Interesse daran zu erfahren, wie es den Betreffenden ging. Bei dem missbrauchenden Priester selbst hatte man oft den Eindruck, es gehe ihm vornehmlich darum, seine eigene Haut zu retten, wenn sein Verhalten offenkundig wurde. Ihr Verhalten, so sagten viele, täte ihnen Leid, doch auch das Opfer? Bei einer Beichte bekannten sie ihr sexuelles Fehlverhalten, doch wie stand es um den seelischen Schaden, den sie dadurch bei den Kindern angerichtet hatten? Waren sie sich dessen überhaupt bewusst? Hatten sie ein Gespür dafür? Fühlten sie sich dafür verantwortlich? Dann muss man leider feststellen, dass es zuweilen sehr lange dauerte, bis Verantwortliche der Kirche, darunter auch Bischöfe, es für notwendig und wichtig hielten, sich bei den Opfern zu entschuldigen und auf sie zuzugehen. Auch dies das Ergebnis eines Klerikalismus, der blind gegenüber den Opfern zugefügten spirituellen und seelischen Schäden machte und macht?

Hier ist es geradezu mit Händen zu greifen, dass ein solches klerikales Denken und Verhalten, das sich u. a. in der Dominanz der Kirchenraison niederschlägt, als Sünde und Schuld nicht nur einzelner Personen, sondern »auch der Kirche selbst, als strukturelle Sünde und Schuld« (Ebd.) erkannt und gesehen wird.

Damit wir als katholische Christen aus Überzeugung im Glaubensbekenntnis sprechen können: »Ich glaube an die heilige katholische Kirche«, müssen wir das Gift des Klerikalismus, das in den vergangenen Jahrhunderten in unsere Kirche eingesickert ist, entdecken und unsere Kirche nach und nach vom Klerikalismus befreien. Das heißt nicht, dass wir nicht länger Ja sagen zu Papst, Bischöfen, Priestern, Weihevollmacht usw. Sie gehören natürlich und selbstverständlich zu unserer Kirche. Nichts verloren haben in unserer Kirche Privilegien, Sonderbehandlungen, Anspruchsdenken, klerikales Gehabe, bei dem geistliche Vollmacht missbraucht wird, um Macht und Kontrolle über andere auszuüben.

Denn wo Klerikalismus herrscht, werden die selbstverständlichsten Umgangsformen wie respektvoller Umgang miteinander außer Acht gelassen, die Transparenz von Entscheidungen wird als nicht notwendig erachtet, der echte Dialog, der verlangt, wirklich hinzuhören und dafür offen zu sein, die eigene Position durch den jeweils anderen bereichern zu lassen, wird als überflüssig betrachtet, vor allem aber wird die ständig im Mund geführte Liebe mit Füßen getreten. Eine solche Kirche ist nicht die heilige katholische Kirche, an die wir glauben.

Genau das aber nimmt die Öffentlichkeit – mit Recht – der Kirche übel: die Kluft, die sich zwischen Anspruch und Wirklichkeit auftut. Missbrauch ist immer furchtbar. Wenn er aber in den Reihen derer geschieht, die meinen, gerade auch im moralischen Bereich sich über andere erheben zu können, die sich mit der Aura des Heiligen umgeben, und das noch dazu missbrauchen, um ihrem verwerflichen Begehren Nachdruck zu verleihen – siehe Priester, die Minderjährige missbrauchen –, ist das noch abstoßender.

Es heißt, in der Krise liegt eine Chance. Als Psychotherapeut kann ich das bestätigen. Die große Krise der Kirche als Chance zu begreifen und zu nutzen, heißt nach meiner Überzeugung zuallererst und vor allem, nicht länger der Wahrheit und Wirklichkeit in der Kirche aus dem Weg zu gehen, sich von den Idealen, wie es zu sein hätte, nicht blenden zu lassen, sondern den Blick auf die Wahrheit auszuhalten, sich davon treffen, ggf. auch erschüttern zu lassen, um, dadurch aufgerüttelt, Neues zuzulassen. Neues Denken, ein erneutes Hinschauen auf das, was jetzt, heute, notwendig ist.

Diese Erschütterung kann bedeuten, dass so manches einstürzt, was die Kirche bisher davon abgehalten hat, Neues zuzulassen. Es kann bedeuten, dass jetzt Neues möglich wird. Auch weil jetzt »Raum« da ist, der es ermöglicht, miteinander zu kommunizieren, auf gleicher Ebene ins Gespräch zu kommen. *Miteinander* zu reden. Übrigens das A und O, um sexuellen Missbrauch zu verhindern und aufzuarbeiten.

Die Sprachlosigkeit überwinden, die Geheimnistuerei aufbrechen: Das (erst, allein) schafft Transparenz, ermöglicht die Lichtdurchlässigkeit, die so dringend notwendig ist in der katholischen Kirche. Die Qualität der Beziehungen in der Kirche hängt ab von der wechselseitigen Transparenz, der Lichtdurchlässigkeit von Person zu Person – damit innerhalb der Kirche und nach außen hin endlich wieder mehr von dem zu sehen und dann auch zu spüren ist, um das es doch letztlich immer noch geht und allein gehen kann: Gott. Damit Er nicht länger im Dickicht und in den Verkrustungen klerikaler Strukturen in seiner heilenden Wirkkraft behindert wird, sondern ungehindert dem ganzen System, das dann nicht länger nur ein System ist, sondern Gottes Volk unterwegs, seine Handschrift geben kann. Endlich.

Dann geschieht vielleicht, was bisher für mich nur ein Traum, eine Vision, war: Der Papst erhebt sich, nachdem er den Segen Urbi et Orbi erteilt hat, von seinem Thron, kniet nieder und verkündet mit leiser und zugleich klarer Stimme:

Ich bitte im Namen meiner Kirche um Vergebung für alle Sünden und alle Schuld, die wir in den vergangenen Jahren und Jahrzehnten auf uns geladen haben durch die Art und Weise, wie wir uns in Fällen sexuellen Missbrauchs verhalten haben. Ich bitte vor allem die Opfer und Überlebenden sexuellen Missbrauchs um Vergebung dafür, dass wir euch oft nicht wirklich gesehen, nicht ernst genommen haben. Ich weiß, vieles können wir nicht wiedergutmachen. Was wir tun können, wollen wir tun. Ich weiß auch um die Schuld, die wir als Kirche auf uns geladen haben, indem sich in Teilen dieser Kirche eine Struktur entwickelt hat, die sexuellen Missbrauch in unseren Reihen begünstigte, die einen verantwortungsvollen Umgang damit erschwerte, gar verunmöglichte. Ich kann euch versichern, dass ich das mir Mögliche tun werde, um dies zu beheben. Dabei weiß ich, dass es seine Zeit braucht, und bitte euch daher um Geduld. Damit ihr aber spürt, dass ich es ernst meine, möchte ich ab heute mit aller Deutlichkeit auf den Ehrentitel »Heiliger Vater« verzichten, auch um damit zu unterstreichen, dass es nur einen Vater gibt, der heilig ist: unseren Vater im Himmel, zu dem wir sprechen und beten:

> Vater unser im Himmel,
> geheiligt werde *dein* Name,
> *dein* Reich komme,
> *dein* Wille geschehe,
> wie im Himmel so auf Erden.

Literatur
Thomas P. Doyle: *Clericalism and Catholic Clergy Sexual Abuse*, in: Mary Gail Frawley-O'Dea, Virginia Goldner, Predatory Priests, Silenced Victims. The Sexual Abuse Crisis and the Catholic Church, New York 2007, 147–162.

Der Autor
Dr. Wunibald Müller ist Theologe, Psychologe, Psychotherapeut und Autor, Leiter des Recollectio-Hauses der Abtei Münsterschwarzach.

I. MISSBRAUCH UND INSTITUTION

Unser Weg ins Freie
Wie eine Mail Mauern des Schweigens zum Einsturz brachte
Matthias Katsch

Wenn ich heute ein Bild aus meiner Jugend betrachte, dann blickt mich ein schmaler, linkischer Junge mit Brille an, der mir fremd geworden ist. 1977 bin ich mit 14 Jahren am katholischen Canisius-Kolleg in Berlin Opfer sexuellen Missbrauchs durch zwei Patres geworden: Der eine hat in meine erwachende Sexualität voyeuristisch eingegriffen, der andere hat mich in sadistischer Weise geschlagen und erniedrigt. Beide haben das kindliche Vertrauen missbraucht. Wie ich heute weiß, handelte es sich bei Pater R. und Pater S. um zwei Serientäter, die im Laufe von drei Jahrzehnten an verschiedenen Schulen und Einrichtungen des Jesuitenordens in Deutschland und darüber hinaus ihre Opfer fanden.

Hinter der Milchglasscheibe

Die Taten schob ich in den folgenden Jahren erfolgreich aus meinem Bewusstsein. Ich erinnere mich heute, wie ich einige Jahre danach, mit 19, das letzte Mal mit einem Mitschüler über das Thema sprach. Es ging darum, dass einige ältere Schüler 1981 versucht hatten, durch Briefe an die Schulleitung die Abberufung von Pater R. zu erreichen, der über zehn Jahre die Jugendarbeit an der Schule in sektenartiger Weise beherrscht und dabei massive sexuelle Übergriffe begangen hatte. Pater R. wurde nach Göttingen versetzt. Sonst geschah nichts.

Über Pater S. sprachen wir nicht weiter, denn er hatte stets versucht, seine Opfer isoliert voneinander anzusprechen. Nach den

Taten sorgten dann eine Mischung aus geschickt formulierten Geheimhaltungsforderungen und die immensen Scham- und Schuldgefühle dafür, dass letztlich nichts bekannt wurde. Wie ich heute weiß, gab es dennoch auch in seinem Fall Gerüchte unter Schülern über seine Vorliebe für Schläge auf den nackten Hintern, und es gab darüber sogar Meldungen von Eltern an die Leitung der Schule. Daraufhin begann seine Reise durch die verschiedenen Schulen des Ordens in Deutschland und bis ans andere Ende der Welt nach Chile. Ich glaubte jedoch lange Jahre, der Einzige zu sein, den er in sadistischer Weise gequält hatte, und schwieg.

Die folgenden zweieinhalb Jahrzehnte lebte ich in dem Gefühl, dass mein Leben enorm anstrengend sei. Phasen von tiefer Depression wechselten mit Zeiten hektischer Aktivität, nirgends hielt ich es lange aus, nur unter großen Mühen konnte ich Dinge zu Ende bringen. Ich suchte Hilfe bei Psychologen und Beratern, vor allem therapierte ich Traurigkeit und innere Unruhe mit allerlei stofflichen Mitteln selbst. Dazu kamen sexuelle Probleme, Schwierigkeiten in der Paarbeziehung. Doch nichts davon brachte ich mit den Ereignissen von 1977 in Verbindung.

Hätte mich jemand konkret nach den Erlebnissen gefragt, hätte ich sie bestätigen und davon erzählen können. Doch sie kamen gar nicht in mein Bewusstsein. Ich lebte mein Leben wie hinter Glas, abgeschirmt von meinen Erinnerungen. Heute weiß ich, dass es sich um eine Art Schutzmechanismus handelte.

Gelegentlich drängte die Vergangenheit an die Oberfläche. Ich erinnere mich daran, wie ich Ende der 90er Jahre den Spielfilm *Sleepers* mit Brad Pitt und Robert de Niro im Fernsehen sah. Damals war ich Ende 30, und das Geschehene war fast 25 Jahre her. In dem Film geht es um eine Gruppe von Jugendlichen, die in einer sogenannten »Besserungsanstalt« durch Patres missbraucht werden und später Rache an ihnen nehmen. Ich war durch den Film zutiefst erschüttert, weinte hemmungslos und betrank mich danach fürchterlich. Aber ich hätte nicht erklären können, weshalb.

Es gab viele solcher Punkte, an denen ich Kontakt mit dem Verdrängten hätte aufnehmen können, doch ich tat es nicht – bis ich mit Anfang 40 einen Klassenkameraden wiedertraf, der sich gerade in einer Beziehungskrise befand. Er berichtete mir vorsichtig von seinen Erlebnissen mit Pater R. und Pater S., und ich musste mit einem Mal feststellen: Du bist nicht allein. Das war 2005, 28 Jahre nach der ersten Tat. Ich war 42 Jahre alt.

WAS IST BLOß AUS MEINER HERDE GEWORDEN ?!

Schwarze Schafe (Copyright: Waldemar Mandzel)

Risse in der Mauer des Schweigens
Damit war der erste Stein der Mauer gefallen: Ich war nicht allein! Größer wurde diese Bresche in der Folgezeit durch ein zufälliges Zusammentreffen mit Pater R. bei einer Veranstaltung in Berlin. Er war ganz der Alte, aufgeräumt und interessiert, dabei manipulativ und übergriffig. Ich floh aus der Situation. Doch ich hatte bei dieser Gelegenheit erfahren, dass er inzwischen sein Jagdrevier nach Lateinamerika verlegt und Mädchen und junge Frauen aus einem dortigen Waisenheim unter Vorwänden nach Deutschland zu sich in seinen Haushalt geholt hatte. Ich warnte danach die Verantwortlichen der Einrichtung in Peru vor dem Pater.

Was wir darüber hinaus mit dem Wissen um die Vergangenheit eigentlich machen sollten, wussten weder ich noch mein wiedergefundener Schulfreund. Wir begannen Informationen zu sammeln. Durch die Jugendarbeit von Pater R. lag die Vermutung nahe, dass er in den zehn Jahren seiner Tätigkeit am Canisius-Kolleg Dutzende zu seinen Opfern gemacht hatte. Doch was war mit Pater S.? Er lebte inzwischen seit Jahren in Lateinamerika, arbeitete dort für das Kolpingwerk, war verheiratet, hatte ein Kind. Später, 2010, im Rückblick nach den Übergriffen auf kleine Jungen befragt, erklärten die beiden Täter sinngemäß: Gelegenheit macht Diebe.

Während uns die Vergangenheit nicht losließ, spürten wir zugleich, wie anstrengend es ist, sich damit zu befassen. Wie wenn man einen Giftschrank für eine Weile öffnet und danach wieder schließen muss, damit die Kontamination abklingt, so stellten wir das Thema über die Jahre immer wieder zurück.

Doch einmal ins Bewusstsein gehoben, ließ sich die Wahrheit nicht mehr wegschieben. Im Herbst 2009 verschickte der Freund schließlich eine anonyme Rundmail über den E-Mail-Verteiler unseres Abiturjahrgangs. In dieser Mail sprach er das an, was ihm R. und S. angetan hatten, und äußerte die Vermutung, dass es auch noch weitere Betroffene geben müsse. Daraufhin kamen eine ganze Reihe von üblen Reaktionen, die im Kern lauteten: Lass die alten Geschichten ruhen! Ich war es leid, weiter Versteck zu spielen, antwortete mit vollem Namen allen im Verteiler und berichtete von meinem eigenen Erleben – wissend, dass das Internet kein Ort ist, an dem Geheimnisse lange bewahrt werden können. In der Folge verstummten die Kritiker im Kreis der Mitschüler, und es meldeten sich rasch weitere Betroffene. Wir begannen zu sprechen, und je mehr wir uns über die Vergangenheit austauschten, desto klarer wurde das Bild: Wir waren als Kinder und Jugendliche Opfer zweier Täter geworden, manche wie ich von beiden, manche nur von einem. Und erst jetzt waren wir in der Lage zu verstehen, zu benennen, was uns widerfahren war.

Die Mauer war durchbrochen. Plötzlich begann ich meine Biografie neu zu lesen und zu verstehen. Immer klarer zeichnete sich ab, dass es Dutzende weiterer Betroffener geben musste. Sollten wir nicht versuchen, mit den anderen in Kontakt zu kommen? Wir erlebten gerade die befreiende Wirkung, die es haben kann, wenn man entdeckt, nicht allein zu sein. Doch wie die anderen finden? Wir wollten eine Aufarbeitung in Gang setzen, allerdings ohne zu wissen, wo uns dies hinführen würde.

Der folgerichtige Schritt war die Kontaktaufnahme mit der Schule. Wir wollten möglichst auch anderen die Chance geben, diese Befreiung zu erleben. Der einzige Weg schien über die Adressen der Ehemaligen zu führen. Vor Weihnachten schrieb ich an die Missbrauchsbeauftragte des Ordens, die einige Jahre zuvor benannt worden war. Sie informierte den damaligen Rektor des Canisius-Kollegs, Pater Klaus Mertes. Mit zwei Kameraden verabredete ich schließlich ein Gespräch mit Pater Mertes im neuen Jahr.

Wir waren auch besorgt. War es richtig, das alles ans Licht zu bringen? Gab es vielleicht Betroffene, die wir dadurch nur in neue Probleme stürzen würden? Einige hatten sich schon in der Weise geäußert, dass man alte Wunden nicht noch einmal anrühren solle. Das Problem war: Aus den Wunden quoll immer noch Eiter, sie verursachten noch Schmerzen, die das Leben beeinflussten. Doch die Missbrauchserfahrung war eine Ur-Erfahrung in der eigenen Lebensgeschichte, die eine Kette anderen Unheils hinter sich herzog. Indem wir also an den Anfang des Unheils gingen, würden wir endlich auch den Schmerzen und Schwierigkeiten in unserem Leben auf den Grund gehen.

Ich erlebte in diesen Wochen, wie die Wunde wieder geöffnet wurde. Ich träumte und erinnerte, sah und spürte wieder. Diese plötzliche Präsenz der Vergangenheit tat sehr weh und belastete ungemein. Aber dieses Erleben verursachte auch Euphorie und Freude. Alleine und im stillen Kämmerlein wäre dies nicht möglich gewesen.

In einer Mail an die Schulkameraden formulierten wir unser Dilemma:

Niemand, der diese Ereignisse in seiner Kindheit erlebt hat und gelernt hat, damit weiterzuleben, ist froh darüber, heute als ›Opfer‹

herumzulaufen. Deswegen besteht natürlich auch ein großes Interesse an Diskretion. ... Andererseits haben wir in den letzten Monaten erfahren, wie befreiend es sein kann, sich nach so langer Zeit gegenüber Freunden und Kameraden zu öffnen und über seine Erfahrungen zu sprechen oder zu schreiben. Manchmal ist es tatsächlich das erste Mal nach 30 Jahren. Wer erfährt, dass er damals keineswegs alleine war, sondern dass diese Missbrauchshandlungen im Rahmen eines systematischen Vorgehens von Seiten der Täter stattfanden, kann das Erlebte möglicherweise besser für sich einordnen. Rückwirkend kann dies auch bedeuten, als Betroffener spätere biographische Wendungen des eigenen Lebens in einem neuen Zusammenhang zu begreifen. Damit dies aber möglich wird, müssen potenziell Betroffene auch von der aktuellen Aufarbeitung erfahren. Uns ist bei der ganzen Geschichte auch etwas bang – das wird jeder nachvollziehen können. Aber wir sehen für uns keine Alternative mehr dazu, um uns endlich von den Schatten der Vergangenheit frei zu machen.

Das Gespräch mit Pater Mertes fand am 14. Januar 2010 statt. Zum ersten Mal nach 1981 betrat ich den Altbau der Schule wieder. Mit mir waren zwei Kameraden bei ihm, die aus persönlichen und beruflichen Gründen anonym bleiben müssen. Wir schilderten ihm unsere Vermutung, dass es sich um eine dreistellige Zahl von Betroffenen am CK handeln müsse.

Überraschenderweise wusste Pater Mertes von den Vorwürfen gegen Pater S. bereits durch Meldungen aus der Vergangenheit. Über das Ausmaß der Taten von Pater R. erschien er erstaunt, obwohl er gerüchteweise schon in den 90er Jahren davon gehört hatte. Später erfuhren wir im Rahmen der Recherchen und Untersuchungen aus den Akten, dass die Ordensleitungen über Jahrzehnte vom Treiben der Mitbrüder wussten.

Auf unseren Wunsch, auf die betroffenen Jahrgänge zuzugehen, erklärte Mertes: »Wenn, dann schreibe ich den Brief«, und bat sich Bedenkzeit aus. Danach handelte Mertes wie nach dem Handbuch der Krisenkommunikation: Fünf Tage nach unserem Gespräch schickte er seinen Brief an die potenziell betroffenen Jahrgänge, soweit sie noch im Kontakt mit der Schule standen. Damit war uns klar, dass es über kurz oder lang zu einer Veröffentlichung kommen würde.

Am 28. Januar 2010 berichtete die Berliner Morgenpost als erste Zeitung über die Missbrauchsfälle am Canisius-Kolleg. In den darauffolgenden Tagen und Wochen folgte eine wahre Lawine von Medienberichten. Die teilweise reißerischen Berichte erfüllten mich dennoch mit Genugtuung. Die böse Tat war ans Licht gekommen, Manipulation und Machtmissbrauch hatten nicht den Sieg davongetragen. Mit den Tätern des ersten Verbrechens war ich danach fertig. Doch ein wenig seltsam fühlte sich die ganze Situation für uns Betroffene an: Während wir noch Tunnel unter der Mauer gruben, hatte jemand von innen die Zugbrücke heruntergelassen.

Das »zweite Verbrechen«
Kameraden berichteten, wie sie in den Tagen danach die Zeitungen aufschlugen und ihnen der Atem stockte, weil sie von der Vergangenheit eingeholt wurden. Gerade Opfer, die vorzeitig von der Schule abgegangen oder von ihr verwiesen worden waren, wurden erst durch die Presseveröffentlichungen erreicht. Viele mussten zunächst einmal ihre PartnerInnen aufklären, weil sie nie zuvor mit ihnen darüber gesprochen hatten, was ihnen als Kind widerfahren war.

In diesen ersten Tagen fiel ein wichtiges Wort – gesprochen von Pater Mertes: »Wir glauben euch!« Damit war von den Betroffenen der Druck genommen, beweisen zu müssen, wovon sie nun mehr und mehr in den Medien berichteten. Zum ersten Mal hatte ein Vertreter einer Institution, wenn auch nur scheinbar von sich aus, Missbrauch öffentlich gemacht. Dafür sind wir ihm dankbar. Je mehr Betroffene sich auch aus anderen Bereichen der Katholischen Kirche zu Wort meldeten, desto klarer wurde das Bild von dem »zweiten Verbrechen« durch die Institution Kirche: das Verdecken und Verschweigen der Taten, das Täterschutzprogramm und die Opfervergessenheit. Je mehr Einzelheiten wir von davon erfuhren, desto wütender wurden wir.

1981 hatte man auf Briefe von Schülern nicht reagiert. Eltern waren vertröstet worden. Die Täter wurden abgeschoben in die jeweils nächste Schule oder Pfarrei, die Opfer wurden alleingelassen mit sich und den Folgen. 1991, damals war ich 28, wurde Pater S. auf eigenen Wunsch aus dem Priesterstand entlassen. Er wollte heiraten. Dabei legte er ein umfangreiches Geständnis ab, das in den Akten der Jesuiten in München in Kopie erhalten geblieben ist. Er gestand hundertfache Misshandlung und Missbrauch von ihm anvertrauten Kindern und Jugendlichen in drei Jahrzehnten. Doch weder der damalige Vorgesetzte noch die später in Rom mit dem Verfahren betrauten Mitarbeiter des Jesuitengenerals und der Glaubenskongregation kamen auf die Idee, sich den Opfern zuzuwenden.

Offensichtlich wollte Pater S. mit seinem Geständnis eine Beschleunigung seines Verfahrens erreichen, denn Johannes Paul II. hatte gegenüber Priestern, die das Amt niederlegen wollten, eine restriktive Haltung ausgegeben und ließ diese manchmal jahrelang warten. Der Antrag von Pater S. wurde in Rekordzeit entschieden. Sein offenherziges Geständnis geschah in der Gewissheit, dass alles geheim bleiben würde. Wo die Originalakte heute ruht, ist unklar. Auf Fragen danach reagiert der Vatikan nicht.

Ende Februar 2010, inmitten der ersten Welle der Bestürzung in der Öffentlichkeit, entstand die Initiative »Eckiger Tisch« zunächst als Internet-Blog zum Austausch und zur Kommunikation von Betroffenen untereinander (www.eckiger-tisch.de). Als Reaktion auf den sogenannten »Runden Tisch Sexueller Kindesmissbrauch« der Bundesregierung formierte sich unter diesem Label eine Gruppe von anfangs etwa 25 Betroffenen mit dem Ziel, den Jesuitenorden als Organisation der Täter mit dem Missbrauch und den Folgen im direkten Austausch zu konfrontieren.

Es gelang der Initiative, am 29. Mai 2010 ein erstes bundesweites Treffen in Berlin zu organisieren. Daran nahmen über 40 Missbrauchsopfer aus den vier deutschen Jesuitenschulen teil. Einige wurden von Angehörigen begleitet. Auf der gegenüberliegenden Seite des Tisches stellten sich gegenwärtige und ein ehemaliger Verantwortungsträger des Ordens dem Gespräch.

Von Angesicht zu Angesicht breiteten Betroffene in der sechsstündigen Sitzung ihre Lebensgeschichte exemplarisch aus und forderten Erklärungen für das Versagen des Ordens. Unter anderem wurden die verheerenden Folgen für das Beziehungsleben der Missbrauchsopfer und damit auch für die PartnerInnen und Familien sehr deutlich. Die Veranstaltung wurde von Betroffenen als sehr entlastend empfunden und setzte emotional einen Schlusspunkt unter die extreme Anspannung und den Erregungszustand, in dem sie sich seit Ende Januar 2010 befunden hatten.

Die Forderungen und Erwartungen der Betroffenen wurden erläutert: *Aufklärung, Hilfe* und *Genugtuung!*

Diese Forderungen bestehen bis heute. Denn bis heute haben wir kein zusammenhängendes Bild der Verbreitung sexueller Gewalt im Bereich der katholischen Kirche zeichnen können. Es gibt keine Zahlen und Daten dazu, weil keine Instanz sie gesammelt hat. Im Unterschied zu anderen Ländern hat hier keine unabhängige Stelle bisher eine entsprechende Untersuchung durchgeführt. Die Hilfe müssen wir noch immer bei der Institution beantragen, in deren Obhut wir zu Opfern wurden. Die vom »Runden Tisch« geforderte Clearingstelle gibt es nur auf dem Papier seines Abschlussberichts. Die Genugtuung bleibt uns bisher verwehrt. Die Täter, auch die des zweiten Verbrechens, können nicht mehr belangt werden. Entschädigungen werden nicht gezahlt, rechtliche Ansprüche gelten als verjährt. Stattdessen hat die Institution, die uns zum Schweigen brachte, Täter schützte und Opfer mit sich, ihrer Scham und ihren religiös aufgeladenen Schuldgefühlen allein ließ, aus eigener Entscheidung eine sogenannte Anerkennungszahlung von bis zu 5.000 Euro festgesetzt. Nur etwa 1.000 Betroffene haben sich bisher diesem Anerkennungsverfahren unterzogen.

Wir haben in der Folge versucht, Verbündete in Gesellschaft und Politik zu finden. Am »Runden Tisch« konnten wir mit anderen Betroffenen sexueller Gewalt, insbesondere aus familialen Zusammenhängen, gemeinsame Forderungen entwickeln und einbringen. Doch ein halbes Jahr nach der letzten Sitzung ist das Ergebnis ernüchternd: Praktisch keine der Empfehlungen des Gremiums wurde bislang umgesetzt.

Wir fordern immer noch vergeblich eine Untersuchung durch eine unabhängige Stelle über Ausmaß und Hintergründe des Missbrauchs in der Institution Katholische Kirche.

Wir erwarten, dass ein Opfergenesungswerk endlich auf den Weg gebracht wird.

Und wir fordern nach wie vor, dass auf sogenannte Anerkennungszahlungen angemessene Entschädigungen folgen, festgelegt nicht durch die Institution selbst, sondern durch eine unabhängige Kommission.

Ein Opfer erweckt Mitleid. Ein einsames Opfer ist noch bedauernswerter. Eine Gruppe gibt Kraft. Als Männer um die 50 kämpften wir für die kleinen Jungen in uns, die sich nicht wehren konnten, denen nicht geglaubt wurde, die alleingelassen wurden und denen man so in der Folge einen großen Teil ihres Lebens gestohlen hat, weil der Giftmüll ihrer Missbrauchserfahrungen in den Tiefen ihrer Seele eingeschlossen war und nicht herauskonnte.

Jetzt ist alles heraus, langsam heilt die Wunde ab. Das Leben ist damit nicht einfacher geworden, weil die Spuren sich tief eingegraben haben. Aber jetzt können wir endlich nach vorne schauen. Unsere Kraft ist begrenzt, aber wir vertrauen darauf, dass der Stein, den wir ins Wasser geworfen haben, auch dann noch Wellen schlagen wird, wenn die Erschütterung durch die Medienberichte vorüber ist – ähnlich wie der berühmte Flügelschlag des Schmetterlings, der einen Tornado verursachte.

April 2012

Der Brief, den ich schrieb
Eine Reflexion meiner persönlichen Erfahrungen und Einsichten zum 20. Januar 2010
P. Klaus Mertes SJ

Als ich am 20. Januar 2010 einen Brief an circa 600 Schüler des Canisius-Kollegs aus den 1970er und 80er Jahren schrieb, ahnte ich nicht, was für eine Lawine dieser Brief auslösen würde. Meine Perspektive beschränkte sich auf den Verantwortungsbereich als Rektor eines Jesuitenkollegs. In dem ausschlaggebenden Gespräch ein paar Tage zuvor war mir klar geworden, dass eine hohe Dunkelziffer von Missbrauchsopfern in den Jahrgängen existieren musste, die in den 70er Jahren bis Anfang der 80er Jahre am Kolleg waren. Hier schien es mir meine Pflicht, Ansprechbarkeit zu signalisieren, um einen Aufarbeitungsprozess zu ermöglichen mit den Missbrauchsopfern und für diejenigen, die dies wollten.

20. Januar 2010
An die ehemaligen Schülerinnen und Schüler der potenziell betroffenen Jahrgänge in den 70er und 80er Jahren am Canisius-Kolleg

Liebe ehemalige Schülerinnen und Schüler,
in den vergangenen Jahren haben sich mehrere von Ihnen bei mir gemeldet, um sich mir gegenüber als Opfer von sexuellem Missbrauch durch einzelne Jesuiten am Canisius-Kolleg zu erkennen zu geben. Die Spur der Missbräuche zieht sich durch die 70er Jahre hindurch bis in die 80er Jahre hinein. Mit tiefer Erschütterung und Scham habe ich diese entsetzlichen, nicht nur vereinzelten, sondern

systematischen und jahrelangen Übergriffe zur Kenntnis genommen. Es gehört auch zur Erfahrung der Opfer, dass es im Canisius-Kolleg und im Orden bei solchen, die eigentlich eine Schutzpflicht gegenüber den betroffenen Opfern gehabt hätten, ein Wegschauen gab. Allein schon deswegen gehen die Missbräuche nicht nur Täter und Opfer an, sondern das ganze Kolleg, sowohl die Schule als auch die verbandliche Jugendarbeit. Aus demselben Grund bitte ich hiermit zunächst alle betroffenen ehemaligen Canisianerinnen und Canisianer stellvertretend für das Kolleg um Entschuldigung für das, was ihnen am Kolleg angetan wurde.

In den Gesprächen mit einigen der Opfer habe ich besser verstanden, welche tiefen Wunden sexueller Missbrauch im Leben junger Menschen hinterlässt und wie die ganze Biographie eines Menschen dadurch jahrzehntelang verdunkelt und beschädigt werden kann. Zugleich konnte ich in den Gesprächen von den Opfern hören, wie befreiend es ist, wenn man beginnt, über die Erfahrungen zu sprechen, auch dann, wenn sie zeitlich weit zurückliegen. Es gibt nämlich Wunden, welche die Zeit nicht heilt.

Seitens des Kollegs möchte ich Sie darauf hinweisen, dass der Orden 2007 eine Beauftragtenstelle eingerichtet hat, an die sich Missbrauchsopfer von Jesuiten und Angestellten von Jesuiteninstitutionen wenden können: Frau Ursula Raue, Rechtsanwältin und Mediatorin (Adresse s. u.), war lange Jahre Vorsitzende der deutschen Sektion von »Innocence in Danger«, einer internationalen Organisation, die sich der Bekämpfung von Kindesmissbrauch im Internet widmet. Sie ist Ansprechpartnerin nicht nur für mögliche aktuelle Verdachtsfälle und Opfermeldungen. Sie ist ebenfalls Ansprechpartnerin für Missbrauchs-Opfer aus länger zurückliegenden Zeiten, wenn diese wieder Kontakt mit dem Orden oder mit dem Kolleg aufnehmen wollen. Sie ist berechtigt und verpflichtet, zusammen mit den Opfern an den Orden heranzutreten und zu vermitteln. Sie arbeitet mit bei der Konfrontation der Täter. Alle Informationen, die sie bekommt, werden nur mit ausdrücklicher Zustimmung der Opfer an andere weitergegeben.

Ich respektiere es selbstverständlich, wenn Betroffene auf Grund ihrer Erfahrungen für sich die Entscheidung getroffen haben, mit dem Kolleg, mit dem Orden und mit der katholischen Kirche zu brechen. Andererseits möchte ich gegenüber denjenigen, die den Kontakt zum Kolleg und zum Orden suchen, das Signal nicht unterlassen, dass wir ansprechbar sind. Dabei ist Frau Raue eine Möglichkeit zur Ansprache. Sie können sich natürlich auch an jede andere Person Ihres Vertrauens wenden, die mit dem Orden und dem Kolleg zu tun hat. Innerhalb des Jesuitenordens in Deutschland hat P. Provinzial schon vor einiger Zeit darüber informiert, dass es in der Vergangenheit unzweifelhaft Fälle von Missbrauch von Jugendlichen beiderlei Geschlechts durch einzelne Jesuiten gegeben hat. Diese Information hat bei den Mitbrüdern große Betroffenheit ausgelöst.

Neben der Scham und der Erschütterung über das Ausmaß des Missbrauchs in jedem einzelnen Fall und in der – bisher sichtbaren – Anhäufung müssen wir uns seitens des Kollegs die Aufgabe stellen, wie wir es verhindern können, heute durch Wegschauen wieder mitschuldig zu werden. Wegschauen geschieht ja oft schon in dem Moment, wo man sich entscheidet, nicht wissen zu wollen, obwohl man spürt, dass man eigentlich genauer hinschauen sollte. Das ist eine Herausforderung für die persönliche Zivilcourage jedes Einzelnen wie auch für die Überprüfung der Strukturen. Denn es drängt sich zugleich auch die Frage auf, welche Strukturen an Schulen, in der verbandlichen Jugendarbeit und auch in der katholischen Kirche es begünstigen, dass Missbräuche geschehen und de facto auch gedeckt werden können. Hier stoßen wir auf Probleme wie fehlende Beschwerdestrukturen, mangelnden Vertrauensschutz, übergriffige Pädagogik, übergriffige Seelsorge, Unfähigkeit zur Selbstkritik, Tabuisierungen und Obsessionen in der kirchlichen Sexualpädagogik, unangemessenen Umgang mit Macht, Abhängigkeitsbeziehungen. An diesen Themen haben wir in den letzten Jahren sowohl im Orden als auch am Kolleg gearbeitet und werden es auch weiterhin tun. In diesem Sinne danke ich den Opfern, die durch ihren Mut zu sprechen auch dem Kolleg und dem Orden einen Dienst erweisen, indem sie diese Themen anstoßen.

Seitens des Kollegs möchte ich durch diesen Brief dazu beitragen, dass das Schweigen gebrochen wird, damit die betroffenen Einzelnen und die betroffenen Jahrgänge miteinander sprechen können. In tiefer Erschütterung und Scham wiederhole ich zugleich meine Entschuldigung gegenüber allen Opfern von Missbräuchen durch Jesuiten am Canisius-Kolleg.

Mit freundlichen Grüßen
P. Klaus Mertes SJ

Wie verlief mein persönlicher Weg zu dieser Entscheidung?

Ich war, rückblickend gesehen, biografisch nicht unvorbereitet, als sich Anfang Januar 2010 drei ehemalige Schüler des Canisius-Kollegs bei mir meldeten, um mir von ihrer Missbrauchserfahrung durch zwei Patres in den 70er Jahren zu berichten. In dem Fall des einen Täters war ich schon vorher auf eine hartnäckige Gerüchtestruktur und einen einzelnen Hinweis gestoßen, allerdings noch nie auf eine Beschreibung des Missbrauchs selbst, sondern nur darauf, dass es Missbrauch gegeben habe. In dem Fall des anderen Täters lag eine konkrete Anzeige des Missbrauchs bereits vor, die ich, im Hinblick auf das Opfer, vertraulich behandelt hatte, während ich den Namen des Täters an den derzeit für ihn zuständigen Arbeitgeber weitergeben ließ. Diese Vorinformationen halfen mir, die Glaubwürdigkeit der Berichte der drei ehemaligen Schüler sofort erkennen zu können.

Doch meine – nachträglich sich zeigende – biografische Vorbereitung hat weitere Dimensionen. Vor meinem Eintritt in den Jesuitenorden hatte ich Gelegenheiten zu sehen, welche Macht über das Denken und Fühlen von Menschen durch Manipulation von religiöser Sehnsucht und jugendlicher Großherzigkeit ausgeübt werden kann. In den 70er Jahren agierten sektiererische Gruppen auf dem religiösen Markt (»Children of God«, »Vereinigungskirche Mun« u. a.), die junge Menschen einer Gehirnwäsche unterzogen, an deren Ende diese bereit waren, sich sexuell und finanziell ausbeuten zu lassen. Dass das die eigene unmittelbare Umgebung treffen kann und wie das konkret funktioniert, erlebte ich, als ein

Bruder eines Schulfreundes in eine solche Gruppe hineingezogen wurde. Nach seiner Befreiung schrieb er einen aufschlussreichen Bericht, der die Mechanismen des Vertrauens- und Machtmissbrauches in der Sekte reflektierte.[1] Später entdeckte ich – auch als Betroffener –, dass es vergleichbare Manipulationsmuster in kirchlichen Gruppen gibt.

Diese Dinge lagen und liegen jenseits des Lagerdenkens von »rechts« und »links« – wie ja überhaupt das kirchliche und gesellschaftliche Lagerdenken vor dem Phänomen des Machtmissbrauchs versagt. Ich verdanke dieser Erfahrung jedenfalls eine Aufmerksamkeit für Machtmissbrauch in geistlichen Beziehungen. Mit dieser Erfahrung im Rücken konnte ich den Bericht der Missbrauchsopfer aus den 70er und 80er Jahren am Canisius-Kolleg besser verstehen, insbesondere den Missbrauch in seinem zweiten Aspekt, dem Wegschauen in der Institution. Die Erfahrung mit der wegschauenden, uninteressierten Institution – der Schule, der Familie, der Kirche, dem Verein, dem Jugendamt – ist manchmal vielleicht noch nachhaltiger in ihrem Schmerz als die konkrete Erfahrung der Missbrauchstat. Der Täter ist oft weit weg, als Opfer hat man sich vielleicht entschieden, nie mehr etwas mit dem Täter zu tun haben zu wollen. Aber die Institution bleibt, und mit ihr bleiben das Schweigen, das Desinteresse, das Wegschauen und Verharmlosen eine tägliche Erfahrung.

Weil das so ist, brauchen die Opfer einen Ansprechpartner seitens der Institution, der sich ihnen zeigt und stellt, auch dann, wenn der Missbrauch Jahrzehnte zurückliegt. Es ist nicht fair gegenüber den Opfern, wenn ein Schulleiter, Pfarrer oder Bischof Opfern, die sich Jahrzehnte später melden, erwidert: »Das war vor 30 Jahren, damit habe ich nichts zu tun.« Sich den Opfern zu entziehen ist letztlich eine Fortsetzung des Missbrauchs. Dasselbe geschieht, wenn die Institution bloß mit dem Finger auf die Missbrauchstäter zeigt, sich von ihnen distanziert, sie vielleicht sogar aus ihren Reihen entfernt, um selbst sauber dazustehen. Damit entzieht sie sich den Opfern in ihrem Täter-Aspekt. Und schließ-

---

1 Oliver von Hammerstein. 1980: *Ich war ein Munie*. München: dtv.

lich steht es der Institution auch nicht zu, sich in die Rolle des Therapeuten und Helfers zu versetzen. Sie hat die Chance dazu vor 30 Jahren verpasst, als sich Opfer meldeten, aber nicht gehört wurden. Oft wird es Missbrauchs-Überlebenden erst nach jahrelangen Therapien möglich, sich bei der Institution zu melden, in der sie die Gewalt erlebten. Wenn sich die Vertreter der angesprochenen Institution dann selbst als Therapeuten definieren, behindern sie den Heilungsprozess. Nein, die aktuellen Vertreter der Institution müssen sich als Teil der Institutionsgeschichte sehen, zu der das Wegschauen und Vertuschen gehört.

Eine andere Erfahrung, die mich auf die Entscheidung zum Brief vom 20. Januar 2010 vorbereitete, stammt aus meiner Zeit als Referendar in Frankfurt. Im Zusammenhang mit einer familiären Gewaltgeschichte wurde ich Zeuge der Verstoßung eines Jugendlichen aus seiner Großfamilie. Die Verstoßung dauert bis heute an. Der Grund dafür war, dass der Jugendliche begonnen hatte, sich gegen die Gewalt in seiner Familie zu wehren. Ich erlebte, wie es mitten in einer bürgerlich ordentlichen Welt geschehen kann, dass ein Kind in den Abgrund gestürzt wird. Alle schauen zu, alle finden es in Ordnung – oder finden es doch zumindest in Ordnung, dass sie selbst dagegen nichts tun.

Warum erfährt ein Jugendlicher, der sich gegen die Gewalt in seiner Familie wehrt, so viel Gewalt? Diese Frage hat mich seither nicht losgelassen. Die Antwort ist banal, und doch ist es immer wieder erschreckend zu sehen, wie diese Banalität der Gewalt funktioniert: Es ist die Angst vor dem Opfer. Das Opfer hat eine Geschichte zu erzählen, die das Selbstverständnis von Gruppen, von Familien, Schulen und Gesellschaften erschüttern kann. Einem Opfer zuzuhören – nicht aus der beobachtenden, begleitenden oder therapeutischen Perspektive, sondern aus der beteiligten, sich selbst zum System zurechnenden Perspektive – bedeutet, einen anderen Blick auf sich selbst zuzulassen, Mythen des Selbstverständnisses loszulassen, den eigenen Narzissmus zu überwinden. Das tut weh. Um den Schmerz zu vermeiden, bietet sich als Alternative an, das Opfer zum Schweigen zu bringen. Genau dies ist die Gewalt der Gruppe gegen das Opfer.

Im Canisius-Kolleg begegnete ich auch einem Mythos. Da ich von außen in das Kolleg kam, hatte ich den Vorteil, nicht aus der Identifikation mit diesem Mythos zu leben: »Eliteschule«, »große Familie«, das gefeierte »Wir-Gefühl«, »letzte freie Schule vor Wladiwostok«. Auch im Orden begegnete ich einem Mythos: »Eliteorden«, »schlaue Jungs«, »S-Klasse unter den Orden«. Mythen werden nicht erfunden, sondern entstehen aus mehreren Komponenten. Sie werden auch von außen angetragen. Noch heute findet die Berichterstattung über das Canisius-Kolleg in Berlin oder das Aloisius-Kolleg in Bonn unter dem Begriff »Eliteschule« statt. Alle finden, dass das Canisius-Kolleg eine Eliteschule ist und dass der Jesuitenorden nur die Besten der Besten in sich versammelt. Am Ende glauben die Jesuiten selbst, was andere über sie denken, und im Jesuiten-Kolleg beginnen auch die Angestellten, Eltern und Jugendlichen stolz darauf zu sein, einer Elite anzugehören. Je mehr man solches ausstrahlt, um so mehr zieht man Menschen an, die genau von diesem Mythos fasziniert sind. Wenn man drinnen steckt, merkt man es nicht. Die Chance, dies zu merken, besteht, wenn das Opfer zu sprechen beginnt – das Opfer, das in der mythisch überhöhten Schule oder Familie missbraucht wurde von einem Repräsentanten eben dieses Systems.

Einen Mythos zu brechen, indem man dem Opfer zuhört und seinem Wort Raum gibt, hat immer auch einen politischen Aspekt. Ich lernte diesen in zwei Auseinandersetzungen schon vor 2010 kennen. Die eine betrifft die Entdeckung der homosexuellen Mitbrüder im katholischen Klerus. Auch sie sind Opfer, weil ihnen ein Schweigen auferlegt ist. Dahinter steckt ein kirchenpolitisches Thema. Die andere Auseinandersetzung stammt aus meiner Arbeit als kirchlicher Vertreter in der Kommission des Berliner Senates für ausländerrechtliche Härtefälle. Menschen ohne Papiere sind in unserer Gesellschaft Opfer, die in einen täglichen Überlebenskampf gestellt sind. Sie sind angewiesen darauf, dass man ihnen glaubt. Die Gerichte gehen lieber das Risiko ein, dass ein Mensch, der kein Verbrechen begangen hat, trotzdem wie ein Schwerverbrecher in Abschiebehaft eingekerkert wird oder gar in eine lebensgefährliche Situation in seiner Heimat abgeschoben wird, als das Risiko, belogen zu werden. Die Gesellschaft begegnet Flüchtlingen mit Misstrauen, so wie Institutionen Opfermeldungen mit Misstrauen begegnen.

In einem Fall berichtete ein Missbrauchsopfer am Canisius-Kolleg während des Medien-Tsunamis der Presse, dass der Schulleiter ihn aus seinem Büro hinauswarf, als er versuchte, seine Geschichte zu erzählen: »Du lügst«, rief er dabei. Ich erinnere mich an diesen Mitbruder, der damals Direktor war und inzwischen verstorben ist. Er war ein beliebter Schulleiter, ein hochanständiger, nachdenklicher und fairer Mann. Vermutlich befanden sich die Übergriffe, von denen das Opfer zu berichten versuchte, jenseits seiner Vorstellungskraft. Vielleicht dachte er: »So etwas tut ein Mitbruder von mir oder ein Lehrer an meiner Schule nicht.« Er konnte es einfach nicht glauben.

Das ist weniger ein moralisches als vielmehr ein Wahrnehmungsproblem. Im Sinne des Evangeliums muss man sich ständig darauf gefasst machen, dass etwas Unglaubliches vielleicht doch wahr sein könnte. Jedenfalls kann keiner, der eine Opfermeldung hört, die Glaubensentscheidung – in diesem elementaren Sinne des Wortes – vermeiden. Entweder ich glaube oder ich glaube nicht.

Für den Fall, dass ich nicht glaube, muss ich aber eher dem Opfer glauben, dass es einen Grund für seine Behauptung hat, als es zum Aggressor zu erklären. Und ich muss mich auf die Suche nach diesem Grund machen. Das bedeutet im Übrigen nicht, die Unschuldsvermutung in Bezug auf den bezichtigten Missbrauchstäter auszusetzen.

Man kann sich aus guten Gründen entscheiden, nicht zu glauben. Aber auch dafür muss man die Verantwortung übernehmen. Was nicht geht, ist, die Verantwortung einfach abzuschieben – jedenfalls dann nicht, wenn man als Repräsentant der Institution von ehemaligen (oder aktuellen) Schülern angesprochen wird. Ich weiß, dass daraus sehr schwierige Fragen folgen, aber noch einmal: Auch diese Schwierigkeiten dürfen nicht als Vorwand dafür herhalten, nichts zu tun.

Das ausschlaggebende Gespräch im Januar 2010

In den ersten Tagen und Wochen nach dem 20. Januar 2010 konnte ich trotz vieler Fragen nicht über Einzelheiten aus dem Januar-Gespräch mit den ehemaligen Schülern reden. Das hatte nebenbei zur Folge, dass ich auch manche Mythenbildung über das Gespräch zunächst einmal einfach stehen lassen musste, wie zum Beispiel, dass ich in dem Gespräch von Opfern bedroht und gezwungen worden sei, diesen Brief zu schreiben – was natürlich nicht stimmt. Ich stand in der Pflicht zur Diskretion gegenüber den betroffenen Männern, die Anfang Januar zu mir gekommen waren, und es stand mir auch nicht zu, im Einzelnen zu berichten, was sie mir erzählt hatten. In meinem Brief vom 20. Januar 2010 bestätigte ich bloß die Tatsache der Missbräuche, ohne sie im Einzelnen zu beschreiben, sowie die Glaubwürdigkeit der Berichte, aus denen ich die systematische Struktur erschloss, mit der die Täter vorgegangen waren. Später hat mir einer der drei an diesem Gespräch Beteiligten – die anderen beiden wahren bis heute Diskretion über ihre Anwesenheit bei dem Gespräch – öffentlich bestätigt, dass der für sie entscheidende Punkt des Gesprächs der war, dass ich ihren Erzählungen Glauben schenkte. Das war in der Tat der ausschlaggebende Punkt. Und was sie mir zu erzählen hatten, riss mein bisheriges Vorstellungsvermögen auf.

Die Presse trat an mich heran, um durch mich Kontakt zu Opfern zu erhalten. Ich sagte Nein, denn das hätte ja bedeutet, Namen von Opfern zu nennen. In einem Fall kam ein Journalist auf die besonders schlaue Idee, mir einen Brief an die Opfer in die Hand zu drücken mit der Bitte, diesen an die Betroffenen weiterzugeben, damit sie sich bei ihm melden könnten, wenn sie es wollten. Auch dazu sagte ich Nein. Es schien mir nicht richtig, aus der Rolle des Repräsentanten der »Täterseite« in die Rolle des Kontaktvermittlers zu wechseln. Das hätte meine Positionsbestimmung in der Beziehung zu den ehemaligen Schülern, wie ich sie in dem Januargespräch definiert hatte, unklar gemacht. Als Vertreter der Täterseite war es meine Aufgabe, mit den Opfern zu kommunizieren und mich ihren Wortmeldungen gegenüber offenzuhalten, ohne die dadurch entstandene Beziehung für Interessen zu nutzen, die von außen kamen – selbst dann, wenn diese Interessen aus einer anderen Perspektive durchaus legitim waren.

Da inzwischen Einzelheiten aus dem Januar-Gespräch von der »Opferseite« her in der Öffentlichkeit bekannt geworden sind, kann ich heute auch öffentlich über dieses Gespräch reden. »Täterseite« – der Begriff fiel mir in eben diesem Januar-Gespräch 2010 zu. Die drei Männer waren zu mir gekommen und hatten einen Plan mitgebracht, wie wir die Missbrauchsgeschichte am Kolleg gemeinsam aufarbeiten könnten. Aus der Tatsache, dass es drei Personen waren, die zu mir kamen, konnte ich schließen, dass bereits vorher ein Vernetzungsprozess unter Betroffenen stattgefunden hatte. Opfer haben ja zunächst einmal auch einander gegenüber ein Diskretionsinteresse. Es war also nicht selbstverständlich, dass sie zu dritt zu mir kamen. Im Vorfeld hatten die Betroffenen auch schon die vom Jesuitenorden berufene Missbrauchsbeauftragte Ursula Raue eingeschaltet. Die Frage nach dem gemeinsamen Vorgehen stand also im Raum – und zwar von einer Gruppe her.

In dem Plan waren mehrere wichtige Fragen angeschnitten: Der Schritt an die Öffentlichkeit, das öffentliche Benennen der Täter, Information und Vorgehen in der Schule, die Frage nach der Entschädigung, Prävention. Zwei Forderungen sollte ich direkt umsetzen: die Namen der Täter in der Presse benennen und mich über die Öffentlichkeit ausdrücklich an diejenigen ehemaligen Schüler wenden, die mit Kirche und Schule gebrochen hatten und zu denen deswegen kein Kontakt mehr bestand.

Beide Forderungen wies ich zurück. Mein Schlüsselsatz für die Begründung der Zurückweisung lautete: »Sie [meine Gesprächspartner] sind Opfer, ich repräsentiere die Täterseite.« Wir stehen nicht Schulter an Schulter, sondern wir stehen einander gegenüber. Die Opfer klagen an, ich repräsentiere die angeklagte Institution. Deswegen können wir nicht mit Gemeinsamkeit beginnen, sondern müssen erst durch einen Prozess hindurch zu ihr finden. Wenn ich mit der Gemeinsamkeit beginne, erreiche ich sie nicht mehr. Jeden Schritt, den ich tue, muss ich zunächst einmal als Repräsentant der Täterseite tun. Wenn ich Opfer in eine Mitverantwortung für Entscheidungen nehme, die ich als Repräsentant des Kollegs verantworten muss – Entscheidungen bezüglich der Reaktion gegenüber den Opfern ebenso wie zum Beispiel gegenüber den jetzigen Schülerinnen und Schülern –, setze ich letztlich eine ambivalent-missbräuchliche Beziehungsstruktur fort.

Daraus ergab sich in der Konsequenz meine Entscheidung – besser: unsere Entscheidung, denn ich zog P. Provinzial Stefan Dartmann und Schulleiterin Gabriele Hüdepohl in den Entscheidungsprozess nach dem Gespräch mit ein –, einen Brief an die potenziell betroffenen Jahrgänge zu schreiben, und zwar an diejenigen Adressen, die in der Kartei der Schule noch enthalten waren. Es handelte sich um knapp 600 Adressen. Im Hintergrund dieser Entscheidung standen die Überlegungen: Ich wende mich nicht an die Öffentlichkeit, wenn ich auch weiß, dass es eine gewisse Wahrscheinlichkeit gibt, dass der Brief an die Öffentlichkeit gelangt. Ich wende mich auch nicht über die Öffentlichkeit ausdrücklich an diejenigen ehemaligen Schüler, die den Kontakt mit dem Kolleg abgebrochen haben und (vielleicht) gar nicht mehr angesprochen werden wollen; ich respektiere als Vertreter der »Täterseite« die Entscheidung der ehemaligen Schüler. Schließlich »oute« ich nicht die Täter, da ich mich damit – systemisch gesehen – von der Institution wegverweisen würde auf die Täter, und das wäre ein missverständliches Signal.

Ich erhielt Monate später vor großer Öffentlichkeit eine mir wichtig gewordene Bestätigung meines Schlüsselsatzes von der Opferseite her: Beim ökumenischen Kirchentag in München sprach mich, als ich auf dem Podium stand, ein Mann an – später erfuhr ich, dass es sich um ein Missbrauchsopfer handelte. Er forderte mich auf: »Treten Sie ab, Sie haben kein Recht, für die Opfer zu sprechen.« Ich konnte wahrheitsgemäß erwidern: Ich beanspruche nicht, für die Opfer zu sprechen. Ich vertrete nicht die Opfer in der Institution, sondern die Institution gegenüber den Opfern. Mein Brief vom 20. Januar 2010 wurde acht Tage später in der Öffentlichkeit bekannt. Die Berliner Morgenpost hat ein Jahr später anlässlich einer Preisverleihung für ihre Reportagen zum »Canisius-Skandal« einen Artikel veröffentlicht, der einige Einblicke gewährt in den Entscheidungsprozess der MoPo-Redaktion vom Januar 2010. Der Artikel belegt nebenbei auch, dass ich keineswegs selbst meinen Brief der Presse zugespielt hatte, wie es mir – aus ganz unterschiedlichen Interessen – später unterstellt wurde. Die Namen der Täter bestätigte ich, als ich zwei Tage darauf von der Presse auf Namen hin befragt wurde. Wir bestätigten sie, um unschuldige Mitbrüder nicht zu gefährden, deren Namen in den Journalistenfragen schon bald auftauchten. Die Opfer hatten sich selbst bei der Presse gemeldet und ihre Geschichte erzählt – und somit die Kernaussagen in meinem Brief bestätigt. Durch die große Öffentlichkeit erlangten schließlich auch ehemalige Schüler, deren Adressen uns nicht mehr zur Verfügung gestanden hatten, Kenntnis von dem Brief. Sie konnten nun Kontakt zu mir oder zu Ursula Raue aufnehmen, ohne durch ein eventuell als übergriffig erlebtes »Meldet euch!« von der Täterseite dazu aufgefordert worden zu sein.

Welche ersten Erkenntnisse zeigen sich mir?

Wenn ich heute, drei Jahre später, zurückblicke, so sehe ich zunächst einmal, dass Machtmissbrauch und sexualisierte Gewalt wie in einem Prisma viele kirchliche und gesellschaftliche Themen in sich sammeln: Es geht zunächst einmal um das Thema Vertrauen in asymmetrischen Beziehungen. Keine Gesellschaft kann auf das Grundvertrauen verzichten oder es gar ersetzen, in das die Schutzbefohlenen hineingegeben sind: Kinder zu ihren Eltern, Schüler zu ihren Lehrern, Ärzte zu ihren Patienten, Seelen zu ihren Seelsorgern. Doch im Erschrecken über den sichtbar gewordenen Missbrauch zieht sich die Gesellschaft gerne auf das Prinzip Kontrolle zurück, meist verbunden mit Staatsgläubigkeit, mit einem Überschuss an Vertrauen auf Staatsanwaltschaft und Polizei, die es richten sollen. Panik führt in die Versuchung zu totalitärem Denken. Offensichtlich ist es nur schwer zu ertragen, dass es Beziehungen gibt, in denen Vertrauen letztlich nie durch staatliche oder andere Kontrolle ersetzt werden kann, und dass diese Beziehungen in keiner Gesellschaft durch Verfahren, allgegenwärtige »große Brüder« oder durch andere Institutionen kontrolliert werden können. Es gibt keine Alternative zur Eltern-Kind-, Lehrer-Schüler-, Arzt-Patient- oder Seele-Seelsorger-Beziehung.

Damit ist natürlich nicht gemeint, dass Staatsanwaltschaft, Anzeige und Strafe keine Funktion bei der Aufarbeitung von Missbrauch hätten. Aber Missbrauch ist kein gewöhnliches Verbrechen. Es ist ein Verbrechen in einer Abhängigkeitsbeziehung, in einer Vertrauensbeziehung. Missbrauchsopfer brauchen Schutz. Sie reden nicht, wenn sich der Hörende nur als Briefkasten für die Staatsanwaltschaft versteht. Oder anders gesagt: Wenn Opfer so weit sind, Anzeige zu erstatten, brauchen sie keinen Diskretionsschutz mehr. Opfer gefährden sich selbst in ihren intimsten Beziehungen, wenn sie sprechen. Sie gefährden Menschen, von denen sie sich emotional noch gar nicht gelöst haben. Deswegen ist es sinnvoll, dass unabhängige Ombudsstellen zur Verfügung gestellt werden, Opferschutz-Einrichtungen, die in einem Bereich zwischen Jugendamt und Staatsanwaltschaft operieren und den Opfern Glauben schenken können, ohne verfahrensmäßig verpflichtet zu sein, zugleich die Unschuldsvermutung für den bezichtigten Täter zu berücksichtigen. Die Debatte um Anzeigepflichten kann von den Opferschutz-Interessen ablenken. Der Opferschutz ist aber das Kriterium, von dem her diese Debatte geführt werden sollte.

Eine weitere Erkenntnis: Opfer haben ein anderes Zeitgefühl als die Institution, die sich der Aufarbeitung öffnet. Das Opfer hat bereits einen langen Weg hinter sich, bis es sprechen kann. Wenn die Institution sich der Aufarbeitung öffnet, ist sie erst am Beginn eines Weges – eines langen Weges. Opfer wollen Konsequenzen sehen. Institutionen müssen zuerst für sich klären, ob und welche Konsequenzen sie zur Aufarbeitung ziehen können. Opfer machen Druck, Institutionen möchten sich dem Druck nicht beugen. Der Druck ist – gemeinsam mit dem Druck der Presse – ein wichtiger, entscheidender Machtfaktor gegen die Macht des Schweigens in der Institution. Die Institution beugt sich nur zögernd dem Druck. Ein Beispiel dafür ist für mich – aus Institutionsperspektive – der Prozess der drei Pressekonferenzen nach dem 28. Januar 2010. Am Anfang hatte ich entschieden, die Namen der Täter öffentlich nicht zu nennen, auch nicht in dem Brief vom 20. Januar 2010. Am zweiten Tag nach dem Versand des Briefes kamen schon die ersten Fragen nach Namen bei mir an. Ich musste sie bestätigen, um nicht andere, Unschuldige in den Schatten des Verdachts zu stellen. Bei der dritten Pressekonferenz mussten wir[2] die Namen der Verantwortlichen der damaligen Zeit benennen sowie das Beweisstück dafür herausgeben, dass sie um die Missbräuche wussten oder mindestens hätten wissen können. Ohne den Druck, bloß aus eigener souveräner Entscheidung, hätten wir es wohl nicht geschafft, dies so zügig offenzulegen.

Auf der anderen Seite ist Druck allein für die Institution kein ausreichender Grund, um Entscheidungen zu verantworten, die einen Versöhnungsprozess zwischen Institution und Opfer ermöglichen oder wenigstens offenhalten. Opfer haben nicht deswegen Recht, weil sie Opfer sind. Nehmen wir als Beispiel die Frage nach Zahlungen und Entschädigungen. Ich hatte sie zum Zeitpunkt meines Schreibens noch gar nicht im Blick. Doch schon am zweiten Tag meldeten sich die ersten Anwälte direkt oder über die Presse mit Forderungen an die Institution (Schule und Orden). Es bedurfte eines Prozesses auf Seiten der Institution, um einzusehen und zu akzeptieren, dass eine bloße Entschuldigung nicht reicht und dass die Anerkennung des zugefügten Leides unter anderem einen finanziellen Aspekt hat, welcher der Institution auch ganz praktisch wehtun wird. Würden Buß-Leistungen dieser Art bloß aufgrund des Drucks zugestanden, so könnten sie keine befriedende oder gar versöhnende Wirkung haben. Es bedarf seitens der Institution der Einsicht, damit die finanzielle Leistung auch auf der Beziehungsebene etwas Konstruktives bewirkt.

Das Januar-Gespräch war der Anlass für meinen Brief, der eine Lawine auslöste. Darin zeigt sich die Macht des Sprechens der

---

2 Die dritte, größte Pressekonferenz vom 1. Februar 2010 war eine gemeinsame Konferenz von Provinzial Stefan Dartmann, Schulleiterin Gabriele Hüdepohl und von mir.

Opfer. Ich weiß, dass die Opfer sich dabei gar nicht mächtig füh-len. Im Gegenteil. Es geht ihnen nicht gut, sie sind erschöpft, ent-täuscht, sie erleben vielleicht die Institution nach wie vor als über-mächtig. Es gibt Reaktionen aus der Institution, die so verletzend sind, dass sie den Missbrauch im Grunde genommen fortsetzen. Und doch gilt die andere Erfahrung: Das Opfer ist zugleich mäch-tig, und zwar durch das, was es ist und zu erzählen hat. Damit führt die Begegnung mit den Opfern in die Mitte einer Erfah-rung, auf der auch das Christentum beruht. Eine Kirche, die sich dem Sprechen der Opfer verschließt, verliert ihre Existenzgrund-lage. Es ist leicht, sich Opfern zu öffnen, wenn sie Opfer anderer Täter sind. Doch wenn sie Opfer der eigenen Taten und Unterlas-sungen sind, dann ist es schwer, sich zu öffnen. Die schöne Fas-sade der Institution sieht zunächst besser aus als der Unrat, der sich dahinter verbirgt. Aber, um es in einem anderen Bild zu sa-gen: Der Leichengeruch hinter der Fassade entweicht, wenn die Institution zulässt, dass die Opfer die Fenster aufmachen – und dann kann sich neuer Wohlgeruch in den Räumen sammeln. In der Wahrheit liegt für alle eine große Chance – die einzige, auf die es wirklich ankommt.

Der Autor
Pater Klaus Mertes SJ
Kollegsdirektor des Kolleg St. Blasien e.V, eine Einrichtung der Jesuiten in St. Blasien/ Schwarzwald

Das Verbrechen an unserem Sohn
Bericht der Mutter eines betroffenen Kindes

Am 8. Februar 2008 wurde unser Sohn Michael von Pfarrer K. massiv bedrängt. Pfarrer K. umklammerte unseren damals gerade neunjährigen Sohn im Bett einer Jugendherberge so fest, dass sich Michael nicht mehr bewegen konnte und sich sogar mit aller Anstrengung nicht mehr selbst befreien konnte. Vier oder fünf andere Kinder zerrten an dem Pfarrer, so fest sie konnten, bis dieser schließlich von Michael abließ. Dabei stürzte unser Sohn so hart aus dem oberen Bett eines Stockbettes, dass er sich am Bein verletzte und zwei Tage lang hinkte. Als sich Michael nach dem Sturz weinend auf das Bett daneben setzte, stieg der Pfarrer zu einem anderen Jungen ins Bett.

Zum Glück kam einer der Jungen zu meinem Sohn und kümmerte sich um ihn und versuchte ihn zu trösten. Dieser Junge aber war als Augenzeuge so traumatisiert, dass er nach Abschluss des Camps bei seinen Eltern in Tränen ausbrach und somit die Auflösung der Geschichte ins Rollen brachte. Für ihn war die Brutalität des Pfarrers ein Riesenschock. Ich bin ihm heute sehr dankbar, dass er meinem Sohn Mitgefühl gezeigt hat und mit einem feinen Gerechtigkeitsgefühl den Mut hatte, alles zu erzählen.

Der Pfarrer jedoch war noch zu mehreren Kindern nacheinander ins Bett gegangen. Einige rannten weg oder wehrten sich schneller, weil sie durch den ersten Vorfall mit Michael vorgewarnt waren. Andere reagierten nicht so schnell, weil sie schon kurz vor dem Einschlafen waren. Der Pfarrer legte sich nicht nur einfach so neben die Kinder. Michael etwa hielt er mit beiden Armen am Oberkörper fest, während seine Beine die Beine von Michael fest umschlangen, er seinen Kopf an Michaels Oberkörper schmiegte und stöhnte. Er trug dabei nur seine Boxer-Shorts.

Dies geschah in der ersten Nacht (Freitag) im ›Camp‹[3] in der Nähe von Johannesburg, Südafrika, auf einem Gelände der katholischen Kirche, das etwas außerhalb gelegen war. Dieses Camp fand im Rahmen der Erstkommunionvorbereitung statt.

Im Laufe des folgenden Tages fuhr Pfarrer K. weg. Die Katechetin war in der zweiten Nacht mit den Kindern allein, was wir Eltern gar nicht wussten. Am Sonntagmorgen fuhren die Eltern zum Camp, um mit den Kindern gemeinsam die Messe zu feiern. Diese wurde von dem Pfarrer des Camps gehalten.

Als wir ankamen, begrüßte uns Michael mit dem Satz: »Es ist alles schief gelaufen.« Er war übersät mit Mückenstichen, und seine Nase hatte heftig geblutet. Da er schon vorher ab und zu Nasenbluten gehabt hatte, dachten wir uns nichts Schlimmes dabei und verstanden nicht so recht, warum Michael diesen Satz gesagt hatte. Er erklärte ihn nicht weiter.

Nach der Messe gab es ein Grillfest, zu dem alle Eltern etwas mitgebracht hatten. Dazu gesellte sich dann Pfarrer K., der zuvor in der Pfarrei die Sonntagsmesse gehalten hatte. Als er ankam, überraschte er uns mit einem Gast, den keiner kannte und der mit der Erstkommuniongruppe und der Pfarrei nichts zu tun hatte: ein junger Mann, der in den folgenden Wochen im Pfarrhaus ein und aus ging. Mir gefiel es nicht, dass der Pfarrer sich überhaupt nicht um die Kinder kümmerte, sie kaum begrüßte, sondern nur seinen Gast umsorgte. Einen uns fremden Menschen zum Grillfest der Erstkommunionfamilien einzuladen fand ich sehr unangebracht. Zu diesem Zeitpunkt wusste ich noch nicht, was sich in der vorletzten Nacht zugetragen hatte. Als ich in den folgenden Tagen nach und nach erfuhr, was Freitagnacht geschehen war, empfand ich die Dreistigkeit, mit der Pfarrer K. seinen Freund

---

3 afrikanische Version einer Jugendfreizeit

eingeladen hatte, sich vom Essen der Eltern zu bedienen, als äußerst beleidigend. Ich bin sicher, dieser Auftritt war Teil der Taktik, vom Problem abzulenken.

Die Kinder waren zwar bei dem Essen dabei, hielten sich jedoch etwas abseits des Pfarrers und rannten bald wieder weg zum Spielen, sodass sie aus den Augen der Erwachsenen verschwanden. Die Gruppe schien zusammengeschweißt und wollte unter sich sein, was wir vollkommen akzeptierten.

Auf dem Heimweg war Michael nicht sehr gesprächig. Er erwähnte jedoch, dass der Pfarrer das »Kuschelspiel« mit ihnen gespielt habe. Mein Mann und ich verstanden das nicht so genau, dachten uns aber noch nichts dabei. Als wir dann endlich zu Hause angekommen waren, ging es Michael so schlecht, dass er nur ins Bett wollte. Wir hielten es für Mangel an Schlaf nach zwei Übernachtungen im Camp. Er hatte jedoch ziemlich hohes Fieber, sodass er an den nächsten beiden Tagen nicht in die Schule gehen konnte. Erst am späten Dienstagnachmittag, nachdem er lange geschlafen hatte, ging es ihm besser.

An diesem Abend rief uns die Katechetin an. Sie wollte mit Michael sprechen. Ich war in der Küche beschäftigt und wusste nicht, worum es ging. Als sie eine ganze Weile mit Michael gesprochen hatte, rief er mich zum Telefon. Da sagte sie mir, dass Michael alles bestätigt habe, was andere Kinder ihr gesagt hatten, nämlich, dass der Pfarrer mit Michael im Bett gewesen war. Ich kapierte es immer noch nicht. Der Gedanke, dass der Pfarrer Michael belästigt hatte, war mir so fern, dass ich sehr lange brauchte, um ihn wahrzuhaben. Ich sprach mit meinem Mann darüber, und wir hielten es beide zuerst für ein zwar ungewöhnliches, aber eher harmloses Verhalten.

Erst am folgenden Nachmittag fragte ich Michael näher, was eigentlich passiert sei. Da öffneten sich mir die Augen. Wir spielten die Szene nach: Ich spielte meinen Sohn, Michael war der Pfarrer. Ich war sprachlos, als er mir zeigte, wie der Pfarrer seine Beine um ihn gelegt, den Kopf an seine Brust geschmiegt und dabei so »komisch gestöhnt« hatte. Michael wollte mir nicht zeigen, wie fest der Pfarrer ihn gedrückt hatte, weil er mir nicht wehtun wollte. Ich fragte ihn, was er getan und gesagt hätte. Er erklärte, dass er zuerst »lieb« gesagt habe, dass der Pfarrer weggehen solle, sich dann aber gewehrt habe, weil der Pfarrer nicht losließ. Danach habe er geschrien und ihm den Ellenbogen in den Bauch gerammt, der Pfarrer habe aber noch immer nicht losgelassen. Die anderen Kinder hätten ihm geholfen und versucht, den Pfarrer von ihm wegzuzerren. Der Pfarrer habe ihn aber weiterhin festgehalten. In diesem regelrechten Kampf sei er selbst schließlich von dem Etagenbett hinuntergestürzt. Immerhin spielte sich dieser Kampf im oberen Bett ab! Michael fiel also tief. Er zeigte mir den blauen Bluterguss am Bein, den er durch den Sturz bekommen hatte.

Da begriff ich zum ersten Mal, was meinem Sohn zugestoßen war, später warf mir Michael vor, dass ich ihm nicht geglaubt hatte. Ich muss gestehen, dass ich bis zu diesem Punkt die Angelegenheit nicht ganz ernst genommen hatte. Mein Mann und ich hatten nicht nach den Details gefragt, als Michael die Andeutungen bezüglich der »Kuschelspiele« machte. Wir hatten alles verharmlost.

Erst nach mehreren schlaflosen Nächten und Besprechungen mit der Katechetin, die als einzige weitere Erwachsene im Camp war, trafen wir uns mit den anderen betroffenen Eltern. Zuerst waren wir nicht sicher, wie wir vorgehen sollten. Wir wandten uns mit einem Schreiben an den Bischof von Johannesburg, der uns sofort zu einem Gespräch einlud. Er schickte Father Graham Rose und Sister Shelagh Mary als seine Vertreter zu diesem Gespräch, die sich unsere Vorwürfe anhörten und viele Fragen stellten. Die beiden glaubten uns, und der Bischof wollte daraufhin Pfarrer K. sofort suspendieren, hatte aber keine Befugnis dazu. Dafür war die Deutsche Bischofskonferenz zuständig. Der Bischof erhielt den Kontakt mit uns über Schwester Shelagh Mary eine Zeit lang aufrecht; wir wurden jedoch wieder alleingelassen, als die Staatsanwaltschaft die Sache in die Hand nahm.

Unser nächster Schritt war die Meldung bei der polizeilichen Behörde. Die Kinder wurden daraufhin individuell besucht und mussten dem jeweiligen Polizisten ihre Geschichte erzählen, ohne dass wir Eltern dabei sein durften. Alles wurde schriftlich festgehalten. Viele Leute, vor allem Prälat Prassel, warfen uns später vor, dass wir viel zu schnell zur Polizei gegangen seien. Dabei hätten wir uns nach südafrikanischem Gesetz strafbar gemacht, wenn wir die Vorfälle nicht gemeldet hätten. In Südafrika besteht eine Meldepflicht in Bezug auf Verbrechen. Das heißt, dass Eltern die *Pflicht* (nicht nur das Recht) haben, ein Unrecht, das ihren Kindern widerfahren ist, der Polizei zu melden. Darum hatte uns der Pater, der als Gesandter des Bischofs mit uns Eltern gesprochen hatte, gebeten, den Vorfall der Polizei zu melden. Andernfalls wäre er gezwungen gewesen, dies selbst zu tun. In Südafrika kann sich die Kirche nicht über den Staat und über die Gesetze stellen, so wie offensichtlich in Deutschland.

Nachdem fünf Kinder einzeln befragt worden waren, hatten wir ein Treffen mit den zuständigen polizeilichen Ermittlern. Diese hatten die Aussagen miteinander verglichen und waren zu dem Ergebnis gekommen, dass ein Verbrechen vorlag. Wir entschieden uns zu einer Anzeige. Dies geschah zwei bis drei Wochen nach der Tat. Die Gemeinde erfuhr davon auf der Jahresversammlung am 09.03.2008. Es gab Stimmen, die an der Aufklärung der Situation interessiert waren. Aber die meisten Gemeindemitglieder weigerten sich, der Anklage Glauben zu schenken. Der aus Deutschland angereiste Prälat Dr. Peter Prassel, der als Leiter des Auslandssekretariats die offizielle Kirche vertrat und die Gesprächsleitung zu diesem Thema übernommen hatte, verbot jede Diskussion.[4] Die Erstkommunion sollte aber stattfinden, obwohl die Atmosphäre in der Gemeinde gar nicht gemeinschaftlich war. Die Betreuerin und Organisatorin, die uns von Pretoria für diese Feier zugewiesen wurde, sandte uns einen herzlosen Brief, um uns ihre Befugnis zu erklären. Ich empfand ihre »Betreuung« als überhebliche Diktatur, die mich an einen Polizeistaat erinnerte. Zur Erstkommunionfeier schickte uns der Bischof einen anderen Pfarrer. Er kam damit einer Forderung von uns Eltern der Erstkommunionkinder nach, die er für völlig berechtigt hielt.

---

4 Am 20.03.2008 legte Prälat Dr. Prassel, der für die Versendung deutscher Priester ins Ausland, darunter auch Pfarrer K., zuständig war, völlig überraschend sein Amt nieder.

Der Gottesdienst war leider eine eher traurige Angelegenheit. Wir konnten unsere eigenen Gefühle und Wünsche nicht mit einbringen. Er hat in Michael auch keinen inneren Zugang zur Messe oder zur Kommunion bereitet. Ich glaube nicht, dass Michael an der Feier innerlich beteiligt war. Nach dem Gottesdienst verschwanden wir schnell zu unserer kleinen Feier für Michael zu Hause. Das war der letzte Gottesdienst, den wir in dieser Gemeinde besuchten.

Kurz nach Ostern 2008 leitete der südafrikanische Bischof von Johannesburg eine innerkirchliche Untersuchung ein, weil ihm offensichtlich daran gelegen war, die Vorwürfe ernst zu nehmen. Es hatte Verzögerungen bei der Staatsanwaltschaft gegeben, weil hin und her diskutiert wurde, welches Gericht für den Fall zuständig war, da sich der Vorfall außerhalb des juristischen Bereichs ereignet hatte, in dem alle Betroffenen wohnhaft waren oder sich die Gemeinde befand. Für das innerkirchliche Verfahren wurde den Eltern versichert, dass die Kinder keine weiteren Aussagen mehr machen müssten. Aber ein Anwalt der Diözese Johannesburg, der beauftragt worden war, führte lange Einzelgespräche mit den betroffenen Eltern, auch mit mir. Dieses Verfahren wurde jedoch sofort eingestellt, als die Staatsanwaltschaft entschied, den Fall zu übernehmen. Der Gerichtsort sollte im juristischen Bereich der Tat liegen, in diesem Fall in dem Ort Brits.

Als dies feststand, bekamen die Kinder einen Termin in der Teddybear-Clinic, wo man sich um minderjährige Opfer von Missbrauch kümmert. Sie lernten in einem Rollenspiel, wie es bei einer Gerichtsverhandlung zugeht, und führten Einzelgespräche mit einer Sozialarbeiterin, die entscheiden musste, ob sich die Kinder während der Gerichtsverhandlung in einem separaten Raum befinden oder direkt im Gerichtssaal anwesend sein sollten. Die Entscheidung fiel zugunsten des separaten Raumes aus, was der Anwalt von Pfarrer K. später zum Anlass nahm, den Prozess zu verschleppen. Er focht die Entscheidung an und forderte die Unterlagen dieser Gespräche an.

In den Oktoberferien 2008 fuhren zwei Polizeibeamte mit den Kindern und einigen Müttern nach Brits zum Gericht, um den

Kindern die Angst vor der Situation zu nehmen. So wurden die Kinder psychologisch auf die Verhandlung vorbereitet und hatten kaum noch Angst davor. Nur kam es bis 2010 nicht zum Prozessbeginn.

Außer der Katechetin, die immer fest zu den Kindern und den Eltern gehalten hat, fragte keiner aus der Gemeinde, wie es den Kindern oder uns ging. Die meisten Leute wollten nicht glauben, was geschehen war, und nannten es eine Verleumdung. Wir wurden kritisiert, geschmäht und als die Schuldigen hingestellt, da wir das Tabu, einen Pfarrer anzuzeigen, gebrochen hatten. Indem sie den Pfarrer als unschuldiges Opfer einer Verleumdung behandelten, klagten sie indirekt neunjährige Kinder der Verleumdung an. Dabei hatten diese Kinder ihren Pfarrer vor dem Vorfall im Camp sehr gemocht! Gerade weil die Kinder den Pfarrer gemocht hatten, war der Vertrauensbruch so gravierend und schmerzhaft. Der seelische Schmerz ging tiefer als der körperliche. Deshalb ist das unchristliche Verhalten der Gemeindemitglieder so furchtbar verletzend. Keiner hatte den Mut uns zu fragen, was denn eigentlich geschehen war.

Es dauerte über drei Monate, bis Pfarrer K. endlich von der Deutschen Bischofskonferenz suspendiert wurde. In dieser Zeit hatte er Gelegenheit, seinen Pfarrgemeinderat zu manipulieren, seine Gemeinde irrezuführen und die Katechetin, die als Einzige zu uns hielt, von ihrem Amt abzusetzen. Von Anfang an hing über unseren Köpfen die Drohung einer Anzeige wegen Rufmordes. Den Vater des betroffenen Jungen, der unmittelbar nach dem Vorfall zu Pfarrer K. gegangen war und ihn zur Rede gestellt hatte, bat Pfarrer K. zuerst, ihm die »Karriere« nicht zu zerstören. Dann drohte er diesem Vater schon bei diesem ersten Gespräch mit einer Anzeige wegen Rufmordes, lange bevor wir überhaupt an die Polizei dachten. Auch Prälat Prassel betonte in der Jahresversammlung ausdrücklich, dass wir zu schweigen hätten. Wir hatten den Eindruck, dass uns die Kirche mit der impliziten Drohung mundtot machen wollte. Als wir den zuständigen Polizeibeamten dazu befragten, empfahl er uns, auf keinen Fall gegenüber der südafrikanischen Presse Namen zu erwähnen.

Leider hat weder der Bischof von Johannesburg noch sein Generalvikar persönlich mit uns Eltern gesprochen. Als Reaktion auf einen Zeitungsartikel gab es eine Radiosendung, in der der Generalvikar um eine Stellungnahme gebeten wurde. Der Radiomoderator regte sich sehr darüber auf, dass Pfarrer K. noch nicht suspendiert worden war. Offenbar durfte der Generalvikar aber nicht erwähnen, dass eine ausländische Kirche für den mutmaßlichen Täter verantwortlich war. Er versuchte, die Kirche in ein positives Licht zu rücken. Er ging sogar so weit, dass er den Eltern den Vorwurf machte, dass diese ihre Kinder »allzu gerne« dem Pfarrer überlassen hätten. Dabei hatten mehrere Eltern gefragt, ob sie im Camp mithelfen sollten.

Neben diesem zwar beschämenden Verhalten von Kirchendienern in Südafrika steht jedoch ein viel schlimmeres Fehlverhalten der zuständigen Kirchenvertreter in Deutschland. Wir Eltern haben auf unseren Brief an Erzbischof Dr. Zollitsch, der gerade Leiter der Deutschen Bischofskonferenz geworden war, nur eine Antwort vom Sekretär der deutschen Bischofskonferenz bekommen, in der uns versprochen wurde, dass man sich um die Kinder kümmern würde, wenn Pfarrer K. vom Gericht verurteilt würde – erst dann! Vorher müsse man von der Unschuld des Pfarrers ausgehen. Die Kirche musste sich aus ihrer Erfahrung heraus aber durchaus bewusst sein, dass sich so ein Verfahren über viele Jahre hinziehen kann.

Die Kirche benutzt die Verpflichtung zur Neutralität als Ausrede, um sich in ihrer Passivität zu rechtfertigen und den Opfern nicht helfen zu müssen. Tatsächlich verhält sich die Kirche keineswegs neutral. Dem Angeklagten wurde zwei Jahre lang (bis Mai 2010) aus deutschen Kirchensteuern nicht nur sein volles Gehalt weiterbezahlt, sondern auch das Honorar eines der teuersten Anwälte in Johannesburg. Es war im Sinne der Verteidigung und nicht der (juristisch korrekt ausgedrückt) mutmaßlichen Opfer, den Prozess mit immer neuen Lappalien zu verschleppen. Dies hat die deutsche Kirche bewusst voll finanziert. Es hat keineswegs der Wahrheitsfindung gedient. Den mutmaßlichen Opfern wurde nicht einmal eine Übernahme der Kosten von therapeutischer

Hilfe angeboten. Der Bischof von Johannesburg nannte den mut-maßlichen Opfern zwar die Namen von Therapeuten; für finanzielle Hilfe hat die Kirche in Südafrika aber kein Geld.

In Johannesburg dient der Staatsanwalt den Opfern. Einen eigenen Anwalt können sich die Familien nicht leisten. Das Gesetz in Südafrika schreibt vor, dass die Kinder vor Gericht aussagen müssen. Die Taktik der deutschen Kirche scheint zu sein, darauf zu warten, dass die Kinder irgendwann nicht mehr aussagen möchten. Kümmert man sich in der Kirche so um das Wohl der Kinder?!

Die Suspendierung von Pfarrer K. im Juni 2008 erfolgte erst, nachdem die Staatsanwaltschaft die Sache in die Hand genommen und der Pfarrer von der Polizei verhört worden war. Obwohl ihm verboten wurde, auf das Pfarrgelände zu gehen, wurde er danach mehrmals dort gesehen. Er blieb in ständigem Kontakt mit den Mitgliedern der Gemeinde. Im Juni musste er auch zum ersten Mal vor Gericht erscheinen. Sein Anwalt begann damals mit der Taktik, Forderungen zu stellen (Akteneinsicht etc.), die den eigentlichen Start der Gerichtsverhandlung hinauszögerten. K. wurde der Reisepass entzogen, sodass er das Land nicht mehr verlassen konnte.

Nach dem ersten Gerichtstermin ging Pfarrer K. nicht wieder zurück in das Kloster, in dem er zwei Wochen hatte verbringen müssen, sondern fuhr nach Kapstadt zu seinem deutschen Amtskollegen Stefan Hippler. Durch einen Zufall wurde uns im Januar 2009 bekannt, dass er in der dortigen deutschsprachigen Gemeinde bei der Vorbereitung der Erstkommuniongruppe aktiv beteiligt war. Als wir davon erfuhren, gaben wir dem Bischof von Johannesburg Bescheid, der sich mit dem Bischof von Kapstadt in Verbindung setzte. Daraufhin wurde Pfarrer K. diese Arbeit strengstens verboten. Ob dies überprüft wird, wissen wir nicht.

Bei unserer Recherche über Pädophilie wurde uns von Experten bewusst gemacht, dass der Übergriff des knapp 50jährigen Pfarrers möglicherweise nicht der erste Übergriff gewesen sein könnte. Im Mai 2008 nahm der Ehemann der Katechetin Kontakt zu dem Vorsitzenden der *Initiative gegen Gewalt und sexuellen Miss-*

brauch an Kindern und Jugendlichen e. V., Johannes Heibel, aus Deutschland auf. In den Osterferien 2009 besuchten mein Sohn und ich Herrn Heibel, der sich unsere Geschichte anhören wollte, um sich selbst ein Bild davon zu machen. Wir beschlossen, auch in Deutschland Anzeige zu erstatten durch einen Anwalt, den die Initiative uns ohne unsere finanzielle Beteiligung anbot. Wir baten Johannes Heibel, sich zu erkundigen, ob es in den Gemeinden, in denen Pfarrer K. früher tätig gewesen war, ebenfalls Vorfälle gegeben hatte. Er fand heraus, dass es tatsächlich auch dort Betroffene gab, darunter auch Christopher[5], der angab, dass er als Kind von Pfarrer K. über Jahre sexuell missbraucht worden sei. Er erstattete im Februar 2010 Strafanzeige gegen Pfarrer K. Im Mai 2010 gab Pfarrer K. gegenüber der Staatsanwaltschaft Krefeld ein kurzes, allerdings nicht detailliertes »Geständnis« zu diesem Fall in Deutschland ab, beteuerte aber weiterhin seine Unschuld im südafrikanischen Fall.

Als Reaktion auf dieses Geständnis, das er auch jederzeit widerrufen kann, wurde Pfarrer K. »die Freilassung zur Auslandsseelsorge« gekündigt, was bedeutete, dass nun wieder das Bistum Aachen für K. zuständig ist. Seitdem bekommt Pfarrer K. 1.100 € »als sustentatio« für seinen Lebensunterhalt von der Diözese Aachen. Pfarrer K. war jetzt gezwungen, die Kosten für seinen Anwalt selbst zu bezahlen. Nun kam es endlich zur Eröffnung des eigentlichen Prozesses im Juni 2010.

Die Aussage vor Gericht

Alle Zeugen wurden 2010 gehört, abgesehen von den beiden Jungen, deren Familien inzwischen nach Deutschland gezogen waren, darunter auch unser Sohn. Die Zeugenaussagen dieser Jungen sollten dann per Konferenzschaltung aus Deutschland live angehört werden. Ebenso sollte das Kreuzverhör stattfinden. Der zuständige Polizeibeamte in Johannesburg, der die Ermittlungen geführt hatte, erkundigte sich nach unseren Wohnorten und organisierte den Kontakt mit den zuständigen Polizeibehörden in

---

5 Name geändert

Deutschland. Daraufhin wurde mir von der deutschen Polizei empfohlen, mich um eine Dolmetscherin oder einen Dolmetscher für dieses Gespräch vor Ort zu bemühen. Ich fragte eine Kollegin, die Englisch unterrichtete, ob sie dazu bereit wäre. Sie war bestürzt, sicherte mir aber ihre Hilfe zu. Auch Johannes Heibel bot seine Hilfe an, falls Michael das gerne gehabt hätte. Wir warteten also auf einen Termin. Dann erfuhren wir, dass der Anwalt des Pfarrers eine Zeugenaussage dieser Art nicht akzeptieren würde und wir zur Verhandlung nach Südafrika reisen sollten.

Dafür musste ein Termin gefunden werden, der in die deutschen Ferien (für beide Bundesländer) fallen würde, damit die zwei Jungen mehrere Tage für die Verhandlung zur Verfügung stehen konnten. Die Wahl fiel auf die Ferienwoche Ende Juni 2011.

Mit uns kam also auch der andere deutsche Junge mit seinem Vater nach Südafrika, um seine Zeugenaussage zu machen. Diese Flüge bezahlte übrigens der Staat Südafrika. Wir kamen am Sonntagmorgen in Johannesburg an und wurden von zwei zuständigen Polizeibeamten direkt am Flugzeug abgeholt. Sie begleiteten uns durch die Gepäckausgabe, und wir verabredeten uns für den nächsten Tag zur Gerichtsverhandlung in Brits.

Mein Mann, mein Sohn und ich kamen am nächsten Morgen zu früh in Brits an und gingen in das gegenüberliegende Fastfood-Restaurant – leider das einzige weit und breit –, um uns aufzuwärmen. Denn während wir in Deutschland die heißeste Woche des Sommers 2011 verpassten, froren wir sehr im winterlichen Südafrika. Als auch andere Leute eintrafen, die nach »Gerichtsverhandlung« aussahen, darunter Pfarrer K. und sein Freund aus Kapstadt, gingen wir wieder ins Gerichtsgebäude hinüber, wo inzwischen auch der andere Junge aus Deutschland mit seinem Vater angekommen war. Eine junge Gerichtshelferin (»court preparation officer«) zeigte uns alles und erklärte den beiden Jungen, dass sie die Wahrheit sagen müssten, dass sie Bescheid geben sollten, wenn sie etwas nicht verstünden, und dass sie nichts dazuerfinden sollten, egal, wie oft der Verteidiger sie fragen würde. Dann gingen die beiden Jungen in den Nebenraum, wo sie sich auf ihr Verhör vorbereiten konnten.

Danach erschien eine ältere Dame, die den Kindern als »interme-diary« zugeteilt war, d. h. sie sollte die Fragen des Verteidigers in einfacheres Englisch übertragen. Sie kümmerte sich mütterlich um Michael, was für uns eine große Erleichterung war. Wir Eltern hätten zwar im Gerichtssaal sitzen dürfen, aber Michael wollte das nicht.

Unser Sohn sollte als Erster aussagen. Die Verhandlung war für 9.45 Uhr angesetzt, und Michael verließ uns. Er war nun in einem kleinen Raum mit seiner Vermittlerin allein. Per Kamera würde er im Gerichtssaal zu sehen sein. Michael selbst konnte den Gerichtssaal während seines Verhörs nicht sehen.

Da keine Kopfhörer vorhanden waren – sie waren anscheinend gestohlen –, mussten nun neue Kopfhörer besorgt werden, so-dass die Verhandlung erst nach 10.30 Uhr begann. Die Staatsan-wältin war mit ihrem Teil der Befragung (»giving evidence«) nach einer Stunde fertig. Nach einer kurzen Toilettenpause, in der Michael mit niemandem sprechen durfte und wir ihn auch nicht sahen, fing das Kreuzverhör (»cross examination«) des Verteidi-gers an. Um 13 Uhr war Mittagspause. Wir gingen mit Michael in das einzige Restaurant und fragten ihn, wie es ihm gehe. Er war noch recht gefasst, aber er fühlte sich nicht mehr ganz so stark wie am Morgen. Man merkte, dass ihn die Situation sehr anstrengte. Wir versuchten, ihm Mut und Zuversicht zu geben, und hofften, dass am Nachmittag alles schnell vorbei sein würde.

Nach einer Stunde ging die Verhandlung weiter. Ich war froh, dass der kleine Raum, in dem Michael sich aufhielt, beheizt war. Wir stellten uns darauf ein, dass wir bald nach Johannesburg fah-ren und den Rest der Woche genießen könnten.

Kurz nach 16 Uhr kam Michael zu uns, gestresst und bestürzt. Er berichtete, dass er die Rede des Verteidigers als sehr beleidigend empfunden habe. Dieser habe ihm »brain failure«, geistige Aus-setzer, vorgeworfen, da sich Michael an irgendein Detail nicht mehr erinnern konnte. Der Anwalt habe versucht, Michael fertig-zumachen und als unzuverlässigen Zeugen abzustempeln. Dabei nahm er ganz im Sinne seines Mandanten keine Rücksicht dar-auf, dass man es mit einem Kind zu tun hatte, angeblich alles der

Wahrheitsfindung zuliebe. Durch die Beleidigungen des Anwalts fühlte sich Michael sehr angegriffen und als Idiot hingestellt. Er war empört. Außerdem war klar, dass er am folgenden Tag noch einmal erscheinen musste: Es war noch nicht vorbei. Man sah ihm an, dass der Nachmittag ihm arg zugesetzt hatte. Er war in sehr schlechter Stimmung, aufgebracht und frustriert. Wir fuhren nach Johannesburg zurück und taten nicht mehr viel an diesem Abend.

Am Morgen darauf fühlte sich Michael bedeutend schwächer als am Vortag. Es war für ihn eine Tortur, nochmals vor Gericht zu erscheinen. Als wir in Brits ankamen, sagten wir das auch der Staatsanwältin. Sie versuchte, den Vortag wieder in die richtige Perspektive zu rücken, Michael zu beruhigen, und versicherte, dass Michael alles vollkommen richtig gemacht habe. Auch der Dolmetscher im Gerichtssaal kam zu uns in den Warteraum, da er anscheinend das Bedürfnis hatte uns zu sagen, dass er den Anwalt für unverschämt hielt. Außerdem kam Michaels Betreuerin und erklärte, wie sehr ihr Michael leidtue.

Michael war der Hauptzeuge, weil er das erste mutmaßliche Opfer K.s gewesen war: Vielleicht wurde er deshalb nach meinem Eindruck bei der Verhandlung am stärksten schikaniert. Mein Mann und ich konnten nicht helfen. Michael musste da ganz alleine durch.

Gegen 12.30 Uhr war er fertig mit seiner Aussage, und wir konnten gehen. Er war kaputt und ausgelaugt, aber nicht ganz so frustriert wie am Tag zuvor. Er hatte das Gefühl, dass er es diesmal besser gemacht hatte. Ich glaube, Michael spürte, dass alle hinter ihm standen und dass er stark genug gewesen war für seinen Gegner. Im Laufe des Nachmittags bekam er gute Laune und schien recht zufrieden. Für die folgenden Tage organisierten wir Wiedersehen mit ehemaligen Klassenkameraden, was ihm sehr guttat.

Das Verhör des zweiten Jungen und damit letzten Zeugen verlief relativ kurz. Die Staatsanwältin hatte uns erklärt, dass sie erwarte, am folgenden Freitag ihre Abschlussrede halten zu können, und dass der Richter danach genügend Zeugen verhört habe, um zu einem Gerichtsurteil zu gelangen. Wir waren alle erleichtert und dachten, dass wir bald einen Richterspruch hören würden. Darauf warten wir noch heute, wieder zwei Jahre später. Inzwischen ist uns überhaupt nicht mehr bekannt, wo das eigentliche Problem liegt. Ich weiß nicht, ob es jemals zu einem Urteilsspruch kommen wird, obwohl alle, die sich die Aussagen der Kinder anhörten (Polizei, Sozialarbeiterin, Staatsanwältin), ihnen glauben und sicher sind, dass Pfarrer K. diese Übergriffe begangen hat. Ich bin auch felsenfest davon überzeugt, dass der Richter genügend Zeugenaussagen gehört hat und einen Urteilsspruch fällen könnte. Jetzt erscheint uns das juristische System Südafrikas sehr ineffektiv. Man muss annehmen, dass Pfarrer K. und sein Anwalt geduldig darauf warten, dass es aus irgendeinem Grund nie einen Richterspruch geben wird. Währenddessen genießt Pfarrer K. immer noch die Sonne in Kapstadt, einer der schönsten Städte der Welt. Wer beendet schon freiwillig einen – meiner Ansicht nach – mittlerweile fünfjährigen bezahlten Urlaub?

Vor der Gerichtsverhandlung wollte Michael eine ganze Zeit lang Richter werden. Er sprach nie davon, Anwalt zu werden, sondern Richter. Inzwischen hat er sich zu dieser Idee nicht mehr geäußert. Wir haben nur selten über die Verhandlung gesprochen. Michael war danach aggressiv.

Aber ich glaube nicht, dass er es jemals für besser gehalten hätte, nicht auszusagen. Er hat kurz vor seinem 13. Geburtstag vor Gericht etwas durchgemacht, was die meisten Menschen zum Glück nie erleben müssen. Die Gerichtsverhandlung hat ihn gezwungen, stark zu sein, und hat ihn reifer gemacht, als man es normalerweise in seinem Alter erwartet. Er hätte verdient zu erfahren, dass Pfarrer K. für sein Verbrechen bestraft wird.

Ausgrenzung und quälendes Schweigen
Bericht einer Zeugin aus der Gemeinde
Uschi Schäfer

Mit gemischten Gefühlen fuhr ich im Februar 2008 mit zum Erstkommunioncamp an den Hartebeespoortdam, ein Erholungsgebiet in der Nähe von Johannesburg. Ehrenamtlich hatte ich die Kinder und Eltern ein Jahr lang bei der Vorbereitung auf die Erstkommunion begleitet.

Vor 19 Jahren war ich nach Johannesburg gekommen, nachdem ich mein Studium der katholischen Theologie in München beendet hatte. Seitdem lebe ich mit meinem Mann und unseren drei Söhnen in Südafrika.

Einerseits freute ich mich auf ein Wochenende draußen in der Natur mit fröhlichen, aufgeweckten Kindern, andererseits hegte ich Groll gegen Herrn K., der bereits bei den viel zu kurz gekommenen Vorbereitungen alles an sich gerissen, keinen Widerspruch geduldet und mir lediglich den Einkauf von Brot und Traubensaft überlassen hatte.

Unmittelbar nach der Ankunft im Erstkommunioncamp wurden die Unterkünfte verteilt. Herr K. äußerte dabei den Wunsch, mit den Jungen zusammen in einem großen Schlafsaal zu schlafen. Dass dies in Deutschland schon lange keine Praxis mehr ist, war mir nicht bewusst und zeigt, wie naiv und unaufgeklärt ich damals war. Nach dem Essen durften die Kinder auf ausdrücklichen Wunsch Herrn K.s ihre Zeit frei gestalten, was vor allem von den Jungen mit Begeisterung aufgenommen und mit großem Ideenreichtum ausgeführt wurde.

Während des gemeinsamen Abends erzählte mir Herr K. sehr viel – auch von sich, von seiner Arbeit in unserer Gemeinde, von seinen Schwierigkeiten mit dem Leben in Südafrika, von seinem Stolz auf das bisher Erreichte. Ebenso stolz berichtete er mir von der Aussöhnung mit einem Gemeindemitglied, das er gleich zu Beginn seiner Amtszeit auf schroffste Art beleidigt hatte. Und er kündigte an, die Schlafsaaltür aus Sicherheitsgründen abzusperren.

In der folgenden Nacht soll sich Herr K. zu mehreren Jungen ins Bett gelegt und sie gegen ihren Willen festgehalten haben.

Als sich am nächsten Morgen ein Junge während einer Unterrichtseinheit auf Herrn K.s Schoß setzen sollte, um ruhig gehalten zu werden, weigerte sich der Junge, dies zu tun. Dabei fiel mir auf, wie sehr ihm die Jungen zu Hilfe kamen, ihm Platz machten, damit er nicht auf Herrn K.s Schoß sitzen musste. Auch dieser Vorfall hinterließ mich zwar leicht irritiert, aber die Alarmglocken läuteten dennoch nicht.

Am Nachmittag dieses Tages verließ Herr K. das Camp, da er eine Einladung zu einem Kirchenempfang hatte, bei dem auch viele hohe Amtsträger der deutschen katholischen Kirche anwesend waren.

Am Montagmorgen nach dem Camp erhielt ich den ersten aufgeregten Anruf einer Mutter, deren Sohn verstört von den Ereignissen im Jungenschlafsaal berichtet hatte. Dieser Junge war selbst nicht belästigt worden. Ich nahm die Mitteilung der Mutter besorgt zur Kenntnis, fühlte mich aber ratlos.

Am gleichen Abend rief mich dieselbe Mutter noch einmal an. Sie bekräftigte ihre Vorwürfe und teilte mir mit, dass ihr Mann in diesem Augenblick unterwegs zu Herrn K. sei mit der Absicht, ihn zur Rede zu stellen.

Eine halbe Stunde später meldete sich telefonisch ein aufgebrachter und entsetzter Herr K. bei mir und beschwor mich geradezu zu glauben, dass von all den Vorwürfen keiner wahr sei. Gleichzeitig redete er schlecht über den Vater, der bei ihm gewesen war – dieser könne nicht einmal richtig Deutsch.

Am nächsten Morgen erhielt ich den zweiten Anruf von Herrn K., in dem er mir mitteilte, es sei ihm eingefallen, dass er fünf Jungen an diesem Abend zum Zwecke der Beruhigung gekitzelt habe und dass dies vielleicht falsch verstanden worden sei.

Plötzlich war ich in etwas hineingeraten, und meine Ratlosigkeit wuchs mit jeder Sekunde. Herr K. nannte mir die Namen der fünf Jungen. Da sie alle dieselbe Schule wie meine Kinder besuchten, schlug ich vor, alle fünf in der Pause zu diesem Thema zu befragen. Alles würde sich sicherlich als großes Missverständnis aufklären lassen.

Mit dem Einverständnis von Herrn K. begab ich mich in die Schule, kam mit vier gleichen Aussagen über die Vorfälle zurück und konfrontierte Herrn K. telefonisch damit.

Dieser tobte, erklärte mir, das seien alles Lügen, und beschwor mich abermals, ihm zu glauben. Ich müsse doch auch bedenken, wie »blöde« es von ihm gewesen wäre, wenn er sich in der Gegenwart von »so vielen Zeugen« unsittlich benommen hätte. Die fünfte Aussage bekam ich erst am Abend telefonisch. Es handelte sich dabei um den Jungen, der offensichtlich die meiste Gewalt abbekommen hatte. Dieser erzählte mir am Telefon alles minutiös. Seine hochkonzentrierte Achtsamkeit und sein detailliertes Reden, vor allem über seine verletzten Gefühle, machten mir den Ernst der Lage zum ersten Mal in einer ganz tiefen Dimension bewusst. Im Anschluss an das Gespräch setzte ich die Mutter über den Bericht ihres Sohnes in Kenntnis.

Der folgende Tag war gekennzeichnet von zahllosen Telefonaten ins In- und 'Ausland. An »Childline South Africa« wandte ich mich zunächst anonym und verschwieg auch, dass es sich um einen Priester handelte. Ich wollte erst einmal Fakten sammeln, um mir daraufhin ein besseres Bild machen zu können. Von »Childline« wurde ich sehr professionell aufgeklärt über Täterverhaltensmuster und vor allem die Tatsache, dass Kinderaussagen in diesem Alter unbedingt Glauben zu schenken sei.

Ein befreundeter, sehr erfahrener Pfarrer in Deutschland riet mir energisch zum sofortigen Handeln. In solchen Fällen dürfe keine Zeit vergeudet werden. Dieser Rat war für mich enorm wichtig, da ich bis dahin immer noch insgeheim nach Wegen suchte, mich aus dieser Verantwortung schleichen zu können. Ich wusste genau, welche Konsequenzen ein solcher Schritt in unserer Gemeinde nach sich ziehen würde. Es braucht manchmal den Zuspruch und die Rückendeckung eines väterlichen Freundes, um den gebotenen Mut fassen zu können.

Mein Misstrauen Herrn K. gegenüber verstärkte sich noch an diesem Abend, als K. in einer Sondersitzung nach der offiziellen Pfarrgemeinderatssitzung nur vier ausgewählten Mitgliedern den Vorfall mit dem aufgebrachten Vater erzählte. Er war der Meinung, dass er verleumdet würde. Gleichzeitig verlor er kein einziges Wort über die Kinderaussagen.

Noch am selben Abend setzte ich die Gemeindereferentin über meinen Wissensvorsprung in Kenntnis. Ihre Reaktion bezog sich in erster Linie auf meinen aufgewühlten Gemütszustand, ansonsten waren für sie das Ansehen und die Achtung vor dem Privatleben des Pfarrers vorherrschend. Auch mein Hinweis auf unsere Verantwortung gegenüber möglichen zukünftigen Opfern fiel auf keinen fruchtbaren Boden.

Als ich im Laufe der ersten Woche Kontakt zu den betroffenen Eltern aufnahm, zeigte sich bei allen dasselbe Muster. Die Eltern erfuhren von mir, was mit ihren Kindern laut deren Aussagen geschehen war. Ungläubigkeit, Leugnen und Abwehren waren die ersten Reaktionen, die meist einen Tag andauerten und allmählich einem Hinschauen, Hinhören und Hinfühlen, einem Sich-Öffnen für das Kind wichen. Die Mitglieder des Pfarrgemeinderates verharrten leider in der ersten Phase.

Während der bereits erwähnten Sondersitzung nach der PGR-Sitzung war ein Treffen aller Kommunioneltern mit Herrn K. und dem Generalvikar der Diözese Johannesburg für den kommenden Montag beschlossen worden. Da alle von der Unschuld Herrn K.s überzeugt waren, versprach man sich von diesem Treffen eine Klärung der »Missverständnisse«. Als Mediatorin sollte unsere Gemeindereferentin fungieren. Die Teilnahme an diesem Treffen musste ich kurzfristig absagen, da sich die betroffenen Eltern weigerten, sich mit Herrn K. an einen Tisch zu setzen. Bis zum heutigen Tag wird meine abrupte Absage als Beweis für meine mangelnden Kommunikationsfähigkeiten gewertet. Dadurch hätte ich einen konstruktiven Dialog unterbunden und so den Weg für eine verhängnisvolle Entwicklung für Pfarrer und Gemeinde geebnet. Der mehrfache Hinweis auf die verletzten Gefühle der Eltern wurde nicht gehört.

Genau eine Woche nach dem Camp trafen sich die bis dahin bekannten betroffenen Eltern mit mir. Nachdem jeder seine Version der Geschehnisse mitgeteilt hatte, wurde uns allen das tiefe Ausmaß der Vorfälle bewusst. Einigkeit herrschte darüber, dass promptes Handeln jetzt das Gebot der Stunde war.

Ein Brief an den Erzbischof von Johannesburg, Buti Tlhagale, wurde am nächsten Morgen persönlich abgegeben. Der damalige Leiter des Katholischen Auslandssekretariats der Deutschen Bischofskonferenz (KAS) in Bonn erhielt dieselbe Nachricht per Kurier. Während die Diözese Johannesburg zwei Tage später telefonisch die Eltern zu einem Gespräch einlud, warten wir noch heute auf eine entsprechende Reaktion des Katholischen Auslandssekretariats. Die Diözese Johannesburg strebte die sofortige Suspendierung des Pfarrers an, doch dem Katholischen Auslandssekretariat gelang die Verzögerung derselben um gut zwölf Wochen, da es die Anklageerhebung abgewartet hatte.

Die Missbrauchsbeauftragten der Diözese Johannesburg rieten den Eltern zur sofortigen Anzeige von Herrn K., weil das Gesetz es in Südafrika so verlangt. Ein kircheninternes Ermittlungsverfahren, wie es das Kirchenrecht fordert, wurde ebenfalls in Johannesburg eröffnet. Dabei wurden meine und die Aussagen der Eltern von einem südafrikanischen Notar aufgenommen. Das Kirchenrecht schreibt vor, dass während eines laufenden weltlichen Gerichtsverfahrens die eigenen Untersuchungen zu unterbrechen seien.

In den drei ersten Wochen gab es außer den mutmaßlich missbrauchten Kindern und Eltern sowie der Gemeindereferentin niemanden in der Gemeinde, der von dem Vorfall im Camp wusste. Einige wenige Gemeindemitglieder wurden nur über die Reaktion des Vaters am ersten Abend nach dem Camp unterrichtet. Niemand aus diesem Kreis hat in dieser Zeit mit den betroffenen Eltern oder mit mir Kontakt aufgenommen. Auch zwei Frauen, mit denen ich bis dahin engeren privaten Kontakt pflegte, vermieden jegliches Gespräch mit mir.

In der Zwischenzeit war noch ein mutmaßliches Opfer, das nicht, wie die anderen, an der Deutschen Schule Johannesburg war, zu uns gestoßen. Somit waren es insgesamt fünf Jungen, deren Eltern Anzeige erstattet hatten. Die Aussagen von einem weiteren Jungen wurden leider innerhalb seiner Familie nicht ernst genommen und zogen deswegen keine Konsequenzen nach sich.

Anfang März 2008 stand der Besuch des Vorsitzenden des KAS der deutschen Bischofskonferenz, Herrn Prassel, anlässlich unserer Jahresversammlung bevor. Kurz davor bat ich unsere Gemeindereferentin um eine Anhörung der Eltern durch Herrn Prassel. Heute weiß ich, dass sie sich ebenfalls dafür einsetzte, dass Herr Prassel sich aber für eine rein juristische Vorgehensweise entschieden hatte. Ganz zum Schluss der Sitzung verlas er eine vom Juristen formulierte Erklärung:

(Verbatim): 1. Es liegt eine Anzeige gegen Pfarrer K. vor. 2. Diese Anzeige ist voreilig gemacht worden. 3. Die Kirche hat ein internes Ermittlungsverfahren eingeleitet. 4. Sollte dieser Fall nach außen dringen, ist eine Wiedergutmachung nicht möglich. 5. Ich bin nicht bereit, hierüber eine Diskussion zuzulassen.

Jeder im Saal war wie vor den Kopf gestoßen und vollkommen ratlos. Keiner der Anwesenden kannte bis dahin den Grund, der zu der Anzeige geführt hatte. Drei Tage vor der Vollversammlung war in der Johannesburger Tageszeitung The Star ein Artikel über die Campvorfälle erschienen, allerdings ohne den Namen K.s zu erwähnen. Herrn Prassels unterschwellige Drohung sorgte in der Folgezeit dafür, dass sich niemand traute, die Vorwürfe gegen Herrn K. offen und laut zu formulieren. Diese Situation bot natürlich den perfekten Nährboden für die wildesten und haarsträubendsten Gerüchte. Wie sehr das absolutistisch-arrogante Auftreten Prassels die Anwesenden einzuschüchtern vermochte, zeigte sich an der Reaktion der Gemeindereferentin, als ich ihr noch kurz etwas erklären wollte: »Mit dir dürfte ich eigentlich gar nicht mehr reden.«

Hatte es vor der Jahresversammlung schon keine Kontaktaufnahme mit den mutmaßlichen Opfern gegeben, so hatte man jetzt sogar einen offiziellen Grund, dies tunlichst zu unterlassen.

Drei Tage vor der Erstkommunionfeier fand eine Pfarrgemeinderatssitzung statt, in der die Neuverteilung der jeweiligen Aufgabenzuständigkeiten vorgenommen wurde. Als es zu meiner Zuständigkeit, »Erstkommunionvorbereitung«, kam, äußerte sich Herr K. mit folgenden Worten: »Für die Erstkommunionvorbereitung wünsche ich mir im kommenden Jahr jemand anderen. Ich habe dabei an [...] gedacht.« Dies wurde unter großem Applaus aller Mitglieder begrüßt. Meine Isolierung innerhalb des Pfarrgemeinderats war damit besiegelt.

Die Erstkommunioneltern erhielten einen Brief der Gemeindereferentin, in dem ihnen mitgeteilt wurde, dass auf Geheiß des KAS ab jetzt sie selbst für die Durchführung und Organisation der Erstkommunion verantwortlich sei. Für die Feier der Erstkommunion wurde den Eltern der betroffenen Kinder ein Ersatzpfarrer für Herrn K. zugesichert. Außerdem solle der Gottesdienst aus gegebenem Anlass nicht zu festlich gestaltet sein.

Am Vortag der Erstkommunionfeier bat mich die Gemeindereferentin kurz vor Beginn des Gottesdienstes, dem Ersatzpfarrer und ihr die betroffenen Eltern vorzustellen. Da ja kein Kontakt zu den Eltern bestand, waren offiziell nicht einmal deren Namen bekannt. Herr K. hatte jegliche Information zurückgehalten. Dieser Bitte entsprach ich nicht, da für mich klar war, dass diese Kenntnis lediglich der besseren Kontrolle während des Gottesdienstes dienen sollte. Offensichtlich wurde ein enormer Druck auf die Gemeindereferentin ausgeübt, die Gemeinde im Zaum zu halten. Das erklärte Ziel war die Kontrolle über die Stimmen der mutmaßlichen Opfer.

Am deutlichsten zeigte sich dieser Sachverhalt während der Fürbitten im Erstkommuniongottesdienst. Die mit den vorformulierten Fürbitten bedruckten Kärtchen wurden von der nebenstehenden Gemeindereferentin persönlich dem jeweiligen Elternteil zum Vorlesen hingehalten. Liturgisch gesehen liegt die Bedeutung der Fürbitten genau darin, das, was die Teilnehmer im Herzen bewegt, vor Gott offen auszusprechen. Die aktive Unterbindung dieser Möglichkeit respektiert nicht die Gefühle und Anliegen der Teilnehmer. Wenn man davon ausgeht, dass ein Gottesdienst einen gemeinschafts- und sinnstiftenden Zweck verfolgen soll, der die Teilnehmer zur Begegnung mit Gott führen kann, so hat dieser Gottesdienst nicht nur dieses Ziel verfehlt, sondern auch die mutmaßlichen Opfer erneut in ihrer Würde verletzt.

Eine Kirche, die sich von Kontrolle und Drohung leiten lässt, wird unglaubwürdig und verliert dadurch Achtung und Respekt.

In der Kirche waren ausgewählte Gemeindemitglieder so verteilt platziert, dass bei einer aufkommenden »Störung« des Gottesdienstes sofort eingegriffen werden konnte und selbiger sofort abgebrochen worden wäre. Zu diesem Zeitpunkt waren die mutmaßlichen Opfer und ihre Familien bereits isoliert. Ihre Absicht sei es gewesen, den Pfarrer zu diffamieren.

Von einem Brief an den neugewählten Vorsitzenden der Deutschen Bischofskonferenz, Robert Zollitsch, erhofften sich die Eltern, endlich die ersehnte Anerkennung ihres Leidens zu erlangen. Das Antwortschreiben von dem Sekretär der Deutschen Bischofskonferenz, Herrn Langendörfer, ließ jedoch auch diese Hoffnung jäh zerplatzen:

Sehr geehrte Damen und Herren,
im Auftrag des Vorsitzenden der Deutschen Bischofskonferenz, Erzbischof Dr. Robert Zollitsch, danke ich Ihnen herzlich für Ihr (per E-Mail versandtes) Schreiben vom 10. Mai 2008.
In Ihrem Brief erheben Sie sehr schwerwiegende Vorwürfe gegen Pfarrer K… Lassen Sie mich Ihnen versichern, dass wir seitens der Deutschen Bischofskonferenz ein hohes Interesse an einer eindeutigen Klärung der Ereignisse haben. Zugleich muss ich Sie um Verständnis dafür bitten, dass wir zum gegenwärtigen Zeitpunkt nicht in der Lage sind, eine Stellungnahme in der Sache abzugeben. Die Berichte über die Geschehnisse weichen weit voneinander ab, sodass es uns derzeit unmöglich ist, ein objektives Bild zu erhalten. Wir möchten zudem den von Ihnen in die Wege geleiteten polizeilichen und gerichtlichen Ermittlungen in keiner Weise vorgreifen.

Ich entnehme Ihrem Schreiben, dass Sie in den vergangenen Wochen den Eindruck gewonnen haben, seitens der Kirche werde der Vorgang möglicherweise nicht mit ausreichendem Engagement verfolgt. Tatsächlich ist dies nicht der Fall. Die Erstzuständigkeit liegt hier bei der Erzdiözese Johannesburg, die meinem Wissen nach sofort auf die von Ihnen bekannt gemachten Vorwürfe reagiert hat. Sie selbst schreiben über die Anhörung der Eltern durch die Erzdiözese, die Einleitung kirchlicher Ermittlungen und den Ihnen ausdrücklich gegebenen Hinweis auf das staatliche Rechtssystem.

Auch das Sekretariat der Deutschen Bischofskonferenz hat sich der Vorgänge von Beginn an angenommen. Nach der Entscheidung über die Aufnahme eines gerichtlichen Verfahrens ist in Abstimmung zwischen Johannesburg und Bonn sofort veranlasst worden, dass Pfarrer K... bis auf weiteres von der Wahrnehmung seiner Tätigkeiten als Pfarrer der deutschsprachigen Gemeinde entbunden wurde. Ob und wann er seine Arbeit wieder aufnehmen wird, hängt von den Ergebnissen der weiteren Ermittlungen ab. Allen kirchlichen Verantwortlichen ist es darum gegangen, in einer klaren, transparenten und rechtsförmigen Weise mit den Vorwürfen umzugehen. Wir schulden ein solches Vorgehen Ihnen und den betroffenen Kindern, aber auch dem Beschuldigten, für den bis zum Erweis des Gegenteils die Unschuldsvermutung gilt, und letztlich der ganzen Gemeinde. Sollte sich der Verdacht gegen Pfarrer K... als begründet erweisen, werden wir selbstverständlich Hilfen anbieten, wie sie in den Leitlinien für den Bereich der Deutschen Bischofskonferenz vorgesehen sind.

Für alle Beteiligten ist die derzeitige Situation mit erheblichen menschlichen Belastungen verbunden. Dass von Seiten der Deutschen Bischofskonferenz nur wenig getan werden kann, um dem in dieser Lage bestehenden Bedürfnis nach seelsorgerischer und menschlicher Zuwendung zu entsprechen, ist uns schmerzlich bewusst. Ich wünsche Ihnen gerade in diesen Wochen die spürbare Nähe und den Segen unseres Herrn und bin mit freundlichen Grüßen

Ihr
P. Dr. Hans Langendörfer SJ
17. Juni 2008

In den drei Monaten bis zur Suspendierung K.s konnte dieser seine Manipulationen grenzenlos ausüben. Zum Beispiel wandte sich Herr K. einmal nach einem Sonntagsgottesdienst an mich mit der Aussage: »Das grenzt ja schon an Kindesmissbrauch, was die Eltern ihren Kindern mit der Anzeige zumuten. Schließlich müssen die Kinder vor Gericht aussagen.« Tatsachen konnten hemmungslos verdreht, Menschen diffamiert und deren Charakter schlecht gemacht werden. Er hat Feindbilder aufgestellt, die noch bis heute unhinterfragt weiterwirken.

Am 19. Mai 2008, gut drei Monate nach dem Vorfall im Camp, wurde Herr K. endlich suspendiert. Ein Vertreter der Diözese Johannesburg überließ K. die Möglichkeit zur eigenen Stellungnahme. Am bevorstehenden Sonntag sollte er eine selbstverfasste Erklärung vor der Gemeinde abgeben. Diese Chance nutzte Herr K. nicht. Stattdessen verließ er wutentbrannt und ohne jegliche Erklärung das Gemeindegelände und verbrachte die nächsten drei Wochen in einem 500 km entfernt gelegenen Kloster. Wiederum blieb die Gemeinde ohne Informationen zurück. Ein paar Wochen später zog Herr K. nach Kapstadt.

In den folgenden Monaten hielt er engen Kontakt mit den Gremienverantwortlichen und konnte seinem Einfluss weiter Geltung verschaffen. Bei größeren Entscheidungen wurde er stets um Rat gefragt. Außerdem wurde ein Gebetskreis ins Leben gerufen, in dem für den Pfarrer einmal wöchentlich gebetet werden sollte.

Die folgenden Wochen und Monate waren vor allem von wüsten und absurden Behauptungen, Theorien und Gerüchten geprägt:

Über Kinder und Eltern:
– Kinder seien heute zahlreichen Sexszenen in Film und Fernsehen ausgesetzt, deswegen sei die sexuelle Fantasie so weit entwickelt.
– Wenn sie in einer Gruppe zusammen seien, könne sich diese Fantasie ins Uferlose steigern.
– Die betroffenen Eltern hätten etwas gegen die Kirche, auch in der deutschen Schule gebe es so viele antikirchliche Strömungen, deswegen wolle man auf diesem Wege der Kirche schaden.

Über Herrn K.:

– Bald habe sich alles geklärt, bald werde Herr K. wieder in der Gemeinde sein.
– Der Entzug seines deutschen Reisepasses durch die Polizei sei eine Unverschämtheit und eine Verletzung seiner Menschenrechte.
– Ein Pfarrer habe doch auch mal sexuelle Bedürfnisse, das dürfe man doch nicht so eng sehen.

Weitere Zitate

– »Das gesamte Personal steht geschlossen hinter Pfarrer K.« (Eine Kirchenangestellte)
– »Wenn sich das hoffentlich alles bald geklärt hat, dann müssen sich aber die Eltern bei der Gemeinde entschuldigen.« (Ein Gremiumsmitglied in einem Telefonat mit mir)

Es gab auch innerhalb der Erstkommunionelterngruppe Personen, die sich auf die Seite des Pfarrers stellten. Andere wiederum haben sich komplett aus dem Konflikt herausgehalten.

Die betroffenen Familien blieben der Gemeinde fern. Die Verletzungen waren unermesslich, und es bestand nicht einmal im Ansatz Aussicht auf nur die kleinste Annäherung. Dasselbe galt auch für meinen Mann und mich. Von vielen wurden wir entweder gemieden oder mit unqualifizierten Äußerungen belästigt. Es gab aber auch die wenigen anderen, und die waren eine immense Quelle enormer Zuversicht.

Ende November 2008 kam der Erzbischof von Johannesburg, Buti Tlhagale, zur Feier der Firmung in unsere Gemeinde. Kurz zuvor hatte ich einer Verantwortlichen in der Diözese Johannesburg den desaströsen Informationsstand der Gemeinde und dessen Folgen erneut geschildert, mit dem Erfolg, dass der Bischof ausführlich über den aktuellen Stand informierte. Dazu gehörte vor allem die Tatsache, dass der Bischof nicht an einer Wiedereinstellung K.s interessiert war. Dies war die erste offizielle Information eines Kirchenvertreters, die der Gemeinde St. Bonifatius mitgeteilt wurde. Allmählich sickerte in der Gemeinde durch, dass die Vorwürfe von der Diözese ernst genommen wurden. Dieser

Umstand änderte allerdings nichts an der Einstellung zu den Eltern oder zu meinem Mann und mir. In vielen Kreisen war die offene, lebenslustige Art von Herrn K. extrem beliebt. Dort hatte man uns die Schuld zugeschoben, dass dieser »tolle Pfarrer« nicht mehr in der Gemeinde walten durfte. Andere Mitglieder beurteilten die Situation aber durchaus kritischer und differenzierter. Gerade dieser Personenkreis suchte sich häufig eine Alternativgemeinde und blieb unserer Gemeinde fern. Der verbliebene Rest der Gemeinde rühmte sich einer sogenannten neutralen Haltung und hoffte auf eine baldige Klärung durch das Gericht. Der Satz »Es gibt keine Opfer ohne einen vom Gericht verurteilten Täter.« hat mich bis Mai 2010 stets begleitet. Erst ein richterlicher Schuldspruch würde eindeutig festlegen, dass wir es mit Opfern zu tun hätten. Erst dann könne man sich auch um die Opfer kümmern.

Im Mai 2009 wurde die leere Pfarrstelle mit Pfarrer L.[6] aus Deutschland besetzt. Peinlich genau wurde darauf geachtet, dass dieser nicht als »der neue Pfarrer«, sondern lediglich als der »Übergangspfarrer« bezeichnet wurde. Der Ausdruck »Übergang« sollte verdeutlichen, dass es bis zum Zeitpunkt einer gerichtlich erwiesenen Schuld K.s keinen offiziellen Nachfolger geben durfte. Diese Rücksichtnahme auf Herrn K.s Empfinden gipfelte während des Einführungsgottesdienstes von Pfarrer L. darin, dass dieser sich zu Beginn des Gottesdienstes nicht einmal traute, sich persönlich vorzustellen.

Der Missbrauchsskandal Anfang 2010 in Deutschland und die damit neu diskutierten Ansätze und Einsichten fielen nicht auf fruchtbaren Boden. Zum größten Teil konnten sie das nicht, weil sie nicht zur Kenntnis genommen wurden. Das heißt, die zahlreichen Zeitungsartikel, Fernsehbeiträge und -diskussionen wurden nicht beachtet. Der Zugang dazu ist in Südafrika natürlich erschwert, aber nicht unmöglich. Ein SPIEGEL-Artikel über Herrn K. Anfang Januar 2010 konnte die Hardliner der Gemein-

---

6 Der Name des Pfarrers wurde von der Autorin durch das Kürzel L. ersetzt (Anm. d. Hg).

de ebenso wenig überzeugen: Journalisten sei prinzipiell zu misstrauen.

Eine ähnliche Reaktion »lockte« DER SPIEGEL-Artikel vom April 2010 hervor – trotz der eindeutigen und belastenden Aussagen Betroffener in Deutschland. Erst ein Teilgeständnis Herrn K.s im Mai 2010 brachte eine Wende. Dieser Tatsache konnte sich niemand mehr entziehen. Der Auftritt eines mutmaßlichen Opfers in der Sendung *Beckmann* zeigte die stärkste Wirkung in der Gemeinde. Sicht- und spürbare Konsequenzen wurden daraus aber bis heute nicht gezogen. Auf eine Annäherung und den nötigen ersten Schritt warten die mutmaßlichen Opfer noch heute.

Für deren Familien, meinen Mann und mich hatten diese neuen Erkenntnisse allerdings durchweg therapeutischen Charakter. Fast zwei Jahre lang glaubte man unseren Äußerungen nicht. Jetzt auf einmal gab es die Bestätigung und Anerkennung durch die Presse in Deutschland.

Bereits im Juni 2009 drangen erste Gerüchte über Herrn K. in seiner Heimat am Niederrhein in die dortige Lokalpresse. Dadurch wurde für uns das über einjährige quälende Schweigen gebrochen. Die SPIEGEL-Artikel, die mit glaubwürdigen mutmaßlichen Opferstimmen aufwarteten, lösten die für uns oft kaum auszuhaltenden Spannungen und kamen einer Erlösung gleich. Gleichzeitig waren wir aber schockiert von Ausmaß und Umfang der Beschuldigungen. Damit hatte keiner gerechnet.

Im Mai 2010 gab es wieder eine Jahresvollversammlung, diesmal mit dem neuen Vorsitzenden des KAS, Herrn Lang. Zwei der betroffenen Eltern starteten einen erneuten Versuch, diesmal bei neuer Besetzung Gehör und Anerkennung ihres Leidensweges zu finden. Ein betroffener Vater verlas einen sehr persönlichen und ergreifenden Brief über die quälenden Erfahrungen seines Sohnes mit der Gemeinde. Eine Diskussion wurde unter Verweis auf die Tagesordnung unterbunden, worauf die betroffenen Eltern, teils unter Tränen, den Saal verließen.

Auch danach gab es keine Kontaktaufnahme seitens des KAS. Zwar erhielten die beiden Väter, die bei der Vollversammlung anwesend waren, einen Brief von Pfarrer L., doch ist dies die bisher einzige Kontaktaufnahme von Seiten der deutschsprachigen Gemeinde.

Prozessbeginn war im März 2010, gut zwei lange Jahre nach dem Vorfall im Camp. Bereits im Vorfeld wurden die Gerichtsverhandlungen durch formelle Nichtigkeiten erfolgreich in die Länge gezogen. So klagte Pfarrer K. beispielsweise auf Herausgabe der persönlichen Notizen einer Sozialarbeiterin, welche die Glaubwürdigkeit der betroffenen Kinder vor Gericht beurteilen sollte.

Auch bekam Herr K. von der Deutschen Bischofskonferenz einen offiziellen Prozessbeobachter und gleichzeitigen Mentor zur Seite gestellt. Mitte 2010 wurde bekannt, dass die Deutsche Bischofskonferenz die Anwaltskosten für Herrn K. bis zum Zeitpunkt seiner Selbstanzeige übernommen hatte. Diese Tatsache wurde mehrheitlich in der Gemeinde mit Empörung zur Kenntnis genommen.

Der schleppende Prozessverlauf machte jeden mürbe. Schon des Öfteren hatten sich die mutmaßlichen Opfer und ihre Eltern in einem Stimmungs- und Motivationstief befunden. Generell kann man die letzten fünf Jahre als emotionale Achterbahnfahrt bezeichnen. Trotzdem möchte ich persönlich diese Zeit nicht missen, da ich unendlich viel gelernt habe. Das Zitat aus Roem 12,21 war dabei für meinen Mann und mich die inspirierendste Quelle: »Widersteht dem Bösen und überwindet es durch das Gute.« Wie wir uns dem Hass entgegenstellen können, ohne selbst zum Hass zu werden, und wie wir dem Bösen Widerstand leisten können, ohne selbst böse zu werden, war eine kräftezehrende, aber lohnende Herausforderung. Mit der Zeit ist uns das auch immer mehr gelungen.

Bereits im Mai 2008 hatte mein Mann Kontakt aufgenommen zu der *Initiative gegen Gewalt und sexuellen Missbrauch an Kindern und Jugendlichen e. V.* unter der Leitung von Johannes Heibel. Von den betroffenen Eltern wurde dieser Kontakt anfangs eher kritisch beäugt. Der Blick über den eigenen Tellerrand fiel schwer. Herr Heibel begleitete uns in einem zuerst sehr losen Kontakt mit seiner ausgesprochen großen Sachkenntnis und seinem umfangreichen Wissen. Die von ihm herausgegebenen Erfahrungsberichte von sexueller Gewalt Betroffener haben meinen Horizont wesentlich erweitert und viele Türen der Erkenntnis geöffnet. Seine Hilfe umfasste neben der notwendigen menschlichen Unterstützung auch die Vermittlung von juristischem Beistand. So konnten sich mit seiner Hilfe drei der fünf betroffenen Familien zur Anzeige von Herrn K. auch in Deutschland durchringen. Bereits in einem seiner ersten Gespräche mit uns betonte er die Notwendigkeit, die Öffentlichkeit in unsere Arbeit mit einzubeziehen. Auch Haim Omer und Arist von Schlippe unterstreichen die Bedeutung der Öffentlichkeit im Kampf gegen Gewalt:

Die Kultur der Gewalt lebt davon, dass sie geheim gehalten wird, während die Offenlegung der Gewalt ihr die Grundlage entzieht. Transparenz und Öffentlichkeit vergrößern das Vertrauen … Auf diese Weise entsteht zunehmender öffentlicher Druck gegen Gewalt.[7]

Zum Schritt in die Öffentlichkeit braucht es allerdings auch Mut, der bei uns nur zögerlich wuchs. Die unermüdlichen Recherchen Herrn Heibels und seine enorm gute Vernetzung haben letztlich zur weiterführenden Aufklärung beigetragen.

Die Reaktionen der Vertreter der Institution Kirche machten einen natürlich wütend. Noch mehr aber überwog das Gefühl der Ohnmacht. Es schmerzt mich außerordentlich, dass die engagierte Arbeit in den Gemeinden durch das ungeheuerliche Verhalten von oben systematisch boykottiert wird.

So auch in unserem Fall: Wir organisierten Elternabende, in denen zentrale Glaubens- und Lebensfragen diskutiert werden sollten. Dabei sollte gerade den glaubensfernen Eltern ein Zugang ermöglicht werden. Dieser wurde abrupt verunglimpft und vielen Eltern für immer verstellt. Die sich zeigende Gesamtkomposition einzelner erschreckender und skandalöser Tatsachen sowie eine erschütternde Empathielosigkeit aufseiten kirchlicher Entscheidungsträger haben mich zu einer tiefen, aus dem Glauben heraus

---

7 Omer, H., v. Schlippe, A. 2010: *Stärke statt Macht*. Göttingen: Vandenhoeck & Ruprecht.

begründeten Kirchenkritik geführt. Die kirchlichen Strukturen, wie sie heute existieren, sind in meinen Augen so nicht überlebensfähig, glaubwürdig und aus dem Glauben heraus auch nicht existenzberechtigt. Eine an der Wurzel ansetzende Kirchenreform ist dringend notwendig. Die kann aber nur von innen kommen. Bewegungen wie »Kirche von unten« und »Wir sind Kirche« machen Hoffnung.

Äußerst dankbar sind wir für die vielen Menschen, die unseren kräftezehrenden Weg gekreuzt haben, deren Hoffnung, Zuversicht und unerschütterlicher Glaube an das Gute im Menschen die Oberhand behalten haben. Dabei handelte es sich durchaus nicht immer um überzeugte oder praktizierende Christen.

Blick aus der Heimat: Der Fall des Pfarrers Georg K.
Peter Korall

_____

Er war so etwas wie ein alter Bekannter: Pfarrer K. stammt aus Willich, einer 50.000 Einwohner zählenden Kleinstadt zwischen Krefeld und Mönchengladbach. Georg K. lernte zunächst Konditor, bevor er als Spätberufener Priester wurde. Bis auf wenige Ausnahmen war er in Gemeinden am Niederrhein tätig. Als Kaplan kam er nach St. Tönis, dann über die Kempener Pfarre Christ König nach Nettetal.

Wie gesagt: ein Bekannter. Er tauchte regelmäßig in der Lokalausgabe der Westdeutschen Zeitung auf, für die ich seit fast 20 Jahren Lokalredakteur bin. Zum Beispiel, wenn er zum Willicher Schützenfest Dienst Dienst sein ließ und kräftig mitfeierte. Ein »Willicher Jong«, so sahen es viele. Einer zum Anfassen, Typ Kumpel, jemand, der bodenständig geblieben war.

Insofern traf ich auf ein vertrautes Gesicht, als es mich 2004 privat nach Nettetal zog, wo K. Priester in der Pfarre St. Sebastian war. Viele Berührungspunkte gab es nicht, lediglich bei gelegentlichen Kirchenbesuchen sah man sich. Dennoch: Als er 2006 nach Südafrika ging, gab es sowohl in Nettetal als auch in Willich Stimmen, die sagten: »Eigentlich schade, dass er weg ist.«

Gelegentlich kam er zu Besuch, zelebrierte unter anderem eine Goldhochzeit, feierte anschließend mit der Gesellschaft. Dann verschwand er wieder. Aus den Augen, aus dem Sinn.

Ein Anruf und ein ungeheuerlicher Verdacht

Bis zu jenem Tag im Mai 2009. Ein Kollege aus der Redaktion in Kempen, die auch unsere Leser in Nettetal betreut, meldete sich: »Ihr habt doch gute Kontakte in Willich. Könnt ihr für uns mal in Sachen Pfarrer K. nachhören? Er hat in Südafrika angeblich seinen Ausweis abgeben müssen und darf das Land nicht verlassen.« Mehr als diese vage Information hatte der Kollege nicht. Wie sich später herausstellte, hatte dieses Gerücht in Nettetal bereits die Runde gemacht und auch schon Journalistenkollegen erreicht.

Wir versuchten der Sache nachzugehen. In Willich war anscheinend nichts bekannt. Unsere Quellen – darunter Menschen, die gewöhnlich das Gras wachsen hören – waren nutzlos. Es war nichts Näheres herauszubekommen. Genau das gaben wir weiter an unsere Kollegen in Kempen. Trotzdem blieb das Thema haften.

Wenn etwas dran war, wollte ich der Erste sein, der's erfuhr. Die Wende kam am Nachmittag des 28. Mai. In einer völlig anderen Angelegenheit bekam ich einen Rückruf von der Pressestelle des Bistums in Aachen. Am Ende des Telefonats fragte ich: »Was ist eigentlich mit Pfarrer K.? Warum darf er Südafrika nicht verlassen?« Ich bekam eine Antwort, mit der ich nicht gerechnet hatte: »Fragen zu Pfarrer K. müssen an die Deutsche Bischofskonferenz gerichtet werden. Dazu können wir hier nichts sagen.« Wer bei einer solchen Antwort nicht nachfasst, hat seinen Beruf nicht verstanden. Also: Anruf bei der Deutschen Bischofskonferenz.

Ja, bestätigte deren Sprecher Matthias Kopp, K. sei seiner Pflichten bei der deutschen Pfarre St. Bonifatius im südafrikanischen Johannesburg entbunden worden. Und ja, die Johannesburger Staatsanwaltschaft ermittle gegen ihn. »Die Vorwürfe werden rechtlich geprüft, danach wird entschieden, ob es ein Verfahren gibt.« Welcher Art die Vorwürfe waren und wieso die Staatsanwaltschaft ermittelte, wollte Kopp nicht sagen. Hier rannte ich zum ersten Mal gegen eine Mauer des Schweigens. Es war immer die gleiche Taktik: Zugeben, was nicht zu leugnen ist, kein Wort mehr.

Ein paar spärliche Informationen gab mir – wenn auch widerwillig – die Pfarre in Südafrika. Nein, K. sitze nicht in Haft. »Wir hoffen, dass es bald vorbei ist mit dem Spuk«, sagte Pfarrer Josef Hermann Lückertz, der den Suspendierten vertrat. »Wenn man im Ausland in die Fänge der Justiz gerät, ist das immer ein Abenteuer.« Die Stimmung in der Pfarre sei entsprechend gedrückt. Wo K. sich aufhalte, wisse er nicht. Kein Wort zu den Vorwürfen.

Die Vorwürfe werden konkreter

Wenige Tage später tauchten neue Informationen auf: Pfarrer K. habe sich Kindern genähert, hieß es unter anderem mit Berufung auf Medien in Johannesburg. Lediglich mit Unterhose bekleidet solle der Geistliche zu mehreren Kindern ins Bett gestiegen sein und sie regelrecht umklammert haben. Der Prozess solle in einer Woche beginnen, meldete eine Johannesburger Zeitung. – Konnte das sein? Der Mann, den doch angeblich so viele Menschen in seiner Heimat schätzten? Der Vorwurf war ungeheuerlich.

Während in Südafrika die Vorbereitungen für den Prozess liefen, gab es von den deutschen Stellen keinerlei Stellungnahmen. Man sei nicht zuständig, ließ das Bistum Aachen verlauten. Und diesen »kollegialen Rat« bekam ich: »Man darf in Südafrika den Namen des Beschuldigten erst nennen, wenn Anklage erhoben ist. Sonst ist es Gesetzesbruch.« Ich solle mich an die Bischofskonferenz wenden.

Auch von dort kam der Hinweis, dass man den Namen in Südafrika nicht nennen dürfe. Ansonsten bestätigte man mir das, was wir längst gemeldet hatten: K. sei seiner Pflichten enthoben. Das Auswärtige Amt, sonst immer flugs zur Stelle, wenn Deutsche im Ausland festsitzen, gab keine Informationen heraus. Man rufe zurück, hieß es. Nichts geschah.

Die Vorwürfe waren heftig, und ich sah mich – nicht zuletzt aufgrund der dürren Faktenlage – gezwungen, die Sache zu kommentieren. »Jeder, der sich mit den Vorwürfen beschäftigt, tut gut daran, sie mit Distanz zu betrachten. (...) Fakt ist aber auch: Es gilt die Unschuldsvermutung – bis zum Beweis des Gegenteils. Daran muss man sich halten. Südafrika ist weit weg.«

Gibt es Hinweise auf eine Vorgeschichte?

Wenig später erreichte mich ein Anruf aus Südafrika. Chefermittler Collin Morris war am Apparat und fragte mich, ob ich etwas zum »deutschen Vorleben« des Pfarrers sagen könne. Das konnte ich natürlich nicht, dazu war ich K. zu selten begegnet. Immerhin bestätigte der Ermittler, dass er die Vorwürfe der Kinder für sehr glaubhaft halte.

Zum ersten Mal meldete sich kurz darauf Johannes Heibel von der bundesweit aktiven *Initiative gegen Gewalt und sexuellen Missbrauch an Kindern und Jugendlichen e. V.* bei unserer Zeitung. »Wenn diese Vorwürfe zutreffen, so sind jedenfalls meine Erfahrungen, würde es mich nicht wundern, wenn es zu Pfarrer K. in Deutschland eine Vorgeschichte gäbe und er sich möglicherweise nicht das erste Mal Kindern bzw. Jugendlichen unsittlich genähert hätte«, sagte er. In den folgenden Jahren war er es auch, der dafür sorgte, dass die Angelegenheit nicht aus dem Blick der Öffentlichkeit verschwand. Auf den Fall aufmerksam geworden war er durch einen Vertrauensmann der betroffenen Familien aus Johannesburg, der ihn bereits Mitte 2008 kontaktiert hatte. Er hatte ihn gebeten, die mutmaßlichen Opfer zu unterstützen und gegebenenfalls für sie tätig zu werden.

Ein Leserbrief hat Folgen

Was für Heibels Vermutung sprach, wurde durch eine Veröffentlichung in den in Nettetal beheimateten Grenzland-Nachrichten gestützt (4.06.2009, Autorin: Daniela Veugelers, Titel: »Kein Kontakt zu K... möglich«). Dort berichtete die Lokalreporterin, dass es bereits in den Jahren 2001 bis 2007 Beschwerden über den Pfarrer gegeben habe. Auf meine wiederholte Nachfrage beim Bistum bestätigte dessen Sprecher mir widerwillig: »Ja, es hat einen anonymen Hinweis gegeben.« Diesem sei man aber nicht nachgegangen, eben weil er anonym gewesen sei.

Dass diese Gerüchte existierten, bestätigte in den Grenzland-Nachrichten eine Leserbrief-Schreiberin, deren Absicht es sicher gewesen war, Georg K. zu verteidigen. Aus ihrem Brief geht hervor, dass K. mit Heranwachsenden in die Sauna gegangen sei.

»Damals gab es keinen noch so kleinen Verdacht, dass es sich dabei um etwas anderes als einen ganz normalen Saunabesuch handelt, wie er in Deutschland tagtäglich tausendfach von anderen Männern durchgeführt wird. Streiten kann man sicherlich darüber, ob es für einen katholischen Priester angebracht ist, mit anderen in eine Sauna zu gehen« (Leserbrief in den Grenzland-Nachrichten vom 11.06.2009). Der damalige Vorsitzende des Kirchenvorstandes bestätigte daraufhin, mit K. ein Gespräch über sein Verhalten geführt zu haben.

Die Geschichte bekommt bundesweite Aufmerksamkeit

In Nettetal setzte derweil auch Peter Wensierki vom Nachrichtenmagazin DER SPIEGEL zu Recherchen an, was das Bistum hektisch reagieren ließ. Es gab ein Schreiben an die Gemeindemitglieder in Nettetal. »Liebe Mitchristen, gezielt werden zurzeit Verantwortliche in der kirchlichen Jugendarbeit in Lobberich und Hinsbeck sowie ehemalige Mitarbeiterinnen und Mitarbeiter Ihres früheren Pfarrers Georg K. angeschrieben, angerufen und um Auskunft befragt«, hieß es warnend. Hinter der Aktion stehe die *Initiative gegen Gewalt und sexuellen Missbrauch an Kindern und Jugendlichen* mit ihrem Vorsitzenden Johannes Heibel. »Die Initiative handelt in eigener Sache. Ihr Vorgehen ist nicht mit dem Bistum abgestimmt«, warnte die Kirche weiter. Und legte nach: »Es gibt eindeutig Hinweise, dass eine groß angelegte Medienberichterstattung in Vorbereitung ist, die belegen soll, dass Pfarrer K. bereits vor seinem Einsatz in der Auslandsseelsorge einschlägig auffällig geworden ist. Die damit verfolgte Absicht ist offenkundig.« Zuständig sei nicht Johannes Heibel, sondern eine vom Bischof eingesetzte unabhängige Kommission. Wer etwas zum Verdacht gegen den Pfarrer oder auch zu dessen Entlastung beitragen könne, möge sich mit dem Vorsitzenden der Kommission in Verbindung setzen. »Dazu wird Vertraulichkeit zugesagt.«

Da war sie wieder, die Mauer des Schweigens. Übersetzt bedeutete diese Reaktion für mich: »Das geht Außenstehende nichts an. Das klären wir selbst, und zwar intern.«

Kurzer Rückblick: Vom problematischen Umgang mit Realitäten

Wie wenig der Kirche in Gestalt des Bistums Aachen an öffentlicher Aufklärung und dem immer wieder beschworenen Dialog gelegen war, verdeutlicht eine Episode, die sich bereits 2007 abgespielt und mit dem vorliegenden Fall nur am Rande zu tun hat. Im Rahmen der Veranstaltungsreihe »Kirche im Dialog« hatte Bischof Heinrich Mussinghoff zu einem »Pressefrühstück« eingeladen. Dabei sollte es Gelegenheit geben, Fragen zu Problemen zu stellen. Von denen gab (und gibt) es genug in unserem Teil des Bistums. Eine Reihe von Priestern waren aus den Pfarren abgezogen worden, viele Christen in den betroffenen Gemeinden fühlten sich allein gelassen. Unter anderem fragten Mitglieder der Pfarren Lobberich und Hinsbeck, warum denn ausgerechnet in einer solchen Situation auch noch ihr Pfarrer K. nach Südafrika gehen durfte. Ich fragte Bischof Mussinghoff direkt, ob er verstehen könne, dass die Menschen sauer seien. Ja, signalisierte er. Das schon. Letztlich seien die Entscheidungen aber so gefallen, wie sie nun mal gefallen seien. Mehr wollte er dazu nicht sagen. Für die Beantwortung dieser Frage benötigte er, geschätzt, zwei bis drei Minuten. Den Rest der Fragezeit, etwa eine Stunde, beschäftigte er sich ausführlich mit Fragen nach den Pius-Brüdern, die in der Eifel ein Kloster übernommen hatten, oder der Idee des damaligen Papstes, die lateinische Messe wieder zuzulassen. Die Realität in den Pfarreien vor Ort spielte bei dieser »Fragestunde« keine Rolle mehr.

Die Suche nach einem Zeugen

Zurück nach Nettetal ins Jahr 2009 und zu der Frage, was die Recherchen vor Ort ergeben hatten: Gab es Hinweise auf Verfehlungen von Pfarrer K. in seiner Zeit als Geistlicher in Deutschland – bevor er nach Südafrika gegangen war?
Solche Hinweise gab es tatsächlich, aber die Faktenlage blieb dürftig. Im Spätherbst rief mich Johannes Heibel erneut an und fragte, ob ich nicht einen Namen, einen Hinweis, eine Familie wüsste, irgendetwas, wo man vielleicht noch einmal ansetzen könne. Ich zögerte. Ja, ich hatte von dem Jungen Moritz (Name

geändert) gehört, der Georg K. von früher kannte und der – soweit ich mich zu erinnern glaubte – ab und zu mit ihm Badminton gespielt hatte. Ich kannte die Familie persönlich. Ganz vorsichtige Versuche, in diese Richtung zu recherchieren, hatten zu nichts geführt. Ich hatte die Spur als »kalt« aussortiert. Und: Es hingen Freundschaften daran, dies reichte bis in mein persönliches soziales Umfeld. Konnte ich solche Informationen einem Fremden einfach weitergeben, auch wenn ich von dessen Integrität überzeugt war? Ich bat um Bedenkzeit und versprach Johannes Heibel, noch einmal alle Möglichkeiten und alle Unterlagen durchzugehen.

Ich besprach mich mit meiner Frau und meinem Redaktionskollegen Werner Dohmen, der immer über die grundlegenden Fakten der Geschichte informiert war. Das Ergebnis einiger unruhiger Tage und Nächte des Abwägens: Ich würde damit keinen Informanten verraten, kein Geheimnis preisgeben. Den Namen der Familie könnte Heibel schließlich überall »aufgeschnappt« haben.

Das teilte ich Johannes Heibel genau so mit – verbunden mit der inständigen Bitte, in diesem Zusammenhang auf keinen Fall meinen Namen zu erwähnen. (Im Nachhinein stellte sich zum Glück heraus, dass die Freundschaft darunter nicht litt und niemand sich hintergangen fühlte.) Ich war sicher, dass meine Information bei Heibel gut aufgehoben war, aber ein Unbehagen blieb. Dass dieser Tipp letztlich der entscheidende Hinweis auf das von Johannes Heibel vermutete Vorleben K.s war, ahnte ich zu diesem Zeitpunkt noch nicht.

Ein Junge berichtet

Ein paar Tage, vielleicht einige Wochen, vergingen. Ich fragte nicht nach, war fast sicher, dass die »Spur Moritz« zu nichts geführt hatte. Bis ich aus dem Umfeld hörte: »Ein Reporter vom SPIEGEL war bei Moritz. Der Junge hat ihm wohl ein paar interessante Dinge über Pfarrer K. erzählt. Die Geschichte soll kommenden Montag im Blatt stehen.« Das Unbehagen war wieder da. Dann ereilte mich so etwas wie »Reporterglück«.

»Moritz und seine Eltern sind morgen bei uns zum Kaffee. Er würde dir die Geschichte auch erzählen«, sagte ein Onkel des Jungen zu mir. Natürlich ging ich hin. Es war an einem Samstag – genug Zeit, die Sache am Montag gleichzeitig mit dem SPIEGEL in der Zeitung zu haben. (Siehe auch: DER SPIEGEL, Heft 1/2010, Autor: Peter Wensierski, Titel: »Duschen mit Körperkontakt«.)

Was der 19-Jährige mir dann erzählte, war zum Teil heftig. Ja, er habe Pfarrer K. vor einigen Jahren bei einem Geburtstag seines Opas kennen gelernt. »Herr K. erzählte mir, dass er keinen Partner mehr fürs Badminton habe«, erinnerte sich Moritz. Also verabredete man sich und fuhr zur Badminton-Halle. Dieses Treffen entwickelte sich zu einer festen Einrichtung. »Er kam mich meistens samstagvormittags holen«, sagte Moritz. Anfangs habe er sich wohlgefühlt. »Wir haben nach dem Spiel was getrunken und viel über Fußball gefachsimpelt. Natürlich hauptsächlich über Borussia Mönchengladbach«, blickte Moritz zurück. Damals war er 14. Irgendwann habe der Geistliche vorgeschlagen, in die Sauna der Badminton-Halle zu gehen. »Ich kannte das nicht, das war interessant«, erinnerte sich Moritz. Auf Versuche des Pfarrers, unter der Dusche »rumzualbern«, sei er nie eingegangen. Auch der Saunagang wurde zur festen Einrichtung, wenngleich dem Jungen »manchmal schon unheimlich wurde«, wie er sagte. Und: »Er hat sich in der Sauna meines Erachtens sehr gezeigt.«

Zu dieser Zeit habe er Christopher (Name geändert) zum ersten Mal gesehen. Der Junge kam aus einer anderen Stadt im Kreis Viersen. »Dessen Beziehung zum Pfarrer war deutlich intimer«, erzählte Moritz. Oft sei er dem Jungen aber nicht begegnet.

Wer war Christopher? War hier die Spur, die zur Offenlegung einer weiterreichenden Grenzüberschreitung oder gar einer Straftat führen würde? Zu diesem Zeitpunkt waren die Hinweise noch vage. Johannes Heibel ging dieser Spur dennoch nach.

Auch von Moritz kamen weitere Hinweise. Im Frühsommer 2006, kurz vor den Schulferien, habe K. ihm den Vorschlag gemacht, gemeinsam eine Gruppe Jugendlicher, die zu einem Ferienaufenthalt nach Italien gefahren war, zu besuchen. Moritz stimmte zu, seine Eltern ebenfalls. Auf dem Weg nach Südeuropa war eine Zwischenübernachtung eingeplant. Pfarrer K. hatte für sich und den Jungen ein Hotelzimmer gebucht – mit Doppelbett. »Er lag auf dem Bett wie King Louie«, schilderte Moritz rückblickend. »Er war eindeutig auf Körperkontakt aus.« Dies ließ der Junge nicht zu. »Ich war wachsam, allerdings habe ich die Nacht praktisch auf der Bettkante verbracht. Es war nicht sehr angenehm.« Moritz legte sich einen Plan zurecht, damit er nicht mit Georg K. zurückfahren musste. Am Zielort angekommen, organisierte er seine Rückreise gemeinsam mit der Jugendgruppe. Wie reagierte der Pfarrer? »Wütend«, erinnerte sich der Junge. Er sei enttäuscht gewesen und habe diese Aktion für eine Frechheit gehalten.

Danach löste sich die Verbindung zwischen den beiden zusehends. Man sah sich gelegentlich, schrieb ab und zu eine E-Mail, das war alles.

Wie standen Moritz' Eltern zu diesen Ausführungen? »Ich fand den Pfarrer eigentlich ganz modern«, sagte der Vater. Und gegen Besuche einer öffentlichen Sauna habe er nichts gehabt, er und seine Frau seien selbst Saunagänger. Aber Einladungen in die privaten Räume und die private Sauna in Lobberich, wie sie wohl des Öfteren vorgekommen waren, das sei zu viel gewesen. Allerdings habe er damals davon nichts wahrgenommen. »Ich würde Herrn K. heute gerne fragen, was er sich dabei gedacht hat«, erklärte der Vater.

Die Kirche hat »keine Erkenntnisse« über K.s Lebenswandel

Und die Kirche? Was hatte sie zu diesen Enthüllungen zu sagen? »Dem Bistum Aachen liegen keine Erkenntnisse vor, dass Pfarrer Georg K. während seiner Tätigkeit im Bistum Minderjährige missbraucht hat«, hieß es in einer Presseerklärung. Auch davon, dass K. mehrfach mit dem damals 15-jährigen Christopher in Nettetal aufgetaucht war und dass beide »sehr vertraulich« miteinander umgegangen seien, wie DER SPIEGEL berichtete, wollte das Bistum nichts gewusst haben.

Der Junge konnte inzwischen ausfindig gemacht werden. Allerdings nahm er den Geistlichen zum Zeitpunkt des ersten Interviews mit Peter Wensierski noch in Schutz (vgl. DER SPIEGEL vom 4.01.2010), was sich später jedoch änderte. Für den Klerus war nur eines klar: Für K. gilt die Unschuldsvermutung, wie für jeden anderen Bundesbürger auch. Unausgesprochen hieß das wohl: Uns sind weitgehend die Hände gebunden, wir können nichts machen. Dennoch setzte der Aachener Bischof einen unabhängigen Missbrauchsbeauftragten ein. Gläubige aus Lobberich und Hinsbeck sollten sich melden, wenn sie Hinweise geben könnten. Es mag unfair klingen, aber auf mich wirkte diese Aktion so, als ließe sich der Bischof Wasser bringen, um sich die Hände in Unschuld zu waschen.

Christopher berichtet

Zurück zur Recherche vor Ort. Während ich in der Westdeutschen Zeitung noch darüber berichtete, dass es den Anwälten von Pfarrer K. gelungen war, das Verfahren in Südafrika um ein ganzes Jahr zu verzögern, war Johannes Heibel einen großen Schritt weitergekommen. Im Auftrag von zwei Jugendlichen aus dem Bistum Aachen, darunter Christopher, erstattete er Strafanzeige bei der Staatsanwaltschaft Krefeld. Das war am 19. Februar 2010. Beide hatten ihm von Missbrauch durch Georg K. berichtet. Heibel hatte die Gespräche, die er mit ihnen geführt hatte, aufgezeichnet. So geht er immer vor. Doch sein Versuch, damit bei der Staatsanwaltschaft Druck auszuüben, scheiterte. Im Gegenteil: Man machte ihm Vorwürfe. (siehe S. 89)

Die Vorwürfe, die Christopher unterdessen erhob, wogen so schwer, dass sie bundesweit Aufmerksamkeit auf sich zogen. Bis 2007, berichtete der 19-Jährige, sei er von Georg K. über Jahre missbraucht worden (vgl. DER SPIEGEL, 19.04.2010, Autor: Peter Wensierski, Titel: »Nichts gelernt«). Im Januar 2010 habe die Familie des Jungen dies dem Bistum mitgeteilt. Geschehen sei nichts. Die Betroffenen baten damals Johannes Heibel, die Angelegenheit in ihrem Auftrag bei den Ermittlungsbehörden anzuzeigen.

Christopher sagte aus, er sei von seinem zehnten Lebensjahr an von Pfarrer K. missbraucht worden. Strafrechtlich ging es um den

Verdacht des sexuellen Missbrauchs, um Sexspiele mit Minder-jährigen unter Alkohol- und Drogeneinfluss, um pornografische Fotos und Videos. Außerdem: Partys mit Messdienern und Saunabesuche im Pfarrhaus, zu denen der Pfarrer eingeladen hatte. Systematisch habe er sich das Vertrauen der Jungen erschlichen, berichtet DER SPIEGEL.

»Er erlaubte uns in seinem Pfarrhaus und auf Freizeitfahrten Dinge, die wir zu Hause nicht durften«, erinnerte sich Christopher. Weiterhin habe K. Geräte wie Spielkonsolen, Handys und Laptops verschenkt. »Er hat mir Rauschmittel gegeben, um mich wehrlos zu machen«, sagte der 19-Jährige weiter aus. »Wir haben Haschisch geraucht im Pfarrgarten und dazu Weihrauchschalen angemacht, damit die Nachbarn nichts mitbekamen.« Bereits mit zwölf Jahren habe er Schnaps und Bier bekommen. »Ich war nicht mehr Herr meines Körpers.« Dann habe K. ihn ins Bett getragen, ihn und sich komplett ausgezogen, sich auf ihn gelegt und ihn missbraucht.

Der Junge berichtete auch davon, dass der Computer von Georg K. voll mit Pornos gewesen sei – K. habe sich in entsprechenden Internet-Foren »herumgetrieben«. Das Kind musste die Rolle eines Partners einnehmen. Wie sehr sich die Erlebnisse in die Seele des Jungen eingruben, dokumentierte auch dessen Aussage, sich immer »dreckig« gefühlt zu haben. Er habe nach diesen Vorfällen immer sehr lange geduscht, um dieses Gefühl loszuwerden. Mittlerweile sei er auch sicher, dass es noch eine ganze Reihe weiterer Opfer gebe. Dafür sprach die Schamhaarsammlung, die der Geistliche im Schreibtisch seines Arbeitszimmers aufbewahrt habe. »Bis heute hat es die Staatsanwaltschaft nicht fertiggebracht, die Räume durchsuchen zu lassen«, berichtete mir wenig später Johannes Heibel.

Regelrecht skandalös war auch die Reaktion des Leiters der Personalabteilung im Bistum Aachen auf den Bericht von Christophers Vater über den Missbrauch: »Ach, bislang hatte ich gedacht, das wären nur Gerüchte, da wäre nichts dran.« So schildert es Peter Wensierski im SPIEGEL.

Der Druck auf Georg K. wird größer

Südafrika ist zwar weit weg. Dennoch bewirkte die zunehmende Aufmerksamkeit der Öffentlichkeit in Deutschland vor allem eines: Der Druck auf K. nahm zu. Und das verstärkte sich offenbar, als TV-Talker Reinhold Beckmann das Thema am 26. April 2010 auf die Tagesordnung seiner Sendung setzte. Hier trafen Bischof Stephan Ackermann, Missbrauchsbeauftragter der katholischen Kirche, Bundesjustizministerin Sabine Leutheusser-Schnarrenberger und Johannes Heibel aufeinander. Außerdem kam der betroffene Junge Christopher zu Wort. Er war kurz zuvor interviewt worden. Während der Sendung wurde das Gespräch ausgestrahlt. Die Betroffenheit war groß. Und hatte Auswirkungen.

Ein Durchbruch: Der Pfarrer räumt Missbrauch ein

Nicht einmal zwei Wochen später gab es die allererste direkte Reaktion von Georg K.: Er erstattete Selbstanzeige bei der Staatsanwaltschaft Krefeld. Das meldete die Aachener online Zeitung am 4.05.2010 und bezog sich damit auf eine Pressemitteilung des Bistums Aachen vom 3.05.2010: »Pfarrer K. habe erklärt, dass er seinen Opfern und ihren Familien Schaden und Schmerzen zugefügt habe. Das tue ihm aufrichtig leid. Er bittet um Entschuldigung und möchte, so gut er es kann, helfen, es wiedergutzumachen.«

K. bezog sich damit ausschließlich auf Beschuldigungen in Deutschland. Für einen Moment schien es, als würde bei der Kirche ein Umdenken einsetzen, als wolle man den Versuch machen, Aufarbeitung zu betreiben. Dazu passte, dass das Bistum im Juli 2010 Mitveranstalter einer Podiumsdiskussion war, die im Haus der Caritas in Viersen über die Bühne ging. Und die hatte es in sich. So wurde eine Botschaft von Missbrauchsopfer Christopher vorgelesen. »Hallo, ich bin's, Christopher, mein Schweigen habe ich gebrochen. Ich will nicht, dass noch mehr Kinder unter Georg K. leiden müssen. Ich habe geschwiegen, weil ich Angst vor den Folgen hatte. Ich bin selber jahrelang von Georg K. missbraucht worden und weiß, wie man sich fühlt. Entschieden haben ich mich, Georg K. anzuzeigen, durch die Hilfe von Herrn Heibel. Ohne ihn wäre ich nicht so stark gewesen, den ersten Schritt zu machen.« Der Junge wandte sich mit seiner Botschaft direkt an die Anwesenden: »Liebe Besucherinnen und Besucher der Veranstaltung, leider kann ich heute nicht bei Ihnen sein. Aber ich bitte Sie um Ihre Mithilfe. Wenn jemand etwas weiß oder Ähnliches durchgemacht hat wie ich, so melden Sie sich bitte bei der Polizei oder Herrn Heibel. Das Schweigen muss ein Ende haben. Wie viele Kinder sollen noch missbraucht werden? Seid stark und wehrt euch. Helft mir, was zu ändern. Gruß Christopher.«

Was für ein Appell aus dem Mund eines Jugendlichen! Konnte er etwas bewegen?

Die Kirche reagiert – minimal

Fast schien es so. Der Personalchef des Bistums, Heiner Schmitz, räumte ein, z. B. die Berichte über Saunabesuche K.s mit Jugendlichen nicht ernst genommen zu haben. »Heute würde ich vieles anders machen«, bekannte er in den Grenzland Nachrichten (15.07.2010, Autorin: Daniela Veugelers). Und noch eines kam heraus: Georg K. hatte Schmitz erst am 21. Mai 2008 – zwei Tage nach seiner Suspendierung – angerufen und ihm erzählt, dass er in Südafrika angezeigt worden sei, weil er Kinder bei einem Kommunioncamp sexuell belästigt haben soll. Seinem Vorgesetzten in Aachen gegenüber beteuerte er offenbar, unschuldig zu sein. Man glaubte ihm. Erst am 31. Mai 2010, nachdem Georg K. auf Missbrauchsvorwürfe aus Deutschland mit einer Selbstanzeige reagiert hatte, erfolgte die Kündigung seines Vertrags mit dem Auslandssekretariat der Deutschen Bischofskonferenz. Auch das erfuhr die Öffentlichkeit erst bei der Veranstaltung in Viersen.

Bei der Podiumsdiskussion kamen weitere Details ans Licht, die auch viele meiner Leser als skandalös empfanden: Die Bischofskonferenz bestätigte, bis dahin die Anwaltskosten für K. übernommen zu haben. Sein Gehalt erhielt er ebenfalls zunächst in normaler Höhe weiter. Nach seiner Suspendierung bekam der Geistliche erst weniger Geld, als das Bistum in Aachen wieder für K. zuständig wurde. 1.100 Euro bekommt er im Monat an »Zuwendung« wie der Personalchef des Bistums es ausdrückte. *Sustentatio congrua* lautet der kirchliche Verwaltungsausdruck dafür, was so viel heißt wie »Beitrag zum Leben«.

Dass die bis zu diesem Zeitpunkt auf 100.000 Euro geschätzten Anwaltskosten mutmaßlich von der Kirche getragen worden waren, empörte auch die Menschen bei der Podiumsdiskussion in Viersen. Bedrückend war die Erklärung der Mutter eines betroffenen Kindes. Sie schilderte ihren »Leidensweg« mit der Kirche. Diese sei kein einziges Mal auf sie zugegangen. Vielmehr sei die Familie sogar unter Druck gesetzt worden: Wenn der Fall bekannt werde, sei eine Wiedergutmachung nicht mehr möglich. (siehe S. 61)

Nach der Veranstaltung in Viersen ließ der zwischenzeitlich demonstrierte Elan der Kirche schnell nach. Im gleichen Maß fielen deren Vertreter in alte Verhaltens- und Erklärungsmuster zurück. So teilte der Personalchef des Bistums Aachen Johannes Heibel zwar mit, dass gegen den Pfarrer ein Voruntersuchungsverfahren laufe und dass er aufgefordert worden sei, zu den Vorwürfen Stellung zu nehmen. Zudem sollten alle Pfarren angeschrieben werden, in denen K. tätig gewesen sei, mit der Bitte, sich möglichst an der Aufklärung der Vorwürfe zu beteiligen. Aber das war alles. Nachfragen, ob sich K. geäußert habe und ob seine Kooperationsbereitschaft gestiegen sei, wurden von da an stets mit Hinweisen auf »das schwebende Verfahren« oder mit dem Satz »nichts Neues« beantwortet. Und auch der erst viel später auf Betreiben der Staatsanwaltschaft Krefeld erlassene internationale Haftbefehl bewirkte bis dahin nichts. Währenddessen lief der Prozess in Südafrika, der im März 2010 nach quälend langen Vorermittlungen begonnen hatte, weiter, ohne wirklich von der Stelle zu kommen. (siehe S. 69)

Die Versuche von verschiedenen Seiten, Druck auszuüben, K. vielleicht seine Bezüge zu streichen und ihn so zu zwingen, selbst Tempo in das Verfahren zu bringen, scheiterten. Man könne den südafrikanischen Behörden nicht vorgreifen, argumentierte das Bistum. Und auch das Wort von der Fürsorgepflicht gegenüber einem suspendierten Kirchenmann wurde in den Mund genommen. Die Bereitschaft des Bistums, sich in diese Richtung zu engagieren, ging gegen null. Ich selbst war Ende 2011 nochmals bei einem Medientreffen in Aachen beim Bistum. »Er unterschreibt ja die Vorwürfe nicht, die ihm in Deutschland zur Last gelegt werden«, sagte damals Bischof Heinrich Mussinghoff. Für mich war das ein Widerspruch, da K. im Mai 2010 Selbstanzeige erstattet und (nicht im Detail und nicht umfassend!) Vorwürfe eingeräumt hatte. Ich nannte dies in einem folgenden Artikel ein »Geständnis« und veröffentlichte die »Neuigkeit«. Mit dem Ergebnis, dass ein Anwalt von K. aus Hannover sich in meiner Redaktion meldete und eine Klarstellung forderte. Sein Mandant habe nie ein Geständnis abgelegt. (Zitat: »Es liegt kein unterschriebenes Geständnis von Herrn K. hinsichtlich sexuellen Missbrauchs, erst recht nicht in 37 Fällen, vor.«)

Wieder Stillstand – Erinnerungen an einen alten Fall

Wieder kam die Angelegenheit zum Stillstand. Wiederholt meldeten sich Leser, fragten Kollegen bei uns in der Redaktion nach.
Zwar räumte das Bistum gegenüber den Kollegen der Aachener Zeitung ein, Fehler gemacht zu haben. Aber eine Konsequenz? Fehlanzeige. Und die Bischofskonferenz? Die erklärte, dass der Vertrag zwischen ihr und Pfarrer K. mittlerweile aufgelöst sei. Jetzt sei das Bistum wieder zuständig. Man wollte offenbar nicht behelligt werden mit dem Fall, ihn entweder aussitzen oder intern abhandeln.
Dies wiederum weist frappierend ähnliche Züge wie das Verhalten des Bistums im Fall des Pfarrers I... auf. (»~~Ohne~~ Fehl und Tadel«, *Initiative gegen Gewalt und sexuellen Missbrauch an Kindern und Jugendlichen e. V.* (Hrsg.), Autoren: Johannes Heibel u. a.) Der Krefelder Geistliche war bereits in den 70er Jahren auffällig geworden. Damals hatte er alle Vorwürfe, ihm anvertraute Kinder sexuell missbraucht zu haben, bestritten. Eine Strafverfolgung hatte nicht stattgefunden, weil die Kirche ihn aus dem Schuldienst entfernt hatte. Das hatten die Eltern der Opfer so geschehen lassen. I... wurde Militärpfarrer in Geilenkirchen, wo er, wie ich aus eigener Erfahrung weiß (er war auch mein Geistlicher während meiner Bundeswehrzeit), einen überaus guten Ruf hatte. Und das nicht nur in der Kaserne, sondern auch in der nahen

Gemeinde, in der er ebenfalls Dienst tat. Warum wurde nichts unternommen, als die Vorwürfe aus Krefeld bekannt wurden? »Wir sind damals davon ausgegangen, dass er so was nicht mehr macht, und wir waren der Meinung: Jedem die reelle zweite Chance«, erklärte der Regionaldekan später dazu. Wenn es nicht zynisch klänge, würde ich sagen, es hatte eine gewisse Logik, Pfarrer I... wieder nach Krefeld in eine Pfarrgemeinde zu schicken. In seiner dortigen Wohnung stellte die Polizei später rund 40.000 Dias und 700 Videofilme, überwiegend kinderpornografischen Inhalts sicher. Er wurde verurteilt, fiel nach Ablauf der Gefängnisstrafe aber nicht ins Bodenlose. Nein, er fand sich im Domarchiv des Bistums wieder. »Das befristete Anstellungsverhältnis kam aus zwei Gründen zustande: Seitens des Bischofs besteht eine kirchenrechtliche Verpflichtung gegenüber einem aus dem Klerikerstand Entlassenen im Hinblick auf eine abgestufte Fürsorge. Die soziale Kontrolle des Herrn I... durch Eingliederung in einen geordneten Arbeitsprozess dient – wie oben bereits erwähnt – dem Schutz von Kindern und Jugendlichen als potentiellen Opfern«, erklärte das Bistum in einer Stellungnahme. Und das, obwohl den Herrschaften im Bistums völlig klar war, dass I... keinerlei Einsicht oder Reue zeigte. Auch hier stellte sich die Kirche schützend vor den Täter. Manchmal scheint sich Geschichte zu wiederholen.

Der Missbrauchsbeauftragte erklärt sich für nicht zuständig
Zurück zum Fall Georg K. Johannes Heibel wandte sich an den Missbrauchsbeauftragten der Bischofskonferenz, Bischof Stephan Ackermann, mit der dringenden Bitte, bei einer Reise nach Südafrika auf K. einzuwirken, damit er den Fortgang des Prozesses nicht länger verzögerte. »Das Verfahren in Südafrika muss endlich ein Ende haben, auch im Hinblick auf das Strafverfahren in Deutschland, denn auch hier warten die Opfer.« Heibel warf außerdem die Frage auf, ob nicht Pfarrer Stefan Hippler, bekannt durch seine erfolgreichen Aids-Projekte, auf K. einwirken könne. Schließlich kümmere Hippler sich um seinen suspendierten Amtsbruder. Der Missbrauchsbeauftragte antwortete, der Fall betreffe

seinen Aufgabenbereich nicht. Er sehe sich außerstande, zu helfen. Und: Die Kontakte, die der Trierer Priester Stefan Hippler zu K. unterhalte, »stellen keine irgendwie geartete förmliche Betreuung dar, sondern sind Ausdruck mitmenschlicher Hilfe, die auch einem (mutmaßlichen) Missbrauchstäter nicht zu verwehren ist, zumal aus christlicher Sicht. Hier geht es nicht um Vertuschung oder Ähnliches.«

Es klingt immer gleich: Man sei dringend an der Aufklärung interessiert, auch Georg K. warte dringend auf ein Ende des Prozesses. – Aber nichts geschieht, gar nichts. Und auch mein Versuch, über Pfarrer Stefan Hippler in Kapstadt mehr zu erfahren, läuft praktisch ins Leere. Ja, räumt dieser ein, die Länge des Verfahrens sei für alle Beteiligten unerträglich. Solange dieses aber laufe, wolle und könne er nichts sagen. Dafür bitte er um Verständnis. Ich muss gestehen, dieses ist mir im Verlauf dieser Geschichte verloren gegangen.

Das schleppende Vorgehen der Ermittlungsbehörden

Ein ganz schwieriges Kapitel in der Geschichte um Pfarrer Georg K. ist auch der Umgang der Ermittlungsbehörden mit dem Thema. Die Staatsanwaltschaft Krefeld, ohnehin nicht bekannt für besondere Auskunftsbereitschaft, gab immer nur auf Nachfrage knappe Statements ab. Von der Seite der Betroffenen kamen Vorwürfe der Art: »Die tun nichts – oder nur das Allernötigste.« Wie aber sollte ich entscheiden, ob diese Vorwürfe gegen die Behörde gerechtfertigt waren? Am Ende blieben – drücken wir es einmal so aus – Merkwürdigkeiten. Ich erinnere mich, im frühen Stadium der Ermittlungen, nicht lange nach der Anzeigeerstattung durch die Eltern der betroffenen Jungen, den Pressestaatsanwalt gefragt zu haben, ob denn ein Haftbefehl ausgestellt sei. Ich bekam zur Antwort: »Wieso? Wir wissen doch, wo er ist.« Immerhin, als ich später auf einen vagen Hinweis noch einmal nachfragte, ob ein Haftbefehl ausgestellt sei, mauerte derselbe Staatsanwalt nicht, sondern bestätigte das sofort. Und im Verlauf des Verfahrens wuchs ein gewisses Vertrauensverhältnis. Man erklärte mir das eine oder andere Mal, wie die Staatsanwaltschaft prinzipiell mit

Verfahrensfragen umgeht, welche Dinge sie grundsätzlich beachten muss. Der Umgang blieb dennoch ein wenig kompliziert.

Johannes Heibel, der seit vielen Jahren professionelle Erfahrung im Umgang mit den Ermittlungsbehörden hat, recherchierte auch selbst, aber eben anders als eine Behörde. Er klagte immer wieder über die Trägheit der Krefelder Staatsanwaltschaft und konstatierte auch eine gewisse Unwilligkeit von dieser Seite, mit ihm zusammenzuarbeiten: »Nach Bekanntwerden der Vorwürfe aus Johannesburg habe ich gefragt, warum die Staatsanwaltschaft Krefeld nicht selbst mit Ermittlungen begonnen hat«, erinnerte sich Heibel. Die Antwort der zuständigen Staatsanwältin: »Wir stochern doch nicht im Nebel.«

Schließlich war es Heibel, dem es gelungen war, in Deutschland mutmaßliche Opfer zu ermitteln und mit ihnen zu sprechen. Die Gespräche hatte er aufgezeichnet. »Das hat die Staatsanwältin mir zum Vorwurf gemacht«, erinnerte er sich später. Es gehöre jedoch zu seiner Vorgehensweise. Falls die Betroffenen nicht in der Lage seien oder es ihnen aus irgendwelchen Gründen schwerfalle, ihre Geschichte selbst aufzuschreiben, halte er wichtige Gespräche mit ihnen auf Tonträgern fest – ihre vorherige Zustimmung natürlich vorausgesetzt. »Man hat mich gefragt, wie ich das machen könne«, sagte Heibel kopfschüttelnd. Allein schon die Tatsache, dass er mit den mutmaßlichen Opfern gesprochen habe, sei ihm angekreidet worden. Es wurde noch komplizierter – und absurder. Als er die Aufnahmen bei der Staatsanwaltschaft einreichte, wurde ihm schriftlich mitgeteilt: »Für die Bänder haben wir kein Abspielgerät.« Er machte sich daran, die Gespräche vom Band abzutippen. »Als ich im Auftrag der Betroffenen meine Ergebnisse nach Krefeld brachte, hieß es: ›Legen Sie die Unterlagen dorthin.‹ Erst als ich dies monierte, war die zuständige Staatsanwältin dann doch zu einem kurzen Gespräch bereit.«

Viele Fragen bleiben offen

In diesem Stil sei generell mit ihm gesprochen worden, sagte Heibel. Weil er in der deutschen Wohnung von K. und einem weiteren Ort, an dem K. persönliche Dinge von sich eingelagert habe, kinderpornografisches Material vermutete, forderte er vehement eine Hausdurchsuchung. Diese sei nicht geplant, wurde ihm auf Nachfrage mitgeteilt. Aufgrund der Hinweise, die Heibel erhalten habe, stehe nicht fest, wann K. pornografische Fotos aufgenommen habe und ob sich der darauf befindliche Junge zu diesem Zeitpunkt noch im Kindesalter befunden habe.

Später erklärte mir Johannes Heibel, dass er Kontakt zu einem möglichen dritten mutmaßlichen Opfer gehabt habe, nennen wir ihn Lars. Der Hinweis auf Lars (Name geändert) war von Christopher gekommen. Der Junge habe aber bei seiner Vernehmung durch die Polizei Pfarrer K. nicht belastet. Mittlerweile sei er allerdings bereit, eine Aussage zu machen. »Er hat mir ausführlich von Übergriffen berichtet«, sagte Heibel. Pfarrer K. habe auch von Südafrika aus noch eine gewisse Zeit Kontakt zu dem Jungen gehalten. Selbst am Tage von dessen polizeilicher Vernehmung in Krefeld soll der Pfarrer ihn vorher und nachher angerufen haben, wollte alles genau wissen. »Missbrauch ist ein Offizialdelikt. Warum tun sich die Behörden immer noch so schwer bei den Ermittlungen?«, fragt Heibel. Und er wundert sich, dass Lars bisher von den Ermittlungsbehörden nicht noch einmal vernommen wurde. »Spätestens nachdem ich der Kripo den Hinweis auf ein möglicherweise weiteres mutmaßliches Opfer gab, habe ich fest damit gerechnet.«

Was später bekannt wurde – eine alleinerziehende Mutter erzählt

Auch die südafrikanische Justiz steckte lange Zeit fest. Immer wieder wurden dort Details und »Unterdetails« behandelt. Beim deutschen Klerus ist keine Tendenz vorhanden, die Geschichte voranzutreiben. Und die deutsche Justiz wartet ab, ob er zurückkommt. Immer wieder bohrten meine Kollegen und ich nach, immer wieder versuchte man, uns abtropfen zu lassen. Und doch kamen wieder neue Dinge ans Tageslicht, diesmal aus den frühen Jahren des Georg K. Auch hier hat Johannes Heibel in seiner bissigen, rührigen Art geholfen.

Im Nachhinein wollen es alle schon immer gewusst haben, vom Bekanntwerden der ersten Vorwürfe an. Die Menschen, mit denen ich erst kürzlich sprechen konnte, äußerten sich nicht so. Sie schilderten konkrete Vorfälle und Hintergründe, die zu einem Großteil noch nicht ausgeleuchtet sind. Da ist zum Beispiel Frau Semma (Name geändert), die heute in Krefeld lebt. Sie kam mit K. während seiner Zeit in der Kempener Pfarre Christ König in Kontakt, wo er von 1994 bis 2001 als Priester tätig war.

Es war für die heute 63-Jährige eine Zeit, in der die Trennung von ihrem Mann bevorstand. »Ich wollte mich aus meiner Ehe lösen«, erzählt sie. Da sei niemand gewesen, mit dem sie hätte reden können. Auch eine Therapeutin habe sie nicht gefunden. »Intuitiv begann ich, mein Ehrenamt an der Pfarre zu erweitern«, sagt sie rückblickend. Sie habe gespürt, wie sie durch ihr Engagement zunehmend freier wurde.

Der neue Pfarrer gefiel ihr. »Er sprach mich an. Wir unterhielten uns an der Kirchentür.« Einige Wochen später habe er sie ins Pfarrheim eingeladen, zu einem kleinen Frühstück. Natürlich habe sie ihm von ihren Problemen erzählt. »Viel von meinen Kindern.« Allerdings hatte Frau Semma den Eindruck, dass der Pfarrer selbst Hilfe brauchte. Und Geld. »Er war rhetorisch sehr gewandt und mir weit überlegen«, erinnert sie sich. So habe sie nicht bemerkt, wie geschickt K. seine Wünsche – etwa die nach Geld – kundtat. Sie verstärkte ihre Anstrengungen, um ihm just diese Wünsche zu erfüllen, sie wollte ihn nicht enttäuschen. Immer wieder gab sie ihm Geld, was ihr in ihren Augen seine Aufmerksamkeit sicherte und ihr in der Trennungssituation guttat. »Nach einiger Zeit erspürte der Pfarrer meine ‚Abhängigkeit‘ und wusste bald sehr geschickt, sich Spenden zu sichern«, sagt sie. Inzwischen war ihr ältester Sohn Messdiener geworden und wurde von K. öfter ins Pfarrhaus eingeladen, entweder mit einer Jugendgruppe oder auch alleine. Sie dachte sich nichts dabei. Sie glaubte sogar, dass der Priester eine Bereicherung für den Jungen sei, nachdem sie sich von ihrem Mann getrennt hatte.

»Er wollte meinen Sohn – nichts anderes«

Gleichzeitig fühlte sie sich von K. immer stärker unter Druck gesetzt. Sie reagierte, indem sie ihm Geld gab. Bisweilen fühlte sie sich von ihm sogar in Predigten direkt angesprochen. Sie konfrontierte K. damit, dass sie sich von ihm bedrängt fühle. Der erwiderte, das bilde sie sich nur ein. Erneut gab sie dem Pfarrer Geld und private Geschenke, was ihr diesmal heftige Vorwürfe des Sohnes einbrachte. »Ich habe immer gedacht, dass er Geld will. Dass er jedes freundliche Wort bezahlt haben möchte. Heute weiß ich, dass das Missverständnis darin lag, dass er dachte, ich wollte Sex von ihm. In Wirklichkeit wollte er meinen Sohn – nichts anderes.« Und den habe er bekommen. Sie habe davon nichts gemerkt. Die Beziehung zum Pfarrer habe der Heranwachsende selbst beendet. Sie habe erst Jahre später eher zufällig davon erfahren. »Als K. nämlich noch mal bei uns zu Gast war. Kurz bevor er ging, bekam ich im Flur einen Disput zwischen ihm und meinem Sohn mit. Mein Sohn sagte ihm, dass er ihn nicht mehr sehen wolle.« Weil Frau Semma die Heftigkeit des Disputs auffiel, stellte sie den Sohn zur Rede, fragte, was denn los sei. Daraufhin habe er ihr erzählt, dass K. ein Pädophiler sei und er eines seiner Opfer war.

Einzelheiten erfuhr Frau Semma bis heute nicht. »Mein Sohn hat mir nichts erzählt, weil er mich schützen und nicht belasten wollte«, sagt sie. Er habe sich auch psychologische Hilfe gesucht. Inwieweit das Geschehene aufgearbeitet sei, könne sie nicht sagen. Der Sohn, heute um die 30 Jahre alt, verweigere ihr gegenüber dazu jede Stellungnahme. »Ich weiß es einfach nicht«, sagt die Frau. Einen dringenden Wunsch verspüre sie allerdings: »Ich würde gerne zu Georg K. gehen und ihn mit den Vorwürfen konfrontieren. Ihm sagen, was ich von ihm halte.«

Es bewegt sich etwas

Seit Jahren beschäftigt er mich nun, der Fall des Pfarrers Georg K. Und wenn es irgendwelche Neuigkeiten gibt, seien sie noch so winzig, landen sie auf meinem Schreibtisch in der WZ-Redaktion. Wie es der Zufall wollte, hatte ich gerade meinen Urlaub angetreten und war mit dem Auto in Richtung Norddeutschland unterwegs, als mich die Nachricht erreichte: Georg K. wurde in Südafrika in Haft genommen. Es war Sonntag, der 15. September 2013.

»Ich kenne mich überhaupt nicht aus. Mit wem kann ich sprechen? Hast du ein paar Tipps für mich?« Die Kollegin im Sonntagsdienst hatte bereits alles probiert. Sie hatte im Archiv gestöbert und versucht, einen Ansprechpartner bei Polizei oder Staatsanwaltschaft zu erreichen. Eine Bestätigung für die Nachricht hatte sie nicht bekommen.

Wenig später hatte ich ein Hotelzimmer bezogen, der kleine Schreibtisch wurde zum Arbeitsplatz. Ich rief einen Kontaktmann in Johannesburg an, der Beziehungen zur Justiz hat. »Ja«, bestätigte der, »die Geschichte stimmt«. Auf Druck der internationalen Ermittlungsbehörde Interpol hatte die südafrikanische Polizei K. festgesetzt. »Es kann sein, dass ein Ende des Prozesses in Sicht ist«, und dann könne man den bestehenden internationalen Haftbefehl vollstrecken, erklärte mein Kontaktmann. Auch sei so sichergestellt, dass K. sich nicht absetzen könne. Allerdings werde in zwei Tagen über die Fortdauer der Haft verhandelt.

Ich klappte meinen Laptop auf, schrieb die Geschichte. Und ich hatte erneut Reporterglück: Ich war offenbar der Einzige, der diese Information bestätigt bekam, die Nachricht war exklusiv. Einen Tag später lief sie über die Deutsche Presse-Agentur, meine Zeitung wurde überall zitiert.

So spektakulär die Neuigkeit schien, so schnell wurde sie wieder relativiert. Wenige Tage später entschied ein Richter in Südafrika, dass K. wieder auf freien Fuß kommt – gegen eine Kaution von 5.000 Rand, das entspricht 375 Euro. Allerdings muss er Meldeauflagen erfüllen. Darauf hatten die Ermittler in Südafrika bestanden.

Der Autor
Peter Korall
Geboren 1959, Studium Germanistik und Pädagogik in Aachen, ab 1986 journalistische Tätigkeit, seit 1995 Redakteur in der Kreis-Viersen-Redaktion der Westdeutschen Zeitung mit Schwerpunkt auf den Städten Willich und Tönisvorst

Anmerkung des Herausgebers
Am 2.04.2014 wird bekannt, dass sich der anstehende Verhandlungstermin gegen Pfarrer K. in Brits (3.04.2014) erneut verschiebt. Der Prozess soll nun am 12.05.2014 fortgeführt werden.

III. FALL PFARRER W.

Vergeben und vergessen
Täterschutz in der Kirche
Johannes Heibel

Im Folgenden dokumentiere ich ausführlich den Fall des Pfarrers
W. W. aus dem Bistum Würzburg, dem es möglich war, über Jahre
hinweg ihm anvertraute Kinder sexuell zu missbrauchen. Es war
möglich, weil die Kirche keine wirksamen Schritte unternahm,
um den Pfarrer konsequent von Kindern fernzuhalten.
Meine Dokumentation beruht auf eigenen jahrelangen Nachforschungen im Interesse der betroffenen Familien, auf Briefen und
Schriftstücken, die mir Betroffene zur Verfügung gestellt haben
oder die Pfarrer W. selbst in Umlauf gebracht hat. Ich möchte mit
dieser Dokumentation Unzulänglichkeiten der Institution Kirche
im Umgang mit solchen Fällen aufzeigen. Und ich möchte deutlich machen, dass der sexuelle Missbrauch nicht nur ein schwerwiegender Vertrauensmissbrauch und eine Verletzung der körperlichen und seelischen Grenzen eines Menschen ist, sondern
insbesondere ein hoch manipulatives Verbrechen, das dem körperlichen Missbrauch stets vorausgeht und folgt.
Die Manipulation des Umfeldes, der umgebenden Gesellschaft, gehört in allen mir bekannt gewordenen Fällen dazu. Dieser Hinter-
hältigkeit von Tätern erliegen sogar sehr häufig Menschen, die sich
aufgrund einer Profession selbst als Fachleute bezeichnen dürfen.
Wie perfekt das Verbrechen des sexuellen Missbrauchs abläuft,
zeigt sich in dieser Gefahr, der Manipulation durch pädokriminel-
le Täter zu erliegen. Das betrifft die Justiz, Kinderschutzeinrich-
tungen und Medien gleichermaßen. Will man wirksam Präven-

tion betreiben, ist unter anderem die Schulung von Fachleuten über die Dynamik und Wirksamkeit der Manipulation durch Täter unerlässlich. Ein grundsätzlicher Irrtum ist die Annahme, Pädophilie (oder andere Voraussetzungen, die zu einer Täterschaft führen können) sei, wie auch immer, »behandelbar« und würde dadurch gleichsam entscheidend »kontrollierbarer«.

Eine wirksame Prävention im Sinne der Verbrechensbekämpfung setzt neben der Auseinandersetzung mit Täterstrategien und wirksamen Präventionsprogrammen in Kindergärten und Schulen auch ein gelungenes Zusammenspiel aller Beteiligten voraus (Institutionen, Gruppen und Einzelpersonen). Um die Umsetzung der genannten Bedingungen zu garantieren, muss der Staat eine stärkere Verantwortung übernehmen und darf es nicht dem Zufall überlassen, ob zum Beispiel Betroffene in Eigeninitiative jemanden finden, der ihnen umfassend und professionell hilft.

Ich bin der Meinung, dass es dringend der Einführung eines unabhängigen Amtes für Opferschutz, Aufklärung und Prävention bedarf. Es müsste dafür sogar ein Ministerium geschaffen werden. Diese Institution sollte über die notwendige Fachlichkeit verfügen, indem dort Fachberater-Teams (spezialisierte RechtsanwältInnen, PsychologInnen, SozialarbeiterInnen ...) installiert werden, die mit ihrer Arbeit letztlich auch andere Behörden entlasten, wie zum Beispiel die Jugendämter oder die Justizbehörden. Sie hätte dann die Aufgabe, sich dem Opferschutz zu widmen, sich auf sensible, aber auch hartnäckige Weise um die Aufklärung von Verdachtsmomenten zu kümmern und zudem die Organisation und Durchführung von altersadäquaten Präventionsprogrammen zu übernehmen (in Zusammenarbeit mit Vereinen und anderen Einrichtungen, Organisationen, Verbänden). Die intensive Schulung von Eltern, Lehrern, Erziehern und Gruppenleitern gehört ebenso dazu.

Der »Kanzelsturm«
Zweiter Weihnachtsfeiertag 1998

In einer kleinen Gemeinde in der Nähe von Coburg macht sich eine Familie für den Besuch des Gottesdienstes fertig. Anders als gewohnt, gibt es an diesem Morgen einen ganz besonderen Anlass, die Messfeier in der katholische Kirche zu besuchen. Die Stimmung ist gedämpft, und eine gewisse Nervosität liegt in der Luft. In der Kirche angekommen, nimmt die Familie in der hinteren Bankreihe Platz. Kurz vor Beginn des Gottesdienstes zum zweiten Weihnachtsfeiertag erscheinen zwei Ministrantinnen und fragen den zehnjährigen Sohn der Familie, ob er nicht auch an diesem Tag mitministrieren möchte. Der Familienvater antwortet schroff, sein Sohn werde nicht mitmachen.

Geduldig wartet der Vater, bis Pfarrer W. etwas Passendes sagt. Als der Priester betont, dass Weihnachten auch ein Moment der Bilanz sei, tritt der Vater vor den Altar und spricht mit unüberhörbarer Stimme zur versammelten Gemeinde:

Dieser Mann, der Gottes Wort verkünden sollte, hat sich getraut, meinen Sohn mehrmals zu missbrauchen. Und weil sich das Kind jedes Mal gewehrt hat, hat er letztes Mal versucht, durch unverschämte Behauptungen seine Gedanken durcheinanderzubringen, um ihn zu verführen. Ich werde diesen Mann vor Gericht bringen, und solange er im Amt bleibt, wird mein Sohn diese Kirche nicht mehr betreten!

Kaum hat er dies gesagt, setzt das Orgelspiel ein. Der Vater verlässt gemeinsam mit seiner Familie das Gotteshaus.

Vorgeschichte
Als der zehnjährige Junge an Heiligabend seiner Mutter zum ersten Mal davon erzählt, dass Pfarrer W. ihn am Po streichele, ist sie entsetzt. Das Kind erklärt ihr, dass der Pfarrer dies öfters während der Autofahrt zu oder von Begräbnissen tue. Dabei reibe der Pfarrer mit seinen Fingern in der Gesäßfalte des Jungen hin und her. An diesem Tag, also an Heiligabend, habe ihm der Pfarrer wieder in die Hose gefasst. Als er versucht habe, sich dagegen zu wehren, habe der Pfarrer gesagt: »Warum wehrst du dich, du weißt doch, wie es geht.«

Der Vater des Jungen war zu diesem Zeitpunkt nicht zu Hause. Er kam aber im Laufe des Tages von einem Besuch in Rumänien, seiner Heimat, zurück. Erst nach dem gemeinsamen Besuch der Christmette erzählte die Mutter ihrem Mann von den Übergriffen des Pfarrers. Er beschloss, eine Nacht darüber zu schlafen. Am 1. Weihnachtstag fasste er den Entschluss, den Pfarrer am darauf folgenden Tag im Gottesdienst, vor versammelter Gemeinde, öffentlich anzuklagen. Er war sich bewusst, dass man ihn wegen Verleumdung und Störung des Gottesdienstes anzeigen könnte, dennoch war es für ihn wichtiger, der Familie und sich selbst zu zeigen, »dass die gewaltlose, aber trotzdem entschlossene Verteidigung der Ehre stärker als die Angst sein muss«.

Rückblick

Zu diesem Zeitpunkt wird Pfarrer W. bereits seit 13 Jahren – seit 1985 – immer wieder beschuldigt, Kinder sexuell missbraucht zu haben. Zweimal wechselt er aus diesem Grund in ein anderes Bistum – mit der Zustimmung seines Heimatbistums Würzburg. Jedes Mal wird er wieder im Gemeindedienst und in der Jugendarbeit eingesetzt – zunächst im Bistum Limburg, danach auch im Erzbistum Bamberg.

Die beharrlichen Versuche, den stets uneinsichtigen und streitbaren Pfarrer zu rehabilitieren, enden jedes Mal im Desaster. In zwei von drei Bistümern kommt es sogar zur Anklageerhebung durch die Staatsanwaltschaften. Der dadurch entstandene Schaden in den jeweiligen Gemeinden ist erheblich. Die Anschuldigungen spalten nicht nur die Pfarrgemeinden, sondern darüber hinaus auch die Bürgerschaft der jeweiligen Stadt bzw. des jeweiligen Dorfes. Die einen verurteilen das Verhalten des Kirchenmannes, die anderen sind bis heute von seiner Unschuld überzeugt. Solche Spaltungen sind typisch bei derartigen Anschuldigungen. Auch Gerichtsurteile können daran letztlich nichts ändern.

Für die Opfer von sexueller Gewalt bedeutet dies ein nicht enden wollendes Trauma. Sie fühlen sich schuldig und aus der Gemeinschaft ausgegrenzt. Kaum jemand versteht ihre Sorgen und Ängste. Auch innerhalb der Familie des Opfers und im Bekanntenkreis entsteht häufig eine große Unsicherheit, es kommt vielfach zum Streit, der dazu führen kann, dass Menschen,, zu denen man immer ein gutes Verhältnis hatte, sich plötzlich abwenden. Immer wieder begegnen Betroffene Leuten, die ihnen nicht glauben und sie zur Zurückhaltung mahnen. Vonseiten der Kirche erfahren sie keine wirkliche Hilfe.

Die Kirchenoberhäupter sind mit der Thematik völlig überfordert und in erstel Linie um Schadensbegrenzung bemüht. Der gute Ruf der Institution Kirche hat für sie oberste Priorität. Die verantwortlichen Kirchenmänner verfügen über keinerlei Erfahrungen im Umgang mit Opfern von sexualisierter Gewalt und sind nicht in der Lage, Betroffene zu schützen bzw. ihnen angemessen zu helfen. Eine systematische Aufarbeitung der Geschehnisse liegt zudem nicht in ihrer Vorstellungswelt, widerspricht ihrem christlichen Selbstverständnis.

Der erste Hinweis

Am 15. Januar 1993 gründeten 27 Frauen und Männer in der Westerwälder Gemeinde Dernbach (bei Montabaur) den gemeinnützigen und bundesweit aktiven Verein *Initiative gegen Gewalt und sexuellen Missbrauch an Kindern und Jugendlichen e. V.* Ich war und bin Mitglied dieses Vereins. Der Grund zur Vereinsgründung lag darin, dass sich ein großer Teil der Gründungsmitglieder seit Jahren mit einem Hauptschullehrer konfrontiert sah, der sich gegenüber Schülerinnen »zudringlich, taktlos und ungehörig« verhielt. Dies waren die Worte eines Richters, der die Handlungen des Lehrers jedoch nicht als sexuelle Belästigung wertete. In einem Prozess führte der Richter aus, es könne nicht bewiesen werden, dass die Handlungen des Lehrers auf Sinneslust beruhten. Die Schülerinnen hätten zwar unter anderem glaubhaft versichert, dass der Lehrer sie geschlagen, auf den Mund geküsst, an den Oberschenkeln angefasst und auch eine Schülerin gefragt habe, ob sie mit ihm schlafen wolle, aber dies rechtfertige nicht die Behauptung, der Lehrer belästige Schülerinnen sexuell, denn eine sexuelle Belästigung setze Handlungen »von einiger Erheblichkeit« voraus.

Im Rahmen unserer Vereinsgründung bemühte ich mich um den Druck der ersten Informationsblätter. Mein Bruder kannte einen Druckereibesitzer, der Bereitschaft zeigte, uns zu unterstützen. Am 3. April 1993 verabredete ich mich mit ihm. Mit den Absprachen zu Gestaltung und Druck unserer Flyer kamen wir zügig voran. Wir sprachen auch über unsere noch junge Organisation und über den Anlass der Vereinsgründung. Da plötzlich brach es aus dem Mann heraus: »Auch wir sind betroffen. Meine Stieftochter wurde vor einigen Jahren von Pfarrer W. befummelt. Beim Ankleiden des Messdienergewandes wollte er immer helfen, hat sich förmlich aufgedrängt, obwohl meine Stieftochter schon 13 Jahre alt war. Dieses Schwein! Und was hat man mit ihm gemacht?« Seine Erregung nahm mit jedem seiner Worte zu. »Die Kirche hat ihn schließlich hier bei uns herausgenommen. Bestimmt kann er nun woanders weitermachen.« Ich fragte ihn, ob er den Pfarrer angezeigt habe. Zu meinem Erstaunen sagte er, dass die Familie damals nichts unternommen habe. Er habe aber erfahren, dass Pfarrer W. schon einmal aus diesem Grund versetzt worden sei. Ich versprach ihm, dass ich der Angelegenheit nachgehen würde.

Nachgehakt
Meine Nachforschungen in der Pfarrgemeinde Ransbach-Baumbach (Westerwald/Bistum Limburg), in der Pfarrer W. bis 1990 tätig gewesen war, bestätigten den Verdacht. Die Mutter eines betroffenen Jungen hatte sich damals an den Kinderschutzbund gewandt. Sie beklagte sich, dass ihr Sohn von Pfarrer W. sexuell belästigt worden sei. Auch andere Kinder seien betroffen. Der Kinderschutzbund schaltete daraufhin eine Mitarbeiterin des Sozialministeriums in Mainz ein. Pfarrer W. musste schließlich die Pfarrgemeinde verlassen. Strafanzeige wurde nicht gestellt. Vonseiten des Bistums Limburg wurde lediglich versichert, dass man Pfarrer W. nicht mehr im Gemeindedienst und in der Jugendarbeit einsetzen werde. Man beabsichtige, W. zukünftig in der Krankenhausseelsorge in Frankfurt am Main zu beschäftigen.
Schon Jahre zuvor, kurz nach der Einführung des Priesters in die Gemeinde Ransbach-Baumbach 1986, hatten sich Probleme erge-

ben. Mitglieder des Pfarrgemeinderates hatten in Erfahrung gebracht, dass Pfarrer W. in seinem Heimatbistum Würzburg sogar vor Gericht gestanden habe. Konkretes habe man anfangs noch nicht gewusst. Schließlich fuhr eine kleine Delegation aus der Pfarrgemeinde zum Generalvikar nach Limburg und beschwerte sich. Der Generalvikar habe jedoch darauf bestanden, dass man dem Pfarrer eine Chance zu seiner Rehabilitierung einräume. Die Delegation wurde vom Generalvikar zum Schweigen verdonnert. Enttäuscht fuhr man nach dem Gespräch wieder nach Hause.

In weiteren Gesprächen mit Gemeindemitgliedern erfuhr ich nähere Details. Pfarrer W. sei in seinem ersten Prozess (März 1986) vor dem Amtsgericht Obernburg (Aktenzeichen: 106 Js 3480/85) wegen sexuellen Missbrauchs von Kindern zu einer Geldstrafe von 10.500 DM verurteilt worden.

Der Bote vom Untermain titelte in seiner Miltenberger Ausgabe vom 7.3.1986:

Wegen Streicheleinheiten aufs nackte Gesäß zu hoher Geldstrafe verurteilt – ›Kinderfreundlicher‹ Geistlicher musste sich vor dem Obernburger Gericht verantworten

W. habe daraufhin Berufung vor dem Landgericht Aschaffenburg eingelegt. Der zweite Prozess habe aber erst stattgefunden, nachdem Pfarrer W. schon in Ransbach-Baumbach tätig gewesen sei. Im Berufungsverfahren (23. März 1987) wurde das erstinstanzliche Urteil aufgehoben und das Verfahren gemäß § 153a StPO *vorläufig* eingestellt. Dem Beschuldigten wurde allerdings auferlegt, eine Geldbuße in Höhe von 8.000 DM innerhalb von sechs Monaten an die Staatskasse zu zahlen. W. galt damit weiterhin als nicht vorbestraft!

In einem anschließenden Beschluss des Landgerichts Aschaffenburg vom 29. September 1987 heißt es dann:

I. Das Verfahren wird endgültig eingestellt.
II. Die Kosten des Verfahrens werden der Staatskasse auferlegt. Der Angeklagte hat seine eigenen Auslagen zu tragen (§ 467 I, V StPO).

Im Sommer 1987, also noch vor der endgültigen Entscheidung des Landgerichts Aschaffenburg, schrieb ein Mitglied des Elternbeirates eines Kindergartens aus Ransbach-Baumbach im Auftrag des Gremiums einen Brief an das Bistum Limburg. Da der Mann keine Antwort erhielt, schrieb er, wie er mir selbst sagte, Bischof Kamphaus noch einmal an seine Privatadresse. Kamphaus antwortete nicht selbst, sondern ließ am 12.8.1987 durch einen seiner Mitarbeiter antworten:

> *Sehr geehrte Damen und Herrn,*
> *im Auftrag unseres Bischofs Dr. Franz Kamphaus danke ich Ihnen für Ihren Brief vom 23.7.1987 und Ihre Mitsorge um den Kindergarten. Bezüglich der Bedenken gegen Pfarrer W., die mit dem Bischof und ihm selbst besprochen wurden, ist folgendes zu sagen: Pfarrer W. wurde auf eine anonyme Anzeige hin in der genannten Sache angeklagt. Das Verfahren wurde nach gründlicher Prüfung eingestellt; ein Schuldspruch ist nicht erfolgt. Der Herr Bischof sieht deswegen keinen Grund, Pfarrer W. sein Vertrauen zu entziehen oder etwas gegen ihn zu unternehmen.*
> *...*
> *Ich hoffe auf eine menschlich gute Lösung der Probleme, die Sie ja auch selbst gewünscht haben, und grüße Sie freundlich.*
> *...*
> *Karl Wagner*
> *Ordinariatsrat*

Mit dem ehemaligen Elternbeiratsmitglied des Kindergartens, das den Brief an Bischhof Kamphaus geschrieben hatte, sprach ich später noch einmal über den Sachverhalt. Der Mann sagte mir, dass Pfarrer W. danach Stimmung gegen seine Familie gemacht habe. Darunter habe insbesondere seine Mutter gelitten, die in der Gemeinde regelmäßig einen Strickkreis besuchte. Nach einem Vieraugengespräch mit Pfarrer W. sei dann aber Ruhe gewesen. Bei ihm sei allerdings »das Fass in Bezug auf die katholische Kirche übergelaufen«: Als Konsequenz der Ereignisse sei er aus der Kirche ausgetreten.

Überraschenderweise erfuhr ich Anfang Mai 1993, dass Pfarrer W. bereits im September 1992 im Bistum Bamberg wieder eine neue Gemeinde anvertraut wurde – und das, obwohl man im Bistum Limburg noch kurz zuvor versichert hatte, dass Pfarrer W. künftig nicht mehr im Gemeindedienst und in der Jugendarbeit eingesetzt werden würde!

Wie mir erst später bekannt wurde, muss sich Pfarrer W. schon einmal 1986, kurz nach seiner Verurteilung vom Amtsgericht Obernburg, um eine Anstellung im Bistum Bamberg bemüht haben. Der damalige Generalvikar des Erzbistums Bamberg, Dr. Heinrich Straub, schrieb dem damaligen Dekan und Geistlichen Rat von Coburg, Herrn Kaspar Lang, am 2. Mai 1986 folgende Zeilen:

Lieber Herr Dekan,
mit dem Schreiben vom 18. April hattest du über die dortige Krankenschwester, Sr. G..., auf den früheren Pfarrer von Miltenberg verwiesen. Ich habe mit meinem Kollegen, Generalvikar von Würzburg, darüber verhandelt – dieser rät von einer Anstellung hier dringend ab, weil die Sache noch nicht zur Ruhe gekommen ist und vermutlich sofort neu aufleben würde infolge der relativ geringen Entfernung.

Mit freundlichen Grüßen
...
Generalvikar

1992 versuchte es W. noch einmal – diesmal mit Erfolg. Der damalige Generalvikar des Bistums Bamberg, Alois Albrecht, ließ sich zunächst Referenzen über ihn vorlegen. So heißt es in einem Schreiben des damaligen Bürgermeisters von Ransbach-Baumbach vom 27.01.1992, das an Pfarrer W. adressiert war:

Sehr geehrter Herr Pfarrer W.,
ich komme der Bitte gerne nach, Ihnen als Referenzperson zur Verfügung zu stehen.

Sie waren von 1986 bis 1990, etwa 4½ Jahre lang, als Pfarrer der Kirchengemeinden St. Antonius und St. Markus in Ransbach-Baumbach tätig. Als Mitglied der Kirchengemeinde und als Bürgermeister der Stadt kann ich deshalb Ihre Arbeit als Pfarrer beurteilen.

Als hervorragendes Merkmal Ihrer Arbeit möchte ich das unmittelbare Bemühen um den Menschen bezeichnen. Sie haben sich dabei, ohne Rücksicht auf Personenstand, Alter oder Religionszugehörigkeit, in vielen Einzelfällen um praktische Hilfe bemüht und diese auch, soweit es Ihre Möglichkeiten zuließen, persönlich gewährt. Ich denke hier insbesondere auch an Aussiedler, Asylanten oder Personen aus problembehafteten Familien. In manchen Einzelfällen haben wir dabei, Sie als Pfarrer und ich als Bürgermeister, ganz praktisch und unbürokratisch – vor allem aber mit der nötigen Diskretion – zusammengearbeitet. Bei dieser Arbeit hat es mich immer wieder beeindruckt, dass Sie sich nicht hinter Institutionen (Pfarrgemeinderat, Verwaltungsrat, Ordinariat u. a.) »versteckt haben«, sondern individuell gearbeitet und geholfen haben.
...

Im allgemein schwierigen Bereich der Kinder- und Jugendarbeit lagen die Schwerpunkte Ihrer Tätigkeit in der Bereitstellung angemessener Kindergartenplätze (die Kindergärten in Ransbach-Baumbach sind in Trägerschaft der beiden Kirchengemeinden), sowie in Vorbereitung der Erstkommunion- und Firmkinder. Letzteres kann ich auch als Vater eines Jungen bestätigen, den Sie auf das Bußsakrament und die 1. Heilige Kommunion vorbereitet haben.

Was mir als Gottesdienstbesucher immer wieder besonders auffiel, war Ihr Bemühen um eine würdige und feierliche Gottesdienstgestaltung. Dies gilt besonders auch für die Festtage des Jahres.
...

Mein erster persönlicher Kontakt mit Pfarrer W.

Da ich ohnehin vorhatte, mit meiner Familie einen Kurzurlaub in Bayern zu verbringen, entschloss ich mich am 20. Mai 1993 (Christi Himmelfahrt) spontan, einen Gottesdienst von Pfarrer W. in seiner derzeitigen neuen Gemeinde in Ebersdorf bei Coburg zu besuchen. Ich wollte mir unbedingt selbst einen Eindruck von der Person des Pfarrer W. verschaffen.

Der Gottesdienst begann fünf Minuten zu spät, gegen 9.05 Uhr. Pfarrer W. hatte den Kragen seines Messgewands noch lose über der rechten Schulter hängen. Dies deutete darauf hin, dass es zuvor in der Sakristei etwas hektisch zugegangen sein musste. Erst vor dem Altar bemerkte Pfarrer W., dass seine Kleidung nicht in Ordnung war, und ließ sich von einem Messdiener helfen. Man sah ihm an, dass er aufgeregt war. Messdiener waren zwei Mädchen, ca. elf Jahre alt, und zwei etwas ältere Jungen. Ich bekam den Eindruck, dass er anfangs besonders uns anschaute. Er schien wohl durch unsere Anwesenheit verunsichert, da er uns nicht kannte. Erst allmählich legte sich seine Nervosität.

Pfarrer W. vor der Kirche in Ebersdorf, 1999 (Copyright: Johannes Heibel)

Nach dem Gottesdienst wollte ich Pfarrer W. in der Sakristei besuchen. Dabei hatte ich jedoch nicht vor, ihn schon zu diesem Zeitpunkt mit den Hintergründen meines Besuches zu konfrontieren. Ich wusste einfach noch zu wenig über die Gesamtumstände und Abläufe. Ich wechselte gerade noch ein paar Worte mit meiner Frau, da hörte ich hinter mir jemanden rufen: »WW, Wester-wald. Wo kommen Sie denn dort her? Ich habe Ihr Nummern-schild schon vor dem Gottesdienst gesehen.« Es war Pfarrer W. Ich drehte mich um und entgegnete, dass er den Ort sicherlich nicht kennen würde. Pfarrer W. ließ nicht locker: »Ich kenne den Ort ganz bestimmt. Ich war doch noch vor einigen Jahren Pfarrer von Ransbach-Baumbach.« Ich entgegnete, dass ich aus dem Nach-barort Siershahn stamme. W. freute sich und fing gleich an zu erzählen. Er habe sich in Ebersdorf gut eingelebt und sei unter anderem auch in der Jugendarbeit sehr engagiert. An Pfingsten werde er eine Jugendfreizeit durchführen und sei gerade noch bei der Organisation.

Wie war es möglich, dass seine Vorgesetzten ihn trotz seiner Vor-geschichte wieder mit Kindern arbeiten ließen?

Zum Abschluss unseres Gesprächs trug er mir auf, seine ehema-lige Gemeindereferentin von ihm zu grüßen.

Grüße aus Oberfranken

Zwei Tage, nachdem ich Pfarrer W. getroffen hatte, rief ich seine ehemalige Gemeindereferentin an und überbrachte ihr die Grüße ihres ehemaligen Chefs. In dem Telefonat erzählte sie mir, dass sie im September 1992 zur Einführungswoche von Pfarrer W. nach Ebersdorf gefahren sei. Sie freue sich sehr darüber, dass es W. so gut gehe. Die Gemeindereferentin deutete jedoch auch an, dass Pfarrer W. in Ransbach-Baumbach Schwierigkeiten bekom-men hätte, ohne Näheres dazu auszuführen.

Ausweitung meiner Recherchen

Ich bekam einen Hinweis, dass ich mich einmal mit dem damali-gen Regionaljugendseelsorger der katholischen Kirche von Milten-berg unterhalten solle. Dieser vermittelte mir den Kontakt zu einer betroffenen Familie. Am 23.5.1993 sprach ich zum ersten Mal mit der Mutter eines Jungen, der von sexuellen Übergriffen durch Pfar-rer W. betroffen war. Sie arbeitete zu jener Zeit als Pfarrsekretärin in der katholischen Kirche in Miltenberg, wo W. von 1980 bis 1985 Stadtpfarrer und Dekanatsjugendseelsorger war. In diesem Telefonat wurde mir erstmals das ganze Ausmaß des Falles bekannt. Ich war schockiert über die Art und Weise, wie dreist und unsensibel sich der Pfarrer gegen die Anschuldigungen, die gegen ihn laut wurden, zur Wehr gesetzt hatte, wie er versucht hatte, die Opfer unter Druck zu setzen und zum Schweigen zu bringen.

Schüler einer Miltenberger Schule hätten damals einem ihrer Lehrer von sexuellen Übergriffen durch Pfarrer W. berichtet. Dies sei auf anonyme Weise erfolgt. Sie hatten einige ihrer Erlebnisse mit Pfarrer W. auf einen Zettel geschrieben und ihn dem Lehrer übergeben. Daraufhin sei der Elternsprecher eingeschaltet worden. Er habe die Aufdeckung forciert.

Noch am gleichen Tag rief ich den damaligen Schulelternsprecher an. Dieser berichtete mir nur zögerlich und zurückhaltend über seine Erfahrungen in der Angelegenheit. Seine Kinder seien nicht betroffen gewesen. Es habe einen anonymen Hinweis gegeben: Damit war der Zettel der Schüler/-innen gemeint, der an die Ermittlungsbehörden weitergeleitet wurde.

Darüber hinaus gab es noch eine anonyme Anzeige an die Staatsanwaltschaft in Aschaffenburg. Das Dokument fiel mir aber erst 2009 in die Hände. Der Brief ist am 25. März 1985 bei den Justizbehörden in Aschaffenburg eingegangen. Hier der Inhalt der anonymen Anzeige:

> *Nachdem die Polizei in Miltenberg nichts macht, muss die Staatsanwaltschaft tätig werden. Der Pfarrer in Miltenberg (W.) hat ständig kleine Mädchen befummelt und sie sogar gegen Zahlung von Geld ins Pfarrhaus bestellt. Jetzt ist er schnell auf ›Kur‹ geschickt worden, und der Pfarrgemeinderat behauptet, das seien doch nur Ausländerkinder, denen dürfe man nicht glauben. Bei jedem kleinen Sünder greift die Polizei hart durch, aber beim Herrn Pfarrer wird alles vertuscht. Leider muss ich anonym bleiben, hoffe aber doch, dass die Schweinereien des Pfarrers mit den kleinen Kindern aufgedeckt werden.*

Wie mir der damalige Schulelternsprecher weiter berichtete, sollen schließlich einige Familien Anzeige erstattet haben. Pfarrer W.

habe kurze Zeit nach den Anschuldigungen, begleitet von einem jüngeren Mann, einen Teil der betroffenen Familien in Miltenberg aufgesucht, um sie dazu zu bewegen, ihre Anzeigen bzw. Aussagen zurückzuziehen. In einigen Fällen sei ihm das wohl auch gelungen. Er, der Schulelternsprecher selbst, sei auch von Pfarrer W. angegangen worden.

An dieser Stelle möchte ich darauf hinweisen, dass sich Pfarrer W. in der Zeit, als er die betroffenen Familien in Miltenberg aufsuchte, auf Drängen seiner Vorgesetzten eine Zeitlang im Krankenhaus Rottweil aufhielt. (siehe S. 115 ff.) Er muss also seine Besuche von dort aus organisiert und gestartet haben.

Eine Mutter erinnert sich

Am 20. Juli 1993 erreichte mich ein Brief der zuvor erwähnten Mutter eines betroffenen Jungen, Frau W. Wie bereits gesagt, war sie seinerzeit Pfarrsekretärin der katholischen Pfarrgemeinde Miltenberg. Sie geht darin auf ein Schreiben von Pfarrer W. an den Generalvikar von Würzburg aus dem Jahr 1985 ein. Darin nimmt er zu den Vorwürfen gegen ihn Stellung. W. kopierte sein Schreiben und verteilte es im ganzen Ort.

Sehr geehrter Herr Heibel,
entschuldigen Sie bitte, dass Sie trotzdem noch über einer Woche auf meinen Brief warten mussten. Aber es fiel mir sehr schwer, all dieses nochmals in mein Gedächtnis zurückzurufen. Wenn ich das beiliegende Schreiben (siehe nachfolgend!) durchlese, wird es mir ganz übel. Diese Anschuldigungen, diese Verleumdungen gegen meine Person lassen mich erneut vor Wut platzen. Wenn ich mir dann noch überlege, dieser Brief ist hier von Haus zu Haus verteilt worden, dann ergreift mich heute noch Hass gegen diese Person. Was er meiner Familie und mir ganz persönlich angetan hat, ist nicht zu beschreiben. Diese Lügen, die in der Zwischenzeit von ihm berichtigt werden mussten, haben mich lange Zeit in meinem Privatleben sehr beeinträchtigt. Meine Verteidigung war damals Schweigen, nach der Devise, das ist die beste Verteidigung. Irgendwann kommt die Gerechtigkeit und die Wahrheit ans Tageslicht.

Dass dies nicht immer einfach war, können Sie sich vorstellen. Was er in der Hauptsache unserem Sohn zugefügt hat, ist noch viel grausamer. Jahrelang konnten wir uns, ganz persönlich ich, nicht mehr aus dem Hause trauen, wir wurden immer von ihm begleitet. Nach einer Morddrohung gegen mich – ich erstattete damals Anzeige gegen unbekannt – war es aus und vorbei. Zum Einkaufen und überallhin wurde ich von meinem Sohn begleitet, er meinte, wenn er bei mir ist, kann mir nichts passieren. Er war gerade erst mal 11 Jahre alt. Was muss wohl in ihm vorgegangen sein.

Was mich damals sehr enttäuschte, waren die vielen Mütter, ganz besonders Frauen, deren Männer oder sie selbst im öffentlichen Leben stehen, welche mir Mut zusprachen durchzuhalten, aber ihre Kinder – die auch betroffen waren – nicht verhören ließen. Es wurde mir von Seiten vieler – wie oben schon erwähnt – immer wieder Unterstützung versprochen, aber erhalten habe ich niemals eine. Ich habe versucht, durch einen Rechtsanwalt und anhand eines ärztlichen Attestes mein Kind nicht ein zweites Mal vor Gericht zu ziehen, es ist mir nicht gelungen. Das Kind einer Stadträtin und eines Rechtsanwaltes – welches übrigens viel schlimmer nach Aussage der Mutter von Herrn W. behandelt wurde – musste nicht ein einziges Mal vor Gericht gehen. Anschließend, nach all den Strapazen, kamen eben diese Leute bei mir vorbei mit einem Blumenstrauß im Namen aller geschädigten Kinder, als Dank für mein Durchstehvermögen. Sie alle sind mit Blumenstrauß wieder aus meinem Haus gegangen. Welch ein Hohn, selbst sich die Hände aus all dem Schmutz und Dreck herauszuhalten, obwohl man vielleicht bessere Beweise gehabt hätte – und dann sich im Namen aller zu bedanken. Ich habe für das Recht meines Kindes gekämpft und auch für viele andere Kinder, ich habe meinen Namen in den Schmutz ziehen lassen müssen, habe trotz der großen Schwierigkeiten, die mir immer wieder entgegenkamen, und nicht zu vergessen, trotz aller seelischer Belastungen 2 Jahre für das Wohl meines Kindes wie eine Löwin gekämpft und bin in all dieser Zeit von keinem – oder nur von wenigen – unterstützt worden.

Die Rektoren und Lehrer der Schulen, die mein Sohn zu dieser Zeit besuchte, waren die einzigen, die vor Gericht als Erwachsene aussagten. Sie haben damals uns die Stange gehalten. Ich vergesse nie den Satz des Rektors Herr Mehling und des Lehrers Robert Müller: ›Wenn mir einer das angetan hätte wie Ihnen, Frau W., ich hätte das nicht so hingenommen, unsere Bewunderung gilt Ihnen für Ihr Verhalten in all den Monaten, alle Achtung. Wir werden Ihnen auf jeden Fall immer zur Seite stehen und Sie unterstützen, wo wir nur können.‹

Alle anderen haben uns alleine gelassen. Was haben wir für Hilfen versprochen bekommen, wenn ich aber dann einmal um einen kleinen Beistand gebeten habe, war es nicht möglich. Auch jetzt, als ich gebeten habe um Unterstützung, damit ich Ihnen, lieber Herr Heibel, helfen kann, wurde auch hier mir jede Hilfe verwehrt. Dabei wäre es für Herrn ...[8] einfach gewesen ... Sie können mir glauben, ich weiß, wovon ich rede. Auch bei uns wird man nur zum Mittel des Zwecks benutzt, und wenn er erreicht ist, lässt man uns fallen. Ich habe hier meine Erfahrungen gemacht.

Wenn ich mir überlege, wie viele Kinder verhört worden sind und wer dann vor Gericht geladen wurde: 4 Ausländerkinder und ein Deutscher – unser Sohn. Es waren im Vorfeld noch sehr viele deutsche Kinder da, aber ...

Wenn man bedenkt, wie Herr W. für seine angebliche Unschuld hier in Miltenberg Spießruten gelaufen ist, wundert mich auch gar nichts mehr. Lesen Sie diesen Brief einmal genau durch, er ist von Anfang an eine Lüge. Wenn mir mein Arbeitgeber solche Brücken gebaut hätte, wie ihm damals gebaut wurden, nach all diesen Vorfällen, wäre ich glücklich gewesen. Aber er stellt sich in diesem Schreiben als Märtyrer hin und alle anderen sind die Täter. Er gibt in keinem Satz seine Schuld zu, nicht im geringsten. Alle anderen sind schuld, nur er war sauber. Es stimmt nicht, dass er an meinem Eintritt ins Pfarramt schuld ist. Einstellungen in diese Ämter übernimmt immer das jeweilige Ordinariat. Ich habe mich schriftlich in Würzburg beworben und habe diese Stelle bekommen. Es stimmt nicht,

---

8 ehemaliger Schulelternsprecher

dass ich als Erste verhört worden bin, im Gegenteil, wir waren das Ende von einer langen Kette. Diesen Brief habe ich dem Gericht vorgelegt, worauf er sehr heftig reagierte und musste dann zu seinem Entsetzen einiges zurücknehmen. Seine Entschuldigung habe ich aber nicht angenommen. Wie komme ich mir vor? Eine in diesem Brief erwähnte Tante von mir hat schriftlich eine Gegenerklärung abgegeben, auch dies musste er wieder zurücknehmen mit einer Entschuldigung. Eigentlich hätte er für ein solches Verhalten bestraft gehört. Andere werden im Vorfeld einer solchen Anklage wegen Verdunkelungsgefahr in Gewahrsam genommen, er ist frei durch die Gegend gehüpft und hat mit seinen Lügen in der ganzen Pfarrei, nicht nur in Miltenberg, auch in Nachbarpfarreien, sein ganzes Gift verspritzt.

Eigentlich könnte ich noch viel so aufschreiben, wenn man einmal dabei ist, kommt nochmals der ganze Frust hoch. Ich habe nur aus all diesen Erfahrungen gelernt, dass man in schlechten Zeiten meistens auf sich selbst gestellt ist. Was ich nicht verstehe, ist, dass man so einen Mann noch im Amt hält. Die Jahre haben bewiesen, dass mein Sohn die Wahrheit gesagt hat, so hat sich mein Schweigen damals doch gelohnt. Dafür bin ich heute froh, dankbar aber bin ich, dass mein Sohn, trotz aller Schwierigkeiten, zu einem ordentlichen und wertvollen Menschen herangereift ist, das ist nicht anderen zuzurechnen, sondern da sind mein Mann und ich mit verantwortlich, denn durch unsere alleinige Betreuung und unsere Liebe haben wir mitgeholfen, dass er über diese schrecklichen Jahre besser hinwegkommt. ...

Hier der Inhalt des besagten Briefes von Pfarrer W. an den Generalvikar von Würzburg, datiert auf den 14.10.1985. Damals hatte W. auf seine Pfarrstelle in Miltenberg verzichtet, nachdem er angezeigt und unter Druck geraten war.

Dieser Brief tauchte als eine Art »Wurfsendung« in den Briefkästen von Bürgerinnen und Bürgern aus Miltenberg auf. Aus Gründen der Rücksichtnahme und des Opferschutzes habe ich die Namen von einigen Personen, die W. jedoch in seinem Brief namentlich aufführt, nicht wiedergegeben.

Sehr geehrter Herr Generalvikar!

Bevor ich mich für immer von Ihnen verabschieden möchte, will ich Ihnen doch noch einige Klarstellungen zu den bisherigen Ereignissen zukommen lassen.

a) Zunächst zu Ihrer Person

1. Der Aufenthalt im Krankenhaus Rottweil war kein freiwilliger Akt. Mit der Drohung einer möglichen Anzeige und eventuell einer Veröffentlichung in der Presse bin ich von Ihnen dazu gedrängt worden. Wörtlich ist in den Akten der Kriminalpolizei zu lesen: a) die anonyme Anzeige: ›Jetzt ist er schnell in Kur geschickt worden‹. b) Dekan M.: ›Der Generalvikar Heribert Brander hat seinen Urlaub veranlasst‹. c) Die Pfarrsekretärin W.: ›Pfarrer W. wurde in Urlaub geschickt‹. Auch der Verzicht auf die Pfarrei Miltenberg ist nicht freiwillig, sondern auf Drängen geschehen. Die Resignation auf die Pfarrei Miltenberg kann ganz gewiss nicht als ›erbetene‹ Resignation ausgelegt werden, wie in der Urkunde zu lesen ist.

2. Herr R., der am Montag 18.3. nach Ihrer Aussage mit Anzeige gedroht habe, um meinen Weggang von Miltenberg ins Krankenhaus Rottweil zu beschleunigen, hat in Wirklichkeit nicht mit Anzeige gedroht, sondern sich im Gegenteil um seines Sohnes Willen besorgt nach meiner Situation erkundigt, wie auch seine drei Ihnen zugesandten Briefe deutlich machen.

3. Nach Aussage des inzwischen verstorbenen Pfarrers F. W. ist der Krankenhausaufenthalt in Rottweil möglicherweise mit der Zielsetzung geschehen, mich auf meinen Geisteszustand überprüfen zu lassen. Im Falle gravierender sexueller Verfehlungen gegenüber Kindern hätte man mich dann eventuell für nicht zurechnungsfähig erklären können (Zeuge Frau R...).

4. Die Maßnahme, mich aus Miltenberg für einen dreiwöchigen Kuraufenthalt in Rottweil zu entfernen, damit über die ganze Sache Gras wachse, hat nicht den erwünschten Erfolg gebracht., sondern genau das Gegenteil bewirkt: Das plötzliche Verschwinden aus Miltenberg ohne Angabe von Gründen – gerade in der Zeit vor Ostern und Weißem Sonntag – wurde als Nacht- und Nebelaktion gewertet und hat die Gerüchteküche erst richtig in Gang gesetzt (Abtreibung, Unterschlagung etc.).

5. Nach Pfarrer K. war mit Ihnen in Rottweil nicht ein Gespräch über mich, sondern zusammen mit mir vorgesehen. Ich sollte an diesem Tag ab 14 Uhr zum Gespräch hinzugezogen werden, was nicht geschehen ist. Es blieb ab 16 Uhr lediglich eine Viertelstunde für eine zusammenfassende Darlegung des vorausgegangenen Dialoges übrig.
6. Erst jetzt nach einem halben Jahr, hat sich Ihrer Meinung nach, wie aus Ihrem Schreiben an Schwester Oberin R. O. zu ersehen ist, herausgestellt, dass in meinem Fall keine eigentlichen sexuellen Handlungen vorliegen, sondern pastoral ungeschickte Verhaltensweisen Kindern gegenüber. Ich hätte von Anfang an von Ihnen und anderen Vertretern der Kirche, die in der besonderen Nachfolge Christi stehen, erwartet, dass Sie sich, wenn keine gegenteiligen Beweise vorliegen, zunächst einmal auf die Seite des Angeschuldigten gestellt und mehr das Positive gegenüber dem Negativen gesehen hätten (in dubio pro reo). In meinem Fall ist genau das Gegenteil geschehen. Die Grundlage der Besprechungen war von Anfang an mehr das Misstrauen als das Vertrauen (am Donnerstag 14.3. beim ersten Gespräch nach einer Viertelstunde Pause: ›Nun bekennen Sie!‹). Auch meine Erklärung, einen Eid ablegen zu können, dass ich keine sexuellen Handlungen beabsichtigt oder begangen hätte und den Sexualbereich beim Streicheln der Kinder bewusst ausgeklammert hätte, hat bei Ihnen nicht zum Misstrauensabbau beitragen können.
7. Aber die Aussage, keine sexuellen Handlungen beabsichtigt oder begangen zu haben, muss noch einmal wiederholt werden. Man kann den ganzen Vorgang, der aus väterlicher Zuneigung heraus ein liebevolles Streicheln und An-sich-Drücken der Kinder war, nicht aus dem Gesamtzusammenhang herauslösen und in einzelne unabhängige Teile auseinandersezieren (küssen, Ohr beißen, auf den Schoß nehmen, Po streicheln), wie es durch die Kriminalbeamten geschehen ist. Wörtlich ist auch im Schreiben von Rechtsanwalt R. vom 31.7. zu lesen: ›Die Ermittlungen haben den Verdacht des sexuellen Missbrauchs von Kindern nicht bestätigt. Der Angeschuldigte hat Geschlechtsteile der Kinder nicht berührt und zwar weder über noch unter der Kleidung. Er hat ganz bewusst vor dem sexuellen Bereich Halt gemacht.‹

...

10. Es setzt sich bei mir und bei anderen ... die Erkenntnis durch, dass auch auf Grund der intensiven ökumenischen Kontakte in der Pfarrei schon seit längerem Vorbereitungen getroffen wurden, mich von Miltenberg wegzubringen. Ich sehe das Ganze als einen Komplott verschiedener Seiten, der schon lange vorher geplant war.

b) Zur Pfarrsekretärin W.
1. Es ist mir völlig unerklärlich, wie die Pfarrsekretärin W., für deren Einstellung im Pfarrbüro am 1.12.1984 ich mich persönlich bei den Mitgliedern der Kirchenverwaltung eingesetzt habe und (die) noch 14 Tage zuvor mit ihrem Gatten an meinem Geburtstag eingeladen war, vor den Kriminalbeamten solch negative und der Wahrheit widersprechende Aussagen machen konnte, wie aus den Akten zu ersehen ist. Sie ist als erste von allen mit ihrem Sohn M. von den Kriminalbeamten verhört worden. Schon im Januar hatte ich sie gefragt, ob sie etwas daran gefunden habe, dass ich ihren Sohn in väterlicher Zuneigung gedrückt hätte, was sie verneinte. Es ist eben zweierlei, wie man diesem allem gegenübersteht, ob man Liebkosungen gegenüber Kindern positiv (siehe Zeugin Frau B.) oder negativ sieht (Frau W.).
2. Ebenso unfassbar ist für mich, dass Frau W. einerseits vor den Kriminalbeamten solche negativen Aussagen machte, andererseits aber allen, von denen ich es erfuhr, erklärte, dass sie ganz auf der Seite des Herrn Pfarrers stehe und nur Gutes über ihn aussagen würde (Zeugen Frau Dr. P., Frau B. etc.). Das ist doch ein falsches Spiel, was da getrieben wird. Anscheinend ist das der Dank dafür, dass ich mich für ihre Einstellung im Pfarrbüro eingesetzt habe. Aber nun zu den Aussagen selbst, die in den Akten des Staatsanwalts niedergeschrieben sind.
3. Sie hat ausgesagt, dass ich das Türkenmädchen B. im Bett des Krankenhauses belästigt hätte, was – auch nach dem Vernehmungsprotokoll dieses Mädchens durch die Kriminalbeamten – gar nicht stimmt, weil ich ihr nur im Gang des Krankenhauses begegnet bin.
...

c) Zu Kirchenpfleger A.

1. Erst zwei Tage vor den Ereignissen am 12.3. hat Kirchenpfleger A., Schwager von Frau W., bei einer Auseinandersetzung vor der Pfarrversammlung, als es um Einstellung einer zweiten Sekretärin im Pfarrbüro ging, erklärt: ›Ich habe schon mehrere Pfarrer überlebt. Ich werde Sie auch noch überleben.‹

2. Am Samstag, den 16.3., zwei Tage nach meiner Vorladung bei Ihnen am 14.3. hat Kirchenpfleger A. Herrn Dekan M. und Frau W. persönlich zu sich in die Wohnung eingeladen. Dieses Zusammenkommen werte ich als Schlüsselereignis für die weiteren Ereignisse und Maßnahmen mir gegenüber. Es sprechen manche Hinweise dafür, dass auch die anonyme Anzeige ihre Wurzeln in dieser Zusammenkunft hat, denn zu gut informiert erscheint der Schreiber dieser anonymen Anzeige.

d) Zu Dekan M.

1. Die Aussage von Dekan M. vor der Kriminalpolizei hat mich sehr betroffen gemacht: ›Es gehen in Miltenberg auch die Gerüchte herum, dass Pfarrer W. etwas mit einem 17-jährigen Mädchen gehabt haben soll. Das Mädchen hätte sogar abgetrieben. Aber er glaube, das das wirklich nur Gerüchte sind.‹ Diese Aussage ist keinesfalls als Entkräftung des Gerüchtes zu verstehen, wie Dekan M. am Dienstag vor den Geistlichen im nachhinein erklärt hat. Warum hat er denn überhaupt dieses Gerücht zu Protokoll gegeben? ... Es ist traurig, dass ›Mitbrüder‹ so etwas über Mitbrüder aussagen, da nicht klare Anhaltspunkte dafür vorhanden sind.

2. Auch seine Drohung, dass ich aus der Diözese Würzburg verbannt würde, wenn ich meine Nachforschungen gegenüber Frau W. nicht einstelle (Zeuge Frau K.), zeigt deutlich, welche Haltung Dekan M. mir gegenüber einnimmt. Hat er schon so großen Einfluss in der Diözese, dass er bereits in der Stellenvergabe mitmischt?

...

e) Zu Lehrer M.

Zu dem auf den Lehrer M. zurückgehenden Zettel der Schulkinder, der gewissermaßen Grundlage für Ihre Maßnahmen mir gegenüber

war, muss gesagt werden, dass kein einziger Satz, den die Kinder
hier niedergeschrieben haben, mit dem übereinstimmt, was sie spä-
ter vor den Kriminalbeamten ausgesagt haben. ...

Aus all diesen genannten Gründen habe ich mich entschlossen,
nicht mehr in der Diözese Würzburg tätig zu sein. Ich habe mich
für eine andere Diözese beworben. Der jetzt bereits über ein halbes
Jahr währende Zustand ohne Gottesdienst, ohne Arbeit, ohne Zu-
hause ist ein unerträglicher Zustand geworden. Ich frage mich, wie
man das vor Gott und seinem Gewissen vereinbaren kann.

Hochachtungsvoll
W. W.

Spätestens nach der Veröffentlichung dieses Briefes von Pfarrer W.,
der von falschen Darstellungen und Tatsachenverdrehungen wim-
melt, hätten die Verantwortlichen des Bistums Würzburg merken
müssen, dass der Geistliche, unabhängig von den Missbrauchsvorwürfen, ein großes persönliches Problem zu haben scheint. Wie
kann das Bistum es verantworten, diesem Pfarrer erneut eine Gemeinde anzuvertrauen? Ab diesem Zeitpunkt, dem Oktober 1985,
tragen meines Erachtens die zuständigen Würdenträger der Bistümer Würzburg, Limburg und Bamberg eine Mitverantwortung in
Bezug auf die Verwendung von Pfarrer W. und müssten eigentlich
selbst für das, was danach passierte, strafrechtlich, zivilrechtlich
und kirchenrechtlich zur Rechenschaft gezogen werden.

»Weggeparkt« in einem Krankenhaus

Pfarrer W. sollte eigentlich nach Bekanntwerden des Verdachts in
seiner Pfarrei in Miltenberg »Ruhe geben«. Aus diesem Grund
hatte ihn die Kirchenleitung im Sommer 1985 überredet, sich ins
Krankenhaus nach Rottweil zu begeben. Seine Anwesenheit dort
weist allerdings Lücken auf. Denn in Begleitung eines jungen Mannes suchte er während dieser Zeit zumindest zwei betroffene Familien aus der Gemeinde Miltenberg auf. Mit diesem Begleiter,
Herrn G., sprach ich zu einem späteren Zeitpunkt. Er hatte inzwi-

schen eingesehen, dass es ein Fehler gewesen war, W. zu unterstützen. G. stellte mir eine Kopie von seinem damaligen Schreiben an die Staatsanwaltschaft Aschaffenburg vom 3.07.1985 zur Verfügung. Vor Gericht sei er damals für sein Verhalten sehr gerügt worden. G. trägt in dem Schreiben das Ergebnis der Besuche von Pfarrer W. bei zwei betroffenen Familien zusammen:

Ermittlungen gegen Pfarrer W., Miltenberg

In der obigen Angelegenheit habe ich mit Pfarrer W. am 29. Juni 1985 R... aufgesucht. In Anwesenheit seiner Mutter erklärte R... eindeutig, dass Pfarrer W. nur über seinen Po streichelte, nicht aber ›in seinen Po (Arschloch) langte‹, dies während einer Ministranten-Busfahrt zum Kiliani nach Würzburg im Juli 1984. Damit ist R...s polizeiliche Aussage widerrufen.
Am 1. Juli 1985 besuchte ich mit Pfarrer W. C... . In Anwesenheit ihrer Schwester und ihres Schwagers wurde die polizeiliche Aussage ›Finger in den Po gesteckt‹ von dem Mädchen widerrufen und als falsch bezeichnet, C... wiederholte mehrmals, dass der Pfarrer ihr über den Po gestreichelt habe. Das Mädchen zeigte offensichtlich Verständigungsschwierigkeiten mit der deutschen Sprache. Dies trifft auf die Aussage ›auf den Mund geküsst‹ erst recht zu, denn C... erklärte, dass sie niemals von Pfarrer W. auf den Mund geküsst worden sei, sondern nur auf die Wange. Dies habe sie auch gegenüber den Polizeibeamten nie behauptet, dass der Pfarrer sie ›auf den Mund geküsst habe‹. Lt. Aussage des Schwagers und der Schwester spricht übrigens die Mutter von C..., die sich derzeit im Krankenhaus befindet, kein Deutsch. Ob sie die Bedeutung und den Inhalt des Strafantrages und des Protokolls verstanden hat, wurde von beiden bezweifelt. Wahrscheinlich wird sie den Strafantrag zurückziehen. Auf alle Fälle bleibt festzuhalten, dass auch die Aussagen von C... widerrufen wurden.
Ich bitte Sie um Kenntnisnahme meiner Aussagen und bin bereit, diese jederzeit vor Ihnen zu bestätigen.

Mit freundlichen Grüßen W.G.

Es ist unbegreiflich, wie die Justiz in Kenntnis dieser Information weiter mit Pfarrer W. umging: Ein wegen sexuellen Missbrauchs angezeigter Tatverdächtiger sucht persönlich und mit einem Zeugen im Schlepptau betroffene Kinder auf, verunsichert sie und bringt sie dazu, ihre ursprünglichen Aussagen zu revidieren! Selbst danach wurde W. nicht wegen Verdunklungsgefahr in Untersuchungshaft genommen. Ein schwerer Fehler, denn die Situation eskalierte dadurch immer weiter.

Leider erst am 14. Mai 1994 erreichte mich der Bericht eines betroffenen jungen Mannes, R..., aus Miltenberg, der damals Besuch von Pfarrer W. bekommen hatte:

Sehr geehrter Herr Heibel,
es tut mir außerordentlich leid, dass Sie so lange auf diesen Brief warten mussten. Ich werde in den folgenden Sätzen versuchen – soweit meine Deutschkenntnisse es mir erlauben – kurz und bündig die erbetene Botschaft zu beschreiben.
Erstens mal muss ich schreiben, dass ich schockiert bin zu wissen, dass dieser Pfarrer W. weiterhin seinen Beruf ausüben darf. Ich dachte immer, er hätte seine gerechte Strafe bekommen, und man würde ihn nicht mehr als Seelsorger einer Gemeinde dulden. Es ist eine große Ungerechtigkeit ihn weiter die Mission des Glaubens missbrauchen zu lassen.
Ich behaupte, dass die Tat des Herrn Pfarrers mein religiöses Dasein im Nachhinein extrem beeinflusst hat. Früher war ich ein überzeugter Christ, meine Eltern sind es noch, sie haben mich stets gelehrt, dem Worte Gottes zu folgen. Später wurde ich Messdiener und machte sie sehr glücklich, aber nicht für lange, denn damit begann alles.
Im Laufe der Jahre begann ich zu verstehen, was da eigentlich passiert war, und ich verlor immer mehr das Vertrauen zu meinem Glauben. Später habe ich mich ganz und gar von der Kirche abgewendet, und ich halte es nicht einmal für sinnvoll meinen Sohn taufen zu lassen. Möglicherweise wird er getauft, aber nur weil es meine Freundin so will und ich ihre Meinung respektieren muss.

Um diesen Brief abschließen zu können, werde ich noch einen wichtigen Punkt erläutern.

Hiermit bestätige ich schriftlich, dass der Herr W. mich nach der ersten Verhandlung[9] versucht hat zu beeinflussen. Er besuchte mich mit einem anderen Herren, dessen Namen ich nicht kenne, und versuchte in einem Gespräch meine erste Aussage zu ändern. Er bat mich, nicht genau zu sagen, wo er mit seinem Finger entlangfuhr. Wahrscheinlich wollte er damit eine Strafminderung erreichen, doch in meinem zweiten Gerichtstermin[10] blieb die Aussage gleich. Nun, ich könnte noch stundenlang über diese Ereignisse schreiben, aber ich glaube das Wichtigste hiermit gesagt zu haben. Ich hoffe, dieser Brief ist ausreichend, damit es vielleicht anderen Kindern erspart bleibt, diese Art von Religion kennen zu lernen.

Hochachtungsvoll
... (R.)

Die Pressestelle des Bischöflichen Ordinariats in Würzburg gab am 24.07.1985 (POW/38) eine Pressemeldung heraus, die zu einiger Verwirrung führte:

Pfarrer W. geht in den Ruhestand
Würzburg (POW) Zum 1. August tritt W. W., Pfarrer in Miltenberg, in den Ruhestand. Diözesanbischof Dr. Paul-Werner Scheele hat ihm für die langjährigen treuen Dienste in der Seelsorge gedankt.
W. wurde 1940 zu Grätz (Erzdiözese Olmütz) geboren. Die Priesterweihe erhielt er 1966 in Würzburg. Noch im Weihejahr kam er als Kooperator nach Hettstadt, wo er vorübergehend auch Pfarrverweser war. 1967 wurde er Kaplan in Haßfurt, wechselte 1969 nach Würzburg – St. Adalbero und erhielt 1973 die Pfarrei Eichenbühl. 1980 wurde ihm die Pfarrei Miltenberg – St. Jakobus verliehen, gleichzeitig erfolgte die Ernennung zum Dekanatsjugendseelsorger

---

9 Gemeint ist hier: nach seiner ersten Vernehmung bei der Polizei (Anm. d. Verf.).
10 Gemeint ist der erste Prozess beim Amtsgericht Obernburg (Anm. d. Verf.).

für Miltenberg. Pfarrer W. engagierte sich in der Ökumene und setz-
te sich für die religiöse Erneuerung der Pfarrgemeinde ein.

Der Journalist Karl-Heinz Fischer (Bote vom Untermain) geht der
Meldung nach und dementiert unter der Überschrift: »Stadtpfarrer W. geht nicht in den Ruhestand« am 26. Juli 1985 die Mitteilung des Pressedienstes der Diözese Würzburg. In dem Artikel
heißt es unter anderem:

> ... *Eine Stellungnahme zu den Vorwürfen, die immerhin zu der Be-*
> *urlaubung und nun auch zum endgültigen Abschied von der Pfarrei*
> *St. Jakobus geführt haben, war vom Bischöflichen Ordinariat nur*
> *insoweit zu erhalten, dass dort nichts von einem staatsanwaltschaft-*
> *lichen Einschreiten bekannt sei.*
>
> *Die vom Pressedienst der Diözese herausgegebene Meldung von der*
> *Zurruhesetzung von Stadtpfarrer W. aber, die formuliert war, als*
> *handle es sich um einen Schritt, der aus Alters- oder Gesundheits-*
> *gründen unternommen wurde, ließ aufhorchen. ...*
>
> *Diese Meldung freilich wurde im Laufe mehrerer Telefonate mit*
> *dem Ordinariat gestern dementiert. Pfarrer W. gehe zum 1. August*
> *keineswegs in den Ruhestand, vielmehr gebe er lediglich auf eige-*
> *nen Wunsch die Pfarrstelle zum 1. August zurück. Diese Stelle wer-*
> *de nun wieder ausgeschrieben. Pfarrer W. jedoch, so versicherte*
> *man in der Pressestelle des Ordinariats, werde wieder eine Stelle in*
> *der Seelsorge bekommen. Wo dies sein werde, sei allerdings noch*
> *offen. Zu den Gründen, die zu dem plötzlich wenige Tage vor dem*
> *Osterfest angetretenen viermonatigen ›Urlaub‹ des Pfarrers und*
> *schließlich zu dem Entschluss geführt haben, die Pfarrstelle zurück-*
> *zugeben, schweigt man sich im Ordinariat aus. Pfarrer W. habe ›frei*
> *resigniert‹, die Pfarrstelle also aus eigenem Entschluss zurückgege-*
> *ben, hieß es dort nur, über seine Gründe sei nichts bekannt. Im üb-*
> *rigen möge man sich davor hüten, jemanden vorschnell zu verurtei-*
> *len. – Das ist zwar richtig, doch manchmal kann auch beharrliches*
> *Schweigen einer vorgesetzten Stelle einer Vorverurteilung gleich*
> *kommen.*

Öffentlicher Abschiedsgruß der Bruderkirche

Am 2.08.1985 erscheint ein »Offener Brief« der Evangelisch-Lutherischen-Kirchengemeinde Miltenberg vom 30.07.1985 auch als Leserbrief in der Lokalzeitung von Miltenberg (Bote vom Untermain). Hier der Inhalt des offenen Briefes, der vom evangelischen Pfarrer, einer Vertrauensfrau und anderen Mitgliedern des Kirchenvorstandes unterzeichnet wurde:

Lieber Herr Pfarrer W.!
Die Nachricht von Ihrem Verzicht auf die Miltenberger Pfarrstelle hat die Evang.-Luth. Kirchengemeinde mit großem Bedauern vernommen. Verlieren wir doch mit Ihnen nicht nur den Vorsteher der christlichen Bruderkirche in Miltenberg, mit dem wir viele kirchliche Handlungen gemeinsam durchgeführt haben, sondern zugleich einen Freund und Förderer der ökumenischen Beziehungen, der ganz aus dem Geist des Aufbruchs, wie er im Zweiten Vatikanischen Konzil zu spüren war, die bestehenden Bestrebungen hier in Miltenberg aufnahm und vorantrieb.
...
Wir wünschen Ihnen persönlich Gottes gutes Geleit und Segen.
Wir hoffen, dass Sie bald zur Ruhe kommen können und eine Wirkungsstätte finden, in der Sie sich wohlfühlen.
Wir grüßen Sie mit dem Abschiedssegen des Jonathan an David (1. Samuel 20, 42):
›Zieh hin in Frieden! Was wir beide einander im Namen des Herrn geschworen haben – da ist der Herr zwischen mir und dir ewiglich!‹

Der Kirchenvorstand der evang.-luth.
Kirchengemeinde Miltenberg ...

Schreiben an die Bischöfe von Würzburg, Limburg und Bamberg

Am 23. Juli 1993 schrieb ich einen Brief an den Erzbischof von Bamberg, Elmar Maria Kredel, und wandte mich mit gleichem Schreiben auch an den Würzburger Bischof Dr. Paul-Werner Scheele und den Bischof von Limburg, Dr. Franz Kamphaus. Darin konfrontierte ich die Bischöfe mit meinem damaligen Wissensstand und forderte sie auf, Pfarrer W. umgehend aus dem Gemeindedienst zu entfernen, da Wiederholungsgefahr drohe. Zudem machte ich deutlich, dass die Kirche es versäumt habe, die Opferfamilien auf angemessene Weise zu unterstützen, und schilderte, was mir bei meinem Besuch in der Gemeinde Ebersdorf (Bistum Bamberg) aufgefallen war, in der Pfarrer W. zu diesem Zeitpunkt tätig war (siehe S. 103 ff.).

Unterstützt wurde ich vom damaligen Regionaljugendseelsorger von Miltenberg, der seinerseits einen Brief an den Bischof von Bamberg schrieb.

Vom Bistum Würzburg bekam ich keine Antwort auf meine Stellungnahme zum Fall des Pfarrers W. Nur die Generalvikare der Diözesen Limburg und Bamberg reagierten.

Die Antwort vom Bistum Limburg
Hier der Inhalt des Schreibens von Generalvikar Dr. Raban Tilmann, Bistum Limburg, vom 28.07.1993:

Sehr geehrter Herr Heibel,
unter Übersendung einer Dokumentation Ihrer Nachforschungen
fordern Sie mit Schreiben vom 23.7.1993 unseren Herrn Bischof
und mit ihm die Bischöfe von Würzburg und Bamberg sozusagen
ultimativ auf, Pfarrer W. aus dem Gemeindedienst zu entfernen,
weil dieser Ihrer Meinung nach notorisch zu sexuellen Übergriffen
bei Kindern neige. Der Bischof hat mich vor Antritt seines Jahres-
urlaubs beauftragt, Ihr Schreiben zu beantworten.
In Ihrem Schreiben wiederholen und verschärfen Sie Vorwürfe und
Anklagen gegen Pfarrer W., die mir bekannt sind. Einerseits ver-
stehe ich, dass Sie mit der Initiative Ihres Vereines Kinder gegen Ge-
walt und sexuellen Missbrauch schützen wollen. Andererseits wird
sich jeder, der öffentliche Behauptungen aufstellt und nach Maß-
nahmen und Sanktionen ruft, bewusst sein, dass er seine Vorwürfe
und Anklagen gegebenenfalls in einem Verleumdungsprozess vor

Gericht wird beweisen müssen. Objektiv weiß ich bis heute nur von einem Gerichtsprozess in Obernburg, Diözese Würzburg, der mit einer Geldstrafe für Herrn Pfarrer W. endete.

Die Bemühung unseres Bischofs, den in der Diözese Würzburg inkardinierten Priester W. auf seine Bewerbung hin durch Einsatz in Ransbach-Baumbach beruflich wieder einzugliedern, ist im Ergebnis gescheitert. Mit Kenntnis der Vorgänge in der Pfarrei Miltenberg waren in Ransbach-Baumbach neuerliche Beschwerden und Vorwürfe aufgetaucht. Diese hatten Pfarrer W. dazu genötigt, auf die Pfarrstelle in Ransbach-Baumbach zu verzichten. Wegen des Verzichtes des Pfarrers hat das Bischöfliche Ordinariat Limburg es weder für geboten noch förderlich gehalten, den Wahrheitsgehalt der öffentlich vorgetragenen Vorwürfe in einem förmlichen kirchlichen Disziplinarverfahren zu untersuchen. Nur ein neuerliches staatliches Gerichtsverfahren auf Anzeige hin hätte die Vorwürfe objektivieren und überprüfen können.

Durch den Auftritt des Herrn Pfarrer W. am 20.6.1993 in Ransbach-Baumbach anlässlich der Primizfeier von Dominik Schwaderlapp[11] wurde die nicht aufgearbeitete Angelegenheit wieder wachgerufen. Das bedaure ich sehr. Es widerspricht unseren gegebenen Verhaltensmaßregeln. Mit starken Worten bezeichnen Sie das Erscheinen des Herrn Pfarrer W. als eine ›für die Opfer und einfühlsame Gemeindemitglieder ungeheuerliche Schmach‹. Dass Sie den Pfarrer ›nach meiner christlichen Auffassung‹ als einen ›skrupel- und gewissenlosen Menschen‹ bezeichnen, weise ich aber entschieden zurück.

Ich kann in dieser Angelegenheit nichts mehr unternehmen, weil Herr Pfarrer W. weder in unserer Diözese inkardiniert ist noch im Gebiet unserer Diözese wohnt oder hier seinen Beruf ausübt. Ich werde aber die Generalvikare von Würzburg und Bamberg über unseren Schriftwechsel informieren.

Ihren Gottesdienstbesuch in Ebersdorf am 20.5.1993, dem Fest Christi Himmelfahrt, mit der Absicht, Herrn Pfarrer W. persönlich

---

11 Dr. Dominik Schwaderlapp ist seit Februar 2012 Weihbischof des Erzbistums Köln (Anm. d. Verf.).

und beruflich auszuforschen, bewerte ich persönlich als hinterhältig.
Es wäre richtig gewesen, dem Pfarrer ins Angesicht zu offenbaren,
welche Absicht Sie verfolgen: nämlich ihn aus Sorge um weitere
Vorkommnisse vorsorglich aus der Gemeindeseelsorge zu drängen.
Diese Bewertung aus meiner Sicht werden Sie mir gestatten.

Mit freundlichen Grüßen
...
Generalvikar

Nicht unerwähnt lassen möchte ich an dieser Stelle, dass mit
gleichem Datum des Briefes von Generalvikar Dr. Raban Tilmann (28.07.1993) ein Schreiben des Landratsamtes Coburg an
die Rechtsabteilung des Erzbischöflichen Ordinariates in Bamberg unterwegs war. Hieraus geht hervor, dass Pfarrer W. wegen
einer nicht ordnungsgemäß angemeldeten und abgerechneten
Spendensammlung in seiner neuen Pfarrgemeinde Ebersdorf
Schwierigkeiten bekam. Es ging sogar um den Verdacht der Untreue.
Nach meinem Eindruck über die damaligen Abläufe hat sich die
Rechtsabteilung der Erzdiözese Bamberg bei der Aufklärung der
Vorwürfe nicht gerade stark engagiert. Ganz im Gegenteil, bei
meinen Recherchen stellten sich Zweifel ein, ob man seitens der
Diözese an einer Aufklärung überhaupt ernsthaft interessiert war.
Wenn ich mir im Nachhinein überlege, was schon im Jahre 1993
wieder alles gegen Pfarrer W. vorlag, fehlt mir auch nur das ge-
ringste Verständnis dafür, warum die Kirche nicht konsequent
einschritt, um dem ein Ende zu setzen. Ich befürchte, dass es der
Kirche weder um den Täter aus den eigenen Reihen noch um die
Opfer ging, sondern dass der eigene Ruf im Vordergrund ihres
Handelns stand.

Reaktionen aus dem Erzbistum Bamberg
Generalvikar Albrecht scheint zumindest durch einen von mir ge-
schilderten Sachverhalt aufgeschreckt. Er schreibt Pfarrer W. daraufhin am 2.08.1993 einen Brief:

Lieber Mitbruder,
durch Ihre Teilnahme an der Primiz von Dominik Schwaderlapp in
Ransbach-Baumbach sind offensichtlich wieder alte Vorwürfe zum
Aufleben gekommen. Ein gewisser Herr Heibel scheint Sie da im
Visier zu haben. Ich möchte Sie eindringlich bitten, weiterhin mit
der gebotenen Vorsicht und der notwendigen Selbstkontrolle Ihren
Dienst in Ebersdorf zu tun.

Mit freundlichen Grüßen und guten Wünschen für Ihren Urlaub
...
Alois Albrecht
Generalvikar

Albrecht antwortete mir auf meinen Brief hin erst am 12.08.1993:

Sehr geehrter Herr Heibel,
im Auftrag des H. H. Erzbischofs Dr. Kredel, der sich in seinem
Jahresurlaub befindet, bestätige ich den Eingang Ihres Schreibens
vom 23.07.1993 mit den anliegenden Unterlagen.
Die Vorgänge um Pfarrer W. sind hier bekannt. Die Verantwortung,
die die Erzdiözese Bamberg übernommen hat, als sie Pfarrer W.
eine neue Möglichkeit gab, sich als Pfarrer in einer Pfarrei zu be-
währen, ist uns bewusst. Wir nehmen sie nach bestem Vermögen
wahr.
Im übrigen schließe ich mich dem Brief des Generalvikars von Lim-
burg, Dr. Tilmann, und seiner abschließenden Bemerkung an Sie
an.

Mit freundlichen Grüßen
...
Alois Albrecht
Generalvikar

In einem Telefonat vom 14.10.1993 mit dem Sekretär des Bischof
von Würzburg, Burkard Zapff, teilte dieser mir auf Nachfrage mit,
dass sich der Bischof augenblicklich nicht in der Lage sehe, zum

Fall W. Stellung zu nehmen. Der Bischof werde mir diesbezüglich auch keine Antwort auf meinen Brief zukommen lassen. Dies sei als endgültig zu verstehen.

Ehemaliger Spiritual von W. wird mit Untersuchung des Falles beauftragt

Im Oktober 1993 erfuhr ich, dass Pater Josef Grotz, der 20 Jahre als Spiritual für die Priesterkandidaten im Klerikalseminar Würzburg tätig war und aus dieser Zeit auch Pfarrer W. persönlich kannte, sich auf Wunsch des Erzbischöflichen Ordinariats Bamberg mit der Prüfung des Falles befassen solle.

Pater Dr. Josef Grotz schrieb Pfarrer W. am 4. November 1993 einen Brief und bat W. darin um ein Gespräch. Er solle ihn in Würzburg besuchen:

Lieber W.!
Schade, dass wir den Kontakt miteinander verloren haben. Mit diesen Zeilen möchte ich ihn liebend gerne wieder aufleben lassen. Und zwar nicht aus Langeweile oder Nostalgie. Sondern ehrlich gesagt um Deinetwillen. Du kannst dir denken, lieber W., dass ich verwundert war, als ich erfuhr, dass du nicht mehr in der Diözese Limburg tätig bist, sondern in der Erzdiözese Bamberg. Warum das? Sollte etwas Bestimmtes vorgefallen sein? Inzwischen weiß ich, dass eigentlich nichts Bestimmtes vorgefallen ist, wohl aber kam mir zur Kenntnis, dass Leute, die dir in der früheren Diözese Schwierigkeiten zu machen versuchten, dich inzwischen auch schon an deinem neuen Wirkungsort ausgeschnüffelt haben. Ein schriftlicher Beweis ist mir zu Händen gebracht worden – übrigens nicht aus der Würzburger Diözese.
Und jetzt habe ich eine Bitte an dich. Könntest du mich vielleicht hier aufsuchen? ... Du brauchst keine Angst zu haben vor einem Gespräch mit mir, wenn ich das überhaupt zu sagen brauche.
Aber so viel möchte ich dir gleich sagen: Bitte versuche, möglichst die Finger von Jugendlichen oder Kindern wegzuhalten. Du denkst nichts Böses, wenn du da eine vernünftige Zurückhaltung außer

Acht lässt, aber andere legen es dir sofort zum Bösen aus. Du wirst beobachtet, nicht nur mit den Augen, und allzu leicht wird dir aus kleinsten Fäden ein Strick zu drehen versucht. Und du weißt, wie dumm Kinder sich äußern können, wenn sie entsprechend von Argwöhnischen ausgefragt werden. Mir würde es zu sehr leid tun, wenn du deine Seelsorgearbeit wieder unterbrochen bekommen würdest, zu der ich dir natürlich viel Freude wünsche.

Mit herzlichem Brudergruß
dein alter ›Sprit‹ ...

Der Generalvikar nun doch in Sorge?

Am 16.11.1993 schreibt Generalvikar Alois Albrecht einen Brief an Pfarrer W. und bittet W., ihm schriftlich zu bestätigen, dass er eine Beratungsstelle aufgesucht habe. Erst zu einem viel späteren Zeitpunkt sollte ich in einem Gespräch mit Generalvikar Albrecht und dem Generalvikar von Würzburg, Dr. Hillenbrand, (am 4.08.2000 auf dem Domberg in Bamberg) die genaueren Hintergründe hierzu erfahren. Der Generalvikar schreibt:

Hochwürdiger Herr Pfarradministrator,
ich darf noch einmal auf unser Gespräch vom 4. November 1993 zurückkommen und bitte Sie jetzt nach einiger Zeit, mir schriftlich zu bestätigen, dass Sie das von uns gewünschte Gespräch mit einer Beratungsstelle aufgenommen haben.

Mit freundlichen Grüßen

...

Alois Albrecht
Generalvikar

Der »Aufklärer« meldet sich zu Wort

Am 25.11.1993 erreichte mich ein Brief von Pater Dr. Josef Grotz. Pater Grotz, der mir zunächst seinen Werdegang schildert, kritisiert zunächst einige Passagen aus meinem Schreiben an die Bischöfe und geht mit mir hart ins Gericht. Zitat:

... Vielleicht war es Ihnen aber doch ehrlich ums Herz. Herrn Rektor G...[12], den Sie gesprochen haben, fragte ich, ob er von irgendeinem Kind wisse, das durch das Verhalten von W. geschädigt worden sei, hat meine Frage verneint. Ob sie aber nicht geschädigt worden sein könnten durch die Verhöre und Gerichtsverhandlungen? Ich kenne jedenfalls solche Fälle; gerade vor kürzester Zeit spielte sich so etwas ab: Ein Ausländerkind war ein denkbar liebes Kind in der Pflegefamilie und kam total verstört und aggressiv aus der Klinik zurück, wohin es für einige Zeit geholt worden war, weil die ›Zuständigen‹ aus ihm herauszubringen versuchten, wer es sexuell missbraucht habe.

Die Würzburger Misere um Pfr. W. habe ich noch direkt erlebt. In Ransbach-Baumbach habe ich ihn einmal besucht und freute mich über seinen Optimismus, mit dem er seinen Aufgaben nachging. Bis ... ja bis einige Leute wieder die Fährte dorthin gefunden hatten, bzw. zurück nach Miltenberg. Wer waren wohl die Spürhunde? ... Ich will Ihnen dankbar sein, wenn Sie mir einen solchen Vorfall nennen könnten, der eine solche Anschuldigung rechtfertigt. Die zuständige Stelle im Ordinariat Limburg, wo ich mich erkundigte, kennt jedenfalls keinen einzigen.

Und schließlich zur gegenwärtigen Arbeitsstelle von Pfarrer W.: Ebersdorf. ›In diesem Ort weiß z. Zt. noch niemand von der Gefahr, die von diesem Priester ausgeht‹ (Ihr Schriftsatz S. 8). O doch, dafür haben manche Sorge getragen. Könnten Sie es nicht gewesen sein? Entsprechend Ihrem ›Situationsbericht‹ von Christi Himmelfahrt 1993? Bei diesem kam mir erst so richtig der Gedanke an einen Spürhund in den Sinn. Mögen Sie mir es verzeihen; und ich würde es Ihnen nachsehen, wenn das nur geschrieben wäre für Ihren Arbeitskreis ›Initiative gegen Gewalt und sexuellen Missbrauch an Kindern und Jugendlichen e. V.‹. Aber das war es offensichtlich nicht. Sehr geehrter Herr Heibel – und so sage ich jetzt ganz bewusst, weil ich Ihnen Ihre angelegentliche Sorge um das Wohl unserer Jugend abnehmen will –, ich bitte Sie, mir diesen Brief nicht übel zu neh-

---

12 Gemeint war der damalige Regionaljugendseelsorger von Miltenberg (Anm. d. Verf.).

men; Sie sollen aber meine Eindrücke von Ihrem Schreiben kennen,
weil ich sicher nicht der Einzige bin, bei dem solche Empfindungen
aufsteigen. Natürlich geht es mir auch um Wohl und Wehe eines
Priesters, allerdings nicht mehr als um das unserer Kinder. Ich kann
aber niemandem Recht verschaffen, indem ich jemand anderem
Unrecht zufüge. Und üble Nachrede könnte auch zur Strafsache
werden.
Seit vielen Jahren predige ich den Priestern und Priesteramtskandi-
daten, dass man mit streichelnden Händen keine Seelsorge treiben
kann, gleich wem gegenüber. Auf der anderen Seite dürfen wir doch
auch nicht gleich uns entrüsten, wenn wir den Bundespräsidenten
oder den Papst mit einem Kind auf dem Arm seine Wange an die
andere halten oder über den Kopf streichen sehen.
Meine Bitte bleibt: Wenn Sie faktische Verfehlungen oder Ähnliches
kennen oder erfahren, lassen Sie mich es wissen.

Hochachtungsvoll

...

Noch am gleichen Tag rief ich Pater Dr. Josef Grotz an. Er ging
noch einmal auf die damalige Situation in der Pfarrei Miltenberg
ein und erzählte mir, dass es damals ein ausländischer Junge gewesen sei, der bei einem Krankenhausaufenthalt Pfarrer W. ent-
gegengelaufen sei. Der Pfarrer habe ihn auf den Arm genommen
und ihn unter anderem am Po gestreichelt. Dies sei sicherlich ungeschickt gewesen. Im Berufungsverfahren sei aber dann deutlich geworden, dass dem Pfarrer keine sexuellen Motive unterstellt werden konnten. Aus diesem Grund sei er nicht verurteilt
worden und habe auch keine Geldbuße bezahlen müssen. Pater
Grotz sei der festen Überzeugung, dass nicht Pfarrer W. den Kindern geschadet habe, sondern nur die »wohlmeinenden« Erwachsenen bzw. der Prozess. Ansonsten sei Pfarrer W. großes Unrecht
zugefügt worden. Den Brief von Pfarrer W. an den Generalvikar
könne er verstehen, er sei aber wiederum ungeschickt gewesen.
Dass der Brief aber auch noch an Haushalte in Miltenberg verteilt
worden sei, davon habe er bisher noch nichts gewusst.

Pater Grotz lege Wert darauf, in Zukunft mit Opfern direkt konfrontiert zu werden, um ihnen die Sache vor Gericht zu ersparen. Er sei sicher, dass von W. nichts mehr zu befürchten sei.

Mit dem Regionaljugendseelsorger von Miltenberg habe er auch geredet. Der habe ihm jedoch keinerlei Fälle nennen können. Als ich entgegnete, dass mir diesbezüglich andere Informationen vorlägen, räumte er ein, dass der Jugendpfarrer von einem betroffenen Jungen Kenntnis habe.

Pater Grotz wurde dann sehr persönlich und erklärte mir, dass er selbst als Kind Missbrauchserfahrungen gemacht habe. Dennoch betrachte er sich nicht als »Opfer« und er sei hundertprozentig sicher, dass ihm diese Erfahrungen nicht geschadet hätten. Er sei der Meinung, dass das ganze Thema zu sehr hochgespielt würde. Den Kindern würde es bestimmt nicht so viel ausmachen. Sie würden in Wirklichkeit meist erst durch die Verfahren geschädigt. Dies gelte es zu verhindern.

Er betonte nochmals, dass er bei seiner Meinung über Pfarrer W. bleibe. W. sei großes Unrecht zugefügt worden und es seien keine Kinder von ihm geschädigt worden. Er habe ihm aber verboten, dass er sich Kindern nochmals in solcher Weise nähere. Jugendarbeit und den Umgang mit Kindern habe er ihm jedoch nicht untersagt.

Pater Grotz sei nicht bereit, weiter bzw. näher zu recherchieren. Die Angelegenheit sei für ihn abgeschlossen.

Pater Dr. Josef Grotz schrieb noch am 25.11.1993, unmittelbar nach dem Gespräch mit mir, Pfarrer W. einen Brief:

Lieber W.,
nachdem ich dir schon versprochen habe, dir eine Kopie von meinem Brief an jenen Herrn Heibel zukommen zu lassen, und nachdem jener Herr Heibel daraufhin mich heute nach Empfang des Briefes umgehend angerufen hat, möchte ich dies Versprechen auch halten. Dazu auch sagen, dass das Telefonat mit Herrn Heibel gut verlaufen ist.

...

Meine Bitte: Lass Herrn Heibel unbehelligt und schreibe ihm nicht,
noch rede über ihn. Lassen wir ihn in Ruhe; ich denke, für ihn dürf-
te die ›Verfolgung‹ der Sache W. abgeschlossen sein. Zudem habe
ich ihm versichert, dass ich mich sofort um eine Konfrontation be-
mühen werde, sobald von neuem irgendein böses Gerede aufkom-
men sollte. Geh du ruhig weiter deiner Seelsorge nach wie bisher,
habe keine Angst – und sei eben ein aus Erfahrung klug Gewordener.
...

Dein Josef

Einige Wochen später schreibt Pater Grotz noch einmal an den
damaligen Regionaljugendseelsorger von Miltenberg. Dieser ist
empört, da der Pater mir gegenüber behauptet hat, er – der Regionaljugendseelsorger – kenne überhaupt keine geschädigten Kinder von damals. Das Schreiben ist auf den 5.12.1993 datiert. An
der Art und Weise der Argumentationskette kann man gut erkennen, wie der Pater versucht sich herauszuwinden und Äußerungen von sich, die nachweislich falsch sind, so umzubiegen, dass
es aussieht, als habe er gar nichts Unwahres behauptet:

Lieber ...!
Es tut mir leid, dass du dich gewissermaßen von mir als Lügner hin-
gestellt fühlen musst, da ich an Herrn Heibel schrieb, du habest
meine Frage, ob du von irgendeinem Kind weißt, dass es durch Pfar-
rer W. geschädigt worden sei, verneint. Ich hätte richtiger schreiben
müssen, dass du es von keinem Kind mit Sicherheit sagen konntest.
Und das kannst du sicher auch nicht – so habe ich nicht nur unser
Gespräch in Erinnerung. Das ergibt sich schon aus dem Zeitungs-
bericht über die erste Gerichtsverhandlung in Obernburg; da steht
schwarz auf weiß, dass die Staatsanwältin die Verfehlungen als
›minderschwerwiegend eingestuft‹ habe, ›da keines der Kinder
durch das Verhalten von Pfarrer W. geschädigt worden ist‹. Und
diese Anklagevertreterin hat dies sicher nicht aus der Luft gegriffen,
sondern sich auf psychologische oder vielleicht auch psychiatrische
Untersuchungen verlassen müssen. Wenn ich also behaupte, dass
Schädigungen der Kinder allenfalls durch die Untersuchungen und

Gerichtsverhandlungen eingetreten sein dürften, so handelt es sich offensichtlich nicht um eine ›Ferndiagnose‹.

Und ein Gerücht scheint weiterzuleben: das von der 8.000 DM-Strafe. Jedenfalls — ich habe das Endurteil vom Landgericht, also der zweiten Instanz, selber in der Hand gehabt: da ist von keiner Strafe die Rede. Die Sache wurde endgültig niedergeschlagen, die Gerichtskosten wurden der Staatskasse auferlegt (!), nur für die eigenen Auslagen hatte Pfarrer W. selbst aufzukommen. Ob das 8.000 DM ausgemacht hat, weiß ich nicht. Aber keine Andeutung von einer Strafe oder gar einem Strafmaß! Vielleicht müsste gegenteiligen Gerüchten in Miltenberg auch entgegengetreten werden.

Ich suchte ›Material‹ und habe deshalb auch mit dem damaligen Generalvikar von Limburg telefoniert: Ihm ist weder aus dem Westerwald noch aus Frankfurt auch nicht die geringste Verfehlung bekannt geworden. Die Versetzung in die Diözese Bamberg geschah nur wegen der immer wieder auftauchenden Redereien, so seine klaren Worte.

Zwar glaube ich nicht diese Formulierung in meinem Schreiben an das Erzbistum Bamberg gebraucht zu haben: ›Alles in Ordnung! Ich konnte nichts Unrechtes finden‹. Aber tatsächlich konnte ich nach Miltenberg wirklich nichts Unrechtes finden. Wenn du etwas kennst, sag es mir. Ich brauche da mein Gewissen nicht mehr zu prüfen, weil es einfach der Tatsache entspricht. Sicher habe ich dorthin geschrieben: Wenn je wieder etwas an Redereien dieser Art auftauchen sollte, es mich wissen zu lassen; ich möchte dann sofort eine Gegenüberstellung womöglich in meinem Beisein verlangen. ...

Neue Vorwürfe aus Miltenberg

Im Dezember 1993 sprach ich erstmals mit einer Mutter von zwei Kindern aus der katholischen Pfarrgemeinde in Miltenberg am Main. Sie erzählte mir, dass ihr Sohn auch betroffen sei. Er habe damals erzählt, dass Pfarrer W. ihm in die Hose gefasst habe. W. habe ihn am nackten Po und Rücken gestreichelt. Sie habe sich aber gemeinsam mit ihrem Mann damals gegen eine Strafanzeige entschieden, da sie ihrem Kind die Belastung eines Gerichtsverfahrens ersparen wollte.

In der Folge des Kontaktes erfuhr ich von der Mutter Anfang 1994, dass auch ihre Tochter betroffen sei. Auch sie sei von Pfarrer W. sexuell belästigt worden. Da das Mädchen aber erst zu einem späteren Zeitpunkt davon erzählt hatte, habe man zunächst gedacht, dass es sich vielleicht nur wichtig machen wolle. Da die Kinder nunmehr erwachsen seien, müssten sie selbst entscheiden, ob sie zu einer Aussage bereit wären. Dies war leider nicht der Fall. Insbesondere der betroffene Sohn tat sich sehr schwer. Er wolle vergessen und nicht mehr darauf angesprochen werden. Die Tochter, durch die Ablehnung ihres Bruders wohl verunsichert, lehnte schließlich auch ab.

Zu den Vorwürfen im Bistum Limburg
Der Mitarbeiter des Kinderschutzbundes

Bei meinen Recherchen stieß ich Mitte 1993 auch auf Hinweise vom Ortsverein des Deutschen Kinderschutzbundes Höhr-Grenzhausen (Westerwald). Wie mir ein ehemaliger Mitarbeiter mitteilte, habe man im Jahre 1989/90 zwei anonyme Anrufe in Bezug auf W. entgegengenommen, der damals Pfarrer in Ransbach-Baumbach war. Etwas später sei ihm dann durch einen weiteren Anruf auch der Name einer alleinerziehenden Mutter mit Migrationshintergrund genannt worden. Ihr betroffener Sohn sei ca. sechs Jahre alt gewesen. Das Kind habe die Aussage gemacht: »Der Pfarrer hat mir den Finger in den Po gesteckt.« Gemeint war Pfarrer W. Die Anruferin habe gute Sprachkenntnisse gehabt. Später habe er auch die Frau persönlich kennengelernt. Er habe sich darüber eine kurze Aktennotiz gemacht. Die Mutter habe in Ransbach-Baumbach gewohnt. Das Kind habe dort den Kindergarten besucht.

Der ehemalige Mitarbeiter des Kinderschutzbundes reagierte sehr entrüstet darüber, dass man Pfarrer W. nach den Vorfällen in Ransbach-Baumbach wieder eine Gemeinde anvertraut habe, denn damals sei neben dem Jugendamt Montabaur auch das Sozialministerium in Mainz eingeschaltet worden. Es sei dann im Bistum Limburg zu einem »Dreiergespräch« gekommen, an dem neben einem Bistumsvertreter und zeitweise Pfarrer W. auch eine Mitarbeiterin des Sozialministeriums teilgenommen habe. Zuvor habe diese Mitarbeiterin des Sozialministeriums aus Mainz, die auch maßgeblich an der Konzipierung der Kinderschutzdienste in Rheinland-Pfalz beteiligt war, mit der Mutter des betroffenen Jungen gesprochen. Diese habe ihr die Vorwürfe noch einmal persönlich bestätigt. Sie sei allerdings zu keiner Strafanzeige bereit gewesen. In dem Gespräch mit dem Bistum und Pfarrer W. habe man auch über eine mögliche Therapie für Pfarrer W. gesprochen und versucht, einen Platz in Frankfurt ausfindig zu machen.

Die Diözese Limburg habe das Versprechen gegeben, dass W. keine Gemeinde mehr anvertraut werde. Der Mitarbeiter des Kinderschutzbundes habe dies in einem persönlichen Gespräch von der Mitarbeiterin des Sozialministeriums erfahren. Pfarrer W. verließ daraufhin die Pfarrgemeinde Ransbach-Baumbach (laut Aussage des Bistumssprechers der Diözese Limburg, Michael Wittekind, soll dies Ende Oktober 1990 gewesen sein) und wurde in die Krankenhausseelsorge nach Frankfurt versetzt. Im Jahre 1991/92 habe sich eine Befürworterin von Pfarrer W. bei dem Mitarbeiter des Kinderschutzbundes gemeldet. Sie habe ihn gebeten, sich für Pfarrer W. einzusetzen, damit dieser wieder nach Ransbach-Baumbach zurückkommen dürfe. Dies habe er natürlich aus besagten Gründen abgelehnt.

Die Mitarbeiterin des Sozialministeriums
Nach dem Gespräch mit dem ehemaligen Mitarbeiter des Kinderschutzbundes setzte ich mich mit der zuständigen Mitarbeiterin vom Sozialministerium in Mainz in Verbindung. Sie bestätigte mir meinen bisherigen Kenntnisstand und führte aus, dass sie in Kontakt mit einigen Stellen im Raum Coburg stehe, wo Pfarrer W. inzwischen seinen Wirkungskreis habe, sie dürfe mir allerdings aus datenschutzrechtlichen Gründen nichts Näheres dazu sagen. Sie sei aber sehr erbost darüber, dass dem pädophilen Priester wieder eine Gemeinde anvertraut wurde. Vom Bistum Limburg sei ihr damals fest zugesichert worden, dass W. nie mehr im Gemeindedienst eingesetzt werde. Sie wolle sich nun umgehend mit dem Bistum in Limburg in Verbindung setzen.

Die weiteren Kontakte mit der Vertreterin des Sozialministeriums gestalteten sich allerdings schwierig. Sie bestätigte mir zwar den Vorwurf, dass Pfarrer W. im Bistum Limburg (Ransbach-Baumbach) beschuldigt worden sei, einem Kind den »Finger in den Po« gesteckt zu haben, allerdings lehnte sie eine Zusammenarbeit mit mir ab, da sie mir nicht trauen könne und zudem datenschutzrechtliche Bedenken bestünden.

Sie selbst konnte in den Gesprächen mit der Kirche nichts erreichen. Pfarrer W. blieb in Amt und Würden. Gemeinsam und möglicherweise durch öffentlichen Druck hätten wir eventuell mehr erreichen können.

Die Suche nach betroffenen Familien in Ransbach-Baumbach

Da sich der Mitarbeiter des Kinderschutzbundes nicht mehr an den Namen der betroffenen Familie aus Ransbach-Baumbach erinnerte und auch die Mitarbeiterin des Ministeriums mir keinen Namen nannte bzw. nennen wollte, gestaltete sich die Suche als sehr schwierig. Mein einziger Anhaltspunkt war der Hinweis, dass es sich um eine Mutter mit einem in dieser Region nicht allzu häufig vorkommenden Migrationshintergrund handeln musste. Meine Suche zog sich über mehrere Monate hin.

Erst im Februar 1994 hatte ich Glück. Ich fand eine Frau, die mir weiterhelfen konnte. Die von mir gesuchte Person war eine Freundin von ihr. Sie vermittelte schließlich den Kontakt zu dieser Frau, der Mutter des betroffenen Jungen. Im Gespräch mit dieser Mutter bestätigten sich die vorherigen Aussagen des ehemaligen Mitarbeiters des Kinderschutzbundes und der Mitarbeiterin des Sozialministeriums in Mainz. Die Mutter sagte, ihr Sohn sei damals sechs oder gerade sieben Jahre alt gewesen. Sie bedauerte im Nachhinein, dass der Mitarbeiter des Kinderschutzbundes damals dort aufgehört bzw. gekündigt habe. Aus diesem Grund habe sie später keinen Ansprechpartner mehr gehabt. Bei ihrem Sohn sei ihr aufgefallen, dass er sich auf eine sehr seltsame Art und Weise entkleidete und ihr den Po ins Gesicht streckte.

Pfarrer W. habe ihren Sohn und andere Kinder zu sich ins Pfarrhaus eingeladen. Die Kinder hätten dort Süßigkeiten bekommen und kleine Geldgeschenke (z. B. 2 DM). Die Frau berichtete konkret von einer weiteren Familie, in der es zu Problemen mit Pfarrer W. gekommen sein musste.[13]

Pfarrer W. sei nach Bekanntwerden der Vorhaltungen gegen ihn überall herumgelaufen und habe mit vielen Familien gesprochen. Er habe dabei einen großen Wirbel veranstaltet und Druck gegen seine Kritiker gemacht. Es sei zu bösen Beschimpfungen gekommen. Auch die damalige Haushälterin des Pfarrers habe sich daran beteiligt.

Der Bericht einer Zeugin

Die eingangs erwähnte Frau aus Ransbach-Baumbach, die mich mit der Mutter eines betroffenen Jungen in Kontakt gebracht hatte, verschriftlichte ihre Aussage am 13.03.1994:

Im Frühjahr 1990 war ich bei meiner Freundin ... eingeladen. Plötzlich kam ihr Sohn ... und dessen Freund ... Sie erzählten, dass der Pfarrer W. nett wäre und jedem 2 DM geschenkt habe. Er wäre ein bisschen komisch gewesen, und hätte mit ihnen auf dem Sofa gesessen und ihnen dabei hinten in die Hose gegriffen und den Po gestreichelt. Der Pfarrer habe gesagt, sie sollen ihn jederzeit besuchen. Ich riet meiner völlig aufgebrachten Freundin, ... vom Kinderschutzbund einzuschalten. Ich bat jedoch als gebürtige Ransbacherin, nicht in die Angelegenheit verwickelt zu werden.

Seit dem Erlebnis beobachteten wir den Pfarrer W. kritischer.

Wir stellten fest, dass er Kinder, die an seinem Haus vorbei mussten, nach der Schule abfing und einlud.

Wir ärgerten uns besonders über den Kindergarten, der nach der Anweisung des Pfarrers öfters Kinder während der Kindergartenzeit zu ihm in die Pfarrerswohnung schickte.

---

13 Es gelang mir, diese Familie ausfindig zu machen. Sie war allerdings nicht bereit, eine Aussage zu machen.

Meine Freundin und ich holten jeden Mittag jeder seine Tochter
vom Kindergarten ab, und so beobachteten wir tagaus tagein diese
Zustände. Pfarrer W. bekam auch viel Besuch von vorwiegend aus-
ländischen Kindern, die an seiner Haustüre standen und nach ihm
klingelten.
Im Sommer 1990 rief mich die ehemalige Haushälterin des Pfar-
rers, Frau ..., an und wollte mit mir sprechen. Sie wollte etwas für
den Pfarrer tun, der ihrer Meinung nach ungerechtfertigt beschul-
digt würde. Sie sagte, der Pfarrer wäre so verzweifelt, er wolle sich
evtl. umbringen. Ich solle doch in Limburg ein gutes Wort für ihn
einlegen. Frau ... besuchte auch meine Mutter mehrfach, die mich
daraufhin aufs böseste zurechtwies.
Auch Pfarrer W. war mehrfach bei meinen Eltern und bat diese, auf
mich einzuwirken. Er unterliege einer Verleumdungskampagne. Ich
war genervt und verunsichert und schrieb einen Brief an den Studien-
kollegen von Herrn W., an Herrn Tilmann[14], dass man Menschen
erst dann verurteilen soll, wenn diese überführt wären. Eine Kopie
des Briefes musste ich meiner Mutter geben, die diesen nach Frank-
furt, zu Pfarrer W. schickte.
Ich bekam noch eine Vorladung von Herrn Tilmann nach Limburg
und wurde von ihm nochmals moralisch belehrt.
Ich ärgere mich noch heute, dass sich lediglich für die Empfehlung,
sich an den Kinderschutzbund zu wenden, eine solche Kompanie
gegen mich wendete. Meine Beziehung zu meiner Mutter ist auf-
grund dieser Angelegenheit bis heute gespannt.
...
(Unterschrift)

In einem Nachtrag zu dieser Aussage berichtet die Zeugin, dass
W. ihr bei einem seiner Besuche anbot: Wenn sie in dieser Ange-
legenheit für ihn aussagen würde, dann werde er auch in ihrem
Eheauflösungsverfahren für sie aussagen. Seither bemühte sie sich

---

14 Damaliger Generalvikar im Bistum Limburg. In einem Nachtrag zu ihrer Aussage schreibt die Zeugin: »Ich bin so in die Mangel genommen worden, dass ich
einen Brief an Herrn Tilmann geschickt habe und eine Fotokopie davon Pfarrer W.
zukommen ließ.«

nicht mehr um die Auflösung ihrer Ehe und ging auch nicht mehr in die Kirche.

Weiter berichtete die Frau, dass die Haushälterin von Pfarrer W. bei einem Besuch die »aufrichtige Liebe des Pfarrers zu Kindern« betonte. Er habe sogar in Erwägung gezogen, ein asiatisches Kind zu adoptieren, um dies »öffentlich deutlich zu machen«.

Das Telefonat mit einem Kripobeamten

Am 28.01.1994 erreichte mich ein Anruf eines Kripobeamten aus Aschaffenburg. Ich hatte ihn zuvor um Rückruf gebeten. Neben der Weitergabe des Aktenzeichens in Bezug auf das Ermittlungsverfahren gegen Pfarrer W. in der Miltenberger Angelegenheit erfuhr ich weitere interessante Details. Der Kripobeamte erzählte mir, dass Pfarrer W. damals auch die ermittelnde Kollegin angezeigt habe. W. habe sehr viel Wirbel gemacht. Im Kommissariat sei man bis heute der Meinung, dass die Vorwürfe der Kinder stimmen und dies nur »die Spitze des Eisbergs« sei. Der Vorwurf »Finger in den Po« sei mehrmals von Kindern geäußert worden, zudem habe auch der anonyme Brief an Lehrer M. diesen Hinweis enthalten. Leider sei dies im Prozess von einigen Kindern nicht mehr in dieser Deutlichkeit wiederholt worden. Es seien damals aber auch nicht alle Kinder befragt worden. Dies habe an der mangelnden Bereitschaft der Eltern gelegen oder an der Staatsanwaltschaft. Der Kripobeamte sagte, dass Pfarrer W. bis zum Schluss alles abgestritten habe. Die Diözese habe ihn letztlich sehr geschützt.

Kinderschützer auf der Anklagebank

Von April bis Anfang Juni 1994 stand ich selbst als Beschuldigter vor Gericht. Mir wurde von einem Hauptschullehrer vorgeworfen, dass ich zu Unrecht behauptet hätte, er belästige Schülerinnen sexuell. Die Westerwälder Zeitung titelte in ihrer Ausgabe vom 6. Juni 1994: »Urteil nach neun Verhandlungstagen – Belästigungsbehauptungen waren strafbar – Geldstrafe für üble Nachrede – Gericht: »Über das Ziel hinausgeschossen«. Ich ging daraufhin in Sprungrevision vor das Oberlandesgericht Koblenz. Genau ein Jahr später wurde das erstinstanzliche Urteil vom Oberlandesgericht aufgehoben, und meine Anwaltskosten wurden mir von der Gerichtskasse zurückerstattet. Unter anderem kritisierte die höhere Instanz, dass meine Beweise, also die Aussagen der betroffenen Schülerinnen, nicht in der gebotenen Weise vom Amtsgericht Montabaur gewürdigt worden waren.

Pfarrer W. wurde meine »Zunächst-Verurteilung« offensichtlich zugetragen. Die damaligen Zeitungsartikel schickte W. wohl auch an Pater Dr. Grotz. Der Jesuitenpater schrieb daraufhin am 30. Juli 1994 einen Brief an seinen Freund Pfarrer W.:

Lieber W.!

Glaub mir ja nicht, ich hätte mich nicht gefreut über deinen Gruß, mit dem du die Zusendung jener Zeitungsausschnitte über Herrn Heibel begleitet hast. Wenn immer ich deinen Absender lese, freue ich mich.

Herrn Heibel traue ich durchaus zu, dass er seine Überzeugungen ehrlich vertritt; aber das Gericht hat wohl richtig formuliert: ›Über das Ziel hinausgeschossen‹. Auch und gerade auch in deiner Sache. Ich habe übrigens unserem Bischof Paul-Werner von dieser Sache kurz Mitteilung gemacht – in deinem Sinn, womit du sicher einverstanden bist, nicht wahr.

...

Auf der anderen Seite bleibt bestehen, dass wir Erwachsene, und gerade auch wir Priester – noch viel schlimmer die Psychotherapeuten, wie neulich in der Süddeutschen Zeitung zu lesen war –, schnell Schaden anrichten können, wo wir ›noch gar nichts denken‹, wie ich auch aus Erfahrung weiß.

Aber ich vertraue darauf, dass du jetzt klug genug bist – und hoffe, dass du in deiner priesterlichen Tätigkeit viel Freude erlebst, bei manchen Sorgen und Kümmernissen. ›Wenn nur Christus verkündet wird!‹ (Phil 1).

...

In unserem Herrn froh –

Dein Josef

Meine letzten Bemühungen in Sachen Pfarrer W.

Am 27.12.1996 schrieb ich an Pater Anselm Grün (Abtei Münsterschwarzach) einen Brief. Es war mein letzter Versuch, in der Angelegenheit vielleicht doch noch eine Wende herbeiführen zu können – die Kirche doch noch davon zu überzeugen, Pfarrer W. nicht mehr im Gemeindedienst, nicht mehr in der Jugendarbeit zu belassen. Hier ein Zitat aus meinem Brief:

... Leider habe ich in dieser Sache ein schlechtes Gefühl, da der Priester recht uneinsichtig reagiert und immer wieder alle Beschuldigungen von sich weist.
Ich bitte Sie höflichst um Rat, vielleicht haben Sie ja noch eine Idee. ...

Anfang 1997 schrieb Pater Anselm Grün mir zurück:

Sehr geehrter Herr Heibel!
Vielen Dank für Ihren Brief vom 27. Dezember. Sie fragten um Rat, was Sie in dieser Angelegenheit tun sollen.
Sie haben sicher den wichtigsten Schritt schon getan. Sie haben die Kirchenleitung in Bamberg informiert. Ich weiß nicht, was die Kirchenleitung unternommen hat und wie sie ihre Verantwortung wahrnimmt. Von anderen Stellen weiß ich, dass man hier offensichtlich nur etwas erreichen kann, wenn man einen gewissen Druck ausübt. Sie können also auf jeden Fall ein Gespräch erbitten. Ansonsten würden Sie sich gezwungen sehen, Strafantrag zu stellen oder an die Öffentlichkeit zu gehen. Natürlich darf man einem Priester, der einmal gefehlt hat, nicht alles verbauen. Aber Jugendarbeit sollte man ihm auf keinen Fall geben. Vor allem wäre eine Therapie auf jeden Fall Bedingung, dass er in der Gemeinde arbeiten könnte. Wenn keine Einsicht besteht, dann kann man einen solchen Priester nur dort einsetzen, wo er nicht mit Jugendlichen zu tun hat. ...

Mit freundlichen Grüßen
...
(Unterschrift)

Mit diesem Rat von Pater Anselm Grün, der sicherlich gut gemeint war, kam ich nicht weiter. Ich wusste nicht, was ich noch Sinnvolles tun konnte, um den weiteren Einsatz des pädokriminellen Priesters im Gemeindedienst und insbesondere in der Jugendarbeit zu verhindern. Ich musste meine Bemühungen, auch wenn es mich sehr schmerzte, endgültig einstellen.

Neue Hinweise und Beschwerden häufen sich

Im Schuljahr 1996 fiel einer Religionslehrerin auf, dass bei einer anonymen Stichwortsammlung in der 8. Klasse zum Themenbereich: »Kirche – Pro und Contra«, sehr häufig der Begriff »Pfarrer« auf der Contra-Seite genannt wurde. Nachdem hier der Pfarrer so oft kritisiert wurde, wollte die Lehrerin der Sache auf den Grund gehen. Im Gespräch mit den Schülerinnen und Schülern fand sie heraus, dass es sich bei den negativen Bewertungen nicht um eine allgemeine Kritik gegenüber Pfarrern handelte, sondern dass hier speziell Pfarrer W. gemeint war. Im Zusammenhang mit diesen Gesprächen sei sie von Schülern gefragt worden, ob ein Pfarrer denn alles fragen dürfe. Nach Angaben der Lehrerin hätten zwei 14- bzw. 15-jährige Schüler berichtet, dass Pfarrer W. bei der Beichte gezielte Fragen zur Sexualität gestellt habe. So soll W. nachgeforscht haben, ob sie onanieren, wie sie das machen und wie oft.

Nach Angaben der Lehrerin seien ihre Erkenntnisse ohne Nennung von Namen über den Schuldekan ans Ordinariat weitergeleitet worden. Kurz darauf habe sich Pfarrer W. dann an die entsprechend richtigen Schüler gewandt (!) und sie gefragt, welche Lügen sie hier über ihn erzählten. Die Schüler seien daraufhin zu ihr gekommen. Da sie die Namen der betroffenen Schüler jedoch nicht weitergegeben hatte, sei sie sicher gewesen, dass die Schüler sie wohl nicht belogen hatten.

Pfarrer W. habe regelrechten Druck auf die Schüler ausgeübt, indem er sie gefragt habe, ob sie es verantworten könnten, wenn er als Pfarrer wegen dieser »Lügen« aus Sonnefeld weg müsse. Die Schüler sollen sich aber daraus nichts gemacht haben.

Spürbare Konsequenzen in Bezug auf diese Vorfälle gab es für Pfarrer W. nicht. Es lief alles so weiter wie bisher. Erst im Januar

1999 wurden diese Schüler im Zuge eines erneuten Ermittlungsverfahrens gegen Pfarrer W. polizeilich vernommen – ich werde darauf noch ausführlich eingehen. Sie bestätigten ihre die damalige Aussage gegenüber der Religionslehrerin.

Hier einige Zitate aus den Aussagen der betroffenen Schüler/-innen.

Schüler 1 (Ministrant)

... Zwischen meinem 14. und 15. Lebensjahr war ich Ministrant in Sonnefeld. In dieser Zeit hat Herr Pfarrer W. mir bei der Beichte immer Fragen gestellt, die die Sexualität betreffen. Er hat gefragt, ob ich schon Sex gehabt habe, ob ich Pornos schaue und ob ich mir Sexzeitschriften kaufe. Diese Fragen habe ich nie beantwortet, sondern habe immer gleich den Beichtstuhl verlassen. Da ich gedacht habe, dass der Pfarrer mir diese Fragen nicht wieder stellt, bin ich wieder zur Beichte gegangen. Der Pfarrer hat aber wieder die gleichen Fragen gestellt. Ich bin nie dazu gekommen, dem Pfarrer meine Sünden zu beichten, weil ich den Beichtstuhl immer gleich wieder verlassen habe. ...
Zu Hause habe ich von den Beichtgesprächen nichts erzählt. Nur mit meinem Bruder ... habe ich mich darüber unterhalten. Er hat gesagt, dass der Pfarrer ihm die gleichen Fragen gestellt hat bei der Beichte wie mir. ...

Schüler 2 (der Bruder, ebenfalls Ministrant)

... Die Beichte begann wie immer mit dem göttlichen Gruß. Anschließend begann Pfarrer W. sofort mit Sexfragen, die sich auf die ganze Beichtzeit hin erstreckten. ... Er stellte mir folgende Fragen:
1. Hast du schon einmal jemand geküsst?
2. Hast du schon einmal Sexzeitschriften angeschaut?
3. Hast du schon einmal Kontakt mit Frauen gehabt?
4. Hast du schon einmal onaniert?

So alles in allem dauerte die Beichte damals ca. 15–20 Minuten. ...
Am Ende der Beichte trug er mir noch auf, 15-mal den Kreuzweg in der Kirche zu durchlaufen und 20 Vaterunser zu beten. ...

Schülerin (Ministrantin vom 15. bis zum 17. Lebensjahr)

... Außer dass Herr Pfarrer W. mich ab und zu zum Trösten in den Arm genommen hat und dass er oft recht komische Ansagen gemacht hat, kann ich über den Pfarrer W. nichts Negatives sagen. Wenn der Pfarrer mich in irgendeiner Weise angefasst hat, habe ich sofort gesagt, dass er mich loslassen soll. Das hat er dann auch gemacht. Obwohl ich dem Pfarrer zu verstehen gegeben habe, dass ich diese Berührungen nicht will, hat er es immer wieder gemacht. Nach der Ministrantenzeit hatte ich nicht mehr so große Lust oft in die Kirche zu gehen. ... Als ich noch Ministrantin war, sollten wir vom Pfarrer aus alle zur Beichte gehen. Ich bin auch hingegangen und der Pfarrer hat mich gefragt, ob ich schon mit einem Jungen rumgeknutscht hätte. Ich habe darauf gesagt, dass ich nicht wüsste, was ihn das angeht. Er hat daraufhin gesagt, dass das eine Sünde sei. Deshalb habe ich die Frage mit JA beantwortet. Er hat auch gefragt, ob ich schon mit einem Mann geschlafen hätte. Darauf habe ich wieder gesagt, dass ihn das nichts angeht. Er wollte von mir unbedingt eine Antwort auf seine Frage haben. Direkt habe ich sie ihm nicht beantwortet. Ich habe ihn gefragt, ob er neidisch wäre, wenn ich schon mit einem Mann geschlafen hätte. Der Pfarrer hat dann gefragt, ob ich nur mit einem oder schon mit mehreren Männern was hatte. Daraufhin habe ich den Pfarrer nur angeguckt und gesagt, dass ich aus dem Beichtstuhl raus will. Dies war das erste und letzte Mal, dass ich bei Herrn Pfarrer W. zur Beichte war. Obwohl man das nicht tut, habe ich zu Hause mit meinen Brüdern über die Beichte gesprochen und gefragt, was der Pfarrer sie denn gefragt hat. Die haben dann auch beide gesagt, dass er sie über sexuelle Themen ausgefragt hat. ...

Eine weitere Lehrerin gab im Januar 1999 schließlich auch ihre Kenntnisse an die Ermittlungsbehörden weiter. Demnach habe sich ihr im Jahre 1996 ein Junge (ca. elf Jahre) anvertraut und ihr einiges über Pfarrer W. erzählt. Das Kind habe der Lehrerin gesagt, dass es öfters an den Wochenenden bei Pfarrer W. übernachte. Es seien sonst keine Kinder dabei. Er sei mit dem Pfarrer immer alleine gewesen.

Der Junge habe dabei ganz leise gesprochen. Sie habe den Eindruck gehabt, dass das Kind ihr das vertraulich mitgeteilt habe. Die Lehrerin habe von sich aus dem Jungen keine weiteren Fragen dazu gestellt, da sie so etwas prinzipiell nicht mache. Nachdem der Junge angefangen habe, die Schule zu schwänzen, und man dies wohl nicht in den Griff bekommen habe, sei er später in ein Heim im Osten von Deutschland gekommen. Die Lehrerin habe sich dann auch einmal mit ihrer Kollegin, der eingangs erwähnten Religionslehrerin, unterhalten. Diese habe ihr geraten, den Sachverhalt öffentlich zu machen. Sie habe es aber nicht getan, da sie den Eindruck gehabt habe, der Junge habe es ihr im Vertrauen gesagt.

Die nachträglichen Ermittlungen in dieser Angelegenheit konnten den Sachverhalt nicht mehr aufklären. Der Junge war wohl immer noch im Heim und nicht aussagefähig und auch nicht gewillt, eine Aussage zu machen.

Am 22.07.1998, also mindestens ein Jahr nach den ersten Hinweisen der Religionslehrerin, schrieb Schulamtsdirektor und Ordinariatsrat Ludwig Brütting vom Erzbischöflichen Ordinariat Bamberg Pfarrer W. an:

Sehr geehrter Herr Pfarrer,
über die Schulleitung der Volksschule Ebersdorf wurde ich davon in Kenntnis gesetzt, dass eine Zusammenarbeit mit Ihnen wegen der von Ihnen praktizierten Form des Religionsunterrichts und wegen Ihres persönlichen Verhaltens nicht mehr möglich ist. Es wurden insbesondere Vorhaltungen wegen mangelndem Dienst- und Pflichtbewusstsein (unter anderem unentschuldigter Unterrichtsausfall) vorgebracht, die von Ihnen praktizierten Erziehungsmaßnahmen in Form von ›Kopfnüssen‹ beanstandet und Ihre Umgangsformen gegenüber der Schulleitung angemahnt. Ich bitte Sie um umgehende Stellungnahme zu diesen Vorwürfen noch vor Schuljahresende. Andernfalls sehe ich mich veranlasst, der Schulleitung mitzuteilen, dass Sie ab dem Schuljahr 1998/99 vom Religionsunterricht entpflichtet sind.

Mit freundlichen Grüßen

...

Ludwig Brütting
Schulamtsdirektor i.K.
Ordinariatsrat

Etwa in diesem Zeitraum (1997) kam es zu einer weitere Beschwerde in Bezug auf Pfarrer W. Eine Familie, deren Tochter den Religionsunterricht von Pfarrer W. besuchte, schrieb sogar an den Erzbischof Dr. Karl Braun einen Brief, der in Kopie u. a. auch an den Generalvikar Alois Albrecht geschickt wurde. Der Brief ist datiert auf den 27.02.1997:

Sehr geehrter Herr Erzbischof!

...

Leider handelt es sich bei unserem Anliegen um einen schweren Konflikt mit dem katholischen Pfarrer unserer Pfarrei St. Marien in Sonnefeld, Herrn Pfarrer W. .

...

Der Konflikt entzündete sich für uns am Religionsunterricht, den Herr W. an der Volksschule Sonnefeld für die Schüler und Schülerinnen der 3. Klasse abhält.
Unsere neunjährige Tochter Lena besuchte in den Jahrgangsstufen 1 und 2 mit Begeisterung den katholischen Religionsunterricht der jetzigen Schuldekanin Frau ..., seit Beginn des dritten Schuljahres mussten wir jedoch feststellen, dass der Religionsunterricht des Herrn W. ganz und gar nicht mit unseren eigenen religiösen Einstellungen zu vereinbaren ist! Während wir bemüht waren und sind, unseren Kindern das Gottesbild eines guten und gütigen Gottes zu vermitteln, doziert Herr W. über einen angsteinflößenden und strafenden Gott, womit er unseres Erachtens seine Schülerinnen und Schüler massiv einschüchtert und gefügig macht! Zum Beleg unserer Angaben fügen wir diesem Schreiben Arbeitsblätter aus dem Religionsunterricht von Herrn W. bei. Die negativen Folgen für unsere Tochter waren nicht unerheblich, so machte sie sich zum Beispiel schwere Gedanken über das Seelenheil ihrer Mutter, da diese am

2. Weihnachtsfeiertag einmal nicht den Gottesdienst zusammen mit der Familie besuchte! Kein Wunder bei den Konsequenzen, die ihr laut Herr W. durch dieses Versäumnis drohten! Dieses und andere Ereignisse veranlassten uns Mitte Januar dazu, unsere Tochter vom katholischen Religionsunterricht abzumelden. Wir sahen uns zu diesem Schritt gezwungen, um die psycho-soziale Entwicklung unserer Tochter nicht noch weiter zu gefährden! Vor diesem Schritt hatten wir allerdings Kontakt mit verschiedenen Personen, die uns allesamt in unserer Absicht bestärkten. Hier wären Dekan Reinwald, Frau Schuldekanin ... und der Leiter des Coburger Kreisjugendamtes, Herr ..., zu nennen. Neben der Abmeldung vom Religionsunterricht zogen wir auch die Anmeldung unserer Tochter zur Erstkommunion in Sonnefeld zurück. Dieser Schritt kostete uns viel Überwindung und fügt unserer Tochter großen Schmerz zu. Wir hoffen, dass unser Vorgehen richtig war und es sich nicht nachteilig auf unser Kind auswirken wird. Sie besucht jetzt den evangelischen Religionsunterricht zur Information, wird aber am Weißen Sonntag in St. Augustin bei Herrn Dekan Reinwald zu ihrer feierlichen Erstkommunion gehen. Wir freuen uns mit ihr darauf und betonen damit auch, dass unsere Kritik nicht die katholische Kirche trifft, sondern in erster Linie Herrn W. und seinen Umgang mit ihm anvertrauten Kindern gilt! Andere Eltern ziehen andere Schlüsse aus diesem Tun, sie lassen zum Beispiel ihre Kinder konvertieren, oder verschließen einfach ihre Augen vor den Tatsachen!

Bei unseren Gesprächen erfuhren wir zudem einige unangenehme Details aus der Vergangenheit von Herrn W., die Ihnen vielleicht noch nicht bekannt sind, aber zumindest Herrn Generalvikar Albrecht vertraut sein müssten. Mit diesem Wissen aus zweiter Hand und unseren Erfahrungen aus erster Hand war es uns nicht mehr möglich, ein persönliches Gespräch mit Herrn W. zu suchen, da eine Vertrauensbasis für ein solches Gespräch bei uns nicht mehr vorhanden ist! Wir zitieren in diesem Zusammenhang Herrn Paul Hüster, Sekretär der Jugendkommission der Deutschen Bischofskonferenz, abgedruckt im ›Hintergrund‹-Artikel des Heinrichsblattes Nr. 3 vom 19.01.1997: ›Völlig indiskutabel ist es, dass man solche Priester einfach in eine andere Diözese versetzt und glaubt, dadurch das Problem gelöst zu haben!‹

Wir meinen, dass es an der Zeit ist, sich solchen Menschen zu widersetzen, und wenn es sich dabei auch um Pfarrer unserer Kirche handelt. Wir meinen weiterhin, dass auch die Kirche von Bamberg sich dieses Falles annehmen muss, denn sie hat ihn mit zu verantworten! Wir hoffen, dass Sie sich als Oberhirte angesprochen fühlen und handeln werden! Wir sind bereit, in dieser Angelegenheit auch das persönliche Gespräch mit Ihnen zu suchen ...

Abschließend möchte ich Sie aus Ihrem Hirtenwort zum Familiensonntag zitieren, wo Sie sagen: ›Der Schutz und die Förderung der Familie geht uns alle an.‹

Wir fühlen uns dieser Aussage verpflichtet!

Es grüßt Sie ...

Generalvikar Albrecht antwortet der Familie aus Sonnefeld am 18.03.1997:

Sehr geehrte Frau und Herr...,
Erzbischof Dr. Braun hat mir Ihr Schreiben vom 27. Februar 1997 und die dazugehörenden Anlagen zur Beantwortung übergeben. Soweit ich erkennen kann, handelt es sich um drei verschiedene Fragekomplexe:

1. Um die Arbeitsblätter und den Religionsunterricht
Was die Arbeitsblätter angeht, so kann es beim unbefangenen Lesen wohl keine großen theologischen Bedenken geben. Was darin steht, ist im großen und ganzen doch wohl katholisch zu nennen. Natürlich kann niemand von uns beurteilen, wie der Inhalt im Religionsunterricht vermittelt wird, d. h. in der konkreten Stunde durch den konkreten Pfarrer. So etwas geht aus einem Arbeitsblatt nicht hervor.
2. Die Herausnahme eines Kindes aus dem katholischen Religionsunterricht und die Hineingabe in den evangelischen Religionsunterricht und die darauf folgende Kommunion.
Wenn man dies jemand erzählt, der Ihre Erfahrungen nicht teilt, wird er ein solches Vorgehen wohl kaum verstehen.

3. Die Person des Pfarrer W.

Ich vermute, dass der eigentliche Grund Ihrer Kritik an den Arbeitsblättern und auch Ihres Vorgehens bezüglich des Schulunterrichts und des Kommuniongangs Ihres Kindes in einer fundamentalen Kritik an der Person von Pfarrer W. liegt.

Kritik an ihm ist hier nicht unbekannt und wird auch nicht als belanglos beiseite geschoben. Über die Vergangenheit von Pfarrer W. wird immer wieder gesprochen und es werden immer wieder Verdächtigungen laut. Um ein Vorgehen unsererseits zu rechtfertigen, genügen aber allgemeine Verdächtigungen nicht; sie müssen schon hieb- und stichfest mit Namen, Ort und genauer Beschreibung erwiesen werden.

Nichtsdestotrotz danke ich für Ihren Brief und verbleibe

mit freundlichen Grüßen

...

Alois Albrecht
Generalvikar

Der Eklat

Wie schon eingangs kurz geschildert, kam es am 2. Weihnachtstag 1998 zu dem »Kanzelsturm« eines Vaters, dessen Sohn von Pfarrer W. missbraucht worden war. (siehe S. 95 ff.) Ich selbst erfuhr erst am 6.02.1999 durch »Zufall« von einer Ransbacherin, die zu mir in die Beratung kam, von den neuen Vorwürfen. Sie hatte am 22.01.1999 einen Bericht des TV-Magazins Explosiv (RTL) über das Ereignis gesehen. Neben einer betroffenen Familie sei dort auch Pfarrer W. in Erscheinung getreten und habe den frommen und zu Unrecht beschuldigten Priester gemimt, der sich nun, wie durch einen Blitz getroffen, solch einer schlimmen Verdächtigung ausgesetzt sieht.

Ich erkundigte mich noch am gleichen Tag bei der Redaktion des Magazins Explosiv über den Fall, bat um den Mitschnitt der Sendung und die Vermittlung eines Kontaktes zu der betroffenen Familie aus der katholischen Pfarrgemeinde Sonnefeld bei Coburg.

Danach rief ich den Regionaljugendseelsorger und die Mutter eines betroffenen jungen Mannes aus Miltenberg an. Beide waren bereits über die erneuten Vorwürfe gegen W. informiert. Die Tageszeitung von Miltenberg hatte dort schon am 25.01.1999 berichtet: »Erneut ein schwerer Verdacht – Staatsanwaltschaft ermittelt gegen einstigen Stadtpfarrer W. – Kind missbraucht?« (Bote vom Untermain, Ausgabe des Main-Echos Aschaffenburg). Die Empörung, insbesondere über die in großer Verantwortung stehenden drei Bistümer, war bei allen riesengroß.

Ich gehe nun im zeitlichen Ablauf etwas zurück und schildere zunächst die Geschehnisse unmittelbar nach dem Eklat.

Der Generalvikar wird informiert

Ein Mitarbeiter des Landratsamtes in Coburg, Frank Fürst[15], schildert als Privatperson und Gemeindemitglied der katholischen Pfarrei Ebersdorf/Sonnefeld am 4.01.1999 dem Generalvikar der Erzdiözese Bamberg, Herrn Alois Albrecht, den Vorfall vom 2. Weihnachtsfeiertag in der katholischen Kirche in Sonnefeld. Darüber hinaus fasst er seine Sicht der zurückliegenden Abläufe noch einmal kurz zusammen.

Hier der Inhalt des Briefes von Frank Fürst an den Generalvikar von Bamberg:

Sehr geehrter Herr Generalvikar!
Am 2. Weihnachtsfeiertag, im Gottesdienst der kath. Kirche Sonnefeld, stand ein Mann auf, ging in den Altarraum und beschuldigte öffentlich Herrn Pfarrer W., seinen Sohn sexuell missbraucht zu haben. Der Sohn war bislang Messdiener gewesen.
Der Vorgang ist ungewöhnlich. Ungewöhnlich deshalb, weil über solche Inhalte eine Front des Schweigens aufgebaut ist. Eltern und Kinder haben nicht zuletzt deswegen keinen Mut zur Äußerung, weil in einer Welle der Empörung über eine so unglaubliche Behauptung vom Opfer zusätzliche Beweise verlangt werden. Demgegenüber ge-

---

15 Name geändert (Anm. d. Verf.)

nügt bereits heftiges Abstreiten des Täters und seine Anhängerschaft schließt sich den Angriffen auf den vermeintlichen Verleumder an ... Ich will mich um Sachlichkeit bemühen und auch darauf nicht eingehen, ob hier konkret ein Tatnachweis gelingt oder nicht. Dies ist Sache der Staatsanwaltschaft.

Mich beschäftigt die Frage, ob das Ereignis für Sie selbst, sehr geehrter Herr Generalvikar, eine Überraschung sein kann. Sie haben es mit einer Vielzahl von Personen zu tun, denen gegenüber ein solcher Vorwurf nie erhoben wurde. Sie sind Vorgesetzter von vielen Geistlichen, die wie Pfarrer W. Ministranten betreuen und Religionsunterricht geben. Trotzdem wurde dieser Vorwurf in vielen Berufsjahren nie erhoben. Anders ist dies bei Pfarrer W. Seine berufliche Tätigkeit wurde geradezu von diesem Vorwurf begleitet, ..., er wurde wiederholt versetzt und hatte zeitweise keine Pfarrstelle mehr.

Sie wissen das alles und ich brauche Sie gar nicht auf die Vorgänge in Miltenberg hinzuweisen (Volksschule, Ministranten).

Die Vorwürfe haben noch etwas gemeinsam: Kinder im Alter von acht bis elf Jahren, vorwiegend einer sozialen Randgruppe angehörend, wie z. B. noch nicht voll integrierte Aussiedler oder Ausländer, also Kinder mit einer besonderen Empfänglichkeit für eine Betreuung. Die freuen sich, wenn Herr Pfarrer W. sie im Auto mitnimmt. Dass bei solchem über den Religionsunterricht und den Ministrantendienst hinausgehendem intensivem Kontakt auch mal die Hand in die Hose der Kinder rutscht, wer mag dabei schon Schlechtes denken. Der Überschwang der Gefühle verrät sich vielfach in der Körpersprache, im Umgang mit diesem oder jenem Kind. Es dauerte keine drei Monate seit seinem Amtsantritt, und ich wusste über seine pädophile Neigung Bescheid.

Das wäre alles noch erträglich und er wäre ein Ehrenmann, wenn ihm eine erfolgreiche Selbstkontrolle gelingen würde. Dies ist ihm z. B. bei der Benutzung des Autos (!) nicht möglich, wo er durch eine Serie von Verkehrsverstößen auffällt, regelmäßig durch das Amtsgericht abgeurteilt.

Dem Ordinariat wurde nachgewiesen, dass er im Zusammenhang mit einer Geldsammlung für Jugendarbeit durchaus die Bereitschaft zeigt, eine unvollständige Abrechnung vorzulegen – also das Ordinariat anzulügen – und sich so frei verfügbare, in bar aufbewahrte Mittel ansammelt.

Dies alles ist Ihnen bekannt. Auch Hinweise zu seinem Verhalten als Religionslehrer in der Schule sind Ihnen bestens geläufig.

Mich interessiert also, ob es Sie überrascht, wieder von einem Ereignis zu hören, bei dem ein Aussiedlerkind betroffen ist. Mich interessiert auch, was Sie sich damals gedacht haben, als Sie Pfarrer W. die Pfarrstelle Ebersdorf und damit die Möglichkeit zum Umgang mit Ministranten und Unterrichtskindern gaben.

Mich interessiert nicht mehr, ob Sie jetzt einen Gedanken an seine sofortige Beurlaubung haben. Die Öffentlichkeit mag daran denken.

Wie immer Sie sich jetzt verhalten mögen, denken Sie an das in der Bibel gebrauchte Beispiel für die Verwendung eines Mühlsteins – abgedruckt neuerdings im Heinrichsblatt vom 03.01.1999, Seite 35 rechts unten. ...

Einen Mühlstein am Hals (Copyright: Waldemar Mandzel), Heinrichsblatt, 03.01.1999

Die Antwort erfolgt erst nach »umfangreicher« Beratung und Gesprächen im Erzbistum Bamberg.

Erste Gespräche und Reaktionen des Erzbistums Bamberg

Generalvikar Alois Albrecht gibt Pfarrer W. am 8.01.1999 eine Anweisung, im Rahmen des Gottesdienstes Folgendes zu verlesen:

> *Das Erzbischöfliche Ordinariat Bamberg hat versucht, den Sachverhalt und die gegen Pfarrer W. von Herrn C...[16] erhobenen Vorwürfe aufzuklären. Nachdem die Anschuldigungen bislang nicht bestätigt werden konnten, hat das Erzbischöfliche Ordinariat Bamberg die Staatsanwaltschaft beim Landgericht Coburg gebeten, weitere Ermittlungen, auch gegen Herrn C..., einzuleiten.*

Darüber hinaus beauftragte Pfarrer W. am gleichen Tag, also am 8.01.1999, den Juristen der Rechtsabteilung des Erzbischöflichen Ordinariats Bamberg, gegen Frank Fürst Strafanzeige zu stellen.

Dieser Reaktion sind Gespräche im Generalvikariat am gleichen Tag vorausgegangen, das geht aus einem siebenseitigen Gesprächsprotokoll von Domvikar Hubert Schiepek (datiert auf den 21. Januar 1999) hervor.

An der ersten Gesprächsrunde nahmen außer Domvikar Schiepek auch Generalvikar Albrecht, Justiziar Dr. Siedler und Pfarrer W. teil. Zur zweiten Runde kamen dann noch gute Freunde von Pfarrer W. hinzu. Es handelte sich dabei um einen früheren Landgerichtspräsident vom Landgericht Coburg und eine eigens aus Sonnefeld angereiste kleine Delegation, darunter die Pfarrgemeinderatsvorsitzende, der Pastoralreferent (PR) und ein Oberministrant.

Insbesondere beschäftigte man sich in den Gesprächen mit Randgeschehen – und mit dem Gemeindemitglied Frank Fürst, der als »Hauptfeind und Rädelsführer« eines gegen Pfarrer W. organi-

---

16 Der Vater eines betroffenen Jungen, der Pfarrer W. am 2. Weihnachtsfeiertag während des Gottesdienstes öffentlich des sexuellen Missbrauchs an seinem Sohn beschuldigte.

sierten Komplotts vorgestellt wurde. Es wurde alles Mögliche zusammengesucht, um dies überzeugend darzustellen.

Was den betroffenen Jungen und seine Familie anging, so schien man bemüht gewesen zu sein, möglichst viele negative Dinge vorzubringen, um das Kind und dessen Eltern in ein schlechtes Licht zu rücken. Dass die Vorwürfe möglicherweise auch zutreffen könnten und die Familie vielleicht Hilfe benötigte, wurde erst gar nicht in Erwägung gezogen. Lediglich der Justiziar des Bistums Bamberg war etwas um Aufklärung bemüht und schlug vor, den Vater des betroffenen Kindes nach Bamberg einzuladen und von der Unterredung ein Protokoll anzufertigen. Darüber hinaus hatte er die Idee, das Kind in Anwesenheit seiner Mutter zu befragen, was der ehemalige Landgerichtspräsident jedoch als ungeschickt empfand, da man das Vorgehen als Beeinflussungsversuch der Kirche interpretieren könnte.

Die Freunde von Pfarrer W. stellten alles so dar, als seien die Vorwürfe gegen den Pfarrer frei erfunden und nur dazu da, ihm zu schaden bzw. ihn aus der Gemeinde zu drängen, weil er sich nicht so verhalten würde, wie es einige Gemeindemitglieder von ihm erwarteten. Zur Vorgeschichte des Pfarrer W. nahm der ehemalige Landgerichtspräsident Stellung, wobei er den Sachverhalt nicht korrekt und sehr unvollständig wiedergab.

Hier nur einige Zitate aus dem Gesprächsprotokoll (»GV« steht für Generalvikar):

1. Teil:

...

Generalvikar Albrecht nahm Bezug auf den Brief des Herrn ... [17]*, Ebersdorf, vom 4. Januar 1999, wo es heißt: ›Am 2. Weihnachtstag, im Gottesdienst der kath. Kirche Sonnefeld, stand ein Mann auf, ging in den Altarraum und beschuldigte öffentlich Herrn Pfarrer W., seinen Sohn sexuell missbraucht zu haben. Der Sohn war bislang Ministrant gewesen.‹*

---

17 Frank Fürst (Name geändert)

Pfr. W. erklärt dazu:
Am 23. Dezember 1998 fand in Weidhausen eine Beerdigung statt;
der Trauergottesdienst war in der evangelischen Kirche. Bei der
Rückfahrt von der Beerdigung saßen zwei Ministrantinnen und der
Ministrant S...[18] aus ... auf dem Rücksitz von Pfr. W.s Wagen. Pfr.
W. ließ die Ministrantinnen in Sonnefeld aussteigen; S... setzte sich
dann gegen den Willen von Pfr. W. nach vorn in den Wagen und
fing an, an ›allen Knöpfen im Wagen rumzudrehen‹. Pfr. W. schimpf-
te ihn und gab ihm schließlich einen ›Klaps‹ auf den Rücken und
Gesäß.

Am 24. und 25. Dezember ministrierte S... wie gewohnt in den Got-
tesdiensten. Am 26. Dezember wollte S... nicht ministrieren, und
als Ministranten den Jungen in der letzten Kirchenbank zum Minis-
trantendienst holen wollten – es fehlte noch ein Ministrant – ließ
der Vater diesen nicht ministrieren. Pfr. W. eröffnete die Eucharis-
tiefeier und begrüßte die versammelte Gemeinde. Da ging Herr C.
nach vorne und sagte: ›Pfr. W. hat meinen Sohn missbraucht und
misshandelt‹. Danach ging Herr C. aus dem Gottesdienst heraus.
Am Ende vom Gottesdienst ›schwor‹ Pfr. W. ›einen Eid vor der Ge-
meinde, keine sexuellen Handlungen am Kind getan zu haben‹.

Auf die Familiensituation von dem Jungen angesprochen, sagte Pfr.
W., dass er einmal einen Anruf von einer Frau aus dem Senioren-
club erhalten habe: Die Mutter von S. wollte sich eventuell von ih-
rem Mann trennen.
S. war mit seiner Oma immer wieder im Seniorenclub mit dabei;
beim letzten Mal hatte er auch Lieder vorgespielt. S. war dabei
ständig um Pfr. W. herum.

S. wollte immer gerne ministrieren. Bei Nachtwanderungen der Mi-
nistranten und Ministrantenwochenenden wollte S. immer auffal-
len, ja er hat regelrecht einen Drang zum Auffallen.

---

18 S. war zu diesem Zeitpunkt ca. zehn Jahre alt (Anm. des Verf.).

Pfr. W. sieht in dem Vorfall eine gezielte Kampagne gegen seine Person. Im Zusammenhang damit könnte auch Herr ...[19] stehen.

Pfr. W. hat erfahren, dass sich eine Frau, die sich als Kriminalpolizeibeamtin ausgab, telefonisch bei den beiden Ministrantinnen über die Sache erkundigt habe.

Pfr. W. hat seit dem Vorfall nicht mehr mit S. gesprochen. Nach dem Gottesdienst wollte er den Mann zur Rede stellen.
Pfr. W. ist von der Kriminalpolizei bisher nicht angegangen worden.

GV Albrecht fragt nach, warum nicht Pfr. W. von sich aus Anzeige erstattet. Er antwortet, dass er ›keinen Menschen anzeigen‹ möchte. Auch riet ihm bisher sein rechtlicher Berater, Landgerichtspräsident a. D. ... ab.

Auf die Frage des GV's, ob die Anschuldigungen aus einer bestimmten Gruppe kämen, gab Pfr. W. an, dass er in der Sache eine gezielte Aktion sehe, mit der er den Seniorenclub und Herrn ...[20] in Verbindung bringt.
...

GV Albrecht fragte Pfr. W., ob er – seit er in Ebersdorf ist – mit Herrn ...[21] Auseinandersetzungen hatte. – Pfr. W. teilte mit, dass ... von seiner ›Vorgeschichte‹ wisse und von Anfang an gegen ihn misstrauisch war. Herr ..., Oberregierungsrat im Landratsamt (Coburg) und Ausländerbeauftragter, ›beherrschte‹ den Amtsvorgänger von Pfr. W. in Ebersdorf und sei wütend, dass Pfr. W. so nicht mit sich umspringen lasse. 1993, als Pfr. W. nach Ebersdorf kam, gab es Probleme wegen einer Wohnung eines bulgarischen Ehepaares. Pfr. W. wurde von Herrn ... schon einmal bei der Kriminalpolizei Coburg

---

19 Frank Fürst (Name geändert)
20 dto.
21 dto., ebenso im weiteren Verlauf dieses Absatzes und im kommenden Absatz (Anm. d. Verf.)

wegen Untreue und Unterschlagung von Geldern angezeigt; doch das Geld war auf dem Jugendkonto. Es gab kein Bußgeld.

Dr. Siedler fragte Pfr. W., was mit der früheren Anschuldigung wegen sexuellen Missbrauchs war. – Pfr. W. antwortet, dass das Verfahren eingestellt worden sei und sich der Staatsanwalt bei ihm entschuldigt habe. Auf die Frage, ob es eine Verbindung zwischen Herrn ... und C. gäbe, wies Pfr. W. hin, dass Herr ... der Ausländerbeauftragte ist. Pfr. W. wusste außerdem, dass Herr ... früher in einem Internat gelebt hat und selber Priester werden wollte; in diesem Heim/Internat habe er sexuelle Übergriffe gegenüber Mitschülern erlebt.

2. Teil: (ab 16.30 Uhr)
Anwesende: Generalvikar Albrecht, Justiziar Dr. Siedler, Domvikar Schiepek, Pfr. W.; Landgerichtspräsident a. D. .; PGR-Vorsitzende ...; PR ...; Oberministrant ... aus Sonnefeld.
...

GV stellte einige Fragen:
An die PGR-Vorsitzende, Frau ... gerichtet: Kennen Sie die Mutter von S., Frau C.? – Frau ... erzählte von Problemen in der Ehe der C.'s, – die Familie brauche die Rente der Oma, – Herr C. ist nicht ständig in ..., sondern lebt in Rumänien.
Ist S. in seinem Verhalten auffällig? – PR ... : S. ist verhaltensauffällig, verhaltensgestört, er möchte auffallen und Aufmerksamkeit um jeden Preis erwecken, u. a. dadurch, dass er Gegenstände wie ein Hund apportiert.
Wie hat die Gemeinde in Sonnefeld reagiert? – Die PGR-Vorsitzende, Frau ..., war am besagten Tag nicht im Gottesdienst in Sonnefeld. Doch kaum war der Gottesdienst aus, schon erhielt sie viele Anrufe – ›Ein Rumäne aus ... hätte am Altar das ... gesagt!‹. Ihr Telefon klingelte ununterbrochen. –
...

GV Albrecht teilte den Anwesenden die Vorgeschichte, soweit sie ihm bis jetzt bekannt war, mit: GV Albrecht erhielt einen Brief des

Herrn ...[22], der die Worte enthält, dass Pfr. W. einen Jungen ›sexuell missbraucht‹ hätte. Am 5.1.1999 rief der GV Pfr. W. deswegen an.

...

Zur ›Vorgeschichte‹ von Pfr. W. erzählte Dr. ...[23]:
Auf eine anonyme Anzeige hin ermittelte das Amtsgericht Obern-burg (Jugendschutzkammer). Pfr. W. hätte einem Jungen auf den Rücken gehauen, eventuell zum Gesäß hin. Es kam zu einer vorläu-figen Einstellung des Verfahrens und zur Auferlegung eines Bußgel-des (›Einstellungsbeschluss mit Buße‹). Die Buße sagt zur Schuld nichts aus. Das Bußgeld zahlte eine ›Gönnerin‹, Frau Dr. ..., für Pfarrer W.
Pfr. W. wandte sich an das OLG Bamberg wegen endgültiger Ein-stellung des Verfahrens. Der Strafsenat beim OLG sagte aus, dass die Einstellung mit Bußgeld kein Schuldeingeständnis oder Schuld-nachweis sei. Pf. W. sei nicht vorbestraft.

Die Kirche von Würzburg stand nicht hinter Pfr. W. Pfr. W. war dar-aufhin in der Diözese Limburg tätig. Von dort aus nahm er Kontakt mit Pfr. Lang, Coburg auf, der wiederum an GV Dr. Staub schrieb. Der GV von Würzburg hat von der Übernahme von Pfr. W. abgera-ten, da die Entfernung zu nahe und die Sache nicht abgeschlossen sei.

...

...[24] ist in den Augen von Dr. ...[25] ein ›Denunziant‹.

...

Nach Ansicht von Dr. ... steht Herr ...[26] hinter der ganzen Sache.

...

GV Albrecht versucht nun Schritte aufzuzeigen, um der Gemeinde und Pfr. W. zu helfen und zu erreichen, dass es keine ›Explosion‹ gibt. Bei der Sache muss man vor allem die Publizität bedenken.

...

---

22 Frank Fürst (Name geändert)
23 Landgerichtspräsident a. D. (Anm. d. Verf.)
24 Fürst
25 Landgerichtspräsident a. D.
26 Fürst

Zum weiteren Verlauf:

Wenn gegen Herrn C. Strafanzeige wegen Störung des Gottesdiens-tes erstattet würde, würde auch der Vorwurf von Herrn C. gegen Pfr. W. ›ex officio‹ verfolgt werden. S. würde dann durch Jugendpsy-chologen vernommen werden. Würde sich der Anfangsverdacht auf Misshandlung des Kindes verhärten, käme es zu einem Ermittlungs-verfahren.

Es könnte auch eine Anzeige gegen Herrn ...[27] wegen Verleumdung erstattet werden, so der GV.

Dr. Siedler machte darauf den Vorschlag, einen Brief an die Staats-anwaltschaft in Coburg zu schreiben mit der Bitte, wegen sämtli-cher in Betracht kommender Straftatbestände sämtlicher Personen (W., C., ...[28]) zu ermitteln. Dr. Siedler bräuchte dafür eine Vollmacht von Pfr. W.

GV Albrecht fragt, wie die Sache in die Pfarrei bzw. ins Dekanat hi-neingetragen werden könne. PR ... sagt, dass im Dekanat Coburg das Gerücht kursiere, dass Pfr. W. pädophil und gewaltsam gegen-über Kindern sei.

GV Albrecht schlug vor, dass Pfr. W. im nächsten Sonntagsgottes-dienst vermelden soll: ›Das Erzbischöfliche Ordinariat hat versucht, den Sachverhalt und die gegen Pfr. W. von Herrn C. erhobenen Vor-würfe aufzuklären. Nachdem die Anschuldigungen bislang nicht bestätigt werden konnten, hat das Erzbischöfliche Ordinariat Bam-berg die Staatsanwaltschaft beim Landgericht Coburg gebeten, wei-tere Ermittlungen, auch gegen Herrn C., einzuleiten.‹

Herrn ...[29] soll durch einen Brief mitgeteilt werden: ›Ihr Schreiben vom 4. Januar 1999 haben wir an die Staatsanwaltschaft Coburg weitergeleitet, mit der Bitte wegen sämtlicher in Betracht kommen-den Straftatbestände aller Personen zu ermitteln.‹

Der Presse solle – falls Anfragen kämen – mitgeteilt werden, dass ein staatsanwaltschaftliches Verfahren eingeleitet sei.

---

27 dto.
28 dto.
29 dto.

Bamberg, 21. Januar 1999

Für das Protokoll:

...

Domvikar Hubert Schiepek

Die Antwort des Generalvikars auf das Schreiben des Gemeindemitglieds Frank Fürst

Am 8.01.1999 antwortet Generalvikar Albrecht dem Gemeindemitglied Frank Fürst auf dessen Brief vom 4.01.2010. Eine Vollmacht von Pfarrer W. ist dem Schreiben des Generalvikars beigefügt. Hieran wird deutlich, dass die erste Sorge der Kirchenoberen der Institution Kirche gilt bzw. dem beschuldigten Mitbruder. Pfarrer W. bekommt zunächst jede erdenkliche Unterstützung.

Sehr geehrter Herr ...,
Ihr Schreiben vom 4. Januar 1999 haben wir an die Staatsanwaltschaft beim Landgericht Coburg weitergeleitet, mit der Bitte wegen sämtlicher in Betracht kommenden Straftatbestände aller Personen zu ermitteln.

Mit freundlichen Grüßen
...
Generalvikar

Vollmacht
Ich, Pfarrer W., St.-Otto-Str. 10, 96237 Ebersdorf, bevollmächtige die Rechtsabteilung des Erzbischöflichen Ordinariats Bamberg, Herrn Dr. Johannes Siedler, Strafanzeige gegen Herrn ... einzulegen.

Bamberg, 8. Januar 1999
... (Unterschrift von Pfarrer W.)

Berichterstattung der Coburger Medien mit Verzögerung

Dem Beginn der Medienberichterstattung ging folgende Entscheidung des Schulamtsdirektors Ludwig Brütting vom Erzbischöflichen Ordinariat Bamberg voraus. In dem Schreiben des Direktors an das Staatliche Schulamt heißt es kurz und knapp:

> *Mit Wirkung vom 20.1.1999 wird der Religionsunterricht von Pfarrer W. bis auf weiteres durch Lehrkräfte im Kirchendienst der Erzdiözese übernommen.*

Es verwundert sehr, dass die Coburger Tageszeitungen nicht gleich den Eklat am 2. Weihnachtsfeiertag in der Sonnefelder Kirche aufgriffen, sondern erst am 21.01.1999 mit ihrer Berichterstattung begannen. Wie konnte das geschehen?
Möglicherweise waren die Menschen zunächst schockiert und erstarrt, mit sich selbst beschäftigt, sodass es eine gewisse Zeit brauchte, bis das Geschehene nach außen dringen konnte.

Erst nachdem bekannt wurde, dass Pfarrer W. keinen Religionsunterricht mehr erteilen durfte, schien das Eis endgültig gebrochen zu sein. Die Neue Presse von Coburg titelte an diesem Tag auf ihrer ersten Seite: »Pfarrer soll Kind missbraucht haben – Eltern erheben schwere Vorwürfe«. Im Innenteil und auf der Lokalseite folgten weitere Berichte unter der Überschrift: »Eklat am Altar von St. Marien – Vater eines Ministranten erhob harte Vorwürfe gegen Pfarrer W.« und »Überlegungen und Weisungen vom Domberg – Katholischer Geistlicher darf seit Dienstag keinen Unterricht mehr geben«. Pfarrer W. wies darin die Anschuldigungen zurück und betonte, dass er dem Jungen lediglich einmal einen Klaps auf den Rücken gegeben habe, da er in seinem Auto herumgespielt habe. Mehr sei nicht vorgekommen. Diesen Wortlaut sagte er auch in die Kamera des TV-Magazins Explosiv vom Sender RTL (ausgestrahlt am 22.01.1999).

Am 22.01.1999 folgte auch die Berichterstattung des Coburger Tageblattes mit einem Foto von Pfarrer W., das ihn beim Zelebrieren einer Messfeier zeigt. Überschrift des Artikels: »Ich kann jeden Eid leisten – Missbrauch eines Schutzbefohlenen: Pfarrer W. weist Vorwürfe zurück«. W. betonte auch hier, dass die Vorwürfe der Eltern, er habe ihrem Sohn in die Hose gegriffen und ihn am Po getätschelt, nicht stimmten. »Ein ›Kesseltreiben‹ gegen seine Person hätte es bereits an früheren Dienststellen gegeben, ohne dass ihm schuldhaftes Verhalten nachgewiesen werden konnte.«

Die Coburger Neue Presse schrieb gleich am 23.01.1999 Näheres über die Vergangenheit des beschuldigten Priesters. Unter der Überschrift: »Katholischer Priester musste Geldbuße zahlen – Pfarrer wegen Missbrauch 1987 vor Gericht« wurde über den Ausgang der Prozesse in Obernburg und Aschaffenburg ausführlich berichtet.

Es folgte eine intensive Medienberichterstattung, begleitet von zahlreichen Leserbriefen pro und kontra Pfarrer W. Gleichzeitig liefen intensive Ermittlungen der Staatsanwaltschaft Coburg. Die Kriminalpolizei vernahm in der Folge zahlreiche Personen, darunter auch sehr viele Schülerinnen und Schüler. Der Vater des betroffenen Jungen, Herr C., hatte bereits am 28.12.1998 Strafanzeige wegen sexuellen Missbrauchs seines Sohnes S. gegen Pfarrer W. gestellt.

Pfarrer W. schreibt selbst einen Leserbrief
Am 26.01.1999 veröffentlicht die Coburger Neue Presse einen Brief von Pfarrer W. unter der Überschrift: »Nicht verurteilt und auch keine ›Buße‹ gezahlt«.

Zum Artikel ›Katholischer Priester musste Geldbuße zahlen‹ (Neue Presse vom 23. Januar 1999, Seite 1) erreichte die Redaktion folgender Brief:
1. Das Urteil des Schöffengerichts beim Amtsgericht Oberburg (Unterfranken) vom März 1987 wurde nicht rechtskräftig; ich wurde also nicht zu einer Geldstrafe in Höhe von 10.500 Mark verurteilt.

2. Auf meine Berufung gegen das vorstehende zu Ziffer 1 genannte Urteil des Amtsgerichts Obernburg hin, wurde das Verfahren vor einer Strafkammer des Landgerichts Aschaffenburg in zweiter Instanz verhandelt. Es ist falsch, dass ich im Rahmen dieses Berufungsverfahrens eine ›Geldbuße‹ zahlen ›musste‹. Richtig ist, dass das Berufungsgericht gemäß Paragraph 153 a, Absatz 2, der Strafprozessordnung das Verfahren gegen mich mit Zustimmung der Staatsanwaltschaft und mit meiner Zustimmung einstellte. Im Rahmen dieser Einstellung wurde als Auflage (nicht also ›Buße‹) ein Betrag in Höhe von 8.000 Mark bezahlt. Diese Zahlung erfolgte ausdrücklich ohne Anerkennung einer rechtlichen Verpflichtung, ohne Schuldnachweis und damit ohne Schuldeingeständnis nur, um die leidige Angelegenheit kurzfristig abzuschließen.

3. Ob wegen der nunmehr gegen mich von dem Vater eines etwa neunjährigen Jungen erhobenen Vorwürfe Ermittlungen von der Staatsanwaltschaft beim Landgericht Coburg geführt werden, entzieht sich meiner Kenntnis. Tatsache ist demgegenüber, dass auf meinen Strafantrag hin wegen der gegen mich erstmals am zweiten Weihnachtsfeiertag in der Gemeinde St. Marien in Sonnefeld erhobenen Vorwürfe ein Ermittlungsverfahren bei der Staatsanwaltschaft Coburg anhängig ist, und zwar gegen die mich während des Gottesdienstes beschuldigende Person (wegen des Verdachts der üblen Nachrede/Verleumdung nach Paragraph 186/187 Strafgesetzbuch und der Störung der Religionsausübung nach Paragraph 167 Strafgesetzbuch) sowie gegen einen leitenden Beamten beim Landratsamt Coburg wegen Verletzung des Dienstgeheimnisses nach Paragraph 203 Strafgesetzbuch.

W.

Die Vorladung

Die Staatsanwaltschaft Coburg lädt Pfarrer W. für den 29.01.1999 zur Zeugenvernehmung vor. Pfarrer W. soll zu den Anschuldigungen in Bezug auf das Gemeindemitglied Frank Fürst (Vorwurf: üble Nachrede u. a.) und Herrn C. (Vorwurf: Störung der Religionsausübung) angehört werden.

Erste Reaktionen aus der Familie des beschuldigten Priesters

Der Bruder von Pfarrer W. setzt sich für diesen in einem Leserbrief vom 30.01.1999 (Bote vom Untermain) vehement ein und kritisiert auch die Berichterstattung der Presse. Ein im Inhalt ähnlicher Leserbrief wurde von ihm am 4.02.1999 im Coburger Tageblatt und am 10.02.1999 in der Coburger Neuen Presse veröffentlicht.

Unter der Überschrift »Rufmordkampagne gegen Pfarrer W. ohne Grund losgetreten« hofft der Bruder, mit seiner Sichtweise der Geschehnisse »die Wogen der Entrüstung glätten zu können«. Er schreibt:

... Auch das Main-Echo hat sich bei der Berichterstattung nicht ganz korrekt verhalten, sonst hätte es geprüft, ob die übermittelten Berichte von anderen Zeitungen zutreffen. Mir sind an meinem Bruder nie Neigungen der ihm vorgeworfenen Art aufgefallen. Sportlich als begeisterter Fußballer in Laudenbach bei den ›Kickers‹ und später als Pfarrer in Eichenbühl gewann er sehr schnell die Herzen aller und war bei Jung und Alt beliebt.

Zu keiner Zeit wurde er wegen Kindesmissbrauch verurteilt. Das damalige Strafverfahren aus der Miltenberger Zeit wurde in zweiter Instanz vom Landgericht in Aschaffenburg eingestellt. Auch wurde er – entgegen Ihrer Darstellung – niemals strafversetzt oder vom Amt suspendiert. In die Verfahrenseinstellung ohne Schuldnachweis willigte er nur ein, wie auch vom Oberlandesgericht Bamberg bestätigt wurde, damit wieder Ruhe und Frieden einkehren möge.

Für mich liegt es auf der Hand, dass die Neue Presse in Coburg von einem pflichtvergessenen Beamten des Landratsamtes Coburg mit diesem rechtlich fehlinterpretierten Material versorgt wurde. Die Neue Presse zitiert am 23. Januar das Main-Echo, das Main-Echo am 25. Januar die Neue Presse. Der besagte Beamte verfolgt meinen Bruder nun schon seit sechs Jahren mit haltlosen Vorwürfen. Er erwirkte zwei Ermittlungsverfahren wegen angeblicher Veruntreuung und versuchten Betrugs. Dabei produzierte er inhaltsloses Schriftmaterial von über 100 Seiten. Ohne Erfolg – beide Verfahren wurden eingestellt.

Gegen meinen Bruder ist kein Ermittlungsverfahren anhängig. Vielmehr hat er Strafanzeige erstattet: a) gegen den Beamten vom Landratsamt Coburg wegen Verleumdung, übler Nachrede und Verletzung des Dienstgeheimnisses und Amtsmissbrauch. b) gegen den ...[30], der in der Kirche den unzutreffenden Vorwurf erhoben hatte, wegen der Verletzung der Religionsausübung.

Völlig offen ist: a) was der ...[31] im Schilde führte. Glaubte er meinen Bruder erpressen zu können? b) ob er von dritter Seite zu dem Eklat vom 26. Dezember 1998 in der Kirche von Sonnefeld veranlasst wurde. Offen ist ebenfalls, welchen Inhalts die Erklärung des Jungen gegenüber seinem Vater war und welche Glaubwürdigkeit einer solchen Erklärung – wenn sie überhaupt stattgefunden hat – beizumessen ist. Fest steht für mich jedenfalls, dass ein Vater, der seinen Sohn liebt, ihn niemals einem solchen Medienspektakel aussetzen würde.

Aber im Blätterwald, einschließlich privater Fernsehsender, wird mein Bruder ohne jeden Anfangsverdacht bei voller Namensnennung in gröbster Weise verunglimpft. Zu keiner Zeit hat mein Bruder eine Geldbuße zahlen müssen. Die Rufmordkampagne gegen meinen Bruder ist bewusst von dem pflichtvergessenen Beamten im Landratsamt Coburg losgetreten worden. Seine Blindwütigkeit übertrifft jede Vorstellung. Bereits dem Vorgänger meines Bruders hat er das Leben zur Hölle gemacht. Es ist heute wirklich so leicht, ein Leben zu zerstören mit verunglimpfenden Äußerungen, die in keinem Fall bisher Bestätigung erfuhren, oder ist eine Person, die im öffentlichen Leben steht, schon verurteilt, wenn sie einen heranwachsenden Buben auch mal väterlich in den Arm nimmt?

Wer gibt heutzutage der Presse das Recht, eine Vorverurteilung zu publizieren? Beschuldigte bleiben dabei auf der Strecke. Wo bleibt da die Rechtsstaatlichkeit? Wo der Datenschutz? Wo der Personenschutz?

E... W.

---

30 Herrn C. (Anm. d. Verf.)
31 Herr C. (Anm. d. Verf.)

Mitarbeiter des Landratsamtes Coburg wehrt sich

Am 1. Februar 1999 bezieht der von Pfarrer W. und seinen Freunden beschuldigte Mitarbeiter des Landratsamtes Coburg, Fürst, in einem Leserbrief der Coburger Neuen Presse Stellung:

Angriffe auf Eltern besser bleiben lassen

... Da nun die Sache als eine von mir eingefädelte Rufmordkampagne hingestellt wird, erkläre ich ausdrücklich:

1. Den Vater, die Mutter, das Kind selbst oder dessen Verwandtschaft habe ich bis Anfang 1999 nicht gekannt. Mit diesen Personen habe ich nie über den Inhalt der Vorwürfe gesprochen.

2. Der Inhalt des Vorwurfes ist auch nicht mein Thema. Im Brief an den Domberg ist mein Thema, warum es erst zu einem solchen Vorwurf kommen konnte oder musste.

3. An der öffentlichen Aufdeckung der Vorgeschichte des Herrn W. bin ich nicht beteiligt. Es handelt sich hier ausschließlich um eigene Recherchen der Tageszeitungen.

4. Meine Kenntnisse haben andere als amtliche Quellen und sind ohnehin keine Geheimnisse im Sinn des Strafrechts. Dies gilt insbesondere

A) für das Strafverfahren wegen der Miltenberger Vorfälle. Das Jugendamt hat von mir den Hinweis erhalten, nicht umgekehrt. Die Akten des Jugendamtes sind mir nicht zugänglich.

B) für die Verurteilung des Herrn W. durch das Amtsgericht Coburg wegen überhöhter Geschwindigkeit. Aus Rechtsgründen ist dies noch in keinem Register enthalten und damit dem Landratsamt nicht bekannt. Es handelt sich um die siebte Verurteilung durch ein Amtsgericht.

C) für die Ereignisse um die Geldsammlung im Jahre 1993. Dem Domberg ist ohnehin alles bekannt.

5. Auf Entscheidungen der Justiz habe ich keinen Einfluss, also auch nicht auf die Anordnung der Hausdurchsuchung. Diese habe ich weder veranlasst noch sonst beeinflusst. Da ich insoweit persönlich angegriffen werde, ist es (auch strafrechtlich) erlaubt, die Amtsverschwiegenheit zurückzustellen. Pfarrer W. sammelte 1993 bei Firmen Geld. Eine nach dem Sammlungsgesetz notwendige Erlaubnis hatte er nicht, die nachträglich geforderte Abrechnung war unvollständig. Es fehlte ein Betrag von 2.000 Mark, der dem Landratsamt über kopierte Spendenquittungen bekannt war. Die Forderung auf Ergänzung der Abrechnung konnte oder wollte der Domberg nicht durchsetzen, sie blieb unbeantwortet. Deshalb wurde die Akte an die Staatsanwaltschaft zur Prüfung gegeben, wo sich denn das Geld der nicht genannten Spender befindet. Da der Domberg nunmehr bescheinigte, er mache Pfarrern bei solchen Sammlungen keine Vorschriften, musste es sich wohl um den üblichen Umgang mit Spenden und deshalb um keine pflichtwidrige Vernachlässigung der Buchung handeln. Unter diesen Umständen ist die Einstellung nach Paragraph 170 Absatz 2 StPO sicher korrekt. Die Entscheidung mag der Staatsanwaltschaft Coburg selbst nicht geschmeckt haben. Sie wurde aus Bamberg dazu gezwungen, wie Herr Sch... zutreffend feststellt.

Der Vorwurf, dem Landratsamt eine unkorrekte Spendenabrechnung abgeliefert zu haben, ist von dieser Entscheidung nach Paragraph 170 II nicht betroffen, schon gar nicht aus der Welt geschafft.

6. Der Vorwurf des versuchten Betruges wurde nach Paragraph 153 Absatz 2 eingestellt. Bei an sich klarer Beweislage wird geringes Verschulden des Täters angenommen, das Interesse an der Strafverfolgung besteht nicht mehr. Vom Interesse der Justiz an der Strafverfolgung verstehe ich nichts. Wehe aber dem, der drei Pfund Äpfel im Kaufladen stiehlt. Ein bis dahin unbescholtener Mann hat dafür einen Strafbefehl über 400 Mark erhalten.

7. Das also ist die ›jahrelange, haltlose‹ Verfolgung. Seit 1994 habe ich mit Herrn W. nichts mehr zu tun, ich habe auch keine Sehnsucht danach.

Offener Brief des betroffenen Vaters

Am 3.02.1999 erscheint ein offener Brief des Vaters des betroffenen Kindes in der Coburger Neuen Presse. Er wehrt sich gegen Attacken der Befürworter des beschuldigten Priesters und kritisiert die Haltung des Pfarrgemeinderates.

Unter der Überschrift: »Kirchenrat hätte sich fragen sollen, ob das Kind nicht doch die Wahrheit sagt«, schreibt er:

Sehr geehrte Damen und Herrn,
auch wenn Sie am 26. Dezember 1998 nicht in der Kirche waren,
haben Sie wahrscheinlich erfahren, dass am Anfang der Messe et-
was Außergewöhnliches passiert ist. Ich wiederhole wortwörtlich,
was ich damals vor dem Altar gesagt habe: ›Die meisten von Ihnen
kennen meinen Sohn, den S..., der in letzter Zeit, bis gestern, in
dieser Kirche ministriert hat. Dieser Mann, der Gottes Botschaft ver-
künden sollte (ich deutete auf Pfarrer W.), hat sich getraut, meinen
Sohn mehrmals zu missbrauchen, und weil das Kind sich jedes Mal
gewehrt hat, hat er sogar versucht, letztes Mal – vor drei Tagen, am
23. Dezember – durch unverschämte Behauptungen seine Gedan-
ken durcheinander zu bringen, um ihn zu verführen. Ich werde
Herrn W. vor Gericht anklagen, und solange dieser Mann im Amt
bleibt, wird mein Sohn diese Kirche nicht mehr betreten.‹
Weil ich seitdem bemerkt habe, dass viele Mitglieder der Pfarrge-
meinde und wahrscheinlich alle Mitglieder des kirchlichen Gemein-
derates mein Vorgehen missbilligen, ohne einen Dialog zu suchen,
habe ich beschlossen, diesen offenen Brief zu schreiben.
In dem Leserbrief ›Rufmordkampagne gegen Pfarrer W.‹ (Neue Pres-
se, 29. Januar 1999), schreibt die Pfarrgemeinderatsvorsitzende ...,
die am 26. Dezember 1998 gar nicht in der Kirche gewesen ist, dass
›ein rumänischer Staatsangehöriger‹ gesagt hätte, ›er hat meinen
Sohn misshandelt und missbraucht‹ und behauptet, dass der Sinn
meiner Anschuldigung nicht eindeutig den sexuellen Missbrauch
bedeutet hätte.
[Mein] Sohn war 16 Monate aktives Mitglied der Kirchengemeinde.
Zwar bin ich rumänischer Bürger und orthodox, meine Frau und
mein Sohn besitzen aber die deutsche Staatsbürgerschaft und sind
beide katholisch (noch!). Als mein Sohn 1988 katholisch getauft
wurde, herrschte in Rumänien eine Diktatur, die die Ausreise in den
Westen unmöglich machte. Also wäre es schwer zu behaupten, dass
mein Sohn katholisch getauft wurde, um in Deutschland leichter
Fuß zu fassen. Wenn man bedenkt, dass mein Sohn seit September
1997 bis zum 25. Dezember 1998 regelmäßig am Kirchenleben
teilgenommen hat, kann man behaupten, dass er sich selbst als ein
aktives Mitglied der Kirche angesehen hat. Allerdings hat unsere Fa-

milie sich die Kirche als Gemeinschaft und Institution vorgestellt,
die bestimmte moralische Prinzipien promoviert, um den Menschen
dazu zu bewegen, seine Instinkttriebe (Egozentrismus, Egoismus
und Sexualtrieb) zu bremsen, und nicht als Reich eines Pfarrers, der
gegenüber Kindern keine Grenzen kennt.

Nachdem mein Sohn 16 Monate ehrenamtlich ministriert hat, bin
ich der Meinung, dass es normal gewesen wäre, dass die Mitglieder
des Kirchenrates sich die Frage hätten stellen sollen, ob es möglich
wäre, dass das Kind nicht lügt.

Am 26. Dezember 1998 habe ich gesagt, dass mein Sohn die Kir-
che nicht mehr betreten wird, solange Pfarrer W. im Amt bleibt.
Nun sehe ich mich gezwungen zu verkünden, dass mein Sohn die
Kirche nicht betreten wird auch solange sich Frau ...[32] *nicht ent-*
schuldigt, weil sie falsch gehandelt hat, indem sie sich ohne Beden-
ken auf [die] Seite des Pfarrers gestellt hat.

...

Erste Presseerklärungen im Fall W. nach erneutem Verdacht

Nachdem ich selbst erst am 6.02.1999 von den neuerlichen Vorwürfen erfahren hatte, gab ich als *Vorsitzender der Initiative gegen*
Gewalt und sexuellen Missbrauch an Kindern und Jugendlichen e. V.
am darauffolgenden Tag eine erste Presseerklärung an die Medien. Ich erläuterte darin nur kurz meine Bemühungen aus dem
Jahre 1993 und zitierte Generalvikar Albrecht (Bistum Bamberg)
aus seinem Schreiben an mich vom 12.08.1993 wie folgt:

... Die Vorgänge um Pfarrer W. sind hier bekannt. Die Verantwortung,
die die Erzdiözese Bamberg übernommen hat, als sie Pfarrer W. eine
neue Möglichkeit gab[33], *sich als Pfarrer in einer Pfarrei zu bewähren,*
ist uns bewusst. Wir nehmen sie nach bestem Vermögen wahr. ...

Am 16.02.1999 folgte eine zweite, ausführlichere Presseerklärung,
auch an die Redaktionen im Bistum Limburg. Hierin schilderte

---

32 Vorsitzende des Pfarrgemeinderats (Anm. d. Verf.)
33 Dies war bereits seine zweite neue Chance.

ich die Beschuldigungen gegenüber Pfarrer W. aus der Vergangenheit und die daraus resultierenden Abläufe und Konsequenzen.

Recherchen im Raum Coburg

In einem Gespräch mit einer Frau aus dem Kirchenkreis Ebersdorf erfuhr ich zum ersten Mal von einer Lehrerin, die sich schon vor Jahren über das Verhalten von Pfarrer W. bei ihrem Vorgesetzten und der Schulbehörde beschwert hatte. Ich rief diese Lehrerin an. Sie erzählte mir, dass sie die betroffene Familie kenne und sie unterstütze. Die Familie werde zur Zeit von vielen aus der Gemeinde sehr hart angegangen und diffamiert.

Am 12.02.1999 besuchte ich die Lehrerin. Noch am Abend fand ein gemeinsames Treffen mit der betroffenen Familie C. in deren Wohnhaus statt.

Bis auf den Vater, der sich zu dieser Zeit in seinem Heimatland aufhielt, waren alle Familienangehörigen zusammen – die Mutter des betroffenen Kindes, der Junge selbst und seine Oma. Von der Gastfreundschaft dieser Familie waren wir überwältigt. Sie bestanden darauf, dass wir erst einmal miteinander ein reichhaltiges Essen zu uns nahmen. Diese Freundlichkeit der Menschen machte mich gleichzeitig sehr nachdenklich und traurig. Ich stellte mir die Frage: Wie kann jemand Vertrauen, das ihm so offen entgegengebracht wird, auf solch eine schändliche Art und Weise missbrauchen? Wie kann ein Mensch zu so etwas in der Lage sein?

Wir erfuhren, dass der betroffene Junge bereits polizeilich vernommen wurde. Das war gut so. Ich dachte zu diesem Zeitpunkt, dass man mir somit später, zum Beispiel vonseiten der Verteidigung, nicht vorwerfen könne, dass ich das Kind suggestiv beeinflusst hätte. Bei unserem ersten Treffen ging es mir insbesondere darum, der Familie Unterstützung anzubieten und ihnen gegenüber Solidarität zu bekunden. Das tat ihnen gut. Über die Übergriffe selbst haben wir nicht näher gesprochen. Nur die Mutter hatte von sich aus ein paar Anmerkungen gemacht, ohne dass ich nachgefragt hatte. Die Mutter erzählte uns auch von der Leserbriefkampagne gegen ihre Familie, die zu einem regelrechten »Spießrutenlauf« geführt hatte.

Probleme der Ermittlungsbehörden

Von der engagierten Lehrerin erfuhr ich, dass sie aus Justizkreisen gehört habe, das Bistum Bamberg sei der Aufforderung bisher nicht nachgekommen, der Ermittlungsbehörde die Personalakte von Pfarrer W. zu übergeben.

Deshalb bat ich die Lehrerin, der zuständigen Kripobeamtin mitzuteilen, dass ich bereit sei, sie bei ihren Ermittlungen zu unterstützen.

Nach meiner Rückkehr nach Siershahn kontaktierte ich die mir bekannten Zeugen und Opfer. Ich holte mir ihre Zustimmung ein, dass ich aufgrund der Informationen, die mir durch Gespräche mit ihnen zur Verfügung standen, die Ermittlungsbehörden ausführlich über die Vergangenheit von Pfarrer W. informieren dürfe.

Die »Kronzeugin«

Am 20.02.1999 telefonierte ich mit einer betroffenen jungen Frau aus Miltenberg, die sich in den Jahren zuvor nicht dazu durchringen konnte, im Fall W. auszusagen. Da der Bruder der jungen Frau nach ihren Angaben in den 80er Jahren auch von Pfarrer W. sexuell belästigt worden war, aber nicht mehr darüber sprechen wollte, befand sich die junge Frau in einem Interessenkonflikt.

Ihre große Empörung über den erneuten Einsatz von Pfarrer W. im Gemeindedienst und die neuerlichen Beschuldigungen gaben schließlich den Ausschlag dafür, dass sie nun bereit war auszusagen. (vgl. auch Bericht der jungen Frau, S. 300 ff.)

Ihre schriftliche Aussage erreichte mich am 23.02.1999:

(Name und Anschrift)
20.02.1999

Hiermit möchte ich aussagen, dass ich vor 15 Jahren von Pfarrer W. belästigt wurde. Herr W. war zu dieser Zeit Pfarrer in meiner Heimatgemeinde Miltenberg und ich stand durch meine Familie in einem persönlichen Kontakt mit ihm. Mein Bruder ministrierte in unserer Pfarrei, ging mit den Ministranten und dem Pfarrer auf Freizeiten und ich lernte so ebenfalls unseren Pfarrer über die Grenzen des Gottesdienstes kennen.

Als ich ca. sieben Jahre alt war, feierten wir in unserer Familie die Kommunion meines Bruders. Auch Pfarrer W. erschien zu dem Fest, das im Hause meines Großvaters stattfand. An einer großen Tafel saßen alle Gäste, und Pfarrer W. hatte einen Platz an der Mitte des Tisches.

Nach dem Essen nahm mich Pfarrer W. auf seinen Schoß, während sich alle anderen noch an ihren Plätzen befanden. Er fasste mir unter meinen Rock und ging mir mit seiner Hand in meine Unterhose. Nun fing er an meinen Po zu streicheln und versuchte, seinen Finger in mein Poloch einzuführen. Ich konnte zu diesem Zeitpunkt die Situation in keinster Weise einschätzen, da meine Eltern direkt neben mir saßen und auch der Rest der Gäste nichts von dem Vorfall mitbekamen. Aufgrund meines jungen Alters war ich mit der Situation vollkommen überfordert.

Mein einziger Gedanke in diesem Moment war nur, dass Pfarrer W. sich doch nun wohl die Hände waschen müsste, nachdem er mit den Fingern an meinem Po war.

Ich kannte Pfarrer W. als einen vertrauenswürdigen und lieben Menschen, der in unserer Stadt eine wichtige Position hatte. Daher konnte ich nicht verstehen, ob dieser Mensch, dem wir alle vertrauten, nun ein Unrecht begangen hatte oder nicht. Meinen Eltern erzählte ich den Vorfall zuerst nicht, aus Unverständnis der Situation gegenüber und auch wohl aus Peinlichkeit und Scham.

Pfarrer W. bemühte sich nach dieser Belästigung weiterhin um ein gutes Verhältnis zu mir und meiner Familie. In seinem Verhalten ließ nichts erkennen, dass er einen Fehler begangen hatte oder Grenzen der Intimität weit überschritten hatte. Somit versuchte auch ich den Vorfall und die peinlichen Gefühle zu vergessen, und erst Jahre später, als andere Fälle von Belästigung in unsrer Pfarrei bekannt geworden waren, sprach ich auch mit meinen Eltern über den Vorfall.

Mir ist bekannt, dass mein Fall schon seit fünf Jahren verjährt ist. Doch da ich weiß, dass Pfarrer W. immer noch in engem Kontakt mit Kindern und Jugendlichen steht und seine Belästigungen weiterhin ausübt, hoffe ich, dass meine Aussage eventuell die Glaubwürdigkeit all der anderen Opfer unterstreichen kann.

Mir ist es unverständlich, dass dieser Mensch, der sogar schon verurteilt wurde[34] wegen dieser Belästigungen, immer noch uneingeschränkt und unterstützt durch die Kirche die Position des Pfarrers ausüben und missbrauchen darf. Ich kann aus eigener Erfahrung sagen, dass es für Kinder sehr schwer ist, solche Belästigungen als Unrecht von Seiten des Pfarrers einzuschätzen. Dadurch, dass Pfarrer W. auch nach den Vorfällen immer noch direkten Kontakt mit den Eltern sucht und das gute Verhältnis zu der Familie immer wieder betont und verdeutlicht, verliert man als Kind schnell den Bezug zu der Sache an sich. Mit den Gefühlen von Peinlichkeit und Scham kann man nur sehr schwer umgehen, da man sich aus Unsicherheit niemandem anvertrauen will. Ich denke, dies ist ein schwerer Missbrauch der Gefühle der Kinder, aber vor allem auch ein Missbrauch des Körpers und der Persönlichkeit der Kinder.

... (Unterschrift)

Pfarrer W. mit Kommunionkind (Copyright: privat)

---

34 Das Urteil wurde nicht rechtskräftig, da W. in Berufung ging (Anm. d. Verf.).

In Abstimmung mit der Betroffenen sandte ich ihre schriftliche Aussage noch am gleichen Tag an die zuständige Kriminalpolizei in Coburg und das Erzbistum Bamberg – bevor mein Gesamtbericht fertig war. Vom Bistum Bamberg erhielt ich darauf keine Antwort.

Mein offener Brief an den Bischof von Bamberg

Am 22.02.1999 hatte ich bereits einen offenen Brief an den Bischof von Bamberg geschrieben und ihn aufgefordert, Pfarrer W. vom Dienst zu suspendieren und ihm zukünftig keine Pfarrstelle mehr anzuvertrauen. Ich deutete in diesem Brief schon an, dass es zudem Betroffene aus früherer Zeit gebe, die nun bereit seien, eine Aussage zu machen. Auch in Bezug auf den Schutz der aktuell betroffenen Familie – die von Pfarrer W., einem Großteil der Menschen seiner Pfarrgemeinde und sogar vom Bistum selbst nun ihrerseits angegriffen werde – versuchte ich den Bischof davon zu überzeugen, eine andere Vorgehensweise einzuschlagen. In diesem Zusammenhang wies ich darauf hin, dass Pfarrer W. auch in den Pfarreien Miltenberg und Ransbach-Baumbach versucht hatte, auf Betroffene und Zeugen zum Teil auf recht massive Weise einzuwirken. Diesbezüglich bestehe erneut Verdunkelungsgefahr, da noch nicht absehbar sei, wie viele Opfer es tatsächlich gebe.

Der Brief der Mutter der betroffenen jungen Frau

Der Aussage der jungen Frau folgte am 25. Februar 1999 noch ein Brief der Mutter.

Sehr geehrter Herr Bischof Braun,
ich wende mich heute in einer Angelegenheit an Sie, die durch die Medien jetzt wieder an mich herangetragen wurde.
Es handelt sich um den Priester W., der in Ihrer Diözese tätig ist. Herr W. war vor 15 Jahren in unserer Pfarrgemeinde tätig und wurde kurz vor der ersten heiligen Kommunion unserer Tochter sehr schnell wegen der Ihnen bekannten Vorkommnisse versetzt.[35]

---

35 W. verzichtete wegen der Missbrauchsvorwürfe auf seine Pfarrstelle und bewarb sich im Bistum Limburg (Anm. d. Verf.).

Es war damals großer Aufruhr in der Kirchengemeinde und darüber hinaus. Heute mache ich mir Vorwürfe, dass wir uns der Anklage nicht angeschlossen haben. Wir wollten ganz einfach unseren Kindern ersparen, vor der Kriminalpolizei und den Richtern die für sie so unglaublich peinlichen Vorkommnisse ausbreiten zu müssen.

Herr W. hat meinen Kindern – und dabei bin ich mir ganz sicher – zumindest das nackte Gesäß gestreichelt. Mein Sohn hat kurz darauf den Ministrantendienst quittiert. Beide Kinder empfanden das Geschehene (als) ungeheuer peinlich und verwirrend. Mein Mann und ich hatten viel Arbeit, den Kindern in vielen Gesprächen das Ganze erträglicher zu gestalten.

Hätten wir uns damals der Klage angeschlossen und wären nicht nur ausländische Kinder übrig geblieben, hätten wir heute vielleicht nicht erneut davon zu hören.

Sehr geehrter Herr Bischof Braun, Eltern müssen doch Vertrauen haben zu allen Mitarbeitern der Kirche – vor allem aber zum Pfarrer. Wenn es so weit kommt, dass wie in dem vorliegenden Fall Eltern ihre Kinder nicht mehr in die kirchlichen Veranstaltungen (ich meine nicht den Gottesdienst) lassen können, ist das schon sehr traurig.

Sehr geehrter Herr Bischof Braun, für die Kriminalpolizei ist es für eine Verurteilung wichtig, ob sich bei sexuellen Berührungen z. B. der Finger des Täters in oder an den Genitalien befindet. Für uns als Eltern und vor allem für die Kinder ist aber das Streicheln des nackten Gesäßes genauso schlimm, genauso peinlich, genauso schädigend. Der Pfarrer ist immerhin eine der nächsten Kontaktpersonen in den Augen der Kinder. Als Eltern muss man doch, wenn man die Kinder zu kirchlichen Veranstaltungen schickt, sicher sein, dass ein Priester das nicht tut.

Ich möchte Pfarrer W. nicht verurteilen – das steht mir auch nicht zu. Ich denke aber, dass er mit seinen offenbar pädophilen Neigungen nicht geeignet ist, eine Pfarrei zu leiten. (Es ist immerhin die mir bekannte 3. Pfarrei, wo immer wieder die gleichen Klagen auftraten.) Kann es sich die Kirche heute noch leisten, hier nicht klar Stellung zu beziehen?

Die vielen hervorragend arbeitenden Priester werden doch dadurch auch in Misskredit gebracht.

Sehr geehrter Herr Bischof Braun, ich bitte Sie aus ganzem Herzen im Interesse unserer Kirche, deren gläubiges Mitglied ich bin, und auch im Interesse von Pfarrer W., klar Stellung zu dem Geschehenen zu beziehen und Herrn Pfarrer W. eine andere Tätigkeit zu übertragen, wo nicht Kinder von ihm abhängig sind.

Mit freundlichen Grüßen
... (Unterschrift)

Anfang März 1999 war ich mit meiner Dokumentation fertig und konnte den Bericht der zuständigen Kriminalpolizei Coburg zukommen lassen. Die Ermittlungsbehörden mussten allerdings noch bis Ende September 1999 warten, bis die Kirche der Aufforderung des zuständigen Richters nachkam, die Personalakte von Pfarrer W. herauszugeben.

Pater Grotz wird aufgeschreckt

Am 25. Februar 1999 schreibt Pater Josef Grotz, nichts ahnend von den neuerlichen Anschuldigungen gegen Pfarrer W. im Bistum Bamberg, seinem »Schützling« einen Brief. Ein Anruf eines Journalisten hatte ihn wohl irritiert:

Lieber W.!
Natürlich wüsste ich gerne, wie es dir geht. Aber du lässt ja nichts von dir hören oder sehen. Von irgendeiner anderen Seite habe ich auch nichts gehört, was mit dir zu tun hätte. Außer:
Ja, heute Mittag rief mich ein mir unbekannter Herr an, den Namen habe ich nicht verstanden, ...: Der Herr ist vom Fernsehsender RTL in Köln und bat mich um ›Hintergrundinformation‹ über den damaligen ›Fall‹ W.; er hatte meine Unterschrift gefunden auf einem Brief an jenen ominösen Herrn vom Kinderschutzbund,[36] dessen Namen ich im Augenblick nicht mehr weiß. Der dich in jenen Jahren von Ort zu Ort verfolgt hat. Der Anrufer wusste auch von

---

36 Gemeint ist tatsächlich der Autor als Vertreter der *Initiative gegen Gewalt und sexuellen Missbrauch an Kindern und Jugendlichen e. V.* (Anm. d. Verf.).

dem Urteil des Landgerichts Obernburg[37]: Ich behauptete, du seist
damals frei gesprochen worden, er schien es besser zu wissen, da er
von einer Geldstrafe sprach. Im übrigen verweigerte ich irgendwel-
che Informationen, zum einen weil ich Seelsorger sei und zum an-
deren, weil ich mich nicht mehr genau erinnere.

Ob sich inzwischen wieder etwas ergeben hat, oder ob dich jener
Verfolger von damals wieder aufgestöbert hat? Ich wollte dir nur
diese leider unerfreuliche Botschaft sofort mitteilen, damit du weißt,
dass vielleicht ›etwas läuft‹, was, kann ich dir leider nicht sagen.

Aber ich könnte mir denken, dass da irgend so ein Journalist wieder
eine Sendung über Fälle von sexuellen Vergehen katholischer Pries-
ter zusammenschmieden möchte und nun allen Spuren nachgeht,
die er gerade in die Nase bekommt, wie immer er diese Spur er-
schnüffelt haben mag.

Wenn dir in deiner jetzigen Pfarrei keine Verdächtigungen begegnet
sind, brauchst du sicher nichts zu fürchten. Jedenfalls scheint dieser
Anrufer an den Briefwechsel jenes ›Verfolgers‹ gekommen zu sein.

In der Hoffnung, dass es dir nicht nur gesundheitlich, sondern gera-
de auch als Priester und Seelsorger gut geht, grüße ich dich herzlich

Dein ... (Unterschrift nur mit Vornamen)

Der Brief des Bürgermeisters von Miltenberg

Am 26.02.1999 schreibt der Bürgermeister von Miltenberg an
den Erzbischof von Bamberg einen Brief. Er bestätigt in erster Linie den guten Leumund der betroffenen jungen Frau und deren
Familie und bittet, dass das Anliegen seiner Bürgerin »aufmerksam und nachträglich geprüft« wird.

Nochmaliges Nachhaken beim Erzbistum

Da ich vom Erzbistum Bamberg auf meine beiden Briefe vom
22.02. und 23.02.1999 noch keine Antwort erhalten hatte, entschloss ich mich am 27.02.1999 zu einem weiteren Schreiben an
Bischof Karl Braun:

---

37 Tatsächlich handelt es sich um das Amtsgericht Obernburg.

Sehr geehrter Herr Bischof,
mit Bedauern muss ich feststellen, dass Sie uns bislang nicht geant-
wortet haben. Selbst der Eingang wurde uns Ihrerseits nicht bestätigt.
Für den Fall, dass wir von Ihnen keine oder für uns nicht akzeptable
Antwort erhalten, beabsichtigen wir eine Mahnwache vor Ihrem
Dom abzuhalten. Wie uns Betroffene versichert haben, werden zu-
mindest auch einige von ihnen ... teilnehmen. ...
Die Initiative erwartet von Ihnen in der kommenden Woche eine
ausführliche Stellungnahme zu der Angelegenheit.

Mit freundlichen Grüßen
Johannes Heibel

Pfarrer W. droht mit Strafanzeige

Mit Datum vom 3. März 1999 erhielt ich ein Schreiben des Anwalts von Pfarrer W. Hierin wurde mir unter anderem mit einer
»strafbewehrten Unterlassungserklärung« gedroht, die sich auf mein
Schreiben an die Bistümer vom 23.07.1993 bezog. (siehe S. 120 f.)
Zudem heißt es dort weiter:

... Ich bin von meinem Mandanten beauftragt, gegen Sie Strafan-
zeige und Strafantrag wegen eines Vergehens der üblen Nachrede
(§ 186 StGB) und Verleumdung (§ 187 StGB) zu stellen, sowie Sie
im Weg der Zivilklage zum zuständigen Landgericht auf Unterlas-
sung der Behauptungen in Anspruch zu nehmen.
Die Einleitung dieser gerichtlichen Schritte können Sie nur dadurch
verhindern, dass Sie eingehend bei mir bis spätestens zum 15.03.1999
ein Exemplar der beigefügten strafbewehrten Unterlassungserklä-
rung unterzeichnet zurückleiten und innerhalb gleicher Frist die da-
rin enthaltene Verpflichtung erfüllen. ...
Sollten Sie also der Aufforderung nicht nachkommen, werden Sie
sich den genannten Weiterungen ausgesetzt sehen.

Ich erspare mir, die einzelnen Punkte der Unterlassungserklärung
im Detail aufzuführen. Kurz gesagt, ich sollte mich unter anderem
»in aller Form« bei Herrn W. entschuldigen und für jeden Fall der

Zuwiderhandlung 3.000 DM Vertragsstrafe an eine soziale Einrichtung zahlen. Zudem wurde von mir verlangt, dass ich die Honorarkosten des Anwaltes von W. in Höhe von 3.765,71 DM übernehme. Ich bin nicht darauf eingegangen und habe mich davon auch nicht beeindrucken lassen. Um es vorwegzunehmen – es gab in dieser Angelegenheit nie einen Prozess gegen mich, geschweige denn eine Verurteilung.

Kripo Coburg bittet um Unterstützung

Am 4.03.1999 wurde ich von der Kriminalpolizeiinspektion Coburg im Auftrag der Staatsanwaltschaft offiziell gebeten, als Zeuge eine Stellungnahme zum Fall W. abzugeben. Es hieß darin unter anderem:

> ... *Sie werden gebeten,*
> 1. *all Ihre Kenntnisse bezüglich Herrn Pfarrer W., sowie die Umstände, wie Sie diese erlangten, mitzuteilen,*
> 2. *sämtliche Unterlagen, die Sie in dieser Sache besitzen, zur Verfügung zu stellen, sofern sie der KPI Coburg noch nicht vorliegen, und*
> 3. *Ihre persönlichen Aktivitäten im vorliegenden Fall bekanntzugeben.*

Dem Wunsch der Ermittlungsbehörden kam ich bereits am nächsten Tag nach.

Der Kripo Coburg gelang es aufgrund umfangreicher Ermittlungen, in den darauffolgenden Wochen weitere betroffene Kinder ausfindig zu machen. Der Behörde war es unverständlich, dass zwar die Schule Pfarrer W. als Religionslehrer beurlaubt hatte, das Bistum jedoch weiter an ihm festhielt und keine Suspendierung aussprach. Pfarrer W. soll sogar noch Kommunionkinder unterrichtet haben. Dies erfuhr ich am 16.03.1999 aus Justizkreisen.

Protestaktion vor dem Bamberger Dom

Für den 20. März 1999 plante die *Initiative gegen Gewalt und sexuellen Missbrauch an Kindern und Jugendlichen e. V.* eine Mahnwache vor dem Bamberger Dom. Unser Antrag auf Sondernut-

zung wurde jedoch von der Stadt Bamberg mit Schreiben vom
3.03.1999 strikt abgelehnt. Hierin heißt es:

Sehr geehrter Herr Heibel,
mit Schreiben vom 28.02.1999 haben Sie beantragt, vor dem Bam-
berger Dom auf öffentlichem Verkehrsgrund Transparente aufrollen,
schwarze Luftballons steigen lassen, Handzettel verteilen und einen
Info-Tisch aufstellen zu dürfen. Sie möchten auf diese Weise auf die
katholische Kirchenleitung in Bamberg einwirken, einen Priester,
gegen den nach einem Bericht der Neuen Presse Coburg staatsan-
waltschaftliche Ermittlungen wegen Missbrauchs eines Jungen lau-
fen, von seinem Dienst zu suspendieren.
Wir bitten um Verständnis, dass wir Ihnen für diese von Ihnen beab-
sichtigte Aktion keine Sondernutzungserlaubnis erteilen werden.
Wie der Ltd. Oberstaatsanwalt beim Landgericht Coburg der Stadt
auf Anfrage mitgeteilt hat, wird dieses Ermittlungsverfahren gegen
den katholischen Pfarrer noch einige Zeit in Anspruch nehmen. Wir
möchten Sie daher auffordern, zunächst den Ausgang dieses Ver-
fahrens abzuwarten.
Im übrigen wird der gesamte öffentliche Verkehrsbereich um den
Dom gerade an den Wochenenden in einem solchen Ausmaß von
Touristen genutzt, dass für diese Sondernutzung kein geeigneter
Platz zur Verfügung steht.

Mit freundlichen Grüßen
i.A.
... (Unterschrift)

Mit dieser Absage waren wir nicht einverstanden und gingen in
Widerspruch. Schließlich protestierten wir gegen den Bescheid
auch öffentlich in Form von Leserbriefen und einem Presseartikel.
Es half alles nichts – auch unser Vorschlag, die Mahnwache am
Samstag, den 20.03.1999, in der Fußgängerzone durchzuführen,
wurde wegen anderweitiger Nutzung abgelehnt.
Da wir eine weitergehende rechtliche Auseinandersetzung ver-
meiden wollten, entschieden wir uns dafür, an diesem Tag eine

Handzettelaktion durchzuführen. Hierzu ist es nicht notwendig, einen Antrag zu stellen. Auf einem Flugblatt schilderten wir die Hintergründe unserer Aktion, stellten Fragen und forderten die sofortige Suspendierung von Pfarrer W. Außerdem verwiesen wir auf die ablehnende Haltung der Stadt Bamberg in Bezug auf die von uns beantragte Mahnwache.

Mit 20 Beteiligten, darunter waren auch Betroffene, verteilten wir auf dem Domberg und in der Stadt unsere Handzettel, sprachen mit den Menschen und gaben Pressevertretern Interviews. Als wir mit unserer Gruppe am Domberg standen, fuhr ein Polizei-

Ulrike Dierkes, *Melina e. V.*, und Johannes Heibel, *Initiative gegen Gewalt und sexuellen Missbrauch an Kindern und Jugendlichen e. V.*, während der Handzettelaktion auf dem Domberg in Bamberg (Copyright: Jo Schwartz/JOSCHWARTZ.COM)

auto vor. Zwei Polizisten stiegen aus und forderten uns auf, uns auszuweisen. Dabei wurden unsere Personalien festgehalten. Dieses schikanierende Verhalten war empörend. Wir mussten uns wie Verbrecher vorkommen. Aber wir ließen uns nicht davon beeindrucken. Negative Folgen ergaben sich für uns nicht. Im Gegenteil. Als ich am Abend das zuständige Polizeirevier in Bamberg anrief, entschuldigte man sich sogar bei mir.

Pfarrer W. wechselt seinen Anwalt

Im August 1999 erfuhr ich von einem Opferanwalt, dass der Verteidiger von Pfarrer W. sein Mandat niedergelegt habe. Der neue Anwalt von W. habe in Aussicht gestellt, dass der Pfarrer sich in der Hoffnung, dass das Verfahren mit einem Strafbefehl beendet werde, ausführlich einlassen wolle.[38]

Der Opferanwalt rechnete damit, dass W. zumindest einen Teil seiner Schuld zugeben werde und dass man ihm danach durch Auflage keine Möglichkeit mehr einräumen werde, mit Kindern in Kontakt zu kommen. Man werde zum Beispiel versuchen, ihn in einem Nonnenkloster unterzubringen.

Es stellte sich jedoch heraus, dass dieser Plan schneller scheiterte, als er ausgesprochen war. Pfarrer W. beharrte weiter auf seiner Unschuld.

Ermittlungsverfahren gegen Pfarrer W. auch im Bistum Limburg

Gegen W. wurde nun auf meinen Hinweis hin (Schreiben vom 17.02.1999) auch im Bistum Limburg ermittelt. Es kam diesbezüglich allerdings zu keiner Strafverfolgung. In dem Schreiben der Staatsanwaltschaft Coburg vom 10.01.2000 heißt es dazu:

Sehr geehrter Herr Heibel,
von der Verfolgung habe ich mit Verfügung vom 10.01.2000 gemäß
§ 154 Abs. 1 Strafprozessordnung abgesehen.

Gründe:
Der Beschuldigte hat in einem anderen anhängigen Verfahren wegen einer anderen Tat eine Strafe/Maßregel der Besserung und Sicherung/Ahndung zu erwarten. Die Strafe/Maßregel der Besse-

---

38 Als **Einlassung** bezeichnet man die Stellungnahme eines Anwaltes zu Vorwürfen gegen seinen Mandanten in Straf- oder Zivilverfahren.

rung und Sicherung/Ahndung, die wegen der angezeigten Tat ver-
hängt werden könnte, fiele daneben voraussichtlich nicht beträcht-
lich ins Gewicht.

Hochachtungsvoll
…
Oberstaatsanwalt

Zu dem Ermittlungsverfahren in Bezug auf die Aussagen der zuvor erwähnten betroffenen jungen Frau aus Miltenberg (siehe S.
169 ff.) teilte mir der Oberstaatsanwalt am 13.01.2000 telefonisch
mit, dass die Straftat verjährt sei. Letztlich sei es um ganze sechs
Wochen gegangen. Dies habe daran gelegen, dass die Gesetzes-
änderung (»ruhende Verjährung«) sechs Wochen zu spät in Kraft
getreten sei (Tatzeitpunkt: Kommunionfeier 1983).

Pfarrer W. wird beurlaubt
Der stellvertretende Generalvikar des Erzbistums Bamberg, Prälat H. Hauf, beurlaubte Pfarrer W. nach Anklageerhebung durch
die Staatsanwaltschaft Coburg. Das Schreiben ist datiert auf den
3.09.1999:

Sehr geehrter Herr Pfarradministrator,
durch die Staatsanwaltschaft Coburg ist das Erzbischöfliche Ordi-
nariat von der Anklageschrift gegen Sie benachrichtigt worden.
Ich beziehe mich auf die Aussage von Generalvikar Albrecht im Ge-
sprächsprotokoll vom 9.07.1999 und spreche Ihre Beurlaubung –
für die Zeit des Verfahrens – mit Wirkung vom 06. September 1999
aus.
Generalvikar Albrecht wird nach seiner Rückkunft vom Urlaub Nä-
heres mitteilen.

Mit freundlichen Grüßen
…
Prälat H. Hauf
Stellv. Generalvikar

Das Coburger Tageblatt titelte am 4.09.1999: »Drei Kinder betroffen – Staatsanwaltschaft klagt Pfarrer W. an: sexueller Missbrauch/Sache fürs Landgericht«, und verkündete, dass das Erzbistum Bamberg nun Pfarrer W. beurlaubt habe. W. würden in 13 Fällen sexuelle Handlungen an Kindern vorgeworfen.

Während dieser Zeit kümmerte ich mich schon seit Wochen intensiv um zwei weitere Opferfamilien. Von diesen Familien erfuhr ich, dass sich auch nach Anklageerhebung durch die Staatsanwaltschaft die Situation in den betroffenen Gemeinden keinesfalls entspannte. Die Freunde von W. machen weiterhin Stimmung gegen die Betroffenen. Pfarrer W. durfte vor Ort im Pfarrhaus wohnen bleiben. Die Kirche tat nichts dagegen, schaute dem Treiben weiter zu.

**Setzt die „schwarzen Schafe"
besser vor die Tür!**

Karikatur Pfarrer W., März 1999 vor der Kirche in Ebersdorf (Copyright: Johannes Heibel)

Ein alter Bekannter meldet sich bei Pfarrer W.

Verspätet erfuhr auch Pater Josef Grotz von den neuerlichen Anschuldigungen in Bezug auf seinen »Schützling«, Pfarrer W. Am 6. September 1999 schreibt er ihm einen Brief:

Lieber W.!

Das war vielleicht ein Schock für mich, als ich am Samstag, vorgestern, im Volksblatt las, dass im Kreis Coburg ein kath. Geistlicher von einem Mann im Gottesdienst öffentlich beschuldigt worden sei, seinen Sohn missbraucht zu haben. Der betreffende Priester sei dann von weiteren Vätern auch beschuldigt worden, die Staatsanwaltschaft habe sich eingeschaltet. Der betreffende Priester sei wegen ähnlichen Vorkommnissen vor Jahren bereits vom Gericht in Obernburg zu einer Geldstrafe verurteilt worden.

Ob du mir berichten kannst und willst, was da wohl los gewesen sein mag? Ich möchte dir gerne helfen, so gut ich kann. Aber zunächst bleibt mir nur die Bitte um Hilfe beim Herrn. Vielleicht war ich mir doch zu sicher, dass du deine Sache gut machen wirst, nachdem du frühere Erfahrungen gemacht hast mit dir selbst und mit der Empfindlichkeit anderer Menschen in dieser Hinsicht. Vielleicht war es falsch, die Verbindung mit dir auslaufen zu lassen, nachdem du dich bei mir nie wieder sehen oder hören ließest.

Verzeih, aber natürlich ist es auch eine persönliche Niederlage für mich, da ich mich bei verschiedenen Leuten seinerzeit mit meinen Möglichkeiten für dich eingesetzt hatte.

Die leise Hoffnung habe ich, dass der alte Unruhestifter aus dem Hessischen wieder wühlte und die Anschuldigungen sich als harmlos herausstellen mögen.

So leicht aufgeben möchte ich nicht, auch wenn ich inzwischen 85 Jahre alt bin. Ich will für dich da sein, so gut ich kann.

Dein alter Sprit ... (Unterschrift nur mit Vornamen)

Pfarrer W. leugnet vor laufender Kamera seine Identität

Die TV-Redaktion »Akte 99« (SAT 1, Beitrag ausgestrahlt am 14.09.1999) interessierte sich für den Fall und bat mich um Unterstützung. Ein Kamerateam suchte W. in seinem Pfarrhaus in Ebersdorf auf und wollte ihn mit den Anschuldigungen und der nun vorliegenden Anklageerhebung konfrontieren.

Pfarrer W. leugnete vor laufender Kamera seine Identität und behauptete, nur der Pfarreferent zu sein. Der Pfarrer selbst sei weggefahren.

Als die Reporter nicht nachgaben und ihn daraufhin sogar mit seinem eigenen Foto aus der Zeitung konfrontierten, leugnete er immer noch und bat sie, zum Beweis mit zu einem Nachbarn zu kommen. Dieser Mann sagte schließlich vor laufender Kamera: »Lassen Sie doch den Pfarrer in Ruh! Was wollen Sie von ihm? Wenn er sagt, er ist nicht der Pfarrer, dann ist er es nicht!«, und schloss sich mit W. im Haus ein.

Im gleichen Beitrag wurde ein Sprecher des Erzbistums Bamberg, Klaus Krieger, gefragt, ob man sich dort nun Vorwürfe mache. Krieger gab vor der Kamera jedoch keine Versäumnisse zu. Man habe sich nichts vorzuwerfen.

Die Personalakte

Am 24.09.1999, fast auf den Tag genau neun Monate nach Bekanntwerden der neuen Vorwürfe gegen Pfarrer W. und ca. vier Wochen nach Anklageerhebung, gibt das Erzbistum Bamberg endlich die Personalakte von Pfarrer W. heraus. Der nachfolgende Brief an das Landgericht Coburg ist an den zuständigen Richter der Jugendkammer gerichtet und dort am 28.09.1999 eingegangen:

Sehr geehrter Herr Amend,
wie gewünscht, erhalten Sie anliegend im Wege der Amtshilfe die Personalakte über Herrn Pfarrer W. Um baldige Rückgabe wird gebeten.

Mit freundlichen Grüßen
...
Dr. Johannes Siedler
Justiziar

Schreiben der Pfarrgemeinde St. Otto Ebersdorf

In einem Schreiben der Pfarrgemeinde St. Otto Ebersdorf vom 21.09.1999 an den Generalvikar des Erzbistums Bamberg, Herrn Alois Albrecht, wird die Behauptung aufgestellt, ich sei ein wegen »Übler Nachrede« »rechtskräftig vorbestrafter Berufsagitator« – was nachweislich nicht stimmt. Aus diesem Brief (mit Briefkopf, aber ohne Unterschrift) stammt folgendes Zitat:

Sehr geehrter Herr Generalvikar,
... Wir sind irritiert, dass Herr Pfarrer W. monatelange Ermittlun-
gen über sich ergehen lassen muss, versehen mit einer Fernseh- und
Pressekampagne, und bis heute noch nicht zu Wort kommen konn-
te. Die Anklage scheint uns fehlerhaft zu sein. Nach unserem Kennt-
nisstand darf eine Anklage durch den Staatsanwalt nur erhoben wer-
den, nachdem der Betroffene als Beschuldigter vernommen worden
ist.
Bei der Fehlerhaftigkeit der Ermittlungen scheint uns auch die Beur-
laubung des Herrn Pfarrer W. voreilig gewesen zu sein. Überdies ist
der rechtskräftig vorbestrafte Berufsagitator Heibel von der er-
mittelnden Kriminalkommissarin als Hilfsermittler eingesetzt wor-
den. Heibel ist vom Amtsgericht Montabaur im Jahre 1994 in einem
ähnlichen Fall wegen Übler Nachrede verurteilt worden. Heibel soll
das in Ablichtung angefügte Flugblatt verbreitet haben.

Ein weiteres Schreiben – dieses Mal ohne Briefkopf und wieder ohne Unterschrift(en) – zeigt die Zerissenheit der Gemeinde. Es stammt vom 16.10.1999, also immer noch viele Monate vor Prozessbeginn. Der Pfarrgemeinderat der Pfarrei St. Otto Ebersdorf wendet sich hier an den Generalvikar der Erzdiözese Bamberg, Herrn Alois Albrecht. Zumindest ein großer Teil des Gremiums scheint von der Unschuld des Pfarrers überzeugt zu sein. Selbst nach dem Prozess wird sich daran nichts ändern. Der Blick auf die Opfer wird dabei ausgeblendet, und bestimmte Sachverhalte werden falsch und völlig verdreht wiedergegeben. Der Beschuldigte wird zum »Opfer« stilisiert. Den wahren Opfern schenkt man keinen Funken Glauben, deren Vertrauenspersonen unterstellt man unlautere Absichten. Sie werden in die Rolle der »Nest-beschmutzer« gedrängt, werden ausgegrenzt und stigmatisiert. Die verantwortlichen Kirchenvertreter halten sich derweil fein heraus und unterstützen damit – bewusst oder unbewusst – das Treiben der Befürworter des Pfarrers. Das forciert die Spaltung innerhalb der Pfarrgemeinde und grenzt die Opfer und deren Vertrauenspersonen gänzlich aus. Der Brief an den Generalvikar von Bamberg bringt es auf den Punkt:

Sehr geehrter Herr Generalvikar Albrecht,
die Gemeinde St. Otto Ebersdorf wendet sich nun im ›Fall‹ Pfarrer W. an Sie als kompetenten Mann.
Wir finden es unerträglich, wie er von den Gerichten hingehalten und von den Medien behandelt wird. So zwischen Himmel und Erde zu hängen wie unser Herr Pfarrer kann einen Menschen zugrunde richten. Wir, die Pfarrei, stehen versammelt hinter ihm und sind über die unhaltbaren Vorwürfe erschüttert.
Unsere Bitte:
Sie mit Ihrer gewichtigen Stimme könnten bei Gericht bestimmt eine Beschleunigung des ›Falles‹ erreichen, so dass das Hetztreiben gegen unseren Pfarrer durch die Medien und die anderen Beteiligten endlich aufhört.
Unvorstellbar ist die Tatsche, dass Herr Pfarrer W. seit zehn Monaten noch nicht einmal zu der Sache gehört wurde. Er hatte also noch nicht einmal die Chance, den Fall aus seiner Sicht zu schildern. Der Staatsanwalt, der den Pfarrer im Fernsehen als ein ›nicht unbeschriebenes Blatt‹ vorverurteilt (Zeugnis: Videoband des Fernsehberichtes) muss ihn zu den Vorwürfen hören. Auch die Kinder, die angeblich missbraucht worden sein sollen, sind noch nicht offiziell verhört worden. Diese Situation zeigt selbst für einen Laien entweder das Eigeninteresse (!) des Staatsanwaltes, dessen Anklagen gegen Pfarrer W. schon zweimal vom Gericht niedergelegt wurden, oder ein gleichgültiges bürokratisches Verhalten, welches die Dringlichkeit dieses Falles nicht erkennen lässt. Fühlt sich der Staatsanwalt von dem plötzlichen Medieninteresse geschmeichelt? Darf so etwas denn wirklich so sein? Und nun muss die Pfarrge-

meinde aufgrund der unsagbar schrecklichen Situation, in der ihr Pfarrer steckt, handeln. Wir beten das Glaubensbekenntnis. Wir glauben an die heilige katholische Kirche, welche sowohl die Amtskirche, aber noch viel mehr die Gemeinschaft aller Christen darstellt. Unsere christliche Gemeinschaft ist stark und steht hinter ihrem Pfarrer, aber was ist mit der Amtskirche. Wir sind der Meinung, dass es Zeit wird, aktiv zu werden und Stellung zu Herrn Pfarrer W. zu beziehen. Schweigen legen die zur Beeinflussung der Öffentlichkeit befähigten Medien als ein Hinnehmen aus. Nichts sagen heißt Zustimmung. Das schadet Pfarrer W. Je länger wir warten, desto schlimmer wird die Situation für Pfarrer W. und die Pfarrei St. Otto Ebersdorf.

...

Wir hoffen, dass jetzt etwas geschieht – Medien, Staatsanwaltschaft, Rechtsanwalt, Domberg. Wir wollen doch eine barmherzige Kirche sein, oder nicht???

Sie können dazu beitragen, unserem Pfarrer W. und unserer Pfarrei einen christlichen Dienst zu erweisen. Gott segne Sie dafür.

Dieser Brief soll Grundstock für eine gemeinschaftliche fruchtbare Anstrengung für das Christentum sein.
In der Hoffnung auf Erhörung verbleiben wir.

Mit freundlichen Grüßen
Pfarrei St. Otto Ebersdorf

Dass dieser Brief bei Generalvikar Alois Albrecht angekommen ist, dokumentiert ein Schreiben des Würdenträgers an die Vorsitzende des Pfarrgemeinderats in Sonnefeld vom 3.11.1999:

Sehr geehrte Frau ...,
von Mitgliedern der Gemeinde St. Otto Ebersdorf erhielt ich ein nicht unterschriebenes Schreiben vom 16. Oktober 1999. ...
In diesem Brief vom 16. Oktober 1999 scheinen mir meine Einflussmöglichkeiten auf das Gerichtsverfahren überschätzt worden zu sein.

...

Die Verfasser des Schreibens vom 16. Oktober 1999 bitte ich um Verständnis, dass die ›Amtskirche‹ (wie es in dem Schreiben heißt) keine eindeutige Stellungnahme zugunsten von Pfarrer W. abgeben kann. Den Anschuldigungen gegen Pfarrer W. können wir nämlich nicht dadurch nachgehen, dass wir die Kinder befragen, die möglicherweise sexuell belästigt worden sind.

Die Beurlaubung von Pfarrer W. erfolgte nicht deswegen, weil das Ordinariat es für erwiesen ansieht, dass die Anklage zu einer Verurteilung von Pfarrer W. führen wird, sondern weil es üblich ist, dass ein Träger eines öffentlichen Amtes vom Dienst freigestellt wird, wenn ihm gravierende Pflichtverletzungen vorgeworfen werden. Dabei genügt in einer derart heiklen Angelegenheit schon ein Verdacht.

Mit freundlichen Grüßen

...

Alois Albrecht
Generalvikar

Hier bemerkt Generalvikar Albrecht nicht, dass der Verdacht gegen Pfarrer W. schon seit dem 2. Weihnachtstag 1998 bestand. Für ihn ist offenbar ein Verdacht erst ein Verdacht, wenn Anklage erhoben wird. Diese sonderbare Auffassung passt zu der realitätsfernen Haltung vieler Würdenträger.

Generalvikar schreibt an Ermittlungsrichter
Pfarrer W. darf nach seiner Suspendierung weiterhin im Pfarrhaus wohnen bleiben. Er nutzt die Gelegenheit, um auch nach seiner Suspendierung nach wie vor Einfluss zu nehmen und sich überall einzumischen. Generalvikar Alois Albrecht gefällt dies ganz und gar nicht. Schließlich schreibt er am 3.11.1999 Richter Amend noch einmal selbst einen Brief. Er bittet darin u. a. um eine zügige Durchführung des Verfahrens und weist auf die problematische Situation vor Ort hin. Dabei fällt auf, dass er die Opfer und deren Situation völlig unerwähnt lässt. Seine Hauptsorge scheint der Ruf der Kirche zu sein:

Sehr geehrter Herr Amend,

Sehr geehrte Damen und Herren,

aufgrund der gegen Pfarrer W. erhobenen Vorwürfe des sexuellen Missbrauchs von Kindern, der deswegen erhobenen Anklage und vor allem wegen des ungewöhnlich großen Medieninteresses, ist die pastorale Situation in der katholischen Pfarrgemeinde Ebersdorf St. Otto äußerst problematisch geworden. Mitglieder der Pfarrgemeinde beklagen sich in einem an mich gerichteten Schreiben über die lange Dauer des staatsanwaltlichen und gerichtlichen Verfahrens, über Vorverurteilungen sowie darüber, dass nach ihren Informationen Herrn Pfarrer W. von den Strafverfolgungsbehörden noch keine (ausreichende) Gelegenheit zu einer Stellungnahme gegeben worden ist.

Wie Sie sicherlich wissen, wurde Pfarrer W. seit der Anklageerhebung vom Dienst beurlaubt. Die Beurlaubung soll bis zur Klärung der Vorwürfe dauern.

Die vorverurteilende Berichterstattung in einem Teil der Medien schadet der katholischen Kirche allgemein. Diese Berichterstattung wird vermutlich erst mit Abschluss des Gerichtsverfahrens aufhören.

Aus den genannten Gründen bitte ich um eine zügige Durchführung des Verfahrens, damit in der katholischen Pfarrgemeinde Ebersdorf St. Otto wieder eine normale pastorale Arbeit ermöglicht wird.

Mit freundlichen Grüßen

...

Alois Albrecht

Generalvikar

Der Bescheid

Die Staatsanwaltschaft Coburg teilt dem Rechtsanwalt von Pfarrer W. in einem Bescheid vom 9.11.1999 mit, dass sie die Verfahren gegen einen Mitarbeiter des Landratsamtes Coburg (Vorwurf: üb-

le Nachrede u. a.) und gegen den Vater eines betroffenen Jungen (Vorwurf: Störung der Religionsausübung) eingestellt hat.
U. a. war dem Mitarbeiter der Behörde – Herrn Fürst[39] – vorgeworfen worden, er habe Herrn C. bei der Vorbereitung seiner öffentlichen Verlautbarung bzw. Beschuldigung (2. Weihnachtsfeiertag 1998) unterstützt und ihm die Worte »in den Mund gelegt«. Es ging auch um die Beanstandung des Inhalts seines Leserbriefs vom 1.02.1999 und andere von Pfarrer W. angezeigte Sachverhalte.

In dem Bescheid heißt es dazu:

> *... Das Verfahren gegen den Beschuldigten ...[40] wird gem. § 170 II StPO eingestellt, da die Ermittlungen keinen hinreichenden Nachweis strafbaren Verhaltens erbracht haben.*
> *Das unter dem 04.01.1999 an das zuständige Erzbischöfliche Ordinariat gerichtete Hinweis- und Mahnschreiben enthält weder Formalbeleidigungen noch nachweislich rechtswidrige unbefugte Offenbarungen privater oder dienstlich geheim zu haltender Tatsachen in Bezug auf den Anzeigeerstatter W.*
> *Zum einen sind die vom Beschuldigten ... mit Hinweis auf ›Miltenberg‹ (Volksschule, Ministranten) umschriebenen Vorgänge, wie auch dem Anzeigeerstatter und dem Erzbischöflichen Ordinariat bekannt, Gegenstand breiter Erörterung in verschiedenen öffentlich abgehaltenen Gerichtssitzungen in Obernburg und Aschaffenburg gewesen (Verfahren Ls 106 Js 3480/985 StA Aschaffenburg).*
> *Gleiches gilt für die vielen verkehrsrechtlichen Verstöße des Anzeigeerstatters[41], die zuletzt in der öffentlichen Sitzung des Amtsgerichts Coburg vom 11.11.1998 – 2 OWi 9 Js 7301/98 – umfassend erörtert und vom Anzeigeerstatter als Betroffenem des Verfahrens als richtig anerkannt wurden.*
> *Nach ständiger Rechtsprechung (z. B. BGHZ 122, 115, 118 mit weiteren Nachweisen auch zu strafrechtlichen Quellen) und über-*

---

39 Name geändert (Anm. d. Verf.)
40 Mitarbeiter des Landratsamts Coburg, F. Fürst, Name geändert (Anm. d. Verf.)
41 Pfarrer W. (Anm. d. Verf.)

zeugender herrschender Literaturmeinung, sind aber Tatsachen nicht mehr Geheimnisse, ›wenn sie allgemein bekannt (offenkundig) oder jedermann ohne weiteres zugängig sind. Sie sind deshalb nicht mehr geheim, wenn sie in öffentlicher Verhandlung erörtert wurden, wobei es nicht darauf ankommt, ob Zuhörer anwesend waren (vgl. ...)‹.

Die weiteren Vorgänge um die Handhabe und Verwendung von Sammlungsgeldern für die Jugendarbeit (Verfahren Cs 8 Js 2544/94) waren dem Erzbischöflichen Ordinariat seit August 1994 durch die seinerzeit gebotene Mitteilung in Strafsachen bekannt. ...

Der Beschuldigte ... hat demnach weder Geheimnisse privater oder dienstlicher Natur verletzt noch Mitteilungen unbefugt vorgenommen. Er hat auch nicht wissentlich und völlig ins Blaue hinein in rechtswidriger Weise ehrenrührige Behauptungen zum Nachteil des Anzeigerstatters verbreitet. ...

Des weiteren sind keinerlei tatsächliche Anhaltspunkte dafür ersichtlich, dass der Beschuldigte ... dem Beschuldigten C...[42] die Verlautbarung vom 26.12.1998 ›in den Mund gelegt‹ oder sich in sonstiger Weise hieran beteiligt hätte. Die bloßen, in seiner Vernehmung vom 29.01.1999 schon nicht näher zu konkretisierenden Unterstellungen des Anzeigerstatters W. hierzu reichen nicht einmal für einen erfolgversprechenden Ermittlungsansatz aus und stehen auch im Gegensatz zur Tatsache, dass der Beschuldigte C... in ansprechender Weise schriftstellerisch tätig und der deutschen Sprache in Wort und Schrift für seine erfolgte Verlautbarung ausreichend in der Lage ist.

In der Begründung der Einstellung des Verfahrens gegen Herrn C., der Pfarrer W. öffentlich des sexuellen Missbrauchs an seinem Sohnes beschuldigt hatte, heißt es:

Sofern hierin überhaupt schon eine absichtlich grobe, d. h. empfindliche, nachhaltige und mit eher böswilliger Zielrichtung erfolgte Beeinträchtigung des Gottesdienstes gesehen werden könnte, bleibt festzustellen, dass der Beschuldigte C... schon seinen tatsächlichen Verlautbarungen nach offensichtlich aus seiner elterlichen Perso-

---

42 Vater des betroffenen Jungen (Kanzelsturm)

*nensorgepflicht heraus und im Hinblick auf die Zulässigkeit seines
Tuns in verbotsirrtümlicher Weise handelte. Zumal er auch bislang
weder straf- noch ordnungswidrig in Erscheinung getreten und etwaige Wiederholungsgefahr nicht ansatzweise ersichtlich ist, wäre
die Schuld des Beschuldigten C... als gering anzusehen und aufgrund der Gesamtumstände auch ein weitergehendes öffentliches
Interesse an einer Strafverfolgung des bislang unbescholtenen Beschuldigten nicht gegeben. Denn die öffentliche Bekundung tatsäch-
licher Anhaltspunkte für etwaige Übergriffe gegenüber Kindern im
kirchlich-seelsorgerischen Bereich liegt sowohl im kirchlich-gemeind-
lich wie staatlichen Interesse. Eine möglicherweise nicht völlig aus-
schließbare geringfügige objektive Rechtsverletzung vorliegend mit
weiteren strafrechtlichen Ermittlungen oder Sanktionen gleich welcher
Art zu ahnden, müsste angesichts der auch in der am 28.12.1998
unverzüglich bei der Kriminalpolizeiinspektion Coburg erfolgten
Strafanzeige der Eltern C... ersichtlich verantwortungsbewussten Per-
sonensorge in der unvoreingenommenen Öffentlichkeit auf schlichtes
Unverständnis stoßen. ...*

Wie zu erwarten, gibt sich Pfarrer W. damit nicht zufrieden. Am
29.11.1999 reicht W. eine Dienstaufsichtsbeschwerde gegen den
zuständigen Staatsanwalt beim Generalstaatsanwalt (Oberlandesgericht Bamberg) ein.

Die Beschwerde leitet der Generalstaatsanwalt zur Erledigung an
den Leitenden Oberstaatsanwalt R. vom Landgericht Coburg weiter. Am 17.01.2000 nimmt dieser in einem Schreiben an Pfarrer
W. detailliert Stellung. Abschießend heißt es:

*... Die Ermittlungen wurden von Oberstaatsanwalt ... objektiv und
unvoreingenommen geführt. Zu dienstaufsichtlichen Maßnahmen
besteht keinerlei Anlass.*

Nochmalige Vernehmung von Pfarrer W.

Pfarrer W. wird am 25.11.1999 nochmals von den Ermittlungsbehörden vernommen. Nachträglich schreibt er dazu eine fünfein-

halbseitige Ergänzung (»*Ergänzung zu meiner verspäteten Beschul-
digten-Vernehmung am 25.11.99 und Beweisanträge gemäß § 163 a
Abs. 2 StPO*«). In diesem Schreiben rechnet er erneut mit all seinen »Widersachern« ab. Die betroffenen Kinder versucht er dabei
allesamt als unglaubwürdig darzustellen – zwei von ihnen titu-
liert er sogar als »minderbegabt« oder als »auffallend minderbegabt«, weshalb sie leicht beeinflussbar seien. Frank Fürst und
mich bezeichnet er auf Seite 1 seiner Ausführungen wie folgt:

*... Die Sachverständige Frau ... geht offensichtlich von falschen Vor-
aussetzungen aus. Auch im Bezug auf das Kind S... muss ein weiteres Gutachten über dessen fragwürdige Glaubwürdigkeit eingeholt
werden. Das nicht zuletzt auch deshalb, weil die Agitatoren ...*[43] *und
Heibel bei diesem Zeugen waren. Beide Herrn haben bewusst Gerüchte über mich verbreitet. Heibel ist einschlägig vorbestraft. Seine
Aktionen sprechen Bände. ...*

Pfarrer W. begeht Rufmord
Pfarrer W.s Behauptung, ich sei vorbestraft, ist nachweislich
falsch. W. behauptet dies nicht nur in seiner schriftlichen Ergänzung zu seiner Vernehmung vom 25.11.1999, sondern schildert
dies zuvor auch in seinem handschriftlichen Brief vom 19.11.1999
an den Landrat von Coburg:

*Sehr geehrter Herr Landrat!
... erst jüngst ist mir zu Ohren gekommen, dass ...*[44] *auch weiterhin
bei Ausländern suggestiv gegen mich agitiert. Die staatsanwalt-
schaftlichen Ermittlungen belegen, dass er und seine Helfer Johannes
Heibel (einschlägig vorbestraft) sowie ...*[45] *Januar und Februar 1999
auf ihre Weise auch auf den Hauptbelastungszeugen S... massiv
Einfluss genommen haben.
...*

---

43 Frank Fürst (Name geändert)
44 Frank Fürst (Name geändert)
45 Religionslehrerin

Nach Kenntnisnahme dieses Briefes (Januar 2000) habe ich gegen Pfarrer W. am 21.01.2000 Strafanzeige wegen des Verdachts der üblen Nachrede bei der Staatsanwaltschaft Coburg gestellt. Das Amtsgericht Coburg erließ daraufhin am 1.03.2000 einen Strafbefehl (2.000 DM Geldstrafe), wogegen Pfarrer W. erwartungsgemäß Widerspruch einlegte. Dieses Strafverfahren gegen W. ruhte zunächst, da man gerichtlicherseits abwarten musste oder wollte, ob die Hauptverhandlung gegen Pfarrer W. mit einer Verurteilung enden würde.

Dass ich in den Besitz des Schreibens von Pfarrer W. an den Landrat von Coburg gekommen war, veranlasste Pfarrer W., am 16.05.2000 erneut Strafanzeige gegen den Mitarbeiter des Landratsamts Coburg, Frank Fürst, zu stellen. Er sollte nach W.s Meinung mit mir zusammen ein Komplott gegen W. initiiert haben. Ich hatte tatsächlich eine Kopie des Schreibens von Fürst erhalten. Wie die Staatsanwaltschaft Coburg allerdings feststellte, war der Beamte zur Weitergabe berechtigt. Hier ein Auszug aus der Begründung der Einstellung der Staatsanwaltschaft Coburg im Schreiben an Pfarrer W. vom 11.07.2000 (Aktenzeichen: 5 Js 4646/00):

Das Verfahren ist aus rechtlichen Gründen einzustellen, weil der Beschuldigte, sollte er den Inhalt des Schreibens weitergegeben haben, keine Privatgeheimnisse verletzte. Denn das Schreiben vom 19.11.1999 war nicht ausschließlich ein – wie der Anzeiger meint – ›Behördeninternum‹, sondern richtete sich gerade gegen den Beschuldigten als betroffene Person. Nachdem davon ausgegangen wird, dass der Beschuldigte von diesem Schreiben als Betroffener Kenntnis erlangt hat, blieb es ihm unbenommen, den Inhalt dieses Schreibens auch Dritten bekannt zu machen.
Damit ist das Verfahren einzustellen.

Mitglieder des Pfarrgemeinderats Sonnefeld setzen sich auch nach der Anklage weiter für W. ein

Statt sich um die Opfer zu sorgen und zu kümmern, ist der überwiegende Teil der Mitglieder des Pfarrgemeinderates nach wie vor damit beschäftigt, sich für Pfarrer W. vehement einzusetzen und weitere Gemeindemitglieder im Ort zu finden, die ihr Anliegen flankierend unterstützen. In einem Brief bittet man Generalvikar Albrecht darum, die Suspendierung des wegen sexuellen Missbrauchs an Kindern beschuldigten Pfarrers aufzuheben. Als Grund gibt man an, dass die Anklage sicherlich bald fallengelassen bzw. das Gericht positiv für W. entscheiden werde.

Generalvikar Albrecht antwortet darauf mit Schreiben vom 13.12.1999:

Sehr geehrte Frau T...
Sehr geehrte Damen und Herren des Pfarrgemeinderates,
liebe Mitglieder der Pfarrei St. Otto in Ebersdorf,
... Ich sehe mich nicht in der Lage, die Beurlaubung aufzuheben, wenn nicht tatsächlich die Anklage zurückgenommen wird und sich eine Ablehnung der Eröffnung des Hauptverfahrens ergibt.
Der Schaden, der dadurch entstünde, wenn wir Pfarrer W. jetzt wieder für den Dienst zulassen und es dann doch zu einer Eröffnung des Hauptverfahrens käme, wäre sowohl für Pfarrer W. als auch für die Gemeinde Ebersdorf sowie auch für uns hier im Ordinariat nicht wieder gutzumachen.
So bitte ich Sie um Verständnis und verbleibe dennoch mit gesegneten Wünschen für die Advents- und Weihnachtszeit – auch für Pfarrer W. und Pfarrer Klein sowie für Sie alle!
...
Alois Albrecht
Generalvikar

Generalvikar Albrecht erwähnt in seinem Schreiben mit keiner Silbe die Situation der Opfer. Dem beschuldigten Pfarrer W. indessen sollen »gesegnete Wünsche« ausgerichtet werden. Der Fokus vonseiten der Amtskirche ist nach wie vor auf den Ruf der Kirche ausgerichtet. Wie es dabei den Opfern geht, scheint nicht von Belang zu sein.

Der Prozess vor dem Landgericht Coburg

Einige Wochen vor dem Prozess, also im Juni 2000, setzte ich mich mit dem zuständigen Richter des Landgerichts Coburg in Verbindung. Ich hatte erfahren, dass das Gericht über optimale technische Möglichkeiten der Videovernehmung von Opferzeugen verfügt. Erst einige Wochen zuvor war diese damals neue Form der schonenderen Befragung von Zeugen sehr ausführlich in der Presse vorgestellt worden. Gerade für betroffene Kinder, die zum Beispiel sexualisierte Gewalt erfahren haben, kann eine Befragung per Videotechnik weniger belastend sein, als wenn sie im Gerichtssaal vor allen Prozessbeteiligten aussagen müssten.

Bei einer Videovernehmung sitzen die Kinder mit einer Vertrauensperson in einem Nebenraum. Sie sind mit dem leitenden Richter mithilfe einer Kamera und einem Mikrofon verbunden. In dem Verfahren gegen Pfarrer W. sollte diese Technik in Abstimmung mit den Anwälten der Betroffenen zum ersten Mal Anwendung finden. Für die Kinder war dies eine Erleichterung, denn sie schämten sich zum Teil sehr, von ihren unangenehmen Erlebnissen mit dem Pfarrer zu berichten. Einige von ihnen waren zwischenzeitlich in der Vorpubertät bzw. Pubertät. In diesem Alter ist es Kindern besonders unangenehm, über solche Dinge zu sprechen.

Ich setzte mich dafür ein, dass die Kinder und ihre Eltern vor dem Prozess die Möglichkeit bekamen, den Richter, die Räumlichkeiten und die Videotechnik kennenzulernen, um dadurch Ängste abzubauen. Die Kinder wussten dadurch schon etwas genauer, was auf sie zukommen würde. Natürlich wurde bei dieser Gelegenheit nicht über das Tatgeschehen gesprochen.[46]

An den Prozesstagen (5./6.07.2000) war ich selbst als Zeuge vorgeladen, sodass es mir erst nach meiner richterlichen Vernehmung möglich war, den Prozess mitzuverfolgen. Da ich als einer

---

46 Die Erkenntnisse aus dieser Einführung flossen ein in das Kinderbuch »Schutzbär Bulli – Eine Geschichte und Informationen zum Thema sexueller Missbrauch« von Martyna Baja und Johannes Heibel (1. Auflage 2004).

der Letzten vernommen wurde, musste ich zunächst viele Stunden vor dem Gerichtssaal verbringen. Die Aussage von Generalvikar Albrecht vom Erzbistum Bamberg konnte ich somit nicht selbst mit anhören, allerdings wurde mir berichtet, dass die Kirchenmänner von Kommunikationsproblemen zwischen den Bistümern gesprochen hätten. Man versuchte, die Verantwortung jeweils auf den anderen zu schieben, abzulenken von eigenen Versäumnissen und Fehlentscheidungen. Generalvikar Albrecht gab zwar zu, von »Komplikationen« bezüglich Pfarrer W. erfahren zu haben, von den Missbrauchsdelikten habe er jedoch nie etwas gehört (Coburger Tageblatt vom 7.07.2000: »Nur die Fortsetzung einer Lebenslüge«).

Das ist, wie aus den bisherigen Schilderungen hervorgeht, nachweislich die Unwahrheit, was für den Gottesmann jedoch folgenlos blieb.

Die Neue Presse Coburg schreibt dazu am 8.07.2000 unter der Überschrift »Vorgänge um Pfarrer W. hier bekannt«:

... Weitere Warnungen nahm der Bamberger Generalvikar offenbar nicht allzu ernst: 1993 war der Vorsitzende der ›Initiative gegen Gewalt und sexuellen Missbrauch an Kindern‹, Johannes Heibel, auf W. aufmerksam geworden. Heibel schreibt an Albrecht, ob der Generalvikar sich bewusst wäre, wem er da eine Pfarrei überlassen habe. Albrecht antwortete am 23. Juni 1993: ›Die Vorgänge um Pfarrer W. sind hier bekannt. Die Verantwortung, die die Erzdiözese Bamberg übernommen hat, als sie Pfarrer W. eine neue Möglichkeit gab, sich als Pfarrer in einer Pfarrei zu bewähren, ist uns bewusst. Wir nehmen sie nach bestem Vermögen wahr.‹ Auf weitere warnende Briefe Heibels habe er nicht geantwortet, so Albrecht am Donnerstag: ›Die fand ich hysterisch.‹ ...

Der vom Gericht ernannte Gutachter Prof. Dr. Michael Rößler (Uni Saarland) kam zu dem Ergebnis, dass bei W. pädophile Neigungen vorliegen. Es bestehe allerdings keine seelische Abartigkeit. W. sei überdurchschnittlich begabt (IQ 124), leicht reiz- und erregbar, trotzdem aber emotional stabil, hirnorganisch gesund

und neurologisch unauffällig. Eine Behandlungsbedürftigkeit sei nach Ansicht des Gutachters im Prinzip gegeben.

Die Einschätzung des Experten, dass Pfarrer W. sich eigentlich »unter Kontrolle« habe, bestätigte W. durch sein Verhalten während der Verhandlung. Nur einmal, als der Staatsanwalt ihm klar machen wollte, dass der Griff in die Hose eines damals neunjährigen Kindes im Klassenzimmer kein »Minderschwerer Fall« sei, lachte W., als sei dies ein schlechter Scherz.

Schließlich sah es das Gericht als erwiesen an, dass Pfarrer W. zweifelsfrei an drei ihm anvertrauten Kindern sexuelle Handlungen vorgenommen habe. W. wurde zu einer Haftstrafe von zwei Jahren verurteilt, die allerdings zur Bewährung ausgesetzt wurde. Zudem wurde ihm auferlegt, 12.000 DM an die Opfer zu zahlen und in Zukunft auf PKW-Fahrten mit Kindern ohne Aufsicht sowie auf Tätigkeiten in Schulen und Kindergärten zu verzichten. Auch ein Bewährungshelfer wurde W. zur Seite gestellt. Richter Amend betonte, dass das Gericht sich nicht aus der Verantwortung ziehen wolle. Ein Auflage zur Therapie wurde allerdings nicht verhängt – vermutlich deshalb, weil W. auch an beiden Prozesstagen keinerlei Einsicht und Reue zeigte und somit eine derartige Auflage keinen Sinn ergab.

Im Coburger Tageblatt (»Nur die Fortsetzung einer Lebenslüge«, 7. Juli 2000) war danach zu lesen:

Oberstaatsanwalt Anton Lohneis sah in W. einen Pfarrer mit zwei Gesichtern, der seine Herde eben auch gequält und misshandelt hat. Dass er im Prozess geschwiegen habe, sei nur eine Fortsetzung einer Lebenslüge. Lohneis gab der Kirche eine Mitverantwortung, ›aber keine Mitschuld.‹
›Die katholische Kirche sitzt hier nicht auf der Anklagebank.‹ Vorsitzender Richter Gerhard Amend wiederholte (das) während der beiden Prozesstage mehrmals.
... Ein ebenfalls von Befürwortern des Pfarrers als ›Anstifter‹ bezeichneter Oberregierungsrat erläuterte gestern sein Motiv: Er selbst

sei als Kind im katholischen Internat vom Heimleiter missbraucht
worden. Seiner Darstellung zufolge hat er ausschließlich als Privat-
mann dem Jugendamt des Landkreises Coburg bei der Beschaffung
von Akten der Miltenberger Vorfälle geholfen und Kontakte zu der
... Familie erst nach Bekanntwerden der Vorfälle aufgenommen. ...

Erzbistum Bamberg trennt sich von Pfarrer W.

Vier Tage nach der Verurteilung von Pfarrer W. durch das Landgericht Coburg, also mit Schreiben vom 10.07.2000, teilt Generalvikar Albrecht dem verurteilten Pfarrer schriftlich mit, dass dieser
ab dem 1. September 2000 in Bamberg ausscheiden wird. Dem
Generalvikar scheint allmählich klar zu werden, auf was er sich
damals mit der Einstellung von W. eingelassen hat. Albrecht
sucht jedoch immer noch die Schuld bei anderen:

Sehr geehrter Herr Pfarradministrator,
anbei erhalten Sie das Dekret über Ihr Ausscheiden aus dem Dienst
der Erzdiözese Bamberg. Das bedeutet, dass Sie ab dem 1. Septem-
ber 2000 wieder in Ihr Heimatbistum zurückkehren. In den Gesprä-
chen, die seit Weihnachten 1998 hier im Generalvikariat Bamberg
stattfanden, hatte ich Ihnen ja eine solche Entscheidung im Falle
einer Verurteilung bereits angekündigt. Der Prozess am Landgericht
Coburg konnte deutlich aufzeigen, dass die Verfolgungstheorie, die
Sie mir und anderen über Jahre vorgetragen haben, nicht haltbar
ist. Ich selber musste erkennen, dass die Informationen von Limburg,
die ich seinerzeit erhalten hatte, nicht vollständig waren. Wenn mir
die Informationen, die Ministerialrätin ... von Mainz als Zeugin vor-
trug, vorgelegen hätten, hätte ich Sie sicherlich nicht in den Dienst
der Erzdiözese Bamberg übernommen.
Ich halte das Urteil des Landgerichts für gerechtfertigt und lege Ih-
nen von mir aus nahe, keine Revision einzulegen, sondern sich jetzt
endlich einmal einer Therapie zu stellen.
Da ich nun nach einer endgültigen Lösung für die Seelsorge in Ebers-
dorf suchen muss und der zukünftige Priester im Pfarrhaus wohnen
soll, bitte ich Sie, baldmöglichst – noch vor dem 1. September 2000 –
das Pfarrhaus zu räumen.

Trotz allem sage ich Ihnen für Ihr seelsorgerisches Wirken in Ebers-
dorf Dank und wünsche Ihnen für die Zukunft und die Entscheidun-
gen, die Sie fällen müssen, die richtigen Berater und Gottes Segen.

Mit freundlichen Grüßen
...
Alois Albrecht
Generalvikar

Das Entschuldigungsschreiben des Generalvikars

Am 11.07.2000 schreibt Generalvikar Albrecht den Opferfamilien
einen Brief. Hier der Inhalt eines Schreibens an die Mutter eines
betroffenen Jungen:

Sehr geehrte Frau ...,
lieber ...[47],
in der Gerichtsverhandlung gegen Pfarrer W. habe ich mit Erschüt-
terung zur Kenntnis genommen, welches Leid ... von Pfarrer W. zu-
gefügt wurde.
An der Glaubwürdigkeit der dem Urteil zugrunde liegenden Zeugen-
aussagen gibt es für mich keinen Zweifel. Ich entschuldige mich bei
Ihnen, vor allem bei ..., für die sexuellen Misshandlungen durch
einen von der Erzdiözese Bamberg eingesetzten Priester.
Die katholische Kirche trägt Mitverantwortung für das, was ... an-
getan wurde, weil Pfarrer W. nach Vorfällen im Bistum Limburg
nicht mehr in der Pfarrseelsorge hätte eingesetzt werden dürfen. Ich
stimme Herrn Richter Amend zu, der in der Urteilsbegründung sinn-
gemäß von Informationsdefiziten innerhalb der katholischen Kirche
sprach, weil es zu Kommunikationsstörungen zwischen dem Bistum
Limburg und dem Erzbistum Bamberg gekommen sei. Über die
sexuellen Misshandlungen von Kindern durch Pfarrer W. im Bis-
tum Limburg bin ich damals nicht informiert worden, als Pfarrer
W. sich im Jahre 1991 für einen Dienst in der Erzdiözese beworben

---

47 Name des betroffenen Jungen; so auch im weiteren durch »...« ersetzt (Anm. d.
Verf.).

hatte. Ich habe davon erstmals in der Gerichtsverhandlung am Donnerstag, 6. Juli 2000, Kenntnis erhalten. Mit Erstaunen habe ich vernommen, dass diese Misshandlungen den Vertretern des Bistums Limburg bekannt waren. Die entsprechenden Informationen wurden allerdings seinerzeit nicht an mich weitergegeben. Insofern widerspreche ich den Ausführungen im Plädoyer der Staatsanwaltschaft und kann mir deshalb selbst keinen Schuldvorwurf machen. Wären diese Informationen an mich weitergegeben worden, hätte ich Pfarrer W. nicht in den Dienst der Erzdiözese Bamberg übernommen. Wir werden uns bemühen, solche Kommunikationsstörungen zwischen den Diözesen in Zukunft zu vermeiden.

Bitte lassen Sie es mich wissen, ob die Erzdiözese Bamberg zur Wiedergutmachung des bei ... angerichteten Schadens beitragen kann, beispielsweise wenn mit der Therapie zusammenhängende Kosten anderweitig nicht gedeckt sind.

Mit freundlichen Grüßen
...
Alois Albrecht
Generalvikar

Kommentar

Es ist schon eine Unverfrorenheit, dass der Generalvikar, ein »Gottesmann«, hier wieder so tut, als habe er nichts gewusst. Zuvor hatte er dies vor Gericht fälschlich behauptet.

Hier ein Zitat aus meinem Brief vom 23. Juli 1993 und meiner diesem Brief beigefügten Dokumentation unter der Überschrift: »Das Wirken des Pfarrers W.«, die ich an die drei Bischöfe der Bistümer Würzburg, Bamberg und Limburg geschickt hatte. Auf Seite 6 heißt es dazu bezüglich der Vorfälle im Bistum Limburg:

... Im Jahre '88 wurden dann erste Beschuldigungen gegen den rehabilitierten Geistlichen bekannt. Messdienerinnen berichteten von >sexuellen Übergriffen<. Mehr und mehr Kinder und Eltern brachen danach ihr Schweigen. Der Kinderschutzbund in Höhr-Grenzhausen wurde eingeschaltet. ...

*Das vom Kinderschutzbund eingeschaltete Sozialministerium in
Mainz erreichte dann endlich 90/91 bei Bischof Kamphaus die Versetzung des Geistlichen. Der Bischof versprach, dem Priester keine
Pfarrei mehr zu überantworten. Er ordnete ihn der Krankenhausseelsorge nach Frankfurt zu. ...*

Hier habe ich deutlich genug gemacht, was Pfarrer W. auch im
Bistum Limburg vorgeworfen wurde. Dass Albrecht mein Schreiben kannte, lässt sich dadurch beweisen, dass er mir selbst damals auf meinen Brief hin geantwortet hat. (siehe S. 124)

Warum hat man sich zumindest ab diesem Zeitpunkt nicht intensiv miteinander ausgetauscht, sondern W. bedenkenlos weiter im
Gemeindedienst und der Kinder- und Jugendarbeit belassen, ihm
die zweite Chance gegeben?

In der Gerichtsverhandlung war zu diesem Sachverhalt vom Domkapitular des Bistums Limburg zu hören, dass sich Pfarrer W. mit Unterstützung des damaligen Generalvikars Dr. Raban Tilmann beim
Erzbistum Bamberg bewarb. Was besonders schwer wiegt, ist die Tatsache, dass Dr. Tilmann über die Vorgänge um Pfarrer W. genau informiert war. (siehe S. 121 ff.) Warum setzte er sich dennoch für W. ein?
Nur drei Gründe kommen meiner Meinung nach hierfür infrage:
1. Er war von der Unschuld von Pfarrer W. überzeugt.
2. Er war aus Gründen christlicher Tugenden wie der »Nächstenliebe und des Vergebens« der Meinung, dass jeder immer wieder
eine neue Chance verdient.
3. Er wollte ihn loswerden.

Ich gehe davon aus, dass Letzteres nicht zutrifft. Allerdings hat
sich Dr. Tilmann trotz mehrmaliger Anfrage nie dazu geäußert.

Die Presseerklärung des Generalvikars
Gleich am nächsten Tag, also am 12.07.2000, gab Generalvikar
Albrecht eine Presseerklärung über seine Pressestelle heraus, die
mich am Morgen desselben Tages per Fax erreichte:

Erzbistum Bamberg entschuldigt sich im Fall W.

Brief des Generalvikars an die betroffenen Familien

Bamberg. (bbk) Der Bamberger Generalvikar Alois Albrecht hat sich bei den betroffenen Kindern und ihren Eltern für den sexuellen Missbrauch durch den inzwischen vom Landgericht Coburg verurteilten Pfarrer W. entschuldigt.

In einem Schreiben betont er, mit Erschütterung habe er zur Kenntnis genommen, welches Leid den Opfern zugefügt wurde. An der Glaubwürdigkeit der dem Urteil zugrunde liegenden Zeugenaussagen gebe es für ihn keinen Zweifel. Der Generalvikar räumte ein, dass die katholische Kirche Mitverantwortung für das trage, was den Kindern angetan wurde. Nach ähnlichen Fällen im Bistum Limburg hätte Pfarrer W. nicht mehr in der Pfarrseelsorge eingesetzt werden dürfen. Er stimmte dem Richter zu, der in der Urteilsbegründung sinngemäß von Informationsdefiziten innerhalb der katholischen Kirche gesprochen habe, weil es zu Kommunikationsstörungen zwischen dem Bistum Limburg und dem Erzbistum Bamberg gekommen sei. Über die sexuellen Misshandlungen von Kindern durch Pfarrer W. habe das Bistum Limburg ihn damals nicht voll informiert, schreibt Generalvikar Albrecht. Er habe erstmals in der Gerichtsverhandlung davon Kenntnis erhalten. Wären diese Informationen an ihn weitergegeben worden, hätte er Pfarrer W. nicht in den Dienst der Erzdiözese Bamberg übernommen.

Generalvikar Albrecht versichert, man werde sich bemühen, zukünftig solche Kommunikationsstörungen zu vermeiden. Er bot den Eltern an, die Erzdiözese Bamberg wolle zur Wiedergutmachung des angerichteten Schadens beitragen.

Pfarrer W. ist Priester der Diözese Würzburg. In deren Dienst soll er zum 1. September 2000 zurückkehren, wo er nach Auskunft des Würzburger Generalvikars Karl Hillenbrand nur noch mit ›jugendfreien Aufgaben‹ betraut wird.

Zu beachten ist hier das kleine Wörtchen »voll«, das Albrecht bisher so noch nicht verwendet hatte. Es widerspricht seinen bisherigen Aussagen, die er zuvor in seiner richterlichen Vernehmung getätigt hatte und im oben zitierten Brief an die betroffenen Familien wiederholte. Der Widerspruch wird sogar gleich im darauffolgenden Satz nochmals sehr deutlich.

Einige Stunden später erhielt ich auf demselben Wege einen persönlichen Brief von Albrecht:

> *Sehr geehrter Herr Heibel,*
> *nachdem Sie meine Presseerklärung erhalten haben, kennen Sie meine Einschätzung des Falles W. Ich werde mich in der nächsten Zeit mit Ihnen in Verbindung setzen, denn ich erachte es für sinnvoll, dass wir uns zu einem Gespräch treffen, um unsere Einschätzungen der Ereignisse auszutauschen und mögliche sich daraus ergebende Handlungsperspektiven zu erörtern.*
>
> *Mit freundlichen Grüßen*
> *...*
> *Alois Albrecht*
> *Generalvikar*

Dank für »die gute Zusammenarbeit« und »Gottes Segen«

Am 16.07.2000, genau zehn Tage nach der Verurteilung des Pfarrers wegen Kindesmissbrauchs, schreibt der Kirchenvorstand der evangelisch-lutherischen Kirchengemeinde in Sonnefeld Pfarrer W. einen Abschiedsbrief:

> *Sehr geehrter Herr Pfarrer W.,*
> *der Kirchenvorstand der ev.-luth. Kirchengemeinde Sonnefeld bedankt sich für die gute Zusammenarbeit während Ihrer seelsorglichen Arbeit in Sonnefeld. In dieser Zeit entstand auch der ökumenische Arbeitskreis, in dem kath. und ev. Christen zusammen tätig waren. Sie haben durch Ihr Mitwirken der ökumenischen Arbeit in Sonnefeld positiv gegenüber gestanden.*
> *Wir wünschen Ihnen in Ihrem neuen Wirkungskreis alles Gute, Gottes Segen und grüßen Sie mit den Worten aus dem 68. Psalm V. 20:*
> *›Gott legt uns eine Last auf, aber er hilft uns auch.‹*

(Unterschrift des ev. Pfarrers, der übrigen Vorstandsmitglieder und der Pfarrsekretärin)

Im August 2010 stoße ich bei meinen Recherchearbeiten zu diesem Buch auf diesen Brief. Ich schreibe der ehemaligen Pfarrsekretärin einen Brief und stelle ihr zwei Fragen:
1. Warum haben Sie sich damals mit den anderen Unterzeichnern entschlossen, Pfarrer W., zehn Tage nach seiner Verurteilung wegen Kindesmissbrauchs, diesen Abschiedsbrief zu schreiben, und was denken Sie heute darüber?
2. Sie zitieren den Vers 20 aus dem Psalm 68: »Gott legt uns eine Last auf, aber er hilft uns auch.« Frage: Was haben Sie damals für die Opfer getan? Haben Sie denen auch irgendwie beigestanden, ihnen Ihre Unterstützung angeboten?

Sie antwortet umgehend:

Sehr geehrter Herr Heibel!
Herzlichen Dank für die gesendeten Unterlagen. Wie folgt versuche ich Ihre Fragen zu beantworten:

Der Brief vom 16.7.2000 an Pfarrer W. war in erster Linie ein Dank für die jahrelange gute ökumenische Zusammenarbeit zwischen der Kath. und Evang. Kirche in Sonnefeld, der verbunden war mit guten Wünschen für seine neue Arbeit in Würzburg.
Ehrlicherweise muss ich auch gestehen, dass ich oder wir alle schon hin und her gerissen waren: Schuldig oder nicht schuldig! Soweit ich mich erinnern kann, stand ja Aussage gegen Aussage, die Bevölkerung war zum großen Teil verunsichert. Ich persönlich hätte es nicht gewagt, ein Urteil auszusprechen.
Pfr. W. ist die Last der Schuld aufgelegt worden, indem er als Sexualtäter verurteilt wurde. Mit Recht oder als Unrecht? Das weiß keiner, als Gott allein.
Als Christen glauben wir an die Vergebung der Sünden, und wenn wir Gott um Vergebung bitten, so hilft er uns auch, wie auch immer die Hilfe Gottes aussieht.

Ich denke, dass der Vers aus dem Psalm 68,20 die Kirchenvorsteher damals veranlasst hat, ihm diese Worte mit auf den Weg zu geben.

Was ich heute darüber denke?
Inzwischen sind viele Jahre darüber vergangen, aber der Fall W. blieb immer gegenwärtig. Gerade in der jetzigen Zeit, wo in den vergangenen Wochen und Monaten fast täglich die Medien voll waren mit schrecklichen Taten von pädophilen Priestern und von Vertuschungen und Verdrängungen der Taten.
Lückenlose Aufklärung ist dringend notwendig. Besonders wichtig aber ist die Betreuung der traumatisierten Opfer durch Fachkräfte. Das jüngste Vorgehen (Detektive) von Pfr. W. ist unverständlich und äußerst unsensibel und bestimmt kein gutes Zeichen für seine gewünschte Rehabilitation.

Zu den Opfern: Von einem Kind (persönlich bekannt) wusste ich, dass es sich in psychologischer Behandlung befindet. Hätte ich mich – oder hätte man sich – der Mutter und dem Kind genähert, so wäre das als neugierig und aufdringlich in dieser heiklen und intimen Situation angekommen, zumal eine Betreuung schon lief. Weitere Opfer habe ich nicht gekannt. Außerdem ist es eine Hauptaufgabe der Kirche – ob kath. oder evang. – die Opfer zu betreuen und zu entschädigen.

Das heißt aber nicht, dass ich oder wir von der Kirchengemeinde Sonnefeld über diese Missbrauchsfälle hinweggesehen hätten. Im Gebetskreis, in den Gebetsandachten und in den verschiedenen Gruppen und Kreisen haben wir fürbittend an die Opfer und auch an den Täter gedacht. Das war unsere Aufgabe, als christliche Gemeinde ›irgendwie‹ diesen Menschen beizustehen.

Mit herzlichen Grüßen
...

Pfarrer W. gibt sich am Telefon als Gemeindereferent F. aus

Pfarrer W. darf auch nach seiner Verurteilung vorübergehend im katholischen Pfarrhaus von Ebersdorf wohnen bleiben. Obwohl schon ein Nachfolger für Pfarrer W. vor Ort ist, führt W. nach wie vor Regie, geht ans Telefon und sorgt für ständigen Wirbel. Dadurch eskaliert die Situation zunehmend, und die Spaltung der Gemeinde nimmt weiter extrem zu. Der Nachfolger von W. wird zunächst anderweitig untergebracht, ist also nicht ständig im Pfarrhaus präsent.

Betroffene und Gemeindemitglieder aus Ebersdorf rufen mich besorgt an und tragen mir ihre Beschwerden vor. Ich entschließe mich, mit dem Nachfolger von Pfarrer W. zu sprechen, um auch von ihm eine Einschätzung der Situation zu bekommen. Am 14.07.2000 wähle ich die Telefonnummer der katholischen Pfarrgemeinde Ebersdorf. Es meldet sich Pfarrer W., der mir aber zunächst nicht sagt, wer er ist. Da ich seine Stimme kenne, weiß ich aber gleich Bescheid. W. gibt sich als Pastoralreferent F. aus, wie schon einmal im September 1999 , als ein Fernsehteam von Akte 99, SAT 1, ihn besuchte. (siehe S. 183 ff.) Während des 40-minütigen Gesprächs verrät er sich mehrmals, bleibt aber hartnäckig dabei, nicht Pfarrer W. zu sein.

»Pastoralreferent F.« berichtet mir, dass »Pfarrer W.« die Absicht habe, gegen das Urteil des Landgerichts Coburg in Revision zu gehen. Außerdem erzählt er mir, er »habe gehört«, dass ich vor der Verhandlung Zeugen beeinflusst hätte. Gemeint war offenbar die Tatsache, dass ich den betroffenen Familien geholfen hatte, einen Rechtsbeistand zu finden, und dafür gesorgt hatte, dass die Kinder den Richter und die Technik der Videovernehmung vor dem Prozess kennen lernen. (siehe S. 196)

Die Rüge
Generalvikar Albrecht erhielt von dem Telefonat Kenntnis und schrieb seinem Mitbruder W. am 18.07.2000 einen Brief:

Sehr geehrter Herr Pfarradministrator,
durch Ihr unmögliches Verhalten am Telefon sehe ich mich veranlasst, das Telefon des Pfarramtes Ebersdorf sperren zu lassen, um Ihnen den Zugang zu diesem Telefon zu verwehren. Darauf möchte ich Sie hiermit aufmerksam machen.

Ihr Verhalten veranlasst mich auch, Sie d r i n g e n d zu bitten, möglichst bald aus Ebersdorf wegzuziehen. Die Frist, die ich Ihnen eingeräumt habe, sowie Ihre Anwesenheit sorgen nach wie vor für Unruhe, an der Sie meiner Meinung nach nicht interessiert sein können....

Alois Albrecht
Generalvikar

Opferfamilie erhält Einladung von Generalvikar Albrecht
Die verwitwete Mutter eines betroffenen Jungen erhält am 20.07.2000 einen Brief von Generalvikar Albrecht. Der Brief ist datiert auf den 18.07.2000, also auf das gleiche Datum wie das Schreiben zuvor an Pfarrer W.:

Sehr geehrte Frau ...,
ich möchte jetzt wahrmachen, was ich bei meiner Zeugenaussage angedeutet habe:
Ich lade Sie zu einem Gespräch in das Erzbischöfliche Generalvika-
riat Bamberg ein, und zwar am
Donnerstag, 3. August 2000, um 11.00 Uhr
Bei diesem Gespräch wird auch der Generalvikar aus Würzburg an-
wesend sein. Ich würde mich freuen, wenn Sie diesen Termin wahr-
nehmen würden. Falls Sie Schwierigkeiten haben, nach Bamberg
zu kommen, teilen Sie mir dies bitte schriftlich oder telefonisch mit.
Ich werde dann veranlassen, dass Sie mit einem Auto abgeholt und
nach Bamberg gebracht werden.
In der Hoffnung, dass Sie diese Einladung annehmen, verbleibe ich
mit freundlichen Grüßen

...

Alois Albrecht
Generalvikar

Die Mutter des betroffenen Jungen rief mich nach Erhalt des Briefes gleich an und bat um Unterstützung. Sie sei berufstätig und lehne es ab, sich nach dem Terminkalender der Generalvikare zu richten. Zudem wollte sie den Herren Geistlichen nicht allein gegenübertreten und bat um meine Begleitung.

Wir vereinbarten, dass ich den Generalvikaren darauf schriftlich antworte, was am 25.07.2000 auch geschah. In meinem Schreiben stellte ich klar, dass die Mutter des Betroffenen keine Veranlassung sehe, nach Bamberg zu kommen. Da Betroffene keine Bittsteller seien, gezieme es sich, dass die Mitverantwortlichen die Geschädigten aufsuchen und nicht umgekehrt. So war es schließlich auch in vorhergehenden Erklärungen von Generalvikar Albrecht und Generalvikar Hillenbrand angekündigt worden. Ich machte Terminvorschläge für ein solches Gespräch, bei dem ich auf Wunsch der Mutter des betroffenen Jungen dabei sein würde. Auf meinen Brief erhielt ich keine schriftliche Antwort. Am 28.07.2000 rief ich aus diesem Grund Generalvikar Albrecht selbst an. Dieser teilte mir kurz mit, dass er erst nach seinem Urlaub wieder auf die Mutter des betroffenen Jungen zukommen könne. Nach dem 15. September könne ein Termin hierfür vereinbart werden. Vor seinem Urlaub lud er mich zu einem Gespräch auf den Domberg ein.

Das Gespräch mit den Generalvikaren
Ich wurde zu einem Gespräch mit Kirchenvertretern der Bistümer Bamberg und Würzburg ins Erzbischöfliche Ordinariat nach Bamberg eingeladen. Das Gespräch sollte am 4.08.2000 stattfinden. Meine Bemühungen, auch einen Vertreter des Bistums Limburg mit an den Tisch zu bekommen, scheiterten.

Von kirchlicher Seite aus sollten die Generalvikare Alois Albrecht (Erzbistum Bamberg) und Dr. Karl Hillenbrand (Bistum Würzburg) sowie der Justiziar des Bistums Bamberg Gesprächsteilnehmer sein. Ich selbst kündigte mit Schreiben vom 20.07.2000 an die Vertreter aller drei Bistümer an, dass ich nicht allein, sondern mit einer Delegation der *Initiative gegen Gewalt und sexuellen Missbrauch an Kindern und Jugendlichen e. V.* an dem Gespräch teilnehmen würde. Neben vier Mitgliedern unseres Vereines würden mich auch drei Mitglieder aus den betroffenen Gemeinden der letzten Pfarrstelle von Pfarrer W. und eine Katholikin aus Bamberg begleiten.

Ebenfalls vorab hatte ich die Teilnehmer darauf hingewiesen, dass wir beabsichtigen, die Öffentlichkeit über das Ergebnis unseres Gesprächs zu informieren, und hatte diesbezüglich eine gemeinsame Pressekonferenz vorgeschlagen. Sollte die Kirche darauf nicht eingehen, würden wir unsererseits unmittelbar nach dem Treffen gegenüber Pressevertretern eine Stellungnahme abgeben. Insofern waren unsere Erwartungen an das bevorstehende Treffen klar formuliert. Einigen Medienvertretern kündigte ich kurz vor dem Treffen an, dass zumindest ein Vertreter der Initiative nach dem Gepräch ein Statement abgeben werde.

Die Kirchenvertreter reagierten bei unserem Besuch mit dem Wunsch, dass ich mit ihnen zunächst allein sprechen solle. Dem widersprach ich entschieden und bestand darauf, zu einem Vorgespräch im kleinen Kreis zumindest eine Protokollantin mitnehmen zu dürfen. Dies wurde mir schließlich zugestanden. Bei diesem Gespräch einigte man sich auf zwei zu erörternde Grundsatzfragen:
1. Was kann die Kirche nun für die Gemeinden tun?
2. Was kann die Kirche für die Opfer tun?

Ein wichtiges Thema war unter anderem, dass Pfarrer W. vier Wochen nach seiner Verurteilung noch immer im Pfarrhaus von Ebersdorf wohnte und sich weiterhin in die pastorale Arbeit vor Ort tagtäglich einmischte.
Die Situation war durch W.s Verbleiben in der Gemeinde für viele Katholiken unerträglich geworden. Aus diesem Grund hatte ich drei Frauen aus der Gemeinde Ebersdorf-Sonnefeld gebeten, mich zu dem geplanten Gespräch zu begleiten, um somit den Generalvikaren die Lage vor Ort besser nahezubringen.
Generalvikar Albrecht erklärte, dass er auf die Information über mein Telefongespräch mit W. umgehend reagiert habe, die Telekom jedoch sechs Tage brauchen werde, um die Leitung zu unterbrechen, und dass er im Übrigen keine Möglichkeit habe, den Pfarrer aus dem Pfarrhaus zu verweisen. Pfarrer W. werde aber die Wohnung räumen, da er ab 1. September in der Diözese Würzburg den Dienst als Seelsorger in einem Altenheim antreten wer-

de. Dr. Hillenbrand halte die Oberin des Hauses für so führungs-sicher, dass sie »die soziale Kontrolle« des Pfarrers übernehmen könne. Pfarrer W. dürfe jedoch keinen Gottesdienst mehr mit Ministranten (auch nicht als Aushilfe) abhalten.

Generalvikar Albrecht sah keinen Zusammenhang zwischen der Spaltung innerhalb der Pfarrgemeinden und dem pädokriminellen Verhalten des Pfarrers. Vielmehr sei diese Spaltung auf alte Streitereien zurückzuführen. Dabei setze man schlichtweg auf den Faktor Zeit. Eine Einmischung unserer Initiative lehnte Albrecht ab. Dr. Hillenbrand und der Justiziar vertraten die Meinung, dass die betroffenen Kinder in erster Linie Ruhe haben und vergessen wollten und ersuchten deshalb, von jeglicher Öffentlichkeitsarbeit abzusehen.

Meine Frage an die Kirchenvertreter lautete: Ist ein krimineller Pfarrer weiterhin der richtige Mann, um als Seelsorger zu arbeiten und das Wort Gottes zu verkünden?

Dr. Hillenbrand betonte, dass er keine Möglichkeit sehe, Pfarrer W. in Pension zu schicken.

Ich betonte, dass gerade sein Amt Pfarrer W. erneut Glaubwürdigkeit und Würde verleihen und ihm wiederum das Vertrauen von Unwissenden sichern werde. Dr. Hillenbrand stimmte mir in der Hinsicht zu, dass es keine absolute Sicherheit geben werde. Er verspreche sich aber durch einen seelsorgerischen Wiedereinsatz Kontrolle über die pädophilen Neigungen des Priesters. Ich erwiderte dem Generalvikar, dass die Kirche auf diese Weise ihrer Verantwortung erneut nicht gerecht werde.

Dr. Hillenbrand sah in der priesterlichen Wiederverwendung die einzige Möglichkeit der sozialen Einbindung des Pfarrers und seiner Kontrolle. Im Gegensatz dazu erklärten jedoch beide Generalvikare, dass sie Pfarrer W. für unbelehrbar und untherapierbar hielten. Dr. Hillenbrand befürchtete zudem, dass W. »seine Rechte« notfalls bis nach Rom einklagen werde, wenn die Kirche Pfarrer W. eine priesterliche Amtsausübung verweigere.

Um 16.15 Uhr wurden die Mitglieder unserer Abordnung zum Gespräch zugelassen.

Die drei Frauen aus der katholischen Pfarrgemeinde Ebersdorf-Sonnefeld schilderten zunächst die Situation vor Ort und baten die Kirchenvertreter um eine persönliche und klare Stellungnahme zur Schuld des Pfarrers und zu dem Vorgehen der Kirche – öffentlich und vor der versammelten Gemeinde. Ziel sei es, endlich wieder Einigkeit in der Gemeinde herstellen zu können. Einen maßgeblichen Einfluss auf die Zerrissenheit und den Unfrieden innerhalb der Pfarrgemeinde hätten auch die fortwährende Anwesenheit des Pfarrer W. und seine Unterstützung durch die Pfarrgemeinderatsvorsitzende T.

Generalvikar Albrecht versicherte, dass Pfarrer W. in den nächsten Tagen das Pfarrhaus verlassen werde, und schlug vor, dass die Gemeinde einen neuen Pfarrgemeinderat wählen solle, um dieses Problem auf demokratische Weise zu lösen.

Ich forderte Dr. Hillenbrand auf, sich auch um die betroffenen Familien aus der Vergangenheit zu kümmern und den Sachverhalt in den betroffenen Gemeinden im Bistum Würzburg und Limburg richtigzustellen. Dr. Hillenbrand bestätigte den Erhalt eines Briefes von einer betroffenen Familie aus Miltenberg und gab an, dass er darüber sehr bestürzt gewesen sei. Er wolle sich nun darum kümmern. In diesem Zusammenhang betonte der Generalvikar, dass er zur Zeit der damaligen Ereignisse noch nicht im Amt gewesen sei. Er habe von den Vorgängen nur über Dritte erfahren.

Die anwesenden Mitglieder der *Initiative gegen Gewalt und sexuellen Missbrauch an Kindern und Jugendlichen e. V.* stellten außerdem folgende Fragen an die Generalvikare:

1. 1993 hatte die Initiative die Diözesen Bamberg, Würzburg und Limburg wiederholt sehr eindringlich und umfassend über die pädophile Neigung des Pfarrers W. informiert und gewarnt.

Warum hat man W. dennoch völlig unkontrolliert weiter mit Kindern arbeiten lassen?

Warum behauptet Generalvikar Albrecht, dass er vor dem Coburger Prozess noch nie von solchen Vorwürfen gegen Pfarrer W. gehört habe?

Existierte wirklich kein Austausch zwischen den Bistümern?

Generalvikar Albrecht:
Er habe nur von Distanzverletzungen mit Kindern in einem Fe-
rienlager (kath. Pfarrgemeinde Ebersdorf, also sein Bistum!) gewusst. Daraufhin habe er Pfarrer W. zu einer Therapie geraten
(Schreiben von Generalvikar Albrecht vom 16.11.1993, S. 126), dies
aber nicht weiter verfolgt. Von den Prozessen aus Obernburg und
Aschaffenburg wisse er nur, dass es keinen Schuldspruch gegeben habe und die Verfahren nach § 153a StGB eingestellt worden
seien. Dadurch habe für Albrecht weiterhin die Unschuldsvermutung gegolten. Diese Kenntnisse habe er an die Schulreferate weitergegeben. Über sexuelle Übergriffe im Bistum Limburg sei er jedoch nicht unterrichtet gewesen. Der Generalvikar teilte weiter
mit, dass er damals acht Referenzen aus Ransbach-Baumbach eingeholt habe. Darunter befanden sich Referenzen des Bürgermeisters (Schreiben auf S. 102 f.) und von Mitgliedern des damaligen
Pfarrgemeinderats. Die Referenzen seien alle gut ausgefallen. Daher sah er keinen Grund, Pfarrer W. nicht wieder eine Gemeinde
anzuvertrauen. Sein Vorgehen bezeichnete Albrecht als korrekt.
Nachdem am 2. Weihnachtsfeiertag 1998 erneute Übergriffe bekannt geworden waren, traf der Generalvikar mit W. die Verein-
barung, dass er ihn erst nach Anklageerhebung vom Dienst suspendieren würde. Dies sei dann am 6.09.1999 erfolgt.

2. Am 27.02.1997 beschwerte sich eine Familie bei der Kirchenleitung in Bamberg über Pfarrer W. Es ging dabei in erster Linie
um fragwürdige Unterrichtsmethoden und den Hinweis, dass
man von früheren Verfehlungen des Pfarrers erfahren habe. Warum reagierte man darauf abweisend und in ähnlicher Form wie
zuvor auf die Stellungnahme der Initiative? (Vgl. Antwortschreiben von Generalvikar Albrecht, S. 124)

Generalvikar Albrecht:
Wir haben die Informationen an die Schulreferate weitergegeben.

3. Als am 2. Weihnachtstag 1998 Herr C... den Pfarrer im Gottesdienst sogar öffentlich des sexuellen Missbrauchs an seinem Sohn

beschuldigte und kurz danach Anzeige erstattete, ließ die Kirche W. dennoch weiterhin im Amt. Auf Drängen des Schulamtes hin wurde er lediglich vom Schuldienst suspendiert. Warum reagierte man von Seiten der Kirche nicht umgehend und in angemessener Form (Entbindung von allen Ämtern)?

Generalvikar Albrecht:
Weil eine Unschuldsvermutung zu gelten habe. Von Seiten der Kirche habe man den Sachverhalt der Staatsanwaltschaft gemeldet. Das Vorgehen der Kirche sei angemessen und korrekt gewesen.

4. Nachdem die Initiative am 6.02.1999 von den erneuten Übergriffen des Pfarrers erfahren hatte, forderte sie nochmals von der Kirche die umgehende Suspendierung des Herrn W. Warum hatte die Kirche immer noch kein Einsehen, antwortete nicht und ließ W. weiterhin im Gemeindedienst (u. a. erteilte W. wohl auch noch Kommunionunterricht)?
5. Eine betroffene junge Frau aus Miltenberg hatte sich im Februar 1999 bereit erklärt, ihr Missbrauchserlebnis mit Pfarrer W., das sie im Alter von sieben Jahren hatte, gegenüber Kirche und Staatsanwaltschaft anzuzeigen. Warum erfolgte von Seiten der Kirche bis dato (4.08.2000) keine Reaktion darauf, zumal die Betroffene erst kürzlich auch vor dem Landgericht Coburg ihren Fall glaubwürdig geschildert hatte? Warum ließ die Kirche W. im Februar 1999, nach dem Bekanntwerden dieses schweren Vorwurfes, weiterhin bis zur Anklageerhebung im Amt?
6. Was wird oder hat die Kirche dagegen unternommen, dass sich Pfarrer W. gegenüber dem Vorsitzenden der Initiative, Johannes Heibel, als Pastoralreferent F. ausgab und sich 43 Minuten lang mit Heibel »über« den Fall W. unterhielt? Warum stellte man dies nicht umgehend ab und ermöglichte W. zunächst weiterhin den Zugang zum Telefon des Pfarrhauses (nachweislich zumindest bis 22.07.2000), obwohl man öffentlich etwas anderes behauptete?

Generalvikar Albrecht zu den Fragen 4–6:

Er halte seine Möglichkeiten für ausgeschöpft und sehe darüber hinaus keinen Handlungsbedarf.

7. Warum gestattete bzw. gestattet man Pfarrer W. noch immer, im kath. Pfarrhaus Ebersdorf zu wohnen?
Die Frauen aus der Pfarrgemeinde Ebersdorf-Sonnefeld teilten zu diesem Sachverhalt mit, dass Pfarrer W. eine Eigentumswohnung in Würzburg besitze. Aus diesem Grund könnten sie es nicht verstehen, warum man Pfarrer W. nicht aus dem Pfarrhaus verweisen könne.

Die Kirchenvertreter:
Bestätigten, von dieser Eigentumswohnung zu wissen. Da aber die Wohnung vermietet sei, habe man den Pfarrer auch nicht aus dem Pfarrhaus werfen können. Die Wohnung habe der Pfarrer vor längerer Zeit von einer älteren Dame geerbt, die zuvor auch schon seine Geldauflage (8.000 DM) aus dem Aschaffenburger Prozess gezahlt habe.

8. Warum löst man nicht das Versprechen ein und besucht alle betroffenen Familien vor Ort (Miltenberg, Ransbach-Baumbach und Ebersdorf-Sonnefeld), um sich bei ihnen zu entschuldigen und Wiedergutmachung zu leisten? Was hat man sich dabei gedacht, die betroffene Familie aus Ebersdorf nach Bamberg einzuladen? (Wenn man jemandem durch sein Verhalten Schaden zugefügt hat, geht man üblicherweise zum Geschädigten hin und bestellt ihn nicht zu sich.)

Die Kirchenvertreter:
Sie teilten diese Ansicht nicht und waren der Meinung, dass sie sich angemessen verhalten hätten. Man habe die aktuell betroffene Familie ins Ordinariat eingeladen, weil man insbesondere bei Hausbesuchen Öffentlichkeit und Presse befürchtet habe. Generalvikar Albrecht beabsichtige, nach den Sommerferien bei der Familie, die der Einladung nicht gefolgt sei, einen Hausbesuch durchzuführen. Dr. Hillenbrand sah sein Versprechen dadurch erfüllt, dass er ja von Würzburg nach Bamberg angereist sei.

9. Was tut die Kirche für die Rehabilitation der betroffenen Menschen vor Ort?

Die Kirchenvertreter:
Wollen die Familien und die Initiative um Vorschläge bitten, welche Maßnahmen geeignet erscheinen und was an Finanzierungen zu übernehmen sei.

Initiative nennt einige Beispiele:
Finanzierung von Ferienfreizeiten für die Kinder oder die ganze Familie, um ein »Sich-wieder-Finden« zu ermöglichen; Kostenübernahme aller zukünftigen Maßnahmen, die dem Heilungsprozess förderlich erscheinen; Fahrtkostenerstattung für alle notwendigen Maßnahmen (Therapie etc.); Verdienstausfälle der Erziehungsberechtigten.

Die Kirchenvertreter:
Machen hierzu keine klaren Aussagen bzw. Versprechen.

10. Das Verhalten des Pfarrers W. hat in allen drei Pfarrgemeinden zu gravierenden Zerwürfnissen/Spaltungen und Angriffen auf betroffene Familien geführt. Was gedenkt die Kirche dagegen zu tun bzw. wird ein Klärungsprozess angestrebt?

Generalvikar Albrecht:
Hält sich offen, nach einer angemessenen Zeit selbst in den Gemeinden im Erzbistum Bamberg einzugreifen.

11. Was für eine Lehre zieht die kath. Kirche selbst aus diesem Fall? Wird es personelle, strukturelle oder inhaltliche Veränderungen geben?

Die Kirchenvertreter:
Dazu konnten die Anwesenden noch keine neuen Erkenntnisse mitteilen.

12. Was wird die Kirche zukünftig in präventiver Hinsicht tun?
Wie gedenkt man hier vorzugehen? Ist die Kirche daran interessiert, mit außerkirchlichen Beratungs- und Fachstellen, also auch mit unserer Initiative, zusammenzuarbeiten, Fortbildungsprogramme für Angestellte in kirchlichen Einrichtungen zu entwickeln und durchzuführen, Angestellte stärker zu sensibilisieren?

Die Kirchenvertreter:
Von Seiten der Kirche bekundete man Interesse.

Wiederverwendung von Pfarrer W. nach Verurteilung wird öffentlich
Nach dem Gespräch mit den Generalvikaren der Bistümer Würzburg und Bamberg informierte ich, wie vorher angekündigt, die Medien. Da die Generalvikare eine gemeinsame Pressekonferenz mit unserer Initiative kategorisch abgelehnt hatten, tat ich dies eigenständig.
Eberhard Schellenberger vom Bayerischen Rundfunk, Regionalstudio Mainfranken, nimmt das Thema am 7.08.2000 in einem Radiobericht auf.
Der nachfolgende Kommentar Schellenbergers zum Wiedereinsatz von Pfarrer W. hatte es in sich und musste Generalvikar Dr. Hillenbrand mitten ins Mark treffen:

Ein Pfarrer teilt seiner Gemeinde mit, er werde seine langjährige Freundin heiraten. Keine 12 Stunden später suspendiert ihn die Diözese Würzburg vom Dienst. Er darf ab sofort keine Gottesdienste abhalten. Er muss seine Gemeinde verlassen, selbst der Religionsunterricht wird ihm verboten. Was nutzt es, dass seine Ministranten Rotz und Wasser heulen über den tollen Pfarrer, den sie verlieren. Berufsverbot, abgestempelt zum Sozialhilfeempfänger. Was willst du machen, wenn du nur Theologie studiert hast? Mehrfach so geschehen in der Diözese Würzburg.
Ein Pfarrer missbraucht Ministranten. Gleich dreimal. Im Landkreis Miltenberg, in der Diözese Limburg und nun in der Erzdiözese Bamberg. Ein Warnsystem, wenn es überhaupt eines gab zwischen den drei Diözesen, es versagt kläglich. Generalvikar Karl Hillenbrand

nimmt nun diesen Mann wieder in die Diözese Würzburg zurück.
Seelsorger darf er weiter bleiben. Ein Altenheim oder ein Schwestern-
haus soll ihn aufnehmen. Einen Mann, der uneinsichtig ist. Der
nicht fähig ist, gerade als Mann der Kirche, seine Schuld einzuge-
stehen. Wer würde ihm da Umkehr und Buße verweigern? Gerade
in der Kirche. Aber er, er zeigt sich als Mann, der mit seiner Feig-
heit das Gericht dazu zwang, dass die missbrauchten Ministranten
noch einmal die in ihnen quälenden Erlebnisse erzählen müssen.
Die Kinder sind alle in psychiatrischer Behandlung. Schrecken nachts
mit Alpträumen hoch. Ich wünsche mir standhafte Oberinnen und
Altenheimleitungen, die sich strikt weigern, diesen Mann als Seel-
sorger in ihr Haus aufzunehmen.

Pfarrer W. verlässt Pfarrhaus in Ebersdorf

Am 10.08.2000 erhielt ich einen Anruf eines Gemeindemitglieds
aus Ebersdorf: Pfarrer W. sei nun endlich aus dem Pfarrhaus ausgezogen.

Generalvikar Albrecht beendet Korrespondenz

Am 10.08.2000 schickt mir Generalvikar Albrecht (Erzbistum
Bamberg) einen Brief:

Sehr geehrter Herr Heibel,
im Nachhinein zu unserem Gespräch am Freitag sind beiliegende
Zeitungsartikel in den Coburger Zeitungen und zudem ein Artikel
in den Nordbayerischen Nachrichten veröffentlicht worden. In allen
drei Artikeln wird – anders als in Ihrem Protokoll – behauptet, dass
sich der Würzburger und der Bamberger Generalvikar wenig hilfs-
bereit gegenüber den Eltern der Opfer zeigten.[48] Für mich ist das
unverständlich nach dem Gespräch, in dem wir genau das Gegen-
teil versicherten.
Meine bei der Zeugenvernehmung gemachte Aussage, Ihr Handeln
im Fall ›W.‹ sei kontraproduktiv, hat sich damit bestätigt. Deshalb

---

48 Dies entspricht den Tatsachen und steht keineswegs im Widerspruch zu unserem Protokoll (Anm. d. Verf.).

werden wir in Zukunft auf Ihre Mitwirkung in dieser Angelegenheit verzichten. Auch Ihre Faxnachrichten können Sie sich zukünftig ersparen.

Mit freundlichen Grüßen
...
Alois Albrecht
Generalvikar

Am 11.08.2000 antworte ich Generalvikar Albrecht darauf:

Sehr geehrter Herr Albrecht,
... Ihr Vorgehen empfinde ich ... als sehr respektlos und alles andere als würdevoll gegenüber Opfern. Vor Ihrem Urlaub hatten Sie z. B. keine Zeit mehr, die dritte betroffene Familie aufzusuchen. Diese lehnte zuvor Ihre Einladung zu einem Gespräch nach Bamberg ab, zeigte aber Bereitschaft in Bezug auf einen Besuch Ihrerseits (siehe Terminvorschläge!). Jetzt können Sie sogar plötzlich aus Ihrem Urlaub reagieren. Dies verrät, dass es wohl doch geht, wenn Ihnen eine Sache wichtig ist! Ich möchte Ihnen sagen, dass es für Opfer keinen Urlaub vom sexuellen Missbrauch gibt. Wenn es Ihnen ein wichtiges Anliegen gewesen wäre, dann hätten Sie sich einen Besuch vor Ihrem Urlaub sicherlich eingerichtet. ...
Abschließend begrüße ich es, dass Sie im Nachhinein doch bereit sind, die Familien zu entschädigen. Wie Sie wissen, haben Sie im Gespräch die Zahlung einer Entschädigungssumme strikt abgelehnt. Es sei nicht angemessen und würde einen unseriösen Eindruck vermitteln, wenn Sie den Familien so etwas anbieten würden.
Vielen herzlichen Dank für Ihr Entgegenkommen. Da hat sich dann wohl doch was bei Ihnen bewegt!

Mit freundlichen Grüßen
...
Johannes Heibel
Vorsitzender

Rücktritt der Pfarrgemeinderatsmitglieder

Am 21.08.2000, gut sechs Wochen nach Verurteilung von Pfarrer W. vor dem Landgericht Coburg, geben Pfarrgemeinderatsmitglieder der Gemeinde Ebersdorf-Sonnefeld Generalvikar Albrecht ihren Rücktritt bekannt.

Initiative fordert Strafverfahren gegen Bamberger Generalvikar

Am 30.08.2000 veröffentlicht die Neue Presse Coburg unsere Forderung, ein Strafverfahren gegen Generalvikar Alois Albrecht wegen des Verdachts der Falschaussage im Prozess gegen Pfarrer W. vor dem Landgericht Coburg einzuleiten. Unter der Überschrift: »Strafverfahren gegen Bamberger Generalvikar wegen Falschaussage – Forderung von Initiative gegen Gewalt« heißt es weiter:

> ... Sowohl im Prozess gegen den verurteilten Pfarrer W. aus Ebersdorf bei Coburg, als auch bei einem Gesprächstermin mit Vertretern der Initiative Anfang August hatte Albrecht bestritten, ausreichend informiert gewesen zu sein. Bei dem jüngsten Gespräch mit dem Personalreferent des Bistums Limburg, Helmut Wanka, sagte dieser nochmals, die Erzdiözese Bamberg sei über die Vorgänge in Ransbach-Baumbach informiert gewesen. ›Diesen Widerspruch müssen wir klären‹, fordert Heibel. Es könne nicht sein, dass für Generalvikare andere Gesetze und mehr Privilegien gelten als für andere Menschen ...

In diesem Zusammenhang möchte ich auch auf die Aussage des Bistumssprechers der Diözese Limburg, Michael Wittekind, hinweisen. Wittekind äußerte sich in der Sendung MonaLisa (ZDF vom 20.02.2000) wörtlich zu dem Sachverhalt wie folgt:

> Es gab einen deutlichen Brief des Generalvikars an den Generalvikar in Bamberg. Die Information hat funktioniert, sowohl das Heimatbistum Würzburg als auch das Bistum Bamberg waren über das, was mit dem Priester hier im Bistum Limburg war, immer informiert. Aber nur die Kommunikation allein garantiert noch nicht, dass entsprechende Konsequenzen auch gezogen werden.

Gegen Albrecht wurde im weiteren Verlauf nicht ermittelt. Man ließ die Angelegenheit seitens der Justiz praktisch unter den Tisch fallen.

Pfarrer W. sorgt weiter für Unruhe in der betroffenen Pfarrgemeinde
Nach Informationen von betroffenen Familien und von Gemeindemitgliedern hält sich Pfarrer W. auch nach seinem Auszug aus dem Pfarrhaus nach wie vor in der Region Sonnefeld/Ebersdorf auf. Unter anderem verbreitet sich ein Gerücht, dass W. sogar beabsichtige, nach Sonnefeld oder Coburg ziehen zu wollen.
Allein mit seiner häufigen Präsenz sorgt er in den Gemeinden für Unruhe. Man sieht sich ständig mit ihm und der Vergangenheit konfrontiert. Die Spaltung in der Gemeinde verfestigt sich mehr und mehr.
Am 5.09.2000 gebe ich diesbezüglich eine Mitteilung an die Medien und fordere, notfalls per Gerichtsbeschluss eine »Go Order« zu erwirken.

Neuer Einsatzort für Pfarrer W.
Am 13. September 2000 berichtete die Neue Presse Coburg unter der Überschrift: »In Heidenfeld brodelt es – Versetzung des verurteilten Pfarrer W. sorgt in der neuen Gemeinde für Wirbel«, dass das Bistum Würzburg für Pfarrer W. nun im Kloster »Maria Hilf« in Heidenfeld (Landkreis Schweinfurt) eine neue Anstellung als Hausgeistlicher gefunden habe. Dies erfuhr ich von einer betroffenen Familie aus der Region Sonnefeld. Ab 28. September solle W. dort tätig sein. Dem Pressebericht war zu entnehmen, dass es bereits erste Proteste gegen diese Entscheidung der Würzburger Bistumsleitung gegeben hatte. Der Oberministrant Martin Hetterich teilte der Neuen Presse mit, dass bereits eine Unterschriftenaktion gegen die Versetzung des verurteilten Priesters vorbereitet werde. Auch ein Brief an Generalvikar Dr. Hillenbrand sei geplant. Weiter heißt es in dem Bericht:

... Zudem seien die Schwestern, die in dem Kloster leben, nicht begeistert über die Versetzung des straffälligen Priesters, sagt Hetterich. Am meisten ärgert es Hetterich jedoch, dass nun die acht Minis-

tranten, die regelmäßig an Sonn- und Feiertagen in dem Kloster bei Messen ihren Dienst tun, ihren Dienst quittieren müssen. ... Würzburg fand als optimale Lösung eine Anstellung als Hausgeistlicher im Kloster ›Maria Hilf‹ in Heidenfeld, das der Kongregation der Schwestern des Erlösers als Altensitz dient. Doch ganz so optimal scheint die Lösung dennoch nicht zu sein. Denn regelmäßig an Sonn- und Feiertagen wird dort die Messe vom Hausgeistlichen gefeiert, zu der auch Gläubige aus dem Dorf kommen und bei der Jugendliche ministrieren. ... Einige Eltern der Ministranten wollen, wenn W. die Messe zelebriert, ihre Kinder nicht mehr in die Kirche lassen, andere Ministranten wollen von sich aus nicht mehr dem Gottesdienst beiwohnen. ›Ich könnte W. nach der Verurteilung nicht als Pfarrer anerkennen‹, sagt der 18-jährige Oberministrant. Zudem sehe er es als Befolgung des Urteilsspruch der Coburger Kammer, nicht mehr in die Nähe des verurteilten Pfarrers zu kommen ...‹

Ich konnte es einfach nicht glauben: Nachdem Pfarrer W. in drei Bistümern Kinder missbraucht hatte, aus diesem Grund bereits drei Mal vor Gericht gestanden hatte und endlich, nach dem Hin und Her der ersten beiden Prozesse in Obernburg und Aschaffenburg, beim »dritten Anlauf« für seine Verbrechen verurteilt worden war, verschaffte das Bistum Würzburg ihm erneut die Möglichkeit, pastoral tätig zu werden.

Jedem seine dritte Chance? Ist das auch Gottes Wille? Ist das gelebtes Christentum? Ist dafür Jesus Christus am Kreuz gestorben? Was muss eigentlich noch alles passieren, bis diese offenbar weltfremden, völlig überforderten Kirchenoberen es begreifen, was ein hochmanipulativer Vertrauensmissbraucher, ein Kinderschänder, Kindern damit antut – und ihren Eltern, der Gemeinde, der ganzen Glaubensgemeinschaft?

Ich nahm Kontakt zur Pfarrgemeinderatsvorsitzenden Maria Hetterich und ihrem Sohn auf, dem Oberministranten Martin Hetterich. Von den beiden erfuhr ich weitere Details.

Maria Hetterich hatte bereits am 12.09.2000 einen Brief an das Bischöfliche Ordinariat Würzburg geschrieben. Dabei fällt auf,

dass sie W. nie als Pfarrer, sondern immer nur als »Herrn W.«
bezeichnet:

Betreff: Versetzung von Herrn W. ins Kloster ›Maria Hilf‹
Sehr geehrter Herr Generalvikar Hillenbrand,
in der letzten Woche las ich in der Tagespresse von der Versetzung
von Herrn W. ins hiesige Kloster. Nachdem ich mich dann über
dessen Vergangenheit kundig gemacht hatte, kam in mir Unglaube
auf, dass Sie sich, als Sie diese Entscheidung trafen, der Situation
in Heidenfeld bewusst waren. Denn das Heidenfelder Kloster ist
nicht etwa vom Dorf abgetrennt, weder distanziell noch in Bezug
auf ein gemeinsames Gemeindeleben. Das Kloster ist in das Gemein-
deleben sehr gut integriert, in den letzen Jahrzehnten waren beide
Seiten stets um ein gutes Miteinander bemüht, was in einem recht
engen und innigen Verhältnis mündete.
Ich möchte nur einige Dinge nennen, welche die tiefe Verwurzelung
des Klosters im Ort begründet:
So gibt es aus dem Dorf eine Schar von Ministranten, die seit Jahr-
zehnten jeden Sonntag ihren Dienst im Kloster verrichten. Sie bil-
den eine eigenständige Gruppe, die sich selbst um ihren Nachwuchs
kümmert und den Gottesdienst im Kloster feierlich gestaltet. Der
Verlust dieser Ministrantengruppe wäre schmerzhaft.
Aber auch andere Kinder und Jugendliche stehen in regem Kontakt
mit den Nonnen. So wird ein großer Teil der Sternsinger im Kloster
ausgesandt. Sie proben zusammen mit dem Hausgeistlichen den
Aussendungsgottesdienst und laufen singend und musizierend durch
die verschiedenen Stationen des Klosters – womit sie vielen kranken
und alten Schwestern ein Erlebnis bereiten, von dem diese noch
Wochen später erzählen. Aber sie besuchen auch das klösterliche
Pfarrhaus und bringen dem Priester und seiner Haushälterin ihre
Texte und Lieder dar.
Ebenso beginnen die Kindergartenkinder ihren Laternenumzug zu-
sammen mit der Klostergeistlichkeit im Klosterhof. Auch veranstal-
tet der Kindergarten zahlreiche Besichtigungen im Kloster oder (es)
werden von ihnen ›Ausflüge‹ in den Klosterpark unternommen. Der
Kontakt mit den Nonnen und dem Hausgeistlichen war in der Ver-

gangenheit immer sehr reizvoll für die Kleinen. Auch für andere Ak-
tionen der Pfarrgemeinde und ihrer Verbände wird das Klosterareal
gerne benutzt, so findet z. B. das Ostereiersammeln auf dem Ge-
lände statt.
Auch durch die zahlreichen Angestellten, die im Kloster beschäftigt
sind, entstehen starke soziale Bindungen zwischen Pfarrgemeinde
und Kloster. Oft besuchen sie mit ihren Familien den Gottesdienst,
was vor allem an Feiertagen deutlich zu erkennen ist, so ist es keine
Seltenheit, wenn dann die Klosterkirche zur Hälfte mit Familien
aus unserer Gemeinde besetzt ist.
Da das Kloster, wie oben schon erwähnt, direkt am Ort angebaut
ist, und das weitläufige Gelände für jeden offen steht, finden sich
dort oft spielende Kinder. Die Bäume an der Klostermühle sind vor
allem im Herbst, wenn dort die Kastanien reif sind, rege besucht.
Der Bach, der durch das Klostergelände fließt, wird von vielen Kin-
dern als Spielort benutzt.

Auch im Klostergarten und im Bereich des klösterlichen Bauernho-
fes sind manchmal Kinder anzutreffen, die dort herumtollen, mit
kleinen Katzen spielen oder sich auf sonstige Weise vergnügen.
Für Herrn W. wäre es eine Leichtigkeit, mit Kindern der Ortschaft
in Kontakt zu kommen, gerade da das Gelände und das Kloster
selbst offen für das Dorf sind.
Ich möchte nicht, dass wir uns falsch verstehen: Ich glaube nicht,
dass Herr W. durch Heidenfeld zieht und dort sein Unwesen treibt,
wobei mir schon etwas mulmig zu Mute wäre. Ich bange vielmehr
darum, dass die wirklich gute Beziehung zum Kloster verloren geht.
Und ich bange darum, dass den Schwestern, die ein langes und ar-
beitsreiches Leben hinter sich haben, eine der wenigen Freuden, wel-
che ihnen in ihrem teilweise sehr beschwerlichen Leben noch ver-
gönnt ist, genommen wird: Der Umgang mit Kindern und Jugend-
lichen.
Ich verstehe auch die Probleme und das Dilemma, in dem Sie ste-
cken, aber ich bitte Sie: Opfern Sie nicht einen großen Teil des Le-
bens unserer Gemeinde, sowie die Lebensfreude der Nonnen; und
haben Sie Verständnis für die Sorgen vieler Eltern.

Mit freundlichen Grüßen

...

Maria Hetterich, Pfarrgemeinderatsvorsitzende

Ihr Sohn, der Oberministrant, schreibt ebenfalls einen Brief an Generalvikar Hillenbrand. Auch er spricht darin nicht von Pfarrer W. sondern von Herrn W.:

Sehr geehrter Herr Hillenbrand,
ich bin Oberministrant der Ministrantengruppe >St. Tarzisius< des Klosters >Maria Hilf< in Heidenfeld. Seit ungefähr 8½ Jahren ver-richte ich ca. alle 3 Wochen meinen Dienst am Altar, und in mei-nem Amt als Oberministrant fühle ich mich dem Fortbestehen der Ministrantengruppe und dem Schicksal meiner >Minis< verpflichtet.
Wie Sie sich wohl vorstellen können, traf mich die Nachricht von der Versetzung von Herrn W. in >mein< Kloster sehr hart. Ich sollte Ihnen vielleicht genauer erklären, was der Dienst im Kloster für uns Ministranten, aber auch für die Nonnen bedeutet.
Ich kann wohl behaupten, dass wir Ministranten alle sehr gerne ins Kloster kommen. Auch wenn der Gottesdienst am Sonntag schon um 7 Uhr beginnt, was für ein Kind oder einen Jugendlichen wohl nicht sehr einfach ist, verrichten wir alle mit Leib und Seele den Dienst am Altar. Eben, weil es nicht nur der Dienst am Altar ist. Wir haben alle ein sehr enges Verhältnis zu Herrn Msgr. Viktor Hof-mann, zu >unseren Sakristeischwestern<, aber auch zu Oberin Cle-mentis und zu allen anderen Schwestern, mit denen wir im Kloster zu tun haben. Und was wir den Schwestern bedeuten, kann wohl nur jemand beurteilen, der ihre leuchtenden Augen schon einmal gesehen hat, wenn wir ihnen begegnen. Viele der Schwestern waren in ihrer aktiven Zeit als Kindergärtnerinnen oder in Schulen tätig, wir sind jetzt ihr einziger Kontakt zur >Jugend<.
Mit Ihrer Entscheidung, Herrn W. als Hausgeistlichen im Kloster Heidenfeld einzusetzen, und der damit verbundenen Auflösung un-serer Ministrantengruppe haben Sie einige junge Menschen schwer enttäuscht. Diese jungen Menschen können einfach nicht glauben, dass das, was sie in langen Jahren, in intensiver Arbeit aufgebaut

oder von Älteren übernommen haben, auf einmal nichtig ist. Sie kön-
nen nicht glauben, dass das alles weniger zählt als die Unterbringung
einer Person, der man keine anderen Aufgaben übergeben möchte.
Ich bitte Sie, überdenken Sie Ihre Entscheidung, da Sie sonst Kin-
der und Jugendliche hinterlassen, die sich von ihrer Kirche nicht ernst
genommen fühlen.
...

Martin Hetterich, Oberministrant

Weitere Briefe an Generalvikar Dr. Hillenbrand und auch Leserbriefe
an die Neue Presse Coburg gingen diesen Schreiben voraus oder folgten ihnen. In Heidenfeld herrschten große Unruhe und Besorgnis.

Am 19.09.2000 gab ich eine Presseerklärung unserer Initiative
an die Medien, worin ich unsere Solidarität mit den Heidenfel-
dern bekundete. Ich machte zudem deutlich, dass ein wegen Kindesmissbrauchs verurteilter Priester keinesfalls mehr als Pfarrer
oder Seelsorger eingesetzt werden dürfe. Weiter heißt es in der
Presseerklärung:

... Die Initiative befürchte, dass die Gefahr besteht, dass so der im-
mer noch uneinsichtige Priester sein Amt auch weiterhin missbrau-
chen könne. Drei Diözesen sei es in der Vergangenheit nicht gelun-
gen, den Pfarrer von Übergriffen abzuhalten. Das Bistum Würzburg
macht sich selbst unglaubwürdig, wenn es der Überzeugung ist,
dass es den Priester nur so ›an der kurzen Leine halten‹ könne. ...
Falls das Bistum weiter bei dieser Haltung bleibt, wird die Initiative
eine groß angelegte Demonstration in Würzburg organisieren. ...

Am gleichen Tag, also am 19.09.2000 titelte das Schweinfurter
Tagblatt (Main-Post, Autor: Josef Schäfer):

Gerät Ordinariat ins Wanken?
Heidenfeld. In heller Aufregung sind viele Heidenfelder wegen der
Versetzung von Pfarrer W. ins Kloster ›Maria Hilf‹. Sie starten Un-
terschriftenaktion.

*Die ›Mobilmachung‹ in Heidenfeld hat offenbar das Bischöfliche Or-
dinariat dazu gebracht, den ›Fall W.‹ nochmals zu überdenken. ...
In dem Kloster ›Maria Hilf‹, wo etwa 160 Nonnen der Schwestern
des Erlösers ihren Lebensabend verbringen, glaubt das Ordinariat
eine geeignete Stelle gefunden zu haben. Dort soll der Pfarrer am
28. September seinen Dienst aufnehmen.*

*Doch das Blatt scheint sich zu drehen: Inzwischen hat die Heiden-
felder Gemeinderätin Brigitte Schaub eine Unterschriftenaktion gestartet, um den Einzug W.‹ in das Kloster zu verhindern. ... Dadurch soll das Ordinariat unter Druck gesetzt werden, seine Entscheidung zu revidieren. In der Tat wollen Generalvikar Hillenbrand und
Pressesprecher Bernhard Schweßinger die Stimmung ausloten: Am
Donnerstag nehmen sie an einer Pfarrgemeinderatssitzung teil, bei
der W. Thema ist. Wie Schweßinger sagt, suche er das Gespräch
mit den Gläubigen vor Ort: ›Es ist alles offen.‹ Das Ordinariat wolle ›nicht über die Köpfe der Leute‹ entscheiden. ...*

Die Entscheidung

Am 21.09.2000 kommt es dann zu dem mit Spannung erwarteten offenen Zusammentreffen des Pfarrgemeinderates von Heidenfeld mit dem Generalvikar des Bistums Würzburg, Dr. Hillenbrand. Etwa 60 Heidenfelder Bürgerinnen und Bürger waren zu-
sammengekommen und verfolgten die Diskussion im Pfarrsaal,
während Medienvertreter auf Wunsch des Ordinariats von der
Teilnahme ausgeschlossen waren.

Das Ergebnis gab Hoffnung. Der Protest eines großen Teils der Heidenfelder Bevölkerung gegen die Entscheidung des Bistums Würzburg, Pfarrer W. im Kloster von Heidenfeld eine weitere Chance zu
geben, hatte sich gelohnt. Zu massiv waren die Gegenstimmen.
Die Mitglieder des Pfarrgemeinderates hatten sich in einer Abstimmung einstimmig gegen den Einsatz von W. in Heidenfeld
ausgesprochen. Hinter diese Forderung stellte sich zudem in einem
Redebeitrag der amtierende Bürgermeister von Heidenfeld. Generalvikar Dr. Hillenbrand musste einsehen, dass die Pläne des
Bistums so nicht durchsetzbar waren. Er gestand ein, dass er die
enge Bindung des Klosters an den Ort unterschätzt habe.

Wie emotional die Angelegenheit verfolgt wurde, drückt auch die Aussage des stellvertretenden Pfarrgemeinderatsvorsitzenden von Heidenfeld aus. Er äußerte sich gegenüber dem Schweinfurter Tagblatt erleichtert: »Uns sind die Tränen in den Augen gestanden.« Bis zum Ende des Revisionsverfahrens sollte Pfarrer W. nun für Arbeiten im Diözesearchiv eingesetzt werden (siehe S. 235 f.). Erst danach würde das Bistum über den weiteren Weg von W. entscheiden. In einer Presseerklärung der Diözesanleitung des Bistums Würzburg vom 22.09.2000 hieß es in Bezug auf Pfarrer W. weiter: » ... Gleichzeitig laufen weiterhin Bemühungen um eine therapeutische Begleitung. Gottesdienstaushilfen in Pfarreien werden ihm nicht übertragen...«

Um es vorwegzunehmen – auch diese Bemühungen des Heimatbistums Würzburg scheiterten kläglich (zu Gottesdienstaushilfen siehe auch im Schlusskapitel: »Der Pfarrer und die Detektive« und dort unter »Rehabilitation mit Hilfe der Medien«, S. 285 ff.). W. blieb uneinsichtig.

Generalvikar Dr. Hillenbrand beendet Korrespondenz

Am 29.09.2000 schrieb mir Herr Generalvikar Dr. Karl Hillenbrand vom Bistum Würzburg einen Brief. Neben den üblichen Rechtfertigungsversuchen kam er auch auf seine persönlichen »Wahrnehmungen insgesamt« zu sprechen. Nachdem er mich zunächst für meine Arbeit im allgemeinen Sinne gelobt hatte, kam er anschließend zu seiner Kritik. Hier ein Auszug aus seinem Brief:

Sehr geehrter Herr Heibel,
... Ich habe im Vorfeld unserer Beggegnung am 04.08. auch etliche Ihrer Informationsschriften mit Interesse und hohem Grad an Zustimmung gelesen. Die Art und Weise allerdings, wie ich Sie in Ihren Briefen und bei unseren Begegnungen erlebt habe, hat mich sehr ernüchtert und betroffen gemacht. Ihr Auftreten lässt mich daran zweifeln, ob ein so wichtiges Anliegen wie der Schutz von Kindern und Jugendlichen vor sexueller Gewalt von Ihnen mit der nötigen Sensibilität wahrgenommen wird.

…

Sehr geehrter Herr Heibel, von all dem her bin ich über die Art und Weise, wie Sie ein so wichtiges Anliegen konkret wahrnehmen, befremdet und bestürzt. Ich habe bei verschiedenen Gelegenheiten betont, dass ich im Blick auf unsere Diözese eine umfassende Verantwortung sehe: Zunächst und vor allem den betroffenen Kindern und ihren Familien gegenüber, aber auch im Blick auf den verurteilten Priester.

Ich habe desgleichen betont, dass ich gegen jedes Bagatellisieren und Vertuschen dieser Vorfälle bin. Deshalb arbeite ich darauf hin, dass schuldhaftes Verhalten erkannt und benannt wird. Umgekehrt wehre ich mich aber auch gegen eine Hetzjagd dem Beschuldigten gegenüber, die christlichem Verhalten ebenfalls nicht gerecht wird. Ich kann deshalb (wie übrigens auch Generalvikar Albrecht in seinem Brief an Sie vom 10.08.) Ihr Verhalten ebenfalls nur als kontraproduktiv und für die Bewältigung der Problematik keinesfalls hilfreich bezeichnen: Durch Ihr Agieren, dem offensichtlich die nötige Ausdifferenzierung zwischen Nähe und Distanz fehlt, schaden Sie Ihrem eigenen Anliegen, das ich als solches, wie bereits dargelegt, voll und ganz unterstütze.

Um meine Verantwortung in Zukunft sach- und situationsgerecht wahrnehmen zu können, möchte ich mit diesem Schreiben meine Kontakte zu Ihnen und Ihrer Initiative abbrechen. Ich bitte Sie auch, künftig Ihren Faxversand an unsere Adresse zu unterlassen. Dennoch hoffe ich auf Ihre Einsicht, dass gerade bei der Brisanz des Problems Kritik nicht nur einseitig von Ihnen her geübt werden darf.

Mit freundlichen Grüßen

…

Dr. Karl Hillenbrand
Generalvikar

Generalvikar Albrecht besucht überraschend Opferfamilie

Am 6.10.2000 klingelte Generalvikar Albrecht an der Tür der bereits vorher erwähnten Mutter eines betroffenen Jungen aus der Pfarrgemeinde Sonnefeld. Pfarrer W. hatte ihren Sohn in der Schule zweimal sexuell belästigt. Albrecht kam alleine, hatte seinen Besuch vorher nicht angemeldet, obwohl die Mutter des betroffenen Kindes ihn lange vorher ausdrücklich darauf hingewiesen hatte, dass sie mich bei einem Gespräch dabei haben wollte. Die Frau sagte mir einen Tag später in einem Telefonat, er habe sie regelrecht bedrängt und um Einlass gebettelt. Der Generalvikar habe seinen überraschenden Besuch damit begründet, dass er so wenig Zeit habe und dass er befürchtet habe, von der Presse empfangen zu werden, wenn sein Besuch angekündigt sei.

Schließlich habe die Frau ihn hereingelassen und Herrn Albrecht geschildert, dass es ihrem Sohn aufgrund der Übergriffe und der daraus resultierenden Gesamtsituation nicht gut gehe. Ihr Sohn habe sich sogar in therapeutische Behandlung begeben müssen. Die ganze Familie sei durch die Vorfälle belastet. Sie habe dann »kein Blatt mehr vor den Mund genommen« und ihm deutlich gemacht, dass es für ihre Familie eine Beleidigung sei, wenn der Pfarrer weiterhin sein Amt ausüben dürfe. Die Ereignisse in Heidenfeld hätten sie sehr betroffen gemacht.

Herr Albrecht habe daraufhin behauptet, dass ich die Heidenfelder aufgehetzt hätte. Die Frau stellte dies richtig, da sie selbst es gewesen war, die mich erst am 13.09.2000 auf einen Pressebericht über die Geschehnisse um Pfarrer W. in Heidenfeld aufmerksam gemacht hatte. (siehe S. 221 ff.)

Sie habe dem Generalvikar außerdem gesagt, dass ich der Einzige gewesen sei, der ihnen geholfen habe – vor, während und nach dem Prozess. Wo sei da die Kirche gewesen?

In diesem Gespräch wurden der Mutter erstmals konkrete Hilfeleistungen von Seiten der Kirche zugesagt:

– Übernahme der Therapiekosten für ihren Sohn, falls das Jugendamt oder ein anderer Kostenträger die weitere Finanzierung ablehne
– Erstattung der Fahrtkosten zur Therapiestätte
– Finanzierung der Hausaufgabenhilfe für ihren Sohn
– Die Übernahme der Kosten für einen Erholungsurlaub der Familie in ihrem Heimatland lehnte er zu diesem Zeitpunkt noch strikt ab, stimmte dem aber später zu

Der nicht angekündigte Besuch des Generalvikars war aus der Sicht der Familie allerdings respektlos und grenzüberschreitend. Der Wunsch der Mutter, einen Termin abzustimmen und mich als Vertrauensperson bei dem Gespräch dabei zu haben, wurde von dem Generalvikar einfach ignoriert.

Einschränkung der Zusagen?

Generalvikar Albrecht bestätigt der Therapeutin des betroffenen Jungen aus Sonnefeld mit Schreiben vom 12.10.2000, dass die Bistümer Würzburg und Bamberg ab dem 1. September 2000 anfallende Fahrtkosten zu Therapiestunden übernehmen würden, »...ebenso die Kosten für einen eventuellen Nachhilfeunterricht und die dabei entstehenden Fahrtkosten. ...« Was vorher an Kosten entstanden war, wird völlig außer Acht gelassen – der sexuelle Missbrauch durch Pfarrer W. hatte bereits 1998 stattgefunden.
Die Mutter schreibt dem Generalvikar daraufhin am 18.10.2000 einen Brief, in dem sie gegen dieses Vorgehen protestiert. Sie erklärt, dass es bei ihrem Sohn nach der Tat zu einem plötzlichen schulischen Leistungsabfall gekommen ist. Die Versetzung war gefährdet. Sie hatte deshalb ab dem Jahr 1999 Kosten für Nachhilfeunterricht. Seit April 2000 müsse sie außerdem einmal wöchentlich mit ihrem Sohn zu einer Therapie fahren. Dadurch seien hohe Fahrtkosten entstanden. Sie macht außerdem deutlich, dass ihre gesamte Familie unter einer schweren seelischen Belastung und einer körperlichen und praktischen Mehrbelastung durch die Ereignisse leide und bittet dafür um eine Entschädigung von 5.000 DM.
Generalvikar Albrecht bewilligt ihr daraufhin in seinem Antwortschreiben zusätzlich die Erstattung der angefallenen Kosten für Nachilfeunterricht ab 1999 und für Fahrten zur Therapieeinrichtung ab April 2000. Die Zusage eines Zuschusses zu einer Erholungsmaßnahme für die Familie macht der Generalvikar davon abhängig, dass die Therapeutin des Jungen die Notwendigkeit einer solchen Maßnahme bescheinigt.
Da die Familie weiterhin möchte, dass ich sie bei der Wahrnehmung ihrer Interessen unterstütze, schreibe ich am 10.11.2000 einen Brief an Albrecht mit der Bitte, vorübergehend die Anwalts-

kosten auszulegen, die der Familie entstehen würden, weil Pfarrer W. gegen das Urteil des Landgerichts Coburg in Revision gegangen war. Bis zum endgültigen Abschluss des Verfahrens bekomme die Familie ihre Anwaltskosten nicht erstattet und müsse sie zunächst aus eigener Tasche bezahlen.

Da ich von Seiten des Bistums keine Antwort erhalte, versuche ich seit dem 18.11.2000 u. a. die Coburger Zeitungen dafür zu gewinnen, einen Spendenaufruf zur Finanzierung des dringend benötigten Erholungsurlaubs für die betroffene Familie und für die noch offenen Kosten aus der Nebenklage zu starten. Die Neue Presse Coburg kommt dieser Bitte nach.

Unser Einsatz wird schließlich belohnt. Das Erzbistum Bamberg teilt der betroffenen Familie mit Schreiben vom 6.12.2000 folgendes mit:

Erholungsmaßnahme für Sie und Ihre Kinder
Sehr geehrte Frau ...,
das Generalvikariat in Würzburg und das Generalvikariat in Bamberg sind bereit, Ihnen und Ihren Kindern eine Erholungsreise in Ihr Heimatland ... zu gewähren, damit Sie Abstand von den Vorgängen in Ebersdorf gewinnen und neue Kraft schöpfen können.
Wir gewähren Ihnen dazu freiwillig DM 5.000,– und hoffen, dass die von Ihnen gesuchte Erholung damit auch tatsächlich erreicht wird. ...

Freundliche Grüße und eine gesegnete Advents- und Weihnachtszeit
...
Alois Albrecht
Generalvikar

Unterstützung der Opfer durch die Initiative gegen Gewalt und sexuellen Missbrauch

In den darauffolgenden Jahren unterstützte die *Initiative gegen Gewalt und sexuellen Missbrauch an Kindern und Jugendlichen e. V.* weiterhin die Opfer von Pfarrer W. Sie übernahm zum Beispiel die Kosten für Freizeit- und Erholungsmaßnahmen und anfallende Anwaltskosten, sofern diese von niemand anderem übernommen wurden. Die Kirche zeigte nach wie vor nur eine begrenzte Bereitschaft, finanziell zu helfen. Für alles musste man kämpfen. Ohne Druck ging gar nichts. Der verurteilte Pfarrer versuchte sich möglichst vor Zahlungen zu drücken, er riskierte lieber erneut einen Rechtsstreit.

Das Verhältnis von W. zu seinem Verteidiger

Am 20.01.2001 schreibt Pfarrer W. seinem Verteidiger aus dem Prozess vor dem Landgericht Coburg einen über fünfseitigen, handgeschriebenen Brief. Kopien dieses Briefes verteilt er an Dritte, wie er das auch mit anderen Dokumenten gemacht hat. Es wird deutlich, dass der Anwalt noch finanzielle Forderungen an W. hat, dieser jedoch nicht alles zahlen will:

Sehr geehrter Herr Rechtsanwalt,
Ihren Brief vom 20.12.2000 habe ich erhalten. Ich bin der Meinung, dass Sie mit meinen bisherigen Zahlungen zufrieden sein können. Denn Sie haben mich bei der Verhandlung als Verteidiger nicht in dem Sinne verteidigt, wie es eigentlich zu erwarten gewesen wäre, und zwar aus folgenden Gründen:
...
3. Sie haben mich während der Verhandlung zum Schweigen aufgefordert, obwohl ich sehr gerne zu den einzelnen Vorwürfen persönlich Stellung genommen hätte. ...
4. Sie haben – außer auf meinen Druck hin nachträglich 2 Mädchen – keine Zeugen aufgeboten, die mich hätten entlasten können. ...
5. Das Urteil war nach meiner Meinung und der Meinung vieler Prozessbeobachter schon im vorhinein festgestanden und abgesprochen.
6. Die Erzdiözese Bamberg hat auf Ihr Verhalten Einfluss genommen. ...

Aus all diesen Gründen bin ich der Auffassung, dass meine bisherige Zahlung von 15.000 DM sehr wohl Ihren Leistungen vor und während der Verhandlung entspricht. ...

In der Folge behauptet W. unter anderem, dass ich und der Mitarbeiter des Landratsamtes Coburg, F. Fürst, Zeugen »über Monate massiv manipuliert« haben sollen, und stellt die Aussagen sämtlicher Belastungszeugen als unglaubwürdig dar. Es sei die Schuld seines Verteidigers gewesen, dass er diesen Dingen nicht nachgegangen sei. Pfarrer W. geht auch auf Umstände ein, die ihm einen Strafbefehl einbrachten, der allerdings wegen seiner Verurteilung in der Hauptverhandlung nicht rechtskräftig wurde. (siehe S. 193 f.) Er schreibt dazu:

... Mein Schreiben an das Landgericht Coburg vom 19.11.99, in dem ich auf diese Missstände hingewiesen habe, hat mir nach dem Verrat des ... an Heibel sogar den skandalösen Strafbefehl vom 1.3.2000 eingebracht. OSTA Wagner wollte mich auf diese Weise grob rechtswidrig manipulieren. Bezeichnend ist in diesem Zusammenhang seine Bemerkung auf die Frage des amtierenden Richters Bauer, ob das Strafbefehlsverfahren gemäß § 154 StPO eingestellt werden könne: >Nein, da sonst mit weiteren Rufmordkampagnen des Angeklagten gerechnet werden muss.< ...

W. unterstellt sogar Richter Amend, dem leitenden Richter der Hauptverhandlung gegen W. in Coburg, folgendes:

Er hatte mit Sicherheit auch Kontakt zu ... und Heibel. ... Das Tollste, was ich jedoch habe feststellen müssen, war, dass nachgewiesen in der Zeit ab 25.9.99 aus meinen von Amend beigezogenen Personalakten der Erzdiözese Unterlagen von höchster Vertraulichkeitsstufe verraten und ... zugespielt worden sind (Aktennotizen des Domvikars Schiepek vom EB Ordinariat Bamberg). Die Blindwütigkeit der Vertreter der Coburger Strafverfolgungsbehörden kannte keine Grenzen. Ich finde dafür nur den Begriff: mentale Entgleisungen.
...

Abschließend stellt Pfarrer W. seinem Verteidiger nochmals viele Fragen, warum er dieses oder jenes nicht getan habe. Sein Schlusssatz:

... Es bleibt für mich nur die Frage, warum Sie mich überhaupt verteidigt haben? Eigentlich hätten Sie dies nach Ihren Erkenntnissen doch ablehnen müssen.

Hochachtungsvoll
W.

In diesem Brief wird noch einmal sehr deutlich, dass W. in Bezug auf sein Verhalten weiterhin vollkommen uneinsichtig bleibt. Er sucht beharrlich die Schuld für die Geschehnisse bei anderen und versucht, seine Umgebung in seinem Sinne zu beeinflussen, indem er dieses Schreiben und andere Unterlagen an Dritte verteilt.

Seilschaften

Dr. Heinz Geist, Leiter der Hauptabteilung Seelsorgepersonal des Bischöflichen Ordinariats Würzburg, schreibt am 26.01.2001, drei Monate vor der Revisionsverhandlung in Karlsruhe, seinem Duzfreund Pfarrer W. einen Brief. Er bleibt dabei höflich und wohlwollend und hofft, bestimmt zum x-ten Mal, dass Pfarrer W. endlich Einsicht zeigt und eine Arbeit im Archiv annimmt:

Lieber W.,
leider kann ich an dem neuen Termin mit dem Generalvikar auch nicht teilnehmen, da mir der Arzt Redeverbot erteilt hat.

Der Generalvikar hat Bedenken, dass irgendein Zeitungsfritze herausbekommt, dass du dich weigerst, im Archiv tätig zu sein, und daraus einen Artikel macht. Dann geht das Ganze wieder los. Aus diesem Grund möchte der Generalvikar beim neuen Termin Herrn Schweßinger[49] dabei haben.
Ich möchte dich bitten, nicht zu stur zu sein und doch für das Archiv ein paar Arbeiten, wenigstens zuhause, zu übernehmen. Ich denke, es geht immer auch um deinen Ruf. Ich denke auch, dass es

---

49 Bernhard Schweßinger, Pressestelle des Bischöflichen Ordinariats Würzburg

nicht gerecht ist andern gegenüber, wenn du Gehalt empfängst und
gar nichts dafür tust. Das verschafft dir Antipathie.
...

Mit freundlichen Grüßen
Dein
... (Unterschrift mit Vor- und Nachnamen)

Hierzu muss ich anmerken, dass Domkapitular Dr. Heinz Geist nicht nur Personalreferent des Bistums Würzburg war, sondern von 2002 bis März 2010 auch gleichzeitig Ansprechpartner für die Opfer von sexuellem Missbrauch durch Mitarbeiter der Kirche. Diese in sich widersprüchliche Doppelrolle ist bezeichnend für die Vorgehensweise der Kirche auch über das Bistum Würzburg hinaus. Dahinter steckt meiner Ansicht nach eine klare Absicht bzw. Strategie. Einerseits möchte die Kirche nach außen hin zeigen, dass sie sich um die Opfer kümmert, andererseits will sie die alleinige Kontrolle behalten und sich nicht in die Karten schauen lassen. Sie ist nicht wirklich bereit, unabhängige und kompetente Fachleute von außen zu Rate zu ziehen und sie mit der Klärung von Missbrauchsvorwürfen zu beauftragen.

Die Speichelprobe

Pfarrer W. wird im Laufe des Ermittlungsverfahrens in Anwesenheit seines Anwaltes gebeten, eine Speichelprobe abzugeben. W. willigt ein. Kurz danach scheint es ihm nicht mehr recht zu sein. Er versucht dagegen anzugehen, beschwert sich beim Leitenden Oberstaatsanwalt in Coburg. Dieser antwortet ihm u. a. mit Schreiben vom 6.02.2001:

Sehr geehrter Herr Pfarrer W.,
in Ihrem Schreiben vom 26.01.2001 beschweren Sie sich über eine Ihnen entnommene Speichelprobe. Sie verweisen auf eine Entscheidung des Bundesverfassungsgerichts. Das Bundesverfassungsgericht beschäftigt sich in dieser Entscheidung nicht mit freiwillig abgegebenen Speichelproben.

*Wie ich Ihnen bereits mit Schreiben vom 17.01.2000 mitgeteilt habe,
ist die Rechtsgrundlage für die Anordnung einer DNA-Identitätsfest-
stellung § 81 g der Strafprozessordnung, sofern eine Speichelprobe
vom Betroffenen nicht freiwillig abgegeben wird. Sie haben damals
im Beisein Ihres Verteidigers eine Speichelprobe freiwillig abgegeben.
Angesichts der Tatsache, dass Ihr Verteidiger zugegen war, bestehen
an der Freiwilligkeit der Abgabe der Speichelprobe keine Zweifel. Die
Speichelprobe wurde Ihnen somit nicht rechtswidrig entnommen.*

Hochachtungsvoll
...
R...

Pfarrer W. lässt nicht locker und wendet sich daraufhin mit Schreiben vom 04./13.03.2001 an die Generalstaatsanwaltschaft beim
Oberlandesgericht in Bamberg.
Der Leitende Oberstaatsanwalt der Generalstaatsanwaltschaft
beim Oberlandesgerichtes in Bamberg weist die Dienstaufsichtsbeschwerde von W. am 16.03.2001 zurück.
Wie aus einem späteren Schreiben der Staatsanwaltschaft Coburg
vom 22.06.2001 (Aktenzeichen: 5 Js 2731/01) an Pfarrer W. hervorgeht, hat der Pfarrer den Staatsanwalt, der die Speichelprobe
veranlasste, sogar wegen Körperverletzung im Amt angezeigt.[50]

Aus einem weiteren Schreiben der Staatsanwaltschaft Coburg an
Pfarrer W. vom 22.08.2001 (Aktenzeichen: 5 Js 7891/01) geht hervor, dass W. wohl auch gegen den Leitenden Oberstaatsanwalt der
Staatsanwaltschaft Coburg, »wegen Verletzung von Privatgeheim-
nissen« Strafanzeige gestellt hatte. W.s Vorwurf lautete, der Beamte
habe das Protokoll von Domvikar Schiepek vom 8.01./ 21.01.1999
unberechtigt an einen Mitarbeiter des Landratsamts Coburg aus-
gehändigt. (siehe S. 151 ff.) Auch dieses Verfahren wurde nun gemäß §170 Abs. 2 der Strafprozessordnung eingestellt. In der Begründung heißt es u. a., dass der Mitarbeiter des Landratsamts

---

50 Das Verfahren wurde mit Verfügung vom 21.06.2001 eingestellt.

Coburg, der von W. Anfang 1999 wegen übler Nachrede angezeigt worden war, nach Abschluss seines Verfahrens über seinen
Anwalt am 22.12.1999 um Akteneinsicht gebeten habe. Da er dazu eine Berechtigung hatte, bewilligte ihm schließlich der Leitende Oberstaatsanwalt von Coburg mit Verfügung vom 1.09.2000
die Akteneinsicht. Das Verfahren gegen den Beamten des Landratsamtes in dieser Angelegenheit war bereits lange vorher, mit
Verfügung vom 9.11.1999, eingestellt worden. Die dagegen erhobenen Beschwerden von W. blieben erfolglos.

Gefundenes Fressen für die Anhänger von Pfarrer W.

Im März 2001 werde ich wiederholt Opfer einer mir bekannten
Stalkerin, die mich über einen ihrer Bekannten mittels einer E-
Mail an das LKA Brandenburg mit der Ermordung des Kindes
Ulrike aus Brandenburg in Verbindung bringt. Diesen Sachver-
halt mache ich von mir aus umgehend öffentlich. Die Frau wird
später überführt und muss, um einen Prozess zu vermeiden, eine
Geldauflage in Höhe von 1.500 DM an einen Hundesportverein
in Bernau zahlen.

Dieser Sachverhalt der »falschen Verdächtigung« steht in einem
völlig anderen Licht als die eindeutig bewiesene Schuld des uneinsichtigen Priesters W. Er wurde vom Landgericht Coburg wegen
Kindesmissbrauchs in Tateinheit mit Missbrauch von Schutzbefohlenen verurteilt und legte dennoch Rechtsmittel bis hin zum Bundesgerichtshof in Karlsruhe ein. Auch dieses Gericht kam schließlich zu der Erkenntnis, dass an dem Urteil der Coburger Richter
nichts auszusetzen sei. Das Urteil ist seit dieser Zeit rechtskräftig.

Dennoch fühlen sich Anhänger bzw. Freunde von W. bemüßigt,
den Fall der Ulrike aus Brandenburg zum Anlass zu nehmen, um
Stimmung gegen mich zu machen. Der ehemalige Chefarzt Dr.
med. Othmar Schneider aus Erlenbach am Main greift die Verdächtigungen gegen mich auf und verzerrt den Sachverhalt in
einem Leserbrief an das Main-Echo so, wie es ihm gerade dienlich
erscheint. Sein Brief vom 5.04.2001 lautet:

Leserbrief für kritische Leser des Main-Echo:

Zum Bericht: ›Ulrike-Mord: Verdacht war falsch‹ – Westerwälder
Zeitung, Rheinzeitung Koblenz von Ende März 2001
›Verdacht war falsch‹, ›Ich weiß jetzt , wie es jemandem geht, der
beschuldigt wird ...‹
Ich empfehle den beiliegenden Artikel der Westerwälder Zeitung von
Ende März 2001 zu veröffentlichen. Dieser Artikel ist für kritische
Leser des M.E. im Hinblick auf den Leserbrief des Herrn Heibel im
Main-Echo v. 7.11.2000[51] von hohem Interesse.
Es ist eine persönlich schreckliche und vernichtende Erfahrung ›auch
wegen der Auswirkungen auf die Familie, Bekannte und Freunde‹ –
so Heibel – ›in ein übles Licht gerückt‹ und ungerecht beschuldigt
zu werden.
Wer eine Verleumdungskampagne hinter sich hat, weiß davon ein
Lied zu singen. Verleumder sind für mich der Abschaum aller Ver-
brecher, umso mehr, wenn sie die erste Kirchenbank drücken und
sich christlich nennen. Echte Christen kennen und argumentieren
nur mit der Wahrheit. Die Wahrheit ist ihre Waffe. Aber bestimmte
Berufsgruppen fürchten diese christliche Tugend.
Ich kenne Pfarrer W. seit fast 50 Jahren und habe Herrn Heibel
2 Tage am 5. u. 6.7.2000 vor dem LG Coburg erlebt und ein wenig
kennen gelernt.
Jeder möge sich nach dem Artikel aus der Westerwälder Zeitung
seine Gedanken machen und seine Meinung bilden.
Es bleibt immer noch die Hoffnung auf Wahrheit und Gerechtigkeit.

Mit freundlichen Grüßen
Othmar Schneider

Wenn jemand rechtskräftig verurteilt wurde wie Pfarrer W., kann
man in diesem Zusammenhang wohl kaum von Verleumdung
und falschen Verdächtigungen sprechen. Hier werden Tatsachen
ins Gegenteil verkehrt, um bewusst ein falsches Bild zu kreieren.

---

51 Dieser Leserbrief nimmt deutlich Stellung gegen die Verharmlosung der Miss-
brauchsdelikte des »verdienten« Pfarrers W. in einem Brief eines Befürworters von
W., veröffentlicht am 31.10.2000 unter der Überschrift »Weite Spanne von zärt-
licher Berührung bis Vergewaltigung«

Dieses Beispiel zeigt in doppelter Hinsicht, unter welch schwierigen und belastenden Bedingungen unsere Initiative Opferarbeit leistet.

Die Stunde der Entscheidung

Am 10.05.2001 wurde in einer Verhandlung vor dem Bundesgerichtshof Karlsruhe (BGH) über die Revision des Angeklagten W. gegen das Urteil des Landgerichts Coburg vom 6. Juli 2000 geurteilt.

Neben den beiden Rechtsanwälten der Opferfamilien war auch ich zur öffentlichen Verhandlung angereist. In dem großen Gerichtssaal fanden sich an diesem Tag nur wenige interessierte Zuhörer ein. Fast ausschließlich waren es Prozessbeteiligte.

Der Bundesgerichtshof verkündete nach kurzer Verhandlung am 10.05.2001 folgendes Urteil (1 StR 504/00):

Die Revision des Angeklagten gegen das Urteil des Landgerichts Coburg vom 6. Juli 2000 wird verworfen.

Der Beschwerdeführer hat die Kosten des Rechtsmittels und die dadurch den Nebenklägern entstandenen notwendigen Auslagen zu tragen.

Von Rechts wegen

Gründe:

Das Landgericht hat den Angeklagten wegen sexuellen Missbrauchs von Kindern in sieben Fällen zu der Gesamtfreiheitsstrafe von zwei Jahren verurteilt und deren Vollstreckung zur Bewährung ausgesetzt. Die dagegen gerichtete Revision des Angeklagten, mit der er eine Verfahrensrüge und die allgemeine Sachrüge erhebt, hat keinen Erfolg. ...

Die Überprüfung des Urteils aufgrund der Sachrüge hat keinen Rechtsfehler zum Nachteil des Beschwerdeführers aufgedeckt.

Gleich am nächsten Tag verkündeten verschiedene Tageszeitungen in Franken die Entscheidung der Karlsruher Richter.

Im Artikel der Bamberger Zeitung Fränkischer Tag vom 11.05.2001 hieß es unter der Überschrift:

BGH bestätigt Strafe gegen Pfarrer wegen Missbrauch –
Verhandlung vor dem Landgericht rechtens:
Karlsruhe/Coburg.... Der 1. BGH-Strafsenat verwarf am Donners-
tag die Revision des Geistlichen. Der Anwalt des Pfarrers hatte gel-
tend gemacht, nicht das Landgericht, sondern das Amtsgericht hät-
te über die Anklage verhandeln müssen. Das Coburger Landgericht
hatte sich wegen der besonderen Bedeutung des Falles für zuständig
erklärt und dies damit begründet, dass den Kindern dadurch die
Belastung einer zweiten Vernehmung in nächster Instanz erspart
würde.
Der BGH folgte zwar nicht der Argumentation der Coburger Rich-
ter. Allein das Bestreben, die Opfer zu schützen, begründet noch kei-
ne Landgerichtszuständigkeit.
Allerdings gingen die Karlsruher Richter aus anderen Gründen von
einer besonderen Bedeutung des Falles aus: Die große Beachtung,
die der Fall in der Öffentlichkeit gefunden habe, rechtfertige es, die
Angelegenheit vor dem Landgericht zu verhandeln.

Hierbei wird leider auch deutlich, wie wenig Rücksicht der BGH
auf die Situation von betroffenen Kindern, von Opfern nimmt.
Aus diesem Grund ist es auch nicht verwunderlich, dass sich die
Sichtweise der Coburger Richter, die damals über Justizkreise hinaus auch bundesweit in der Diskussion stand, nicht generell
durchgesetzt hat. Eine dazu ordentliche verfahrenstechnische Re-
gelung im Sinne des Opferschutzes gesetzlich zu verankern, ist
bis heute nicht erfolgt, was ich persönlich sehr bedauere.

Pfarrer W. erhebt Verfassungsbeschwerde

Am 16.07.2001 erhebt Pfarrer W. selbst in einem Eilantrag Verfassungsbeschwerde beim Bundesverfassungsgericht in Karlsruhe.
Die Beschwerde wird von ihm selbst formuliert. Sein 13-seitiger
Antrag stützt sich in erster Line auf seine altbekannten »Kom-
plott- und Beeinflussungstheorien«. Darüber hinaus verdreht er
die Geschehnisse, so wie sie gerade in seine Argumentationskette passen, und spickt sie mit unwahren Behauptungen – u. a. auch
über mich.

Seine nicht zu übertreffende Starrköpfigkeit und Unbelehrbarkeit sticht in seinem Schlusswort auf Seite 13 seiner Verfassungsbeschwerde noch einmal deutlich hervor:

Noch einmal schwöre ich vor Gott und dem höchsten Deutschen Gericht, dass ich mich gegenüber den Kindern ...[52] keiner sexuellen Handlung schuldig gemacht habe und deshalb unschuldig bin. In dem Buch ›Cautio criminalis‹ des mittelalterlichen Hexenverteidigers Friedrich von Spee sind zwei Grundsätze aufgestellt, die auch für die heutige Zeit gelten.
1. Es darf niemand verurteilt werden, bei dem eine Tat nicht bewiesen ist.
In meinem Fall gibt es keinerlei Beweise.
2. Es muss immer der Grundsatz gelten: In dubio pro reo. Im Zweifel für den Angeklagten.
Schon Ende der Hauptverhandlung am 6.7.2000, die gegen 22.30 Uhr endete, habe ich, nachdem mich der Verteidiger zum Schweigen veranlasst hatte, erklärt:
›Ich lege Revision ein. Ich kann mich nicht zu etwas bekennen, was ich nicht getan habe. Dafür kann ich einen Eid ablegen.‹
Ich setze nach 2 Jahren bitterster Erfahrungen meine ganze Hoffnung auf das Bundesverfassungsgericht, nachdem ich bei den bisherigen Instanzen nur Enttäuschungen habe hinnehmen müssen, dass ich endlich Gerechtigkeit erfahre und meinen Beruf als Priester wieder ausüben kann, an dem auch heute noch mein ganzes Herz hängt. Ich möchte auch in Zukunft Menschen zu Gott führen dürfen.

Hochachtungsvoll
... (Unterschrift)

Auch mit der Verfassungsbeschwerde konnte Pfarrer W. sich nicht durchsetzen. Das Urteil blieb rechtskräftig.

---

52 Namen von drei Opfern (Anm. d. Verf.)

Pfarrer W. und der Obergerichtsvollzieher

Am 18.10.2001 ergeht ein Schreiben von einem Obergerichtsvollzieher an Pfarrer W. Es stehen noch Forderungen einer Opferfamilie im vierstelligen Bereich offen, die von W. bisher noch nicht gezahlt wurden. Erst am 8.11.2001 wird W., der offenbar inzwischen der Zahlungsaufforderung nachgekommen ist, in einem weiteren Schreiben bestätigt, dass der geforderte Geldbetrag nun eingegangen und damit das Verfahren gegen ihn erledigt sei. Diese Verzögerung ist wiederum ein Indiz dafür, was er den Opfern alles zumutet.

Einstweilige Ruhestandsversetzung

Mit Schreiben vom 19. April 2002 versetzt der Generalvikar des Bistums Würzburg, Dr. Karl Hillenbrand, Pfarrer W. ab dem 1. Mai 2002 in den »einstweiligen Ruhestand:

> *Sehr geehrter Herr Pfarrer W.,*
>
> *ich muss leider zur Kenntnis nehmen, dass Sie die von uns angefragte und für Sie vorgesehene Tätigkeit auch im Ostkirchlichen Institut der Augustiner trotz der bedachten Möglichkeiten nicht wahrnehmen. Zuvor hatten Sie sich geweigert, eine Tätigkeit in unserem Archiv anzunehmen.*
>
> *Aus diesem Grund und aus Gerechtigkeitsgründen gegenüber anderen Mitbrüdern kann ich nicht mehr länger zuwarten und versetze Sie zum 1. Mai 2002 in den einstweiligen Ruhestand.*
>
> *Bei dieser Gelegenheit möchte ich noch einmal darauf hinweisen, dass es Ihnen weiterhin von unserer Seite aus nicht gestattet ist, Tätigkeiten im kirchlichen Raum wahrzunehmen, die Sie mit Kindern in Berührung bringen.*
>
> *Ich bitte Sie, über Ihr Verhalten nachzudenken. Ich bin jederzeit zu einem Gespräch bereit.*
>
> *Mit freundlichen Grüßen*
>
> *...*
>
> *Dr. Karl Hillenbrand*
> *Generalvikar*

Der Priesterrat

Am 30.04.2002 findet im Priesterseminar Würzburg die 13. Sitzung des 9. Priesterrates der Diözese Würzburg statt. Unter Top 1 der Tagesordnung steht das »Wort des Bischofs«. Es geht um das zu dieser Zeit sehr aktuelle Thema: »Missbrauch durch Priester«, ausgelöst durch die Skandale in Amerika:

Zitat aus dem Protokoll unter Top 1:

Bischof Paul-Werner hält es für wichtig, dass wir uns mit dem Phänomen befassen, das zur Zeit so viel in der Öffentlichkeit diskutiert wird, dem sexuellen Missbrauch Minderjähriger. Wir wollen es nicht in der Weise tun, dass wir uns von einer Hysterie ergreifen lassen. Manches in der öffentlichen Debatte hat ja solche Züge angenommen. Es geht um ein Fehlverhalten, das kreuz und quer durch alle gesellschaftlichen Schichten zu beobachten ist. Natürlich gibt es Berufe, die dieser Gefährdung besonders ausgesetzt sind, Lehrer, Jugendarbeiter und Priester, zu deren Pflichten ja der Kontakt auch zu jungen Menschen gehört. Aber abgesehen von den übertriebenen publizistischen Reaktionen ist hier manches zu bedenken, besonders weil es uns als Priester angeht:
Es hat sich in mehreren Bischofskonferenzen das Problem des sexuellen Missbrauchs Minderjähriger durch Priester und Ordensleute zugespitzt. Das betrifft sowohl die Zahl der Fälle als auch den Rang der betroffenen Personen. Das hat z. B. dazu geführt, dass die wichtigsten Vertreter der US-amerikanischen Bischofskonferenz nach Rom eingeladen worden sind und der Papst ungewöhnlich scharfe Worte an sie gerichtet hat. In den Vereinigten Staaten ist offensichtlich ein Sog entstanden, in dem vieles vom katholischen Leben bedroht ist.
Schon bevor diese Phänomene publikumswirksam veröffentlicht wurden, hatte die Glaubenskongregation ein ›Motu proprio‹ erlassen, in dem klargestellt wird, dass zu den besonders schweren Fällen, die die Suspendierung nach sich ziehen, auch der sexuelle Missbrauch Minderjähriger durch Kleriker gehört. Im Schreiben des Papstes an die Priester zum Gründonnerstag gab es auch einige Sätze,

die in diese Richtung gewiesen haben. Der Papst spricht von den Sünden einiger unserer Mitbrüder, die die Gnade des Weihesakramentes verraten haben, indem sie schlimmsten Ausformungen des ›mysterium iniquitatis‹ in der Welt nachgegeben haben.

In diese Atmosphäre hinein platzte nun der Bericht, dass wir auch in unserem Bistum einen speziellen Fall zu beklagen haben. Dies hat mehr publizistische Aufmerksamkeit gefunden, als das unter normalen Umständen der Fall gewesen wäre. Nach der Überzeugung von Bischof Paul-Werner ist sehr schnell und sehr gut gehandelt worden, wofür er GV Dr. Hillenbrand und Personalreferent Dr. Geist ausdrücklich dankt. ...

Mit diesem am Ende kurz erwähnten Fall ist der später wegen Kindesmissbrauchs verurteilte Pfarrer V. gemeint. Ich möchte dazu Folgendes anmerken. Ich hatte am 23.04.2002 mit der Mutter des betroffenen Kindes gesprochen. Sie sagte mir, dass sie von der Kirche enttäuscht sei. Sie habe sich mehr Unterstützung und Beistand gewünscht. Das Bistum habe der Familie die Finanzierung einer Reise angeboten und sich erhofft, dass die Medien sich damit beruhigen würden. Die Familie habe die Reise allerdings nicht angenommen.

Im vorgezogenen Top 8 der Tagesordnung der Priesterratssitzung geht man neben dem Fall des Priesters V. auch kurz auf den Fall Pfarrer W. ein:

... GV Dr. Hillenbrand informiert über den Ablauf der Geschehnisse (s. Anlage I ›Bemerkungen zum Fall des Kindesmissbrauchs durch einen Priester im Bistum Würzburg im April 2002‹). ... Im Gespräch mit den Eltern hat GV Dr. Hillenbrand von vorneherein klar gemacht, dass die Intention der Diözese eine doppelte ist: zuerst dem betroffenen Buben und der betroffenen Familie zu helfen mit der Situation zurechtzukommen, also Opferschutz und Hilfe für die Familie, zum Zweiten aber, dass es auch um die Frage der Gerechtigkeit geht. Kindesmissbrauch ist kein Bagatelldelikt, es konnte nicht darum gehen zu vertuschen oder zu bagatellisieren. Die Glaubwür-

digkeit der Diözese und der Kirche sind auf dem Spiel gestanden. Es ging aber auch darum, Pfarrer V... zu helfen, keine Kurzschlusshandlung zu begehen.

Deutlich sollte auch werden, dass Bischof Paul-Werner seine Verantwortung wahrgenommen hat.

Am Sonntag, den 28.4.2002 war Dk Dr. Geist in Sandberg und Schmalwasser, um in den Predigten des Gottesdienstes die entstandene Problematik vom Spirituellen her aufzugreifen. Die Erfahrung zeigt, dass es leicht geschehen kann, dass die Stimmung in einer Gemeinde kippt und sich gegen die Familie des Opfers wendet, indem versucht wird, deren Glaubwürdigkeit in Frage zu stellen.

Auf Nachfrage von Dekan Kirchner bestätigt Dk Dr. Geist, dass die Ruhestandsversetzung von Pfarrer W. zumindest indirekt mit dem Ereignis von Sandberg zusammenhängt, um nämlich eine erneute öffentliche Diskussion zu verhindern. (Hervorhebung durch den Hg.)

Dekan Rauch als zuständiger Dekan dankt GV Dr. Hillenbrand und Dk Dr. Geist für ihren großen Einsatz und das schnelle Handeln. Allerdings sei es aus seiner Sicht nicht verwunderlich, dass nach dem Opfer gesucht wird, wenn der Täter bekannt und geständig ist.

Auch zeigt sich für ihn die Notwendigkeit, sehr genau hinzuschauen, wenn Priester aus anderen Diözesen darum ansuchen, in die Diözese Würzburg aufgenommen zu werden. ... Im Grunde genommen sind alle Regenten der Meinung, dass sie nicht mehr tun können, als sie bisher schon tun, d. h. schauen, dass man sich über die Eignung, die physische und psychische Gesundheit der Priesteramtskandidaten relativ sicher sein kann. Der Hl. Vater hat erst jüngst die Prüfung der psychischen Gesundheit der Kandidaten nachdrücklich eingefordert.

Dekan Kirchner fordert, deutlich zu machen, wie verlogen die Diskussion geführt wird, angesichts der Tatsache, dass in der Öffentlichkeit fast sämtliche Perversitäten und Obszönitäten ab dem 14. bzw. 16. Lebensjahr toleriert werden bis hin zum Sextourismus, im Falle von Kindesmissbrauch aber Hysterie geschürt wird. Er betont ausdrücklich, dass er mit dieser Feststellung das Vergehen nicht herunterspielen wolle.

GV Dr. Hillenbrand bestätigt dies mit der Bemerkung, dass man nicht irgendwo ein Biotop halten könne, wenn der Grundwasserspiegel insgesamt vergiftet sei.

Für Dekan Rauch stellt sich die Frage, wie es mit dem betroffenen Priester weitergeht angesichts der harten Verurteilung von Pädophilie als verabscheuungswürdigem Verbrechen durch den Papst und der Überzeugung der Experten, dass eine solche Veranlagung nicht heilbar sei. Nach Dr. Geist muss man zunächst den Ausgang des Strafverfahrens und des Verfahrens in Rom abwarten.

Bischof Paul-Werner ergänzt, dass es nach Meinung der Experten zwar keine Garantie für eine totale Heilung gibt, in der Therapie jedoch sehr viel erreicht werden kann und deshalb eine solche in jedem Fall sinnvoll ist.

Auf die Frage von DV Weismantel bestätigt GV Dr. Hillenbrand, dass relativ häufig, besonders nach Streitfällen in familiären Bereich, jemand zu Unrecht des Kindesmissbrauchs bezichtigt wird. Rechtlich sei der Begriff ›Kindesmissbrauch‹ relativ unscharf, was auch Diakon Dr. Wahler bestätigt. Bei der Strafbemessung spiele die Aussagebereitschaft des Täters eine große Rolle.

Pfarrer Borawski artikuliert seine immer größer werdende Verunsicherung, was den Umgang mit Kindern betrifft, und stellt fest, dass die Diskussion für ihn keine Hilfe war.

Zur Gesamtproblematik verweist Dk Dr. Geist auf einen hilfreichen Artikel ›Vor einem Abgrund. Psychologie des sexuellen Kindesmissbrauchs‹ in ›Christ in der Gegenwart‹ Nr. 16/02, S. 123.

Regens Weber erinnert an allgemein übliche Verhaltensweisen für Priester, zu denen z. B. gehöre, den körperlichen Kontakt auf allgemein übliche Begrüßungsformen zu beschränken. Man sollte es sich aber auch nicht verbieten, Anerkennung und Zuwendung gerade auch Kindern gegenüber angemessen zum Ausdruck zu bringen. ...

Pfarrer W. und seine Helfer melden sich zu Wort
Der Brief eines Freundes

Am 27.04.2002 setzt sich ein Würzburger Studiendirektor und guter Freund von Pfarrer W. bei Generalvikar Dr. Hillenbrand für ihn ein und schreibt ihm einen Brief:

Sehr geehrter Herr Generalvikar,

in den letzen Tagen war in allen regionalen und überregionalen Zeitungen – auch im Sonntagsblatt – von Ihrer Entscheidung zu lesen, Pfarrer W. in den (einstweiligen) Ruhestand zu versetzen. Angeregt durch die kirchenweite Debatte um pädophile Priester und besonders durch den jüngsten Vorfall in Sandberg, wurde in den Telemedien auch der Fall W. immer wieder mehr oder weniger ausführlich zur (Rück-)Schau gestellt. In der Begründung für die plötzliche Versetzung in den Ruhestand haben Sie bzw. Ihr Pressereferent freilich eine böswillige Unterstellung eingebaut, die ich als Freund von W. entschieden zurückweisen muss: Pfarrer W. hat es nie >abgelehnt, eine Tätigkeit zu übernehmen, bei der er nichts mit Kindern zu tun gehabt hätte< (so die Version in der SZ vom 23.4.2002). Selbst das Würzburger Sonntagsblatt bringt wieder diesen Zusammenhang zwischen >hartnäckiger Blockadehaltung< und einer >ihm zugedachten Tätigkeit, bei der er nicht mit Kindern in Berührung kommt<. Es ist nur schwer nachvollziehbar, wie die kirchliche Behörde so mit ihren Mitarbeitern, für die sie doch eine Fürsorgepflicht hat, umspringen kann. Sie wissen doch sehr genau, dass es Pfarrer W. nicht um eine Tätigkeit mit Kindern geht, sondern dass er sich geweigert hat, in ein Büro abgeschoben zu werden. Er sehnt sich so sehr nach einer seelsorgerischen Aufgabe, ob in einem Altenheim, einer Ordensgemeinschaft oder wo auch immer. Wichtig ist ihm die Art der Aufgabe, nicht der Ort oder das Alter der ihm anvertrauten Gläubigen. Etwas anderes zu behaupten – oder schlimmer, in der Öffentlichkeit zu verbreiten, ist unwahr und üble Nachrede, die jetzt natürlich wieder hohe Wellen schlägt.

Wie Sie sicher wissen, fand am Sonntagabend (21.4.) ein Gespräch zwischen Dr. Geist, Pfarrer W. und mir statt, bei dem wir uns über die neue Situation eingehend unterhalten haben. Natürlich haben wir dabei auch Verständnis für Ihre – angesichts des augenblicklichen Interesses der Öffentlichkeit – nicht leichte Aufgabe geäußert. Trotzdem denke ich – und Dr. Geist sieht das, wenn ich ihn recht verstanden habe, ähnlich – das Urteil von Coburg (das übrigens nur von Ministranten und nicht von Kindern allgemein spricht) lässt doch einen gewissen Spielraum für eine pastorale Aufgabe für Pfar-

rer W. Sein ganzes Herz hängt an der Seelsorge, und vielleicht lässt
sich doch eine Aufgabe finden, die diesen Bereich nicht kategorisch
ausschließt. Ich bitte Sie daher um eine wohlwollende Prüfung die-
ser Möglichkeit und würde mich freuen, wenn wir vielleicht dieses
Anliegen noch einmal in einem persönlichen Gespräch, zu dem Sie
ja Ihre Bereitschaft im Schreiben an Pfarrer W. zum Ausdruck ge-
bracht haben, bedenken könnten.

Mit freundlichen Grüßen
... (Unterschrift)

Die Antwort an den Studiendirektor

Generalvikar Dr. Karl Hillenbrand antwortet auf den zuvor zitierten Brief des Studiendirektors mit Schreiben vom 16.05.2002. Die
Angst vor den Medien, der öffentliche Druck, scheint die Entscheidungsträger zumindest forcierend zum Handeln gebracht zu haben:

Sehr geehrter Herr ...,
für Ihren Brief vom 27.04. danke ich Ihnen. Natürlich habe ich Ver-
ständnis dafür, dass Sie sich als Freund für Herrn W. einsetzen. Zur
Situation selbst möchte ich Folgendes bemerken:
1. Zunächst bedaure ich die Umstände der getroffenen Entschei-
dung; jedoch war der verbliebene Zeitraum wegen des zu erwarten-
den Mediendrucks minimal. Wäre nicht gehandelt worden, dann
hätte es – zumal nach dem Brief von P. Gregor Hohmann an die
Main-Post – mit Sicherheit noch mehr Spekulationen gegeben.
2. Ich weiß um den Wunsch von Pfarrer W. nach einer pastoralen
Tätigkeit. Nur hat sich bei meinem über zweistündigen Gespräch
mit den Schwestern im Heidenfelder Altenheim gezeigt, dass selbst
dort, wo man noch am ehesten auf Bereitschaft hätte hoffen kön-
nen, diese Maßnahme nicht vermittelbar war. Eine Verwaltungstä-
tigkeit, die ja keinesfalls ›unpastoral‹ sein muss, schien Dr. Geist und
mir noch am ehesten geeignet zu sein, Pfarrer W. ›aus der Schuss-
linie‹ zu bringen.
3. Im Moment ist darüber hinaus durch die Vorfälle in den USA
und anderswo die Öffentlichkeit so emotionalisiert, dass ein pasto-

raler Einsatz eines Priesters, der rechtskräftig wegen eines solchen Deliktes verurteilt wurde, weder für diesen noch für die Diözese sinnvoll und hilfreich wäre.

Gerne sind Dr. Geist und ich zu einem Gespräch mit Pfarrer W. bereit, an dem gegebenenfalls auch Sie teilnehmen können. Ich grüße Sie herzlich mit den besten Wünschen für ein gesegnetes Pfingstfest.

Ihr

...

Dr. Karl Hillenbrand
Generalvikar

Der Brief einer Ordensfrau

Eine Schwester aus einem Würzburger Altenheim schreibt an den Generalvikar des Bistums Würzburg, Dr. Karl Hillenbrand, am 10.06.2002, zwei Jahre nach Verurteilung von Pfarrer W., einen Brief, der, wie auch viele andere Schriftstücke, über Pfarrer W. selbst Verbreitung findet:

Grüß Gott, sehr geehrter Herr Generalvikar!
Seit langem trage ich den Wunsch mit mir, Ihnen zu schreiben. So aufrichtig wie möglich möchte ich das tun.
Es handelt sich um Herrn Pfarrer W. und seine derzeitige Lebenssituation, die gegen ihn erhobene Anklage wegen angeblicher Pädophilie mit allen bekannten Folgen.
Herrn Pfarrer W. kenne ich seit seiner Kaplanzeit in .... In den Jahren 1966–75 war ich dort Kindergartenleiterin ...
Sowohl bei den Gottesdiensten in der Pfarrei, wie auch bei seinen Besuchen im Kindergarten, habe ich Herrn W. als vorbildlichen, strebsamen Priester schätzen gelernt. Mehrere Male besuchte er uns – Kinder und Personal – auf dem Spielplatz der Einrichtung. Dabei konnte ich beobachten, wie ihm die Kinder wegen seiner natürlichen, kindgerechten Art zugetan waren. Selbst bei Sommerfesten gab es für alle – Kinder und Erwachsene – ein großes ›Hallo‹, als er als ›guter Riese

Stillvernügt‹ – ohne sein vorheriges Wissen, ins Spiel der Kinder einbezogen wurde. Sehr gerne erinnere ich mich auch an die ... St. Nikolausfeiern, die er mit besonderer Begabung mitgestaltete.

In keiner Weise gab es je den geringsten Anlass oder Hinweis für ein unkorrektes oder gar verdächtiges, krankhaftes Verhalten von Seiten Pfarrer W. ...

Ganz enorm übte damals seine zwar stattliche Gestalt, die aber noch schlank zu nennen war, seine persönliche, herzliche Art eine derart starke Ausstrahlung auf die ›holde Weiblichkeit‹ aus, so dass er zuweilen Mühe hatte, ob der zahlreichen Sympathiebezeugungen von dieser Seite.

Zwar pflegte Herr Pfarrer K... selbst die Kleinkindergottesdienste zu übernehmen, aber bei den täglichen Gottesdiensten in der Pfarrei waren mir – und allen damaligen Mitschwestern – die Art und Weise der Messfeiern und Verkündigungen von Herrn W. Hilfe und Ansporn für den Alltag. Sein Priesterleben war in jedem Fall glaubwürdig. Aus all diesen Gründen glaube ich es nicht, dass die Anklagen, die ... gegen Herrn Pfarrer W. erhoben werden, der Wahrheit entsprechen.

Pädophilie ist eine ungeheure, ja vernichtende Anklage und man kann einem Priester damit gewiss am tiefsten treffen.

Selbst, wenn die erste Anklage in seiner Miltenberger Zeit ohne Schuldnachweis eingestellt wurde, so blieb, wie sich herausstellte, ein Verdachtsmoment anhängen, der bis heute andauert.

Soviel ich erfahren habe, gehen auch die Anklagen vor dem Coburger Landgericht letzten Endes darauf zurück. Wobei die Vorgehensweise der dortigen Richter sowie der sogenannten ›Opferbetreuer‹ und der Medien insgesamt ungeheuerlich, ja unmenschlich waren und ihnen schon deshalb jede Neutralität und jede aufrichtige Bereitschaft zur Wahrheitsfindung abzusprechen ist.

Es befremdet und berührt mich auch sehr, wie von Seiten der Diözesanleitung, ja ich muss sagen, namentlich auch von Ihnen, Herr Generalvikar, Herr Pfr. W. behandelt wird. Ich glaube nicht, dass dies gerade Jesu Art ist!

Haben Sie, sehr geehrter Herr Generalvikar, je erwogen, dass die Anklagen gegen Herrn Pfr. W. tatsächlich falsch sein können und möglicherweise niederen Motiven entstammen?

Haben Sie je versucht, einmal auf Seiten dieses zu Unrecht ange-
klagten Priesters zu stehen und seine Situation nachzuempfinden?
Möge Ihnen der Heilige Geist helfen, wenigstens Ihre persönliche,
menschliche Abneigung gegenüber Herrn Pfr. W. abzulegen.
Leider gibt es pädophiliekranke Priester. Muss deswegen die Verdäch-
tigung, die Anklage in jedem Fall auf Wahrheit beruhen?
Ich muss es aussprechen und Ihnen ist es sicher nicht neu: Leider
gibt es auch in kirchlichen Kreisen vernichtende Intrigen!
Darum bete ich, dass die volle Wahrheit ans Licht komme!
Dann Gnade Gott all denen, die aus unlauteren Motiven oder we-
gen öffentlichem Ansehen diese Anklagen erhoben haben und sie
medienstark verbreiten, um damit so viele Jahre Priesterleben ka-
putt zu machen.

Der Herr sei mit uns allen!
Ihre Schwester ...
(Unterschrift)

Die Antwort an die Ordensfrau

Generalvikar Dr. Hillenbrand antwortet auf diesen Brief am
17.06.2002:

Sehr geehrte Schwester ...,
Ihren Brief habe ich heute erhalten.
Ich muss Ihnen mitteilen, dass die Sachlage viel komplizierter ist,
als Sie diese sehen können. In einem Punkt kann ich Sie beruhigen:
Ich habe keinerlei persönliche Abneigung gegen Pfarrer W.
Fragen Sie sich bei Ihren Überlegungen manchmal, warum sich
Anklagen gegen Herrn Pfarrer W. über einen Zeitraum von 20 Jah-
ren durch drei Diözesen ziehen?

Mit freundlichen Grüßen
...

Dr. Karl Hillenbrand
Generalvikar

Mahnwache der KirchenVolksBewegung *Wir sind Kirche* unter Beteiligung der *Initiative gegen Gewalt und sexuellen Missbrauch an Kindern und Jugendlichen e.V.* vor dem Exerzitienhaus Himmelspforten in Würzburg, 26.08.2002 (Copyright: KNA-Bild)

W. geht gegen seine Zwangspensionierung vor

Pfarrer W. will sich mit seiner »Ruhestandsversetzung« weiterhin absolut nicht zufrieden geben. Er beschwert sich bei Kardinal Karl Lehmann und erhält am 17.09.2002 eine Antwort aus Mainz:

Sehr geehrter Herr Pfarrer W.,
herzlichst möchte ich mich für Ihren Brief vom 5.6.2002 mit Kopie des Schreibens an Bischof Scheele bedanken Für mich ist es schwierig, in Ihrem Fall Stellung zu nehmen, da ich als Vorsitzender der Deutschen Bischofskonferenz keinerlei übergeordnete Kompetenzen habe und ich nicht in der Lage bin, mich direkt einzuschalten. Im Rahmen meiner Möglichkeiten werde ich mit Bischof Scheele und Generalvikar Hillenbrand reden. Ich möchte Ihnen aber mit diesem Brief nicht all zu große Hoffnungen machen. Sie haben selbstverständlich die Möglichkeit, sich in Rom um eine kirchenrechtliche Klärung zu bemühen.

Mit freundlichen Grüßen und Gottes Segen
Ihr
(Unterschrift)
Karl Kardinal Lehmann

Pfarrer W. beauftragt auch wieder einmal einen Rechtsanwalt. Dieser schreibt Generalvikar Dr. Hillenbrand an. Eine Antwort erhält der Anwalt am 25.10.2002. In dem Schreiben stellt der Generalvikar die Situation folgendermaßen klar:

Sehr geehrter Herr Rechtsanwalt ...,
Sie müssen entschuldigen, wenn wir Ihren Brief vom 6. September 2002 erst heute beantworten. Ihre anwaltliche Vertretung von Herrn Pfarrer W. nehmen wir zur Kenntnis.
Zum Sachverhalt ›Ruhestandsversetzung‹ möchten wir Ihnen folgendes mitteilen:
Herr Pfarrer W. war für eine Tätigkeit im Bereich von Altenheimen, wo er nicht mit Kindern in Berührung gekommen wäre, nicht zu vermitteln. Ein Versuch des Generalvikars in Heidenfeld, zwei Versuche des Personalreferenten in Schwesternhäusern, ein weiterer in einem Altenheim (in) Würzburg, stießen auf ein negatives Echo. Deshalb wurde ihm eine Tätigkeit im Archiv mit einem besonderen Auftrag, den homiletischen Nachlass verstorbener Priester zu sichten, angeboten. Herr Pfarrer W. erklärte später dem Personalreferenten, dass er diese Tätigkeit nur annehmen könne, wenn er gleichzeitig auch eine Zelebrationsmöglichkeit habe.
Ein weiterer Versuch, ihn im ostkirchlichen Institut der Augustiner zu beschäftigen, misslang ebenfalls, da dort eine geeignete Tätigkeit ohne die speziellen Vorkenntnisse nicht zu finden war.
Es ist zwar richtig, dass Herr Pfarrer W. Kontakt mit dem Krankenhauspfarrer des Würzburger Juliusspitals, Herrn Pfarrer S..., aufgenommen und dieser sich bereit erklärt hat, ihn in seinem Bereich anzustellen. Für das Altenheim des Juliusspitals war die gleiche Ablehnung zu befürchten wie in den oben genannten Einrichtungen, im Krankenhausbereich selbst war dies wegen der gerichtlichen Auflage, nicht mit Kindern zusammen zu kommen, nicht möglich. Dass im übrigen Pfarrer S... selbst keine Anstellung vornehmen kann, versteht sich von selbst.
Die Zwangspensionierung erfolgte, als unmittelbar bevorstand, dass der Fall von den Medien wieder ›hochgekocht‹ wird und Herr W. erneut in den Strudel medialer Berichterstattung gelangt. Die

Zwangspensionierung ist in keinster Weise eine Verletzung der Treue-
pflicht des Arbeitgebers, sondern eine Schutzmaßnahme für Herrn
Pfarrer W. wie für die Verantwortlichen in der Diözese, die ihre
Pflichten wahrzunehmen haben.
Die Diözesanleitung ist natürlich zu neuen Gesprächen bereit, um Pfarrer W. ›entsprechend‹ zu beschäftigen. Es darf jedoch nicht vergessen
werden, dass Pfarrer W. rechtskräftig und mit einer besonderen Auflage verurteilt ist, woran sich auch die Diözesanleitung zu halten hat.

Mit freundlichen Grüßen
...
Dr. Karl Hillenbrand
Generalvikar

Auch aus diesem Schreiben wird ersichtlich, welchen Einsatz die
Kirche in Bezug auf die Würde und Weiterbeschäftigung eines
rechtskräftig verurteilten Priestertäters an den Tag legt. Dieses
Engagement der Kirche steht in keinem Verhältnis zu der Art, wie
die Opfer, deren Familien und die mitgeschädigten Gemeinden
behandelt wurden. In dem Schreiben wird zudem deutlich, welche große Furcht die Kirchenoberen vor den Medien haben. Zumindest scheint die mediale Welt einen gewissen Einfluss auf das
Handeln der Kirche zu haben.

Pfarrer W. wendet sich im Juni 2002 auch an die Glaubenskongregation im Vatikan. Mit Schreiben vom 6.12.2002 (PROT. N.:
156/02-16175) erhält W. folgende Antwort:

Hochwürdiger Herr Pfarrer W.!
Wie Ihnen mit Schreiben vom 15. Juli 2002 mitgeteilt wurde, hat
diese Kongregation sich mit Ihrem Heimatbischof in Verbindung
gesetzt und ihn um eine Stellungnahme zu den von Ihnen erhobe-
nen Beschwerden gebeten.
Der Bischof von Würzburg hat dem Dikasterium inzwischen eine
Stellungnahme zukommen lassen, die einer aufmerksamen und
eingehenden Prüfung unterzogen wurde.

Bischof Scheele ist ausführlich auf Ihre einzelnen Vorwürfe eingegangen. Er berichtet über die verschiedenen Vorkommnisse während Ihrer Tätigkeit als Pfarrer von Miltenberg und schildert mit präzisen Angaben den Verlauf der gerichtlichen Auseinandersetzungen, die zu Ihrer Verurteiluing geführt haben. Das von Ihnen eingelegte Rechtsmittel der Revision gegen das Urteil des Landgerichts Coburg wurde vom Bundesgerichtshof in Karlsruhe als unbegründet verworfen. Da Ihre bürgerlichen Rechte in dem Verfahren ausreichend gesichert waren, ist Ihr Vorwurf einer rechtswidrigen Verurteilung nicht haltbar. Auch die Beschwerden gegen den Diözesanbischof und einige enge Mitarbeiter erfahren eine sachlich begründete, überzeugende Widerlegung. Die verschiedenen Versuche des Oberhirten, Ihnen eine angemessene Aufgabe außerhalb der Pfarrseelsorge zu vermitteln, sind Ihrerseits leider gescheitert, so dass die von Bischof Scheele getroffene Entscheidung, Sie in den Ruhestand zu versetzen, eine der Situation angemessene Möglichkeit war, seiner Hirtenseelsorge nachzukommen.

Die Kongregation ist nach sorgfältiger Abwägung des Sachverhaltes zu der Überzeugung gekommen, dass die in Ihrem Brief vom 5. Juni 2002 erhobenen Beschwerden gegen den Bischof von Würzburg als unbegründet zurückzuweisen sind.

Das Dikasterium wird Bischof Scheele pflichtgemäß über diese Entscheidung informieren.

Indem ich Ihnen dies zur Kenntnis bringe, verbleibe ich mit freundlichen Grüßen im Herrn

Ihr (Unterschrift)
Tarcisio Bertone

Auch nach dieser sehr deutlichen Abweisung seiner Beschwerden – wen wundert es noch – gibt W. nicht auf.

Der ewige Kampf um Rehabilitierung geht weiter
Pfarrer W. schreibt am 24.03.2003 an einen ihm offenbar persönlich bekannten Professor der Otto-Friedrich-Universität Bamberg

einen Brief. Dieser gehört der Fakultät der katholischen Theologie an. Am 1.04.2003 antwortet ihm der Professor:

Ihr Schreiben vom 24.03.2003
Sehr geehrter Herr Pfarrer W.,
für Ihr Schreiben vom 24.03.2003 sage ich Ihnen verbindlichen Dank. Auch wenn ich mich nicht rechtfertigen muss, so kann ich zu Ihrer Anfrage nur sagen, dass ich nicht jede Nummer des Heinrichsblattes lese. Deshalb kann mir der Bericht über Sie durchaus entgangen sein, so dass ich keinen Leserbrief schreiben konnte.
Was Sie und Ihren Prozess betrifft, kann ich Ihnen nur raten, dass Sie Ihr Recht weiter auf dem prozessualen Weg suchen, damit das Unrecht, das Ihnen nach Ihren Ausführungen geschehen ist, wieder gut gemacht wird. Das ist zwar ein mühseliger Kampf, aber er ist manchmal einfach notwendig.
Zu diesem Unterfangen wünsche ich Ihnen Erfolg und Gottes Segen und bin

mit freundlichen Grüßen
...
Prof. Dr. ...

Dieser Brief lässt eine Vermutung aufscheinen, die auch schon bei Briefen bisher genannter Befürworter von Pfarrer W. entstand. W. hat augenscheinlich immer wieder versucht, auf Menschen in seinem Umfeld aktiv einzuwirken, damit sie sich für ihn einsetzen und Leserbriefe an Zeitungen schreiben oder Briefe an die Kirchenvertreter, in denen sie Stellung für ihn beziehen.

Vermeidungsstrategie der Kirchenoberen
Die Kirche sieht sich genötigt, immer wieder Kosten zu übernehmen, die durch Pfarrer W.s Vergehen an Kindern entstanden sind. So bittet etwa die Erzdiözese Bamberg mit Schreiben vom 15.01.2003 das Bistum Würzburg um die Übernahme der Hälfte der Behandlungskosten von drei durch Pfarrer W. geschädigten Kindern. Es geht dabei um einen Gesamtbetrag von 10.459,62 Euro.

Um einen weiteren Prozess gegen den streitbaren und weiterhin uneinsichtigen Pfarrer zu vermeiden, übernimmt das Erzbistum Bamberg ferner eine Forderung, die der Freistaat Bayern, vertreten durch die Bezirksfinanzdirektion Ansbach, an Pfarrer W. gestellt hat. Es geht dabei um Leistungen nach dem Opferentschädigungsgesetz. Der Bayerische Gemeindeunfallversicherungsverband war zunächst in Vorleistung getreten, da Pfarrer W. auch im Rahmen seiner Anstellung als Religionslehrer einer Grundschule übergriffig geworden war.

Der Erzbischof von Bamberg, Prof. Dr. Ludwig Schick, schreibt Pfarrer W. dazu am 14.05.2004 einen Brief:

Sehr geehrter Pfarrer W.,
vielen Dank für Ihr Schreiben vom 7. Mai 2004, mit dem Sie mich um einen Gesprächstermin gebeten haben. Da es sich um eine komplexe Angelegenheit handelt, die in die Zeit vor meiner Amtsübernahme zurückgeht, habe ich mit Herrn Generalvikar Alois Albrecht und mit Herrn Finanzdirektor Domkapitular Prälat Hauf Rücksprache genommen. Sie teilten mir mit, dass die Erzdiözese einen Gerichtstermin in Kronach vermeiden möchte, um die Angelegenheit nicht wieder aufzurühren. Deshalb haben sie der zuständigen Regierung mitgeteilt, dass die Kosten, die eventuell von der Mutter des Kindes geltend gemacht werden, vom Erzbistum übernommen werden.

Ich bitte Sie um Verständnis für diese Entscheidung, wünsche Ihnen alles Gute und grüße Sie herzlich.
...
Prof. Dr. Ludwig Schick
Erzbischof von Bamberg

Pfarrer W. ist mit dieser Entscheidung absolut nicht einverstanden und teilt dies seinen Freunden mit. Bei einer Frau aus Würzburg scheint dieser Vorgang tiefe Spuren zu hinterlassen. Im Dezember 2006, also über zwei Jahre nach der Entscheidung des Erzbistums, greift sie das Vorgehen des Erzbistums Bamberg in einem Leserbrief an die Main-Post in Würzburg auf. Auch hier stellt sich die Frage, ob sie sich aus eigenem Antrieb zum Schreiben des Leserbriefes entschlossen hat:

Zu den Leserbriefen vom 7. Dez. 06
– ›Zölibatsdebatte für katholische Priester‹, Hugo D. ...
– ›Lohrer Dekan von Zug getötet‹, Barbara H. ...

Der Tod des Lohrer Dekans hat mich sehr nachdenklich gemacht.[53] *Wie verzweifelt muss ein Mensch gewesen sein, wenn er sich zu solch einem Schritt entschlossen hat? Hätte es nicht auch andere Wege und Lösungen geben können? Hätte er sich dann zu einem solchen Schritt entschlossen, wenn er nicht Priester gewesen wäre? Am Morgen nach seinem Tod sollte in allen Gottesdiensten seiner Pfarrgemeinde die Versetzung in den Ruhestand bekannt gegeben werden. Es erhebt sich die Frage, wie die Amtsträger der Kirche mit solch sensiblen Fällen umgehen.*

Versucht nicht die Kirchenleitung, Probleme und Fragen zum Thema Sexualität immer wieder unter den Tisch zu kehren? Muss es erst Situationen wie diese geben, dass Papst Benedikt XVI. sich dazu entschließt, die Kurienmitglieder zu einer Gesprächsrunde zu Sexualität und Zölibat einzuladen, wie er es vor kurzem getan hat?

Bei etlichen Amtsträgern hat es die Kirchenleitung einfach nicht gewagt, offen über deren Schwierigkeiten zu sprechen. Die Betroffenen werden im Stich gelassen und sind verlassen. Von einem Pfarrer W. – (lesen Sie bitte dazu den Nachsatz) ist beispielsweise bekannt, dass er schon Jahre um seine Rehabilitierung kämpft, weil er seine Unschuld beweisen möchte.

Aber aus Angst vor den Medien und Zeitungsreportern wagt sich die Kirchenleitung an die Aufarbeitung solcher Fälle nicht heran.

---

53 Der Dekan beging Selbstmord, nachdem er wegen sexuellen Missbrauchs angezeigt worden war und die Kirche seine Versetzung in den Ruhestand angeordnet hatte.

Wie schon früher im Zusammenhang ähnlicher Vorfälle in den Medien berichtet, wurden lieber geforderte Geldsummen bezahlt. So hat z. B. ein Bischof erklärt, damit ›die Sache‹ nicht neu aufgerührt werde, habe man bereits bezahlt.

Hat die Kirchenleitung überhaupt noch das Vertrauen auf Gott, dass die Kirche, wie es Prof. Küng zum Thema Unfehlbarkeit formuliert hat, nicht fehlgehen wird bis ans Ende der Zeiten? Hat Christus seinen Jüngern nicht den Auftrag gegeben, – ›Lasst euch nicht Herren nennen, seid Diener Gottes und der Menschen‹!

Ergänzend fügt sie ihrem Leserbrief hinzu:

Pfr. W. ist mit der Namensnennung einverstanden und es wäre wünschenswert, wenn diese erhalten bleiben würde. ...

Unterstützer von Pfarrer W. finden sich auch in Siershahn
Das ehemalige Pfarrgemeinderatsmitglied
Bei meinen Recherchen zu diesem Buch fallen mir auch zwei Briefe eines ehemaligen Pfarrgemeinderatsmitglieds aus meinem Heimatort Siershahn in die Hände. Dazu möchte ich nochmals sagen, dass Pfarrer W. sehr offen mit den Unterlagen zu »seiner Rehabilitierung« umgeht und recht großzügig Kopien unter die Leute bringt. Manche Freunde von ihm, teilweise auch seine Vorgesetzten, scheinen dies nicht zu ahnen.

Zur Geschichte der Briefe
Eine ehemalige Mitarbeiterin von Pfarrer W. lädt ihren früheren Chef 2005 zu ihrem runden Geburtstag ein. Es stehen auch einige Gemeindemitglieder aus Siershahn auf der Gästeliste. W. erhält einen Platz in der Nähe einer Frau aus dem Pfarrgemeinderat Siershahn. Mit dieser kommt er im Laufe des Abends näher ins Gespräch.
Gleich am nächsten Tag, am 24. März 2005, schreibt diese Frau, die von W. recht angetan zu sein scheint, Pfarrer W. einen Brief mit Informationen zu meiner Person, Zeitungsartikeln und Faltblättern der *Initiative gegen Gewalt und sexuellen Missbrauch an*

Kindern und Jugendlichen e. V. Ein Satz über mich fällt hier besonders auf:

... Es ist allerdings schon schlimm, wenn man immer wieder den Attacken eines solchen Menschen ausgesetzt ist. – Ich nenne das ›Moderne Hexenverfolgung‹. ...

Am 28. September 2005 folgt diesem Brief ein weiterer, worin Sie noch deutlicher wird:

... Sie sehen aber aus diesen neuen ›Aktivitäten von Heibel‹, dass er – wenn er nicht gerade Lehrer, Priester und Ordensleute etc. jagt – immer wieder etwas tut, um Schlagzeilen zu machen. Eine in sich gespaltene Persönlichkeit. ...

Nachdem ich von diesen Briefen erfahren habe, entscheide ich mich, diese Frau anzuschreiben und Sie aufzufordern, sich dazu zu äußern. Eine Bewertung nehme ich nicht vor. Ich füge meinem Schreiben lediglich eine Kopie ihrer Briefe bei.
Am 13.08.2010 antwortet mir ihr Rechtsanwalt:

Sehr geehrter Herr Heibel,
in vorstehender Angelegenheit hat mich Frau ... mit der anwaltlichen Wahrnehmung ihrer Interessen beauftragt. ...
Meine Mandantin bestreitet nicht, diese Schreiben abgefasst zu haben, sie waren jedoch einzig und allein für die Augen von Herrn Pfarrer W. bestimmt. Zu keinem Zeitpunkt hat meine Mandantin Dritten gegenüber diese Aussage gemacht. Es stand meiner Mandantin durchaus frei, Herrn Pfarrer W., mit dem sie sporadisch in Kontakt steht, die Zeitungsabschnitte zuzusenden. In den Schreiben an Herrn W. hat sie ihre persönliche Ansicht dazu geäußert. Auch dies ist nicht verwerflich. Meine Mandantin ist zugegebener Weise aus emotionalen Gründen etwas über das Ziel in der Wahl ihrer Worte hinausgeschossen. So ist sie bereit, den Ausdruck im Schreiben vom 24.03.2005 »Moderne Hexenverfolgung« sowie die Beurteilung Ihrer Person im Schreiben vom 28.09.2005 mit den

Worten »eine in sich gespaltene Persönlichkeit« hiermit zurückzu-
nehmen und sich Ihnen gegenüber in aller Form zu entschuldigen.
Es wird nochmals betont, dass meine Mandantin zu keinem Zeit-
punkt derartige Aussagen über Ihre Person Dritten gegenüber ge-
macht hat. Ansonsten unterliegt es immer noch der Freiheit eines
jeden Staatsbürgers seine Meinung frei zu äußern. ...
Nach diesseitigem Dafürhalten sollte hiermit der Rehabilitation Ih-
rer Person Genüge geleistet worden sein. ... Ferner behält sich meine
Mandantin vor, gerichtliche Schritte einzuleiten, sofern Sie die von
ihr an Herrn Pfarrer W. adressierten und gerichteten Schreiben der
Öffentlichkeit oder Dritten gegenüber zugängig machen.

Der katholische Pfarrer von Siershahn

Ich stieß auch auf eine Einlassung eines Rechtsanwaltes von
Pfarrer W., datiert auf den 2.11.2005. W. versuchte zu diesem Zeitpunkt zum wiederholten Male, gegen seine rechtskräftige Verurteilung juristisch vorzugehen, und ging mit all seinen Widersachern hart ins Gericht. Der Einlassung mangelte es, wie üblich,
nicht an Unterstellungen und falschen Behauptungen.
Auf Seite 65 ff. zitiert der Anwalt von Pfarrer W. beispielsweise
einen kompletten Brief von mir, den ich am 3.10.2000 unserem
Gemeindepfarrer von Siershahn zugeschickt hatte. Hierin geht es
um eine ganz persönliche, lang zurückliegende Angelegenheit,
die ich mit unserem Pfarrer besprechen wollte. Mit dem Fall W.
hatte dieser Brief keinerlei Berührungspunkte. Der Anwalt von
W. versuchte jedoch, mit diesem Schreiben dem Gericht deutlich
zu machen, dass ich jemand sei, der »bundesweit gegen Dutzende von Pfarrern und Priestern vorgeht«.
Wie war dieses Schreiben an W. gelangt? Da der Pfarrer von Siershahn bereits 2004 verstorben war, konnte er hierzu keine Auskunft mehr geben. Allerdings liegt die Vermutung nahe, dass er
selbst diesen Brief an Pfarrer W. weitergegeben hatte. Er kannte
ihn aus der Zeit, in der W. Pfarrer in der Nachbargemeinde Ransbach-Baumbach war.

Pfarrer W. feiert sein 40-jähriges Priesterjubiläum

Die Pressestelle des Ordinariates Würzburg (POW) veröffentlicht am 8.06.2006 auf ihrer Homepage unter der Überschrift »Seit 40 Jahren Priester« die Kurzbiografien von zehn Priestern, die ihr 40-jähriges Priesterjubiläum feierten, darunter auch Pfarrer W. Hier der Text über Pfarrer W., entnommen von der Homepage der Pressestelle am 11.03.2009:

> *Im Ruhestand lebt Pfarrer W. (66) seit 2002 in der Würzburger Dompfarrei. Er wurde 1940 in Grätz (Erzbistum Olmütz) geboren. Bischof Dr. Josef Stangl weihte ihn am 29. Juni 1966 in Würzburg zum Priester. Danach kam W. als Kooperator nach Hettstadt, wo er vorübergehend auch Pfarrverweser war. 1967 wurde er Kaplan in Haßfurt, wechselte 1969 nach Würzburg – Sankt Adalbero und erhielt 1973 die Pfarrei Eichenbühl. 1980 ernannte ihn der Bischof zum Pfarrer von Sankt Jakobus in Miltenberg und zum Dekanatsjugendseelsorger. 1986 wurde W. zum Dienst in der Diözese Limburg freigestellt und war Pfarrer von Ransbach-Baumbach. Seelsorger von Ebersdorf bei Coburg wurde W. 1992 und ab 1996 auch stellvertretender Dekan von Coburg. Bischof Dr. Paul-Werner Scheele versetzte ihn 2002 in den Ruhestand.*

Aufgrund dieser Pressemeldung bekam ich einige Anrufe von Betroffenen, die ihr Unverständnis darüber zum Ausdruck brachten, dass W. im Rahmen der Jubilare derartige Aufmerksamkeit, ja Ehrung von Seiten des Bistums zuteil wurde, obwohl er so vielen Kindern und deren Familien großes Leid angetan hatte. Ich konnte sie verstehen – das Bistum nicht.

Pfarrer W. und seine nicht enden wollenden Versuche, eine Wiederaufnahme seines Strafverfahrens zu erreichen

Am 7.09.2006 versucht Pfarrer W. es wieder einmal selbst: Unter der Überschrift »Antrag auf Wiederaufnahme des Verfahrens« rechnet er in einem 14-seitigen Antrag mit seinen Widersachern ab. Es hilft aber auch dieses Mal nichts: Das Verfahren wird nicht wieder aufgenommen.

Im Jahre 2007 folgt ein weiterer Versuch. Pfarrer W. wendet sich diesmal an die Anwaltskanzlei, die er schon 2005 beauftragt hatte. Wieder bleibt der Erfolg aus. Doch W. gibt nicht auf. Sein Leben ist geprägt durch endlos aneinandergereihte Rehabilitierungsversuche und das ständige Bemühen um den Erhalt einer Lebenslüge.

Auf der Suche nach dem »allerletzten« Strohhalm

Im Mai 2008 beauftragt Pfarrer W. eine neue Rechtsanwaltskanzlei. Unter anderem soll die Kanzlei der Entstehung des ersten Verdachts in der katholischen Pfarrgemeinde Miltenberg nachgehen und beweisen, dass dieser Verdacht falsch war. Der Rechtsanwalt schreibt am 26.05.2008 an Generalvikar Heribert Brander a. D. vom Bistum Würzburg und bittet ihn um Unterstützung:

... Am 01.04.06 fragte Sie Pfarrer W. nach seinen Jubiläumsexerzitien, warum Sie es im Jahre 1985 veranlasst hätten, dass er die Pfarrei St. Jakobus in Miltenberg als Pfarrer verlassen musste. Hierbei antworteten Sie ihm sinngemäß, dass Anlass gewesen sei, dass er ein(em) Türkenkind im Zimmer des Krankenhauses in Miltenberg an die Schamteile gelangt hätte.

Diese Information war falsch. Eine solche Situation hat es nicht gegeben.

Nun (nach ca. 23 Jahren) hat unser Mandant in Erfahrung gebracht, dass Sie diese fehlerhafte Information von dem inzwischen verstorbenen Pfarrer ..., seinerzeit Dekan zu ..., erhalten haben sollen.

In diesem Zusammenhang sind wir beauftragt, Pfarrer W. bei seiner persönlichen Rehabilitation zu unterstützen. Durch entsprechende Recherchen sind wir nun in der Lage, die inhaltliche Unrichtigkeit der unseren Mandanten belastenden Aussage zu beweisen. Unser Mandant hat seit über 20 Jahren ein nachvollziehbares Bedürfnis, das Unrecht, welches ihm widerfahren ist, aus der Welt zu schaffen. Insoweit helfen wir dabei, mosaiksteinartig die Informationsentstehung zu dokumentieren.

Um die Angelegenheit nicht auch mit gerichtlicher Hilfe weiter betreiben zu müssen, bitten wir auftragsgemäß darum, die Entste-

hung der oben dargestellten Information und deren Informanten
uns gegenüber kurz schriftlich zu bestätigen, und haben uns den
Vorgang für den 12.06.08 zur Wiedervorlage vorgemerkt. ...

Dieses Schreiben basiert auf einer eidesstattlichen Erklärung
einer muslimischen Frau türkischer Nationalität, die angeblich
damals der Auslöser der Beschuldigung gewesen sein soll. Diese
Frau lebt heute in der Türkei und wurde irgendwie von Pfarrer W.
oder seinen Helfern aufgespürt. Sie teilt in ihrer eidesstattlichen
Erklärung mit, dass sie niemals von Pfarrer W. sexuell belästigt
wurde. Tatsache ist, dass diese Frau damals nie vor Gericht ausgesagt hat. Sie war nicht einmal Bestandteil der Anklage. Was will
Pfarrer W. damit bezwecken? Was soll die eidesstattliche Erklärung der Frau beweisen?
Die Antwort der Rechtsabteilung der Diözese Würzburg auf das
obige Schreiben des Rechtsanwaltes von Pfarrer W. macht deutlich, dass man von dort aus nicht mehr gewillt ist, dieses Treiben
von Pfarrer W. zu unterstützen. Aus einem Schreiben von Justiziar Roland Huth, datiert auf den 9. Juni 2008, geht hervor, dass
man Prälat Brander derzeit keine Aussagegenehmigung geben
werde und diese auch nicht in Aussicht stehe.
Pfarrer W. gibt trotzdem noch nicht auf. Ein weiteres Schreiben
seines Rechtsanwaltes vom 28.07.2008 ist an den Bürgermeister
von Ransbach-Baumbach gerichtet. Dieser hatte W. im Januar
1992 eine Referenz zur Vorlage bei Generalvikar Albrecht (Erzbistum Bamberg) ausgestellt. (siehe S. 102 f.) Hier ein Zitat aus
dem Schreiben:

Sehr geehrter Herr Bürgermeister ...,
... Der Mandant informierte uns, dass Sie möglicherweise bestätigen
könnten, dass nach Ihrer Kenntnis der Anlass, weshalb er in Rans-
bach-Baumbach ab August 1986 tätig wurde, darin zu sehen war,
dass er angeblich an seinem vorherigen Tätigkeitsort in Miltenberg
›ein Türkenkind im Krankenhaus Miltenberg belästigt haben‹ soll.
Im Rahmen des Prüfungsumfangs wäre es wichtig zu wissen, ob Sie
diese Ihnen zugegangene Information inhaltlich bestätigen können.

Hilfreich wäre es auch, wenn Sie sich noch erinnern würden, wer Ihnen diese Information hat zukommen lassen. ...

Der Bürgermeister von Ransbach-Baumbach teilt der Rechtsanwaltskanzlei am 18.08.2008 mit, dass er die zuvor formulierte Darstellung sinngemäß bestätigen könne. Weiter teilt er mit, dass die Person, von der er es seinerzeit erfahren habe, im Jahre 1997 verstorben sei.

Der Pfarrer und die Detektive
Die Retraumatisierung der Opfer

10.03.2009, 15.40 Uhr. Familie C. aus einem kleinen Ort in der Nähe von Sonnefeld (Region Coburg) ist gerade dabei ihr Haus zu verlassen, als ein dunkles Auto mit Bayreuther Kennzeichen vorfährt. Aus dem Auto steigen zwei Männer, einer schätzungsweise 50 Jahre, der andere um die 30 Jahre alt. Die Herren fragen, ob sie den Sohn der Familie sprechen könnten. Da ihr Sohn zu diesem Zeitpunkt nicht zu Hause ist, fragt der Vater die Männer, worum es gehe. Die Männer erklären, dass sie den Sohn wegen einer schon länger zurückliegenden Sache sprechen wollen. Der Vater bittet sie ins Haus.

Die Herren geben an, Privatdetektive zu sein. Sie kommen gleich auf den Punkt: »Wir möchten ihren Sohn fragen, ob er noch zu seiner Aussage, die er im Prozess gegen Pfarrer W. gemacht hat, steht.« Sie erklären, dass Pfarrer W. dies »für seinen Seelenfrieden« geklärt haben möchte, sich gerne rehabilitieren würde. Mehrmals betont der Jüngere der beiden, dass der Sohn bei Widerrufung seiner Aussage »nichts zu befürchten« habe, da die Sache schon verjährt sei. »Wir sind unabhängig und haben weder mit der Polizei noch mit dem Gericht etwas zu tun«, sagen sie. Auch behaupten sie, dass Pfarrer W. kein Wiederaufrollen des Prozesses anstrebe, er brauche dies nur »für seinen Seelenfrieden«. Die Eltern betonen, sie seien überzeugt davon, dass ihr Sohn keinen Grund habe, eine andere Aussage zu machen.

Der Ältere der beiden sagt nur wenig, sitzt mit einem Block da und macht sich Notizen. Die Herren kommen auch auf die anderen beiden Jungen zu sprechen, die W. im Coburger Prozess belastet haben. Sie geben vor zu wissen, wohin die Familien verzogen sind.

Die Eltern fühlen sich überrumpelt. So gibt der Vater den Männern auf ihre Bitte hin bereitwillig Auskunft darüber, wo sie ihren Sohn antreffen können – sicherlich aus reiner Gutgläubigkeit, da die Familie ja nichts zu verbergen hat. Schließlich wird vereinbart, dass die Detektive sich noch einmal melden können, wenn der Sohn zu Hause ist, um einen Termin auszumachen.

Die Eltern treffen eine Entscheidung

Nachdem die Detektive das Haus der Familie verlassen haben, wird den Eltern allmählich bewusst, was da gerade passiert ist. Sie haben kein Verständnis für das Vorgehen von Pfarrer W., denn W. war schließlich verurteilt und das Verfahren seit vielen Jahren gerichtlich abgeschlossen. Den Versuch des Pfarrers, die Vergangenheit wieder aufzuwühlen, lehnen sie ab. Sie wollen, insbesondere mit Blick auf ihren Sohn, in Ruhe gelassen werden und wollen nicht, dass die Detektive sich mit ihrem Sohn treffen. Auch machen sie sich Sorgen um die anderen Opferfamilien.

Aus diesen Grund entscheiden sie sich, mich gleich am nächsten Tag anzurufen und mich zu bitten, ihnen zu helfen und dafür zu sorgen, dass die zuständigen Gremien der Kirche über das neuerliche Vorgehen von Pfarrer W. informiert werden.

Der Anruf

Am 11.03.2009 erreichte mich der Anruf von Herrn C. Ich machte C. den Vorschlag, zunächst einmal Kontakt zum Bistum aufzunehmen, um festzustellen, ob man dort etwas von erneuten Rehabilitierungsbemühungen des Pfarrers W. gehört habe. Ich schlug weiter vor, so rasch wie möglich die Opfer von W., die ihn im Coburger Prozess belastet hatten, telefonisch darauf vorzubereiten, dass sie wahrscheinlich Besuch von Detektiven bekommen würden. Außerdem besprach ich mit Herrn C., dass ich umgehend die Öffentlichkeit über diesen Vorgang informieren würde, da wir es hier erneut mit einem Skandal zu tun hatten. Auch die

Justizbehörden sollten über die neuen Vorgänge informiert werden, um den Detektiven weitere Besuche bei den Opfern zu verbieten.

C. war zunächst sehr zurückhaltend. Das Ausmaß des Vorfalles war ihm zu diesem Zeitpunkt wahrscheinlich immer noch nicht richtig bewusst. Er war aber damit einverstanden, dass ich zunächst versuchen würde, mit dem Bistum Würzburg ins Gespräch zu kommen.

Das Gespräch mit dem Personalreferenten

Mein Anruf beim Bistum Würzburg wurde direkt zum Personalreferenten Dr. Geist durchgestellt, der auch gleichzeitig der Obhutsmann für Opfer war. Als ich ihm von dem Sachverhalt berichtete und ihn fragte, ob ihm neuerliche Bemühungen von Pfarrer W. in Bezug auf ein Wiederaufnahmeverfahren bekannt seien, reagierte er zu meiner Überraschung alles andere als bestürzt darauf.

Dr. Geist sagte mir, dass Pfarrer W. in Würzburg (in einer Kirchenwohnung) wohne und eine Rente von der Kirche beziehe. Weiter erzählte mir der Personalreferent, dass ihm Pfarrer W. erst vor einigen Wochen »über den Weg gelaufen« sei. W. habe ihm erklärt, dass es ihm gelungen sei, eine Frau in der Türkei ausfindig zu machen, die ihre damalige Aussage, von W. im Jahre 1985 sexuell belästigt worden zu sein, revidiert habe. Danach habe er einen Anwalt beauftragt, eine Wiederaufnahme des Verfahrens zu erreichen. Dr. Geist nahm an, dass der von mir geschilderte Sachverhalt damit etwas zu tun haben könnte.

Er hatte seine Vorgesetzten nicht über W.s Pläne informiert. Das Bistum hatte folglich nichts unternommen. Es war wieder einmal nichts zum Schutz der Opfer getan worden. Man hatte Pfarrer W. einfach machen lassen.

Meine E-Mail an den Generalvikar

Am Morgen des 12.03.2009 schrieb ich eine E-Mail an den Generalvikar in Würzburg, Dr. Hillenbrand, und konfrontierte ihn mit den neuen Ereignissen, den Aussagen seines Personalreferenten und meinen Schlussfolgerungen. Ich bat Dr. Hillenbrand darum, der betroffenen Familie umgehend eine Stellungnahme zukommen zu lassen.

Reaktion des Bistums ließ auf sich warten

Wieder verging ein Tag. Nichts passierte. Kein Anruf, keine E-Mail von der Kirche.

Dem Vater des Betroffenen, Herrn C., war mittlerweile selbst daran gelegen, mit der Presse zu sprechen. Auf Anonymität lege er keinen Wert mehr. Die Familie hatte endgültig realisiert, was da eigentlich geschehen war.

Detektive sind schneller

Ich hatte Schwierigkeiten, die anderen beiden betroffenen Familien aus dem Coburger Prozess ausfindig zu machen. Eine Familie sollte nach Thüringen verzogen sein, von der anderen Familie wusste ich nichts über einen Wohnungswechsel, versuchte Kontakt aufzunehmen – vergeblich. Ich befürchtete, dass die Detektive schneller sein würden als ich.

Einige Tage nach dem ersten Anruf der Familie C. bestätigte sich meine Sorge. Als ich die zweite betroffene Familie endlich erreichte, war es schon zu spät. Die Detektive waren bereits am 12.03.2009 bei ihnen gewesen. Da die Familie tatsächlich umgezogen war, hatte sie meine Nachricht nicht erhalten.

Die Mutter des betroffenen Jungen war sehr wütend. Sie berichtete mir, dass sie völlig perplex gewesen sei, als plötzlich Detektive vor ihrer Haustür standen. Die Männer hätten sie und ihren Sohn zum Widerruf der Aussage bringen wollen, die damals zur Verurteilung geführt hatte.

Cirka 20 Minuten lang habe sie mit den Männern im Treppenhaus diskutiert. Alle Erinnerungen seien wieder hochgekommen, die alten Wunden wieder aufgerissen. Schließlich habe ihr Sohn die beiden Männer hinausgeworfen. Mehrere Tage danach habe sich der Sprecher des Bistums bei ihr gemeldet und sich für den Vorfall entschuldigt.

Beginn der Presseberichterstattung

In enger Abstimmung mit der betroffenen Familie setze ich mich am 13.03.2009 mit der Süddeutschen Zeitung in Verbindung. Der Journalist Rudolf Neumaier spricht mit der betroffenen Familie C. und auch mit dem Bistum.

Am 14.03.2009 erscheint der erste Pressebericht in der Süddeutschen Zeitung:

> *Pädophiler Pfarrer schickt Detektive – Jugendlicher soll Aussage widerrufen – Bistum empört.*

Hier einige Zitate aus dem Bericht, die auch die Retraumatisierung der Familie verdeutlichen:

> *... G...C... kocht vor Wut. Er sagt, es sei dieselbe Wut, die in ihm hochgestiegen sei, als er davon erfuhr, dass der Pfarrer seinem Sohn unter die Hose gegriffen hatte. ...*

> *Pfarrer W., der für eine Stellungnahme nicht zu erreichen ist, sei im Jahre 2002 ›zwangsweise in den Ruhestand versetzt‹ worden, sagt der Würzburger Generalvikar Karl Hillenbrand. Er betont, das Ordinariat distanziere sich von W. und missbillige seine Taten. Der Mann sei uneinsichtig und habe sich jeglicher Therapie verweigert. Stattdessen verbreite er Verschwörungstheorien. Wenn der Pfarrer seine Opfer mit Detektiven behellige, sei es ›mit dem Zwangsruhestand nicht getan‹, dann provoziere er eine Zwangslaisierung. Unverständlich ist dem Generalvikar, wie W. immer noch zahlreiche Anhänger um sich scharen kann, die ihn offenbar finanziell unterstützen. ›Er hat Suggestionskraft‹, sagt Hillenbrand. ›Ja‹, sagt G... C...,›predigen kann er.‹*

Die Main-Post in Würzburg schreibt in ihrem Lokalteil vom 16.03.2009 (»Wegen Missbrauch verurteilter Pfarrer belästigt Opfer mit Detektiven«):

... Dass Pfarrer W. mit Macht eine Wiederaufnahme seines Ver-
fahrens in Angriff genommen hat, bestätigte er selbst dieser Zei-
tung. Er hatte im Gespräch mit Redakteuren kürzlich erklärt, er sei
unschuldig und arbeite mit Hilfe eines Würzburger Anwalts daran,
dies zu beweisen. Durch falsche Beschuldigungen habe eine zur Tat-
zeit 1984 zehnjährige Türkin in Miltenberg seinerzeit eine Kampag-
ne gegen ihn ins Rollen gebracht, an deren Ende seine Verurteilung
gestanden habe. Dies erklärte der Pfarrer gegenüber zwei Mitglie-
dern dieser Redaktion. ...

Zum Beweis legte er diverse Schriftstücke vor, darunter die eides-
stattliche Erklärung der heute erwachsenen Frau, die seinen Worten
zufolge jetzt in der Türkei lebt. Sie bekundet in dem Schreiben, das
der Redaktion vorliegt, dass ›Pfarrer W.‹ mich niemals sexuell be-
lästigt hat›. ...

Auch die Redaktionen der regionalen Zeitungen im Raum Coburg
greifen den Vorfall nun auf, berichten sehr ausführlich über das bei-
spiellose Geschehen. Der Druck auf das Bistum nimmt weiter zu.

Bistum reagiert
Am 16.03.2009 rührt sich dann endlich die Bistumsspitze. Generalvikar Dr. Hillenbrand lässt der betroffenen Familie durch den
Pressesprecher der Diözese Würzburg, Herrn Bernhard Schweßinger, eine E-Mail zukommen. Schweßinger schreibt, dass die
Familie diesen Brief am folgenden Tag auch mit der Post erhalten
werde, und teilt zudem mit, dass man beabsichtige, diese Entschuldigung auch öffentlich zu machen, da bereits mehrere Pres-
seanfragen beim Bistum eingegangen seien.

Würzburg, 16. März 2009

Sehr geehrte Familie C...,
mit großer Bestürzung habe ich erfahren, dass der frühere Pfarrer
W. versucht hat, über Privatdetektive an Sie heranzutreten und
durch die Forderung auf Rücknahme der Aussage Ihres Sohnes ...
auf Sie Druck auszuüben. Es ist mir ein Anliegen, Sie wissen zu las-

sen, dass sich die Diözese von diesem Verhalten distanziert und es mit allem Nachdruck verurteilt. Sobald der Kontakt mit Herrn W., der momentan trotz verschiedener Versuche nicht erreicht werden kann, hergestellt ist, wird er zur Rechenschaft über dieses unerträgliche Verhalten aufgefordert; ebenso werden kirchlicherseits Maßnahmen überlegt, um dies zukünftig zu unterbinden.

Ich möchte mich auch im Namen unseres Bischofs und der ganzen Bistumsleitung für den Leidensdruck entschuldigen, unter den Ihr Sohn und Sie durch das neuerliche Agieren von Herrn W. geraten sind. Gerade weil mir unser Gespräch aus dem Jahre 2000, zu dem der damalige Generalvikar Alois Albrecht und ich nach dem Prozess in Coburg mit Ihnen und auch mit Angehörigen der anderen Opfer zusammengetroffen sind, noch in sehr intensiver Erinnerung ist, sind die neuerlichen Versuche, Sie unter Druck zu setzen, nicht hinnehmbar.

Sobald die Unterredung mit W. stattgefunden hat, werde ich Sie darüber unterrichten. Selbstverständlich bin ich auch zu einem persönlichen Gespräch bereit.

Einstweilen ist es mir wichtig, Ihnen auf diesem Weg mein Mitgefühl zu übermitteln und Sie über die klare Haltung der Diözese Würzburg in dieser Angelegenheit zu informieren. Ihrem Sohn ... und Ihnen als Eltern wünsche ich, dass die jüngsten Belastungen sich nicht so gravierend auswirken, dass Sie auf längere Zeit darunter zu leiden haben.

Mit guten Wünschen und freundlichen Grüßen
Dr. Karl Hillenbrand
Generalvikar

Weitere Hintergründe werden bekannt

Von einem Journalisten erfuhr ich, Pressesprecher Schweßinger habe ihm gesagt, dass Pfarrer W. bereits Anfang Februar einen siebenseitigen Brief an Generalvikar Dr. Hillenbrand geschrieben habe. In diesem Brief habe W. die Opfer namentlich benannt und sehr detailliert seine spezielle Sicht geschildert. W. habe sogar von einem »rechtswidrigen Verfahren« gesprochen.

Einzelheiten dazu erfuhr ich von einem anderen Journalisten. Er erzählte mir, dass Pfarrer W. diesen persönlichen Brief an den Generalvikar, in dem die Namen der Opfer genannt werden, über einen Kontaktmann seiner Redaktion übergeben habe – und zwar schon Wochen vor dem Besuch der Detektive bei der betroffenen Familie. Als Anlage sei neben einer eidesstattliche Erklärung einer türkischen Frau (siehe S. 265) ein Schreiben des Anwalts von W. an den Generalvikar dabei gewesen.

Vonseiten der Redaktion habe man zunächst zurückhaltend auf dieses Material reagiert.

Betroffene Familie lehnt Entschuldigung ab

Die betroffene Familie C. reagierte auf das zuvor zitierte Entschuldigungsschreiben des Generalvikars gleich am 17.03.2009:

Sehr geehrter Herr Hillenbrand,
schön, dass Sie so schnell ein Entschuldigungsschreiben verfasst und geschickt haben, aber leider müssen wir Ihnen mitteilen, dass wir diese nicht annehmen, weil wir der Meinung sind, dass Sie es nicht so weit hätten kommen lassen dürfen:
1. haben Sie Ihr Versprechen, das Sie im Prozess gegeben haben, dass Herr W. nur im Amt bleiben darf, wenn er gesteht, nicht gehalten.
2. Sie, wie Dr. Geist in einem Telefonat mit Herrn Heibel zugegeben hat, von den Anstrengungen des Herrn W., den Prozess neu aufzurollen, unterrichtet waren.
3. sind Sie im Besitz eines langen Briefes von Herrn W., in dem er viele der damaligen Opfer anschwärzt und durchblicken lässt, dass er ein Wiederaufrollen des Prozesses anstrebt, und Sie haben nichts unternommen, um Herrn W. daran zu hindern oder die Familien der Opfer davor zu warnen.
Wir finden, Sie haben nicht angemessen reagiert, und werden Ihre Entschuldigung nicht annehmen.
Da Sie sich jedoch gesprächsbereit zeigen, möchten wir eine Kopie des Briefes von Herrn W. von Anfang Februar 2009, in dem er seine Sicht der Dinge darstellt, und eine schriftliche Erklärung der Diözese bezüglich einer Zwangslaisierung des Herrn W.

Die Antwort des Generalvikars

Generalvikar Dr. Hillenbrand antwortet dieses Mal noch am gleichen Tag, also am 17.03.2009:

Sehr geehrter Herr C...,
Herr Schweßinger hat Ihre Bitte um Zusendung des Briefes von Pfarrer W. vom 02.02.2009 an mich weitergeleitet. Zum besseren Verständnis dieses Schreibens ist Folgendes festzuhalten:
Der Brief enthält die altbekannten Verteidigungsargumente, die Pfarrer W. schon seit langem benutzt, einschließlich der Verschwörungstheorien, die er schon vor und erst recht seit seiner Verurteilung im Jahre 2000 entwickelt hat. Es handelt sich um ein weiteres Zeugnis seiner geradezu querulatorischen Uneinsichtigkeit. Aus der Bemerkung, dass sein Anwalt, Herr N... , Nachforschungen über die Aussagen der drei Kinder im Coburger Prozess anstellen würde, war mitnichten zu entnehmen, dass im Zusammenhang mit einem solchen juristischen Schritt die damaligen Opfer in dieser unsäglichen Weise belästigt und ihre Familien durch Privatdetektive unter Druck gesetzt würden, wie dies vor einigen Tagen geschehen ist. Noch bevor es zu dem von Pfarrer W. geforderten Gespräch mit mir und unserem Personalreferenten kommen konnte, hat Herr W., wie ich heute erfahren habe, diesen Brief von sich aus an die Medien gegeben. Von daher sehe ich überhaupt keinen Grund, Ihnen als einem der Betroffenen dieses Schreiben vorzuenthalten. Ich kann Sie in diesem Zusammenhang nur nochmals bitten, unsere Entschuldigung zu akzeptieren. Sie dürfen sicher sein, dass Herr W., der, wie mittlerweile zu erfahren war, derzeit verreist ist, nach seiner Rückkehr zur Rechenschaft gezogen wird.

Mit freundlichen Grüßen
...
Dr. Karl Hillenbrand
Generalvikar

Offener Brief der Opferfamilie

Noch am gleichen Tag antwortet Herr C. auf das Schreiben des Generalvikars mit einem fünfseitigen offenen Brief und stellt nochmals die Situation aus der Sicht seiner Familie dar. Er kritisiert scharf die unzureichenden Reaktionen der Kirche auf die Machenschaften von Pfarrer W. Abschließend erklärt Herr C.:

Sehr geehrter Herr Generalvikar, nachdem ich Ihnen ausführlich meine Sicht der Dinge präsentiert habe, möchte ich Ihnen mitteilen, dass Sie, um den Konflikt beizulegen, einige Bedingungen erfüllen sollen:

– ...

– Sie sollen sich öffentlich dafür entschuldigen, weil Sie im Jahr 2000, gleich nach dem Prozess, nicht die Zwangslaisierung des Herrn W. eingeleitet haben.

– Das Bistum Würzburg soll sich öffentlich dafür entschuldigen, dass es 2006 auf der Webseite, die den 40-jährigen Jubilaren gewidmet wurde, eine unvollständige und somit verschönerte Biografie des Herrn W. veröffentlicht hat. Das Bistum soll ebenfalls dafür sorgen, dass auf jener Webseite die verschönerte Biografie des Herrn W. entweder komplett gelöscht oder mit den Gründen, die sein mehrmaliges Versetzen veranlasst hatten, vervollständigt wird.

– Falls Herr W. sich nicht innerhalb kürzester Zeit zu den Vorwürfen, die ihm damals im Prozess gemacht wurden, bekennt und sich nicht für seine letzten Versuche, den Prozess erneut aufzurollen, entschuldigt, soll er unverzüglich exkommuniziert werden.

...

Sehr geehrter Herr Generalvikar, zum Schluss möchte ich noch einmal betonen, dass von der vollständigen Erfüllung der davor genannten Bedingungen die Beilegung des Konfliktes meiner Familie mit der katholischen Kirche und der Verbleib meiner Frau als Mitglied dieser Kirche abhängen.

Ich erwarte mit besonderem Interesse Ihre Antwort.

Mit freundlichen Grüßen,

G... C...

Bistum wehrt sich vehement gegen Kritik
Die Leitung des Bistums Würzburg weist die gegen sie erhobenen
Vorwürfe zurück. Man ist sich keiner Schuld bewusst.

Presseerklärung des Bistums Würzburg vom 18.03.2009:

*Würzburg/Coburg (POW) Zum Bericht der Neuen Presse Coburg
›Privatdetektive auch in Sonnefeld‹ vom 18. März 2009 gibt die
Diözese Würzburg folgende Stellungnahme ab, die im zweiten Teil
auch den Vorwurf der Main-Post zurückweist: ... Die Diözese Würzburg und Generalvikar Hillenbrand haben nie einen Zweifel daran
gelassen, dass sie die Taten von W. verurteilen. Aus dem Brief von
W. vom 2. Februar 2009, der die altbekannten Argumente enthält,
war mitnichten zu entnehmen, dass im Zusammenhang mit der
Beauftragung eines Anwalts die damaligen Opfer in dieser unsäglichen Weise belästigt würden, wie es in der vergangenen Woche tatsächlich geschehen ist. Darüber hat die Diözese Würzburg ihr Bedauern ausgedrückt, sich vom Vorgehen distanziert und sich für das
Verhalten von W. bei zwei betroffenen Familien entschuldigt. Ebenso wurde die Prüfung weiterer disziplinarischer Schritte gegen W.
angekündigt. Nachdem W. selbst den Brief vom 2. Februar 2009
an Medien weitergegeben hat, fühlt sich Generalvikar Hillenbrand
nicht mehr an das Gebot der Diskretion gebunden und hat das
Schreiben von W. der Opferfamilie C. auf deren Bitte hin am 17.
März 2009 zur Verfügung gestellt.*
*Der Vorwurf der »Würdigung« anlässlich des 40. Priesterjubiläums
von W. durch die Pressestelle des Bischöflichen Ordinariats Würzburg im Jahr 2006 – den auch die Main-Post in ihrem Bericht »Pfarrer schickt Opfern Detektive« vom 17. März 2009 äußert – trifft
nicht zu. Bei der Pressemeldung handelt es sich allein um eine Auf-
zählung von Fakten. Dass die Pressestelle die Verurteilung W.s sowie die verhängte Strafe in diesem Zusammenhang nicht nannte,
war ein presserechtlich völlig korrektes Vorgehen. Die Begründung
für dieses korrekte Vorgehen findet sich im Schreiben des Bayerischen Journalistenverbandes (BJV) vom 18. März 2009, das nachfolgend zitiert wird. Die Pressestelle des Bischöflichen Ordinariats*

Würzburg hatte die Rechtsberatung des Journalistenverbands um eine Prüfung gebeten.

Der BJV schreibt: ›Das Vorgehen war korrekt. Grundsätzlich gehören Straftäter zu den relativen Personen der Zeitgeschichte. Nur während der aktuellen Berichterstattungsphase (Aufdeckung der Straftat, Strafverfahren, Berufungsverfahren) ist eine identifizierbare Darstellung der Personen zulässig, sofern ein entsprechendes Informationsinteresse der Öffentlichkeit vorhanden ist. Letzteres kann im vorliegenden Fall für die Zeit von 2000 bis zur Bestätigung des landgerichtlichen Urteils durch den Bundesgerichtshof 2001 nicht bestritten werden. Nachdem aber die Bewährungsfrist ohne weitere Straftaten abgelaufen war, hatte der Priester W. als relative Person der Zeitgeschichte nach den Regeln zum Allgemeinen Persönlichkeitsrecht Anspruch darauf, ›alleine gelassen zu werden‹, siehe die sogenannte Lehnbach-Entscheidung des Bundesverfassungsgerichts aus dem Jahre 1973. Diese Rechtsprechung gilt auch heute noch. Dabei ist der Zeitpunkt der Haftentlassung/das Ende der Bewährungsfrist wichtig, weil das Resozialisierungsinteresse dann vermehrt Bedeutung gewinnt. Nach ganz überwiegender Rechtsprechung ist eine über die aktuelle Berichterstattung hinaus zeitlich unbeschränkte individualisierende Berichterstattung über den Straftäter grundsätzlich rechtswidrig. Insofern hat die Diözese Würzburg sich 2006 korrekt verhalten. Etwas anderes ist die derzeitige identifizierende Berichterstattung, da es einen besonderen aktuellen Anlass gibt, nämlich den Versuch des Priesters W., mit Hilfe von Detektiven eines der Opfer zur Rücknahme seiner Aussage aus dem Jahre 2000 zu bewegen. Derzeit darf also der Name von den Medien selbstverständlich genannt werden.‹

Bernhard Schweßinger,
Pressesprecher der Diözese Würzburg

Berichterstattung der Presse weitet sich aus

Am 18.03.2009 widmete der Bote vom Untermain (Main-Post, Regionalausgabe Miltenberg) unter der Überschrift »Pfarrer kämpft um Rehabilitierung« fast eine komplette Seite dem Thema Pfarrer W. Neben einer Chronologie der Ereignisse um Pfarrer W. kommen hier auch wieder die altbekannten Komplotttheorien von W. zur Sprache.

Die Berichterstattung der Miltenberger Tageszeitung ruft bei einem ehemaligen Richter des Amtsgerichts Obernburg große Empörung hervor. Er war im März 1986 der Vorsitzende Richter des Schöffengerichts, vom dem W. in erster Instanz zu einer Geldstrafe von 10.500 DM verurteilt wurde. Nun schreibt er einen Leserbrief, um seinem Ärger Luft zu machen. In einer E-Mail an mich betont er:

> *»Natürlich hätte man in dem Leserbrief noch einiges mehr darlegen können, z. B. die Rolle der Kirche in dem Fall. Aber mich ärgerte primär das unverständliche Verhalten des Geistlichen W.«*

Hier der Wortlaut seines Leserbriefs:

Zum Artikel: ›Pfarrer kämpft um Rehabilitierung‹

Es ist beschämend und nicht nachvollziehbar, dass Sie in Ihrer Zeitung einem rechtskräftig verurteilten Kinderschänder (Verurteilung wegen sexuellen Missbrauchs) einen derart ausführlichen Bericht widmen und auch noch deshalb, weil sich der Geistliche nach 25 bzw. 10 Jahren (!) für unschuldig hält (wörtlich: »Ich bin unschuldig«). Er vermutet einen Racheakt. Dies sind reine und völlig unbegründete Hirngespinste eines in hohem Maße uneinsichtigen Straftäters und nicht nachvollziehbar. Die rechtskräftige Verurteilung durch das Landgericht Coburg, bestätigt durch den Bundesgerichtshof, spricht für sich. Es ging dabei nicht nur um ein Kind, sondern um drei Kinder in sieben (!) Fällen. Die Verurteilung durch das Schöffengericht Obernburg im Jahre 1986 hätte ihm bereits eine ernste und deutliche Warnung sein sollen. Daran ändert auch die Einstellung des Verfahrens durch das Landgericht Aschaffenburg nichts. Diese erfolgte offenbar nur, »weil die Schwere der Schuld nicht entgegenstand« (§ 153a StPO).

Für wie dumm hält Herr W. seine Mitmenschen eigentlich? Die angebliche eidesstattliche Erklärung einer ehemaligen Schülerin be-

sagt nichts, zumal sie in keinem Verfahren Gegenstand der Anklage war, wie dem Bericht zu entnehmen ist. Wenn ein Dieb im Supermarkt »Lidl« stiehlt, besagt die Bestätigung von »Aldi«, er hätte dort nichts mitgenommen, ebenfalls nichts, was jedem einleuchtend ist. Herr W. sollte, zumal er auch Pfarrer ist, in sich gehen und vor allem schweigen, besser noch, für seine Opfer beten. Denn als Geistlicher hat er das Vertrauen seiner ihm anvertrauten Schützlinge in unverantwortlicher Weise missbraucht. Es mag sein, dass Herr W. Initiator dieses Artikels ist. Wenn dies der Fall sein sollte, hätten Sie sich für derartigen Unsinn nicht missbrauchen lassen dürfen. Aber ein Geistlicher ist offenbar für die Berichterstattung besonders interessant, egal, welchen Unsinn er erzählt. Aber dennoch: Um der Sache willen hätten Sie und vor allem Herr Pfarrer W. schweigen sollen.

Wolfgang Vogt

Die Süddeutsche Zeitung titelt am 19.03.2009:
*Diözese Würzburg wegen Tatenlosigkeit in der Kritik
›Das Bistum hätte uns warnen müssen‹
Pädophiler Pfarrer kündigt in einem Brief an den Generalvikar seine Rehabilitierung an – und schickt den Opfern Detektive ins Haus*

In dem Artikel wird unter anderem berichtet:
Inzwischen ist die Justiz auf den Fall aufmerksam geworden. Die Coburger Staatsanwaltschaft bestätigte, die Polizei sei mit Vorermittlungen in dem Fall beauftragt. Es werde geprüft, ob die Angelegenheit einen strafrechtlichen Charakter hat ...

Um es vorwegzunehmen, die Vorermittlungen erbrachten schließlich keinen verwertbaren Straftatbestand, und das Verfahren wurde wieder eingestellt.
Aber das Vorgehen der Polizei hatte auch eine gute Seite. Die Detektive waren dadurch wohl so eingeschüchtert, dass sie die dritte betroffene Familie, die ich zwischenzeitlich in Thüringen auch selbst erreicht hatte, in Ruhe ließen.

Suspendierung von Pfarrer W. – nun endgültig?

Am 24.03.2009 wird Pfarrer W. vom Würzburger Bischof erneut suspendiert. Das Dekret des Bischofs liest sich so:

Der Bischof von Würzburg
Mit diesem Dekret verhänge ich gegen Pfr. i. R. W., geboren am ...,
die Strafe der Suspension gemäß can. 1333 CIC und verbiete ihm
damit die Ausübung seiner priesterlichen Weihevollmachten. Da-
rüber hinaus werden seine Pensionsbezüge um 20 Prozent reduziert.
Begründung:
Pfr. W. wurde mit Urteil des Amtsgerichts Coburg vom 6.7.2000 in
sieben Fällen wegen Missbrauchs an drei Minderjährigen rechts-
kräftig zu einer Gefängnisstrafe auf Bewährung verurteilt. In der Re-
visionsverhandlung am Bundesgerichtshof in Karlsruhe am 10.5.2001
wurde dieses Urteil bestätigt.
In der Folge wurde ihm oberhirtlich untersagt, in der Öffentlichkeit
Gottesdienst zu feiern. Ebenso wurde ihm mehrmals verboten, künf-
tig in irgendeiner Weise an die Opfer und deren Familien heranzu-
treten, damit diese vor einer weiteren Traumatisierung und Belästi-
gung geschützt würden.
Pfr. W. zeigte sich trotz mehrfacher oberhirtlicher Ermahnung auch
nach dem Strafurteil uneinsichtig und fern von Reue oder der Bereit-
schaft, seine Taten einzugestehen und zur Wiedergutmachung bei-
zutragen. Deshalb wurde er am 19.04.2002 in den zwangsweisen
Ruhestand versetzt.
Seine fortlaufende Widersetzlichkeit erlangte einen neuen Höhe-
punkt, als sich im März 2009 zwei von ihm beauftragte Männer zu
den Familien der damaligen Opfer aufmachten. Pfarrer W. wollte
auf diese Weise erreichen, dass die Opfer ihre Aussagen aus dem
weltlichen Strafverfahren zurücknähmen. ...

Dem Dekret beigefügt ist eine Rechtsbelehrung von Generalvikar Hillenbrand. Darin heißt es:

Gegen das vom Diözesanbischof am 24.03.2009 erlassene Dekret
kann gem. can. 1732 ff. CIC Rekurs eingelegt werden. Dieser setzt

voraus, dass zunächst innerhalb von zehn Tagen nach Bekanntgabe des Dekrets dessen Rücknahme oder Abänderung schriftlich bei dem unterzeichneten Bischof beantragt wird. Wird der Antrag abgewiesen, so hat der Beschwerdeführer das Recht, auch unter Zuhilfenahme eines kirchlichen Anwalts innerhalb von weiteren 15 Tagen begründet Rekurs gegen dieses Dekret einzulegen, der vom Bischof umgehend an die Kleruskongregation weiterzuleiten wäre.

Würzburg, 24.3.2009
...
Dr. Karl Hillenbrand
Generalvikar

Die Presseerklärung von Generalvikar Dr. Hillenbrand vom gleichen Tag

Erklärung von Generalvikar Dr. Karl Hillenbrand am 24. März 2009 Bischof Dr. Friedhelm Hofmann hat heute (24. März 2009) Herrn W., bisher Pfarrer im Ruhestand, mit sofortiger Wirkung vom priesterlichen Dienst suspendiert. Damit ist es W. untersagt, irgendwelche Amtshandlungen vorzunehmen, die mit der Priesterweihe verbunden sind. Außerdem werden seine Ruhestandsbezüge um 20 Prozent gekürzt.
Für diese Maßnahmen gibt es folgende Begründung:
...
Nun ist durch den Umstand, dass zwei Männer im Auftrag von W. kürzlich die Familien der damaligen Opfer aufgesucht haben, um sie zur Rücknahme der im Coburger Verfahren gemachten Aussagen zu bewegen, nochmals eine veränderte Situation entstanden. Die betroffenen Familien fühlten sich durch dieses Agieren so massiv unter Druck gesetzt, dass die Verletzungen der Vergangenheit wieder aufgebrochen und neue Traumatisierungen entstanden sind. Dadurch ist ein neuer, schwerwiegender und schuldhafter Tatbestand geschaffen worden, der die jetzt getroffene Maßnahme erforderlich gemacht hat. Die Diözese drückt gleichzeitig den drei betroffenen Familien ihr Bedauern aus und verurteilt nochmals auf das Schärfste das Verhalten von Herrn W.

In einem offenen Brief an mich als Generalvikar der Diözese hat der Vater eines der damals betroffenen Kinder Fragen gestellt bzw. Vorwürfe erhoben. Auch wenn ich noch persönlich antworten werde, möchte ich jetzt schon Folgendes bemerken:
– Einmal wird gefragt, weshalb Herr W. nicht sofort nach dem Coburger Urteil exkommuniziert wurde – so seine Wortwahl. Dazu ist zu bemerken, dass die Bistumsleitung sich einerseits an die vom Gericht gemachten Auflagen bei der Verhängung der zweijährigen Bewährungsstrafe gehalten hat und zum anderen damals bei W. auf Einsicht hoffte. Als dieser sich jedoch dauernd resistent zeigte, wurde die Zwangspensionierung mit Zelebrationsverbot verfügt. Da eine formelle Exkommunikation hauptsächlich Fragen der Glaubenslehre betrifft, waren dafür die kirchenrechtlichen Voraussetzungen nicht gegeben. Durch die nun erfolgte Suspendierung ist Herr W. jedoch de facto in den Laienstand versetzt und kann nicht mehr als Priester tätig sein.
– ...
– Schließlich wird der Vorwurf erhoben, die Diözese hätte die betroffenen Familien vor den Absichten von Herrn W. warnen müssen, erneut an die damaligen Opfer und ihre Familien heranzutreten. Dazu kann ich nur sagen, dass diese Absichten auch der Bistumsleitung nicht bekannt waren. Herr W. hat zwar in einem Brief vom 2. Februar 2009 zum wiederholten Mal seine bekannten Standpunkte einschließlich der von ihm entwickelten Verschwörungstheorie dargelegt und dabei auch seine schon früher mehrmals geäußerte Absicht mitgeteilt, um eine Wiederaufnahme des Verfahrens beim Bundesverfassungsgericht zu kämpfen. Dass er sich in seinem Bestreben jedoch dazu versteigen würde, in dieser unerträglichen Weise seine Opfer und ihre Familien nach all den Jahren wieder zu belästigen, war für uns genauso wenig vorhersehbar wie für jene Medien, denen Herr W. seinen Brief (ohne unser Wissen) ebenfalls zur Verfügung gestellt hatte. Eine vorherige Warnung war deshalb unmöglich, so sehr ich das Leid bedaure, das den betroffenen Familien erneut zugefügt wurde. Heute nun hat Herr W. im Gespräch mit Bischof, Generalvikar, Personalreferent und Justitiar eingeräumt, dass zwei Familien auf seine Veranlassung hin von zwei Privatde-

tektiven aufgesucht wurden. Bei der dritten Familie war er sich nicht sicher, ob dies schon geschehen ist. Ich sehe es als meine Pflicht an und habe es Herrn W. gegenüber auch so betont, diese Familie, deren Wohnsitz wir nicht kennen, hier und jetzt vor der möglichen Aktion öffentlich zu warnen.

Mit einer persönlichen Bemerkung möchte ich diese Erklärung abschließen. Was mich in dieser schlimmen Angelegenheit zusätzlich belastet, ist der Umstand, dass W. bis heute durch eine Gruppe von Sympathisanten unterstützt wird – bestehend aus einigen Priestern, Ordensleuten und Laien –, die ihn in seiner Uneinsichtigkeit noch bestärken. Diesem Personenkreis gebe ich eine gewisse Mitschuld an der Entwicklung der Dinge. Ich kann mich nur nochmals im Namen des Bischofs und des Bistums bei den Betroffenen entschuldigen und hoffen, dass sich die neuerlich entstandenen Verletzungen überwinden lassen. Die Diözese Würzburg ist dabei, wie es bereits vor acht Jahren geschehen ist, zur Mithilfe bereit.

Dr. Karl Hillenbrand
Generalvikar

Auf diese Presseerklärung sah sich die *Initiative gegen Gewalt und sexuellen Missbrauch an Kindern und Jugendlichen e. V.* veranlasst zu reagieren und nochmals ihren Standpunkt und ihre Forderungen im Interesse der Opfer und der betroffenen Familien klar darzulegen:

...

1. Mit einer Suspendierung des Pfarrers W. ist es nicht getan, es sollte umgehend ein Zwangslaisierungsverfahren eingeleitet und die Bezüge des Pfarrers zu 100 Prozent gestrichen werden. Das dadurch eingesparte Geld sollte umgehend den Opfern zugute kommen. Darüber hinaus sollte das Bistum dem Priester seine von der Kirche gemietete Wohnung[54] kündigen. Da W. unseres Wissens über eine Eigentumswohnung verfügt, stünde ihm ja hinreichend Wohnraum zur Verfügung.

---

54 W. wohnte in der Zwischenzeit in einer komfortablen Kirchenwohnung im Zentrum von Würzburg. (Anm. d. Verf.)

2. Das Bistum Würzburg sollte endlich Bereitschaft signalisieren, mit der Initiative gegen Gewalt ... e. V. im Sinne eines wirkungsvollen Opferschutzes zusammenzuarbeiten. Das ist wichtig, da die Betroffenen zunächst jegliches Vertrauen zu Kirchenvertretern verloren haben. Im Gegensatz zur Kirche steht unsere Initiative seit 1993 in Kontakt mit betroffenen Familien aus den Bistümern Würzburg, Limburg und Bamberg. Wir versuchen zu helfen, wo es nur geht. Ein vergleichbares Engagement kann die Kirche diesbezüglich nicht vorweisen.

3. Da die dritte betroffene Familie (betrifft Prozess vor dem Landgericht Coburg) in letzter Zeit mehrmals umgezogen ist, gelang es der Initiative erst am 21.3.2009, wieder einen Kontakt herzustellen. Dieses Mal war es früh genug, da die Detektive die Familie bisher noch nicht kontaktiert haben. Die Familie ist nun vorgewarnt und wird beim Erscheinen der zwei Detektive umgehend die Polizei verständigen.

4. Pfarrer W. zeigte sich bereits seit Mitte der 80er Jahre uneinsichtig und rücksichtslos. Es ist dem Bistum Würzburg, und damit auch Dr. Hillenbrand, wohl kaum verborgen geblieben, dass W. bereits damals in Miltenberg auf betroffene Familien einwirkte. Die Einschätzung des Bistums im Hinblick auf die neue Situation ist somit unglaubwürdig, da man auch dieses Mal praktisch nichts unternahm. Das Bistum wirkte weder mit Erfolg auf Pfarrer W. ein, noch warnte man die Opfer.

Die Uneinsichtigkeit des Pfarrers bestätigte sich zudem auch im Coburger Prozess. Wie kann die Kirche nach dem Prozess, der mit einer klaren Verurteilung endete, immer noch versuchen, W. als Priester und Seelsorger einzusetzen, obwohl er nie zugegeben und bereut hat, was er Kindern, deren Eltern, den jeweiligen Pfarrgemeinden und damit auch der ganzen Kirche angetan hat? ...

5. Warum beschwert sich Dr. Hillenbrand nun plötzlich öffentlich auch über die Menschen, die Pfarrer W. bis heute treu geblieben sind und ihn über die ganze Zeit unterstützten?

Es ist doch völlig klar, dass die Bistümer auch hier versagt haben. Zu lange hat man abgewartet und sich nicht deutlich genug auf die Seite der Opfer gestellt. Kein Wunder also, dass in dieser Angelegen-

heit die Gemeinden Miltenberg, Ransbach-Baumbach und Ebers-
dorf/Sonnefeld bis heute gespalten sind.
Aus diesen Gründen hält die Initiative die Erklärung von Dr. Hillen-
brand für beschämend und nicht ausreichend, zumal auch das Bis-
tum seine Fehler bis heute nicht einräumt. Woher soll die Einsicht
bei Pfarrer W. kommen, wenn selbst seine Vorgesetzten uneinsich-
tig und inkonsequent handeln? Man kann sich des Eindrucks nicht
erwehren, dass es dem Bistum vorrangig um eine gute Selbstdar-
stellung geht. Die Opfer scheinen dabei eher eine untergeordnete
Rolle zu spielen.

Die Initiative gegen Gewalt … e. V. wird sich jedenfalls mit dieser
Erklärung nicht zufrieden geben.

Siershahn/Würzburg, den 24.3.2009

Johannes Heibel Vorsitzender

Die Antwort von Pfarrer W. auf seine Suspendierung

Am 25.03.2009 reagiert Pfarrer W. in gewohnt starrköpfiger Ma-
nier auf seine Suspendierung und legt Widerspruch gegen das
Dekret des Bischofs ein:

Sehr geehrter Herr Bischof!
Mit diesem Schreiben lege ich Rekurs ein gegenüber Ihrer mir ge-
genüber am 24.03.09 ausgesprochenen Suspendierung und dem
darauf folgenden schriftlichen Dekret.
Ich kann mich nicht zu etwas bekennen, was ich nicht getan habe.
Ich halte nach wie vor daran fest: Ich bin unschuldig.

Hochachtungsvoll
…

Rehabilitation mit Hilfe der Medien?

Das Magazin DER SPIEGEL und die Redaktion des TV-Magazin
SPIEGEL TV äußern Interesse am Fall des Pfarrer W. Sie bitten

mich um Unterstützung. Die Journalisten wollen versuchen, Pfarrer W. für ein Interview zu gewinnen.

Möglicherweise ist er selbst interessiert daran, da er sich nach wie vor ungerecht behandelt fühlt und eine Möglichkeit sucht, seine Version des Geschehenen öffentlich zu machen.

Den SPIEGEL-Journalisten gelingt es tatsächlich, W. zu einem Interview zu bewegen. Der Pfarrer lässt die Reporter sogar in seine großzügige Kirchenwohnung in Würzburg, die gefüllt ist mit Akten und eher den Charakter eines Büros hat. W. scheint seinen Alltag, sein ganzes Leben auf seine Rehabilitierungsbemühungen ausgerichtet zu haben. W. lässt die Journalisten gewähren – er geht fest davon aus, dass sie ihm seine Komplotttheorie glauben werden.

Für den Beitrag des SPIEGEL TV wird auch Herr A. interviewt, ehemaliger Messdiener in der Pfarrei Miltenberg und eins der Opfer von Pfarrer W.

A. hat 25 Jahre lang geschwiegen. Vor der Kamera bricht er nun sein Schweigen. Die beim Interview anwesenden Freunde sagen mir später, es sei wie eine Erlösung, eine Befreiung für ihn gewesen, alle hätten mitgefühlt und sich mit ihm gefreut, dass er es endlich geschafft hatte, darüber zu reden.

A.:

>>Ich habe das an mir geschehen lassen und habe natürlich gemerkt, da stimmt was nicht, das ist nicht normal. Aber hab ihm gegenüber nie was gesagt.<<

Pfarrer W. versucht sich seine Taten schönzureden:

>>Diese Kinder sind halt mal ins Pfarrhaus gekommen, und dann hab ich – sind auf mich zugesprungen und dann hab ich sie auch mal umarmt ... Und bin dann auch mal an den Po dran gekommen, aber ich habe nie, sagen wir jetzt, den Po gesucht. Umarmungen, Zärtlichkeiten sind für mich keine sexuellen Handlungen, und ich habe nie was anderes getan.<<

Frage darauf von Reporterin Lisa Wandt:
»*Aber da gab es ja andere Aussagen. Haben das sich die Kinder ausgedacht?*

Pfarrer W.:
»*Nee, was? Da gab es keine anderen Aussagen – als nur diese Aussagen, dass ich sie am Po gestreichelt hätte.*«

Lisa Wandt:
»*Aber der Po ist ja auch ein Sexualorgan.*«

Pfarrer W.:
»*Das weiß ich nicht. Also, ... nach meinem Empfinden nicht, aber wenn Sie es so sagen. Also ich, in jedem Fall, habe bewusst den Sexualbereich ausgeklammert. Ich habe ... die Grenze gekannt zwischen Sexualität und Zärtlichkeiten.*«

A. erzählt Einzelheiten:
»*Er hat uns im Auto zur Schule gefahren, und während dieser... zwei, drei Kilometer hat er... so von hinten mit der... Hand ... in die Hose, in den Po reingelangt. Das waren immer die gleichen Szenen ... Und das Verrückte war, dass zum Teil auch noch andere im Auto dabei waren,... die müssen das ja bemerkt haben.*«

Der Generalvikar von Würzburg, Dr. Karl Hillenbrand, stellt sich auch einem Interview von SPIEGEL TV. Lisa Wandt leitet das Interview mit folgendem Satz ein:

»*Jahrelang hat ihn die Kirche nahezu ungesühnt von Bistum zu Bistum geschickt. Seit 1996 gehört W.[55] zum Ordinariat Würzburg. Der dortige Generalvikar hat ihn nun suspendiert, nicht etwa wegen des Missbrauchs, sondern wegen der Detektive.*«

---

55 Erst seit dem 1.09.2000 gehört er *wieder* zum Ordinariat Würzburg (Anm. d. Verf.), siehe auch S. 199.

Generalvikar Dr. Hillenbrand:
>*Wenn es uns um die Opfer geht, ist es zu spät, wenn es erst passiert. Man muss sich um die Problematik rechtzeitig kümmern.*«

Lisa Wandt:
>*Warum konnte es dann in diesem Fall so oft passieren, bei Herrn W.?*«

Generalvikar Dr. Hillenbrand:
>*Leider Gottes ist es offensichtlich so oft passiert, aber ich kann nur für meinen Zeitraum der Verantwortung sprechen, und da haben wir versucht, nachdem es leider Gottes im Umfeld von Coburg passiert ist, es dann so zu gestalten, dass er von unserer Verantwortung her keinen Umgang mehr zu Kindern und Jugendlichen hat.*«

Lisa Wandt kommentiert weiter:
>*Die Kirche weiß offenbar nicht, dass Pfarrer W. munter weiter zelebriert, auch im Umfeld von Kindern.*«

Pfarrer W. sagt dazu:
>*Ich habe eben Gottesdienst gehalten, wo ich angerufen wurde, Beerdigungen und dergleichen. ... Meine Leute, die sind ja alle auf meiner Seite. Ich denke nur an die Pfarrei Eichenbühl, da sind 80 Prozent auf meiner Seite ... Und die wissen genau, wie es ist. Und da bin ich auch ... – ich mach's halt inoffiziell. Ich ... habe offiziell keine Erlaubnis.*«

Dass Pfarrer W. seit 2002 von Seiten des Bistums verboten wurde, Gottesdienst zu halten, weiß man in der katholischen Kirchengemeinde Eichenbühl. Seine Mitbrüder sehen dies jedoch ziemlich locker.

Lisa Wandt:
>*... Der örtliche Pfarrer M... H..., macht für ihn gerne mal den Platz hinter dem Altar frei.*«

Pfarrer H...:

»Solange er da nicht vom Bischof, wie man so sagt, suspendiert ist,
also beurlaubt, ... da steht ihm ja auch die Ausübung priesterlicher
Dienste zu, soweit natürlich auch erlaubt ist, muss man sagen.«

Frage von Lisa Wandt:
»Aber er hatte ja ein Gottesdienstverbot bekommen.«

Pfarrer H... zuckt nur mit den Schultern, rümpft die Nase und
zieht sich zurück. Kein weiterer Kommentar.

Der Beitrag unter dem Titel: »Pädophiler Pfarrer: Kindesmiss-
brauch in der katholischen Kirche« wurde vom Magazin SPIE-
GEL TV am 19.04.2009 ausgestrahlt. Parallel dazu erschien im
Heft: DER SPIEGEL (17/2009) unter der Überschrift: »Unter
Brüdern« ein zweiseitiger Bericht (Autor: Peter Wensierski). Pfar-
rer W.s Komplotttheorie unterstützten diese Beiträge nicht ...

Die Geschichte geht weiter ...
Wieder einmal hat man ihm nicht geglaubt, wieder einmal ist es
ihm nicht gelungen, die Öffentlichkeit davon zu überzeugen, dass
er das eigentliche Opfer sei. W. fühlt sich reingelegt, ist sauer,
schäumt vor Wut, weiß nicht mehr, was er machen soll. In dem
Beitrag erschien zu allem Übel auch noch ein Opfer, das bis dahin
25 Jahre lang beharrlich geschwiegen hatte. Es geht W. nicht in
den Kopf, dass immer mehr Opfer ihr Schweigen brechen, in mit
ihren Aussagen belasten. Er will den jungen Mann kontaktieren,
mit ihm reden, will versuchen, ihn davon zu überzeugen, dass
nichts passiert ist, dass er sich das alles nur eingebildet hat. A. ist
von Beruf Lehrer, er arbeitet an einer Schule in Franken. W.s
Bemühungen, ihn privat zu erreichen, scheitern. Er geht das Risiko ein und sucht ihn an seinem Arbeitsplatz auf. Nur ein Haus-
verbot kann W. schließlich stoppen – zumindest vorerst.

Die schlimmste und qualvollste Zeit meines Lebens
Bericht eines Betroffenen

Für mich als katholischer Christ ist das Amt des Priesters etwas Besonderes. Der Priester stellt Christus in der Gemeinde dar und handelt als dieser im Vollzug seines Amtes. Dies erfordert, dass ein geweihter Mensch einen Lebenswandel führt, der seinem Vorbild, das Christus sein sollte, entspricht. Natürlich sollen alle Christen danach streben, Christus nachzufolgen, doch gilt dies besonders für einen Geistlichen, der sich durch die Priesterweihe vollkommen an Christus gebunden hat und ihm bedingungslos und uneingeschränkt folgen will. Der Priester ist aber kein Übermensch oder etwas Besseres, sondern ein normal Sterblicher wie jeder andere auch. Daher gibt es bei Geistlichen ebenso Fehler, Schwächen und Sünden etc. Doch wird das Leben und Wirken eines Priesters in der Gemeinde oft allzu kritisch und streng beäugt und beurteilt. So eine »Lebenskontrolle« kann man positiv nutzen, z. B. als Anfrage an sich selbst, als Impuls zur eigenen Hinterfragung. Negativ »nutzen« würde heißen, dass man sich ständig gegen Angriffe aus der Gemeinde zur Wehr setzt, ohne zu überlegen, ob an gewissen Anschuldigungen nicht doch etwas dran ist, und, anstatt das Gespräch zu suchen, lieber die Pfarrei spaltet in »Pfarrer-Anhänger« und »Pfarrer-Gegner«.

In der Tat finde ich es selbst nicht richtig, über einen Priester herzuziehen oder sich über seine Schwächen auszulassen, wobei natürlich zu unterscheiden ist, wie schlimm oder wie schwer das Vergehen ist, das man ihm zur Last legt. So war ich immer einer, der über Medienberichte sehr schnell geurteilt und sie in das Reich der Übertreibungen verfrachtet hat. Über Meldungen, in denen von homosexuellen oder pädophilen Priestern berichtet wurde, konnte ich oft nur lachen und mich über den Einfallsreichtum einiger Medienmacher amüsieren.

In den Fall W. hatte ich allerdings selbst Einblick und merkte sehr schnell, dass viele Medienberichte eben gerade nicht übertrieben, sondern eher untertrieben waren. So hat sich mein Blick in einer Hinsicht geschärft: Ich werfe den Medien nun nicht mehr vor, im Fall W. eine antikirchliche Schlammschlacht verursacht zu haben. Vielmehr ärgert mich das Verhalten der Kirchenoberen in der Diözese, die Tatsachen verniedlicht und damit verfälscht bzw. vertuscht haben. Damit wurde und wird die Wahrheit verfälscht, wobei die Kirche »Dienerin der Wahrheit« sein sollte.

Diese Zeilen schreibe ich, weil ich glaube, der Wahrheit und somit meiner Kirche, die eine Gemeinschaft von Menschen ist, zu dienen und ihr zu einer größeren Glaubwürdigkeit zu verhelfen. Für mich selbst hoffe ich, dass mir die nun folgende Aufarbeitung der erlebten Geschehnisse in meiner Kindheit und Jugend hilft, die Vergangenheit, die mich in letzter Zeit wieder einholt, zu verarbeiten.

Ich wurde 1974 in Miltenberg am Main geboren. Mein älterer Bruder und ich genossen von Anfang an eine katholische Erziehung. 1980 wurde ich eingeschult und bis zur vierten Klasse an der Grundschule in Miltenberg unterrichtet. In dieser Zeit kam Pfarrer W. nach Miltenberg, nachdem sein Vorgänger die Pfarrei gewechselt hatte. Bis zur dritten Klasse hatte ich mit Pfarrer W. wenig zu tun. Ich kannte ihn zwar, hatte aber so gut wie keinen Kontakt zu ihm. Erst als ich in die dritte Klasse kam, die naturgemäß der Kommunionvorbereitung dient, lernte ich W. näher kennen. Diesen Unterricht erteilte immer der zuständige Pfarrer, in diesem Fall war es eben W.

Zu seinem Unterricht ist Folgendes zu bemerken: Er wusste, wie er mit Kindern umgehen musste, damit diese am Unterricht teilnahmen. Mit einfachen Erklärungen und anschaulichen Tafelbildern versuchte er, der Klasse den Stoff näher zu bringen. Ab und zu spielten wir Fußball auf der Schulwiese, wobei mir seine riesigen schwarzen Sportschuhe noch gut im Gedächtnis sind, genauso wie seine ruppige und unsanfte Spielweise. Des Weiteren bestieg er mit seinen Klassen die Glockentürme der Miltenberger Stadtpfarrkirche, was mir und allen anderen natürlich sehr viel Spaß machte. Überhaupt war ich von Pfarrer W. sehr beeindruckt und begeistert. Natürlich freute ich mich dann immer, ihn zu treffen.

Durch Pfarrer W. wurde ich also zur Kommunion geführt. Vorher stand für mich selbstverständlich fest, dass ich einmal Ministrant werde, wie mein älterer Bruder auch. So kam ich nach dem Weißen Sonntag auch zu den Messdienern der Pfarrei. Aus dem Messdieneralltag ist mir eine Begebenheit noch in Erinnerung, bei der ich enger mit W. in Kontakt kam. Ich war erst seit einigen Tagen Ministrant und sollte bei einem Requiem ministrieren, und da außer ein paar »Großen« kein anderer Ministrant anwesend war, machten sich die Älteren anscheinend einen Witz daraus, mir alle Dienste allein aufzubürden. Das Ergebnis war, dass ich völlig überfordert war und alles falsch machte, was nur falsch zu machen war. Nach der Messe bekam ich somit auch von den »Großen« einen saftigen Anpfiff, worauf ich in Tränen ausbrach und Trost beim Pfarrer suchte. W. nahm mich in die Arme, tröstete mich und schimpfte mit den anderen, was ihnen denn einfalle, mich so zu behandeln. Ab jetzt hatte W. bei mir einen Stein im Brett, er war sozusagen mein Held geworden und ich schaute dankbar zu ihm auf. So kam es, dass ich mich noch enger mit Kirche, Pfarrhaus und natürlich Pfarrer verband. W. war in dieser Zeit mein Vorbild, dem ich in gewisser Weise hörig war, was das als Kind auch immer heißen mag. Berührungspunkte mit W. boten sich nun viele. Als übereifriger Messdiener nutzte ich alle Gelegenheiten zum Ministrieren. Vor allem Beerdigungen am Nachmittag ließ ich mir nicht entgehen. Ich läutete am Pfarrhaus und fuhr mit Pfarrer W. im Auto zum Friedhof. Manchmal war ich allein, meistens waren wir aber zu viert oder zu fünft. Mein Platz im Auto war meist hinter dem Fahrersitz. Während solcher Fahrten versuchte W. immer, mit einer Hand hinter sich zu greifen, um sich eines meiner Beine zu schnappen, wobei er mit der anderen Hand das Steuer führte. Mit anderen machte er das genauso. Der Beifahrer blieb meines Wissens meist eher unbehelligt, wenn man von einigen Streicheleinheiten am Knie absieht. Einige Zeit später wollte ich nur noch mit W. im Auto fahren, wenn meine Mutter mitfuhr, denn dann unterließ er seine Spielchen.

Obwohl mich diese »Zärtlichkeiten« im Auto störten, besuchte ich Pfarrer W. weiterhin oft und gerne im Pfarrhaus. Dort durfte ich mit ihm in seine Privaträume und in sein Arbeitszimmer, was ich als besondere Auszeichnung ansah. Das Arbeitszimmer habe ich bis heute noch genau vor Augen, v. a. die zwei Stühle, das Tischchen und die riesigen Aktenregale. Hier hatte W. mich da, wo er mich und viele meiner Altersgenossen haben wollte. Was geschah hier? Alles lief immer nach der gleichen Prozedur ab: Zuerst setzte er mich auf seinen Schoß und begann, seinen Kopf an meinem Kopf zu reiben. Dann lutschte und knabberte er an meinem linken Ohrläppchen und fuhr mit seiner Hand in meine Hose, wo er meine beiden Gesäßbacken streichelte. Das Geschlechtsteil berührte er nie. Wenn ich das alles so schreibe, merke ich, dass ich das bis heute nicht verarbeitet habe. Eine Mischung aus Zittern, Ekel und sogar Hass überkommt mich dabei, wenn ich diese Szenen wieder vor meinem inneren Auge habe. Nach einer gewissen Zeit ließ er mich dann wieder laufen. Zu Hause verlor ich aber über das Geschehene kein Wort, da ich mir nichts dabei dachte.

Die Besuche nahmen zu. Meine Mutter forderte mich öfters dazu auf, zum Pfarrer zu gehen, er freue sich doch immer so über meine Besuche. Sie ahnte natürlich nicht, was bei diesen Besuchen vor sich ging. Mit der Zeit aber wehrte ich mich immer energischer und wollte, wenn überhaupt, nur zu zweit zum Pfarrer gehen. Oft begleitete mich mein Freund P., ein portugiesischer Junge aus der Nachbarstraße. Jedoch W. nahm auch ihn auf den Schoß und es war ihm egal, ob wir alleine oder zu zweit kamen. Hier sei noch anzumerken, dass P. einer von denen ist, die von der Kripo nicht vernommen wurden, noch ist es überhaupt bekannt, dass auch er ein Opfer von W. war. Heute lebt P. in Portugal, und eigentlich weiß nur ich von seinen damaligen Erfahrungen.

Mit der Zeit machte ich meiner Mutter dann doch Andeutungen, um mich rechtfertigen zu können, warum ich nicht mehr zum Pfarrhaus gehen wolle. Mit meinen Andeutungen allerdings ging meine Mutter sehr diskret, zurückhaltend und vorsichtig um, was ja verständlich ist, wenn man bedenkt, was es für Folgen gehabt hätte, wenn meine Andeutungen sich als reine Fantasiekonstrukte eines kleinen Jungen erwiesen hätten. Gegenüber meiner Oma allerdings machte ich zum ersten Mal eine mehr als deutliche Aussage: Auf deren Anfrage hin, warum ich denn nicht mehr zum Pfarrer gehen wolle, schrie ich sie nach längerem Zögern entschlossen an: »Weil er mir immer in die Hose langt!«
Oma war geschockt. Alles hatte sie erwartet, nur das nicht. Sofort verständigte sie meine Mutter und beide waren nun überzeugt, dass an der Sache etwas dran sein müsse. Meine Mutter war nun also eingeweiht und von nun an auf der Hut. Eine Anzeige, wie viele behaupten, machte sie allerdings nie. Das sei hier ausdrücklich betont, da dieser Vorwurf heute noch die Runde macht.
Wenn auch nicht von meiner Mutter, so passierte es aber doch: W. wurde anonym angezeigt, und alles ging nun Schlag auf Schlag. Zuerst zog sich W. zurück und »tauchte unter«. In dieser Zeit rief er aber immer noch bei uns zu Hause an und fragte meine Mutter, wie die Lage denn sei. Ebenfalls forderte er sie auf, sie solle doch seine Unschuld beteuern. Über diese Anrufe freute ich mich anfangs noch, als aber die Zeitungen von dem »Fall W.« berichteten, die Öffentlichkeit Wind davon bekam und keiner wusste, woher die Anzeige gekommen war, stand für W. und Konsorten fest: Meine Mutter muss es gewesen sein! Anonyme Anrufe mit der Aufforderung, die Anzeige sofort zurückzunehmen, waren die Folge. Teilweise wurde meine Mutter übel beschimpft, bedroht und massiv unter Druck gesetzt. Der Gipfel der Frechheit und zugleich Unglaublichkeit dieser Schmutzkampagne war die Morddrohung, die sinngemäß folgendermaßen lautete: »Wenn Sie die Anzeige nicht zurücknehmen, werden Sie den kommenden Sonntag nicht überleben!« Meine Mutter verständigte darauf-

hin die Polizei und erhielt für diesen Tag polizeilichen Schutz. Ich selbst kann mich noch gut an diesen Tag erinnern, da es der Tag des alljährlichen Pfarrfestes war.

Unterstützung bei all dem erhielt meine Mutter eigentlich nur aus ihrer eigenen Familie. Die Pfarrei beteiligte sich größtenteils an der Schlammschlacht und unterstützte W. weiterhin. Freunde wurden zu Feinden, sogar durch unsere Verwandtschaft ging der Riss und war spürbar. In Miltenberg kursierte ein Brief, in dem u. a. meine Mutter übel beschimpft und verleumdet wurde.

Aufgrund der anonymen Anzeige aber wurden natürlich Ermittlungen angestellt und eines Tages kam auch zu uns die Kriminalpolizei ins Haus, um mich zu verhören. Die Freundlichkeit und das Einfühlungsvermögen der Beamten ist mir noch in guter Erinnerung, die Fragen allerdings, die sie mir natürlich stellen mussten, waren weniger angenehm, für mich als Elfjährigen sogar peinlich. Sie zu beantworten kostete mich einiges an Überwindungskraft.

Zu Beginn des Jahres 1986 musste ich zur Verhandlung an das Gericht in Obernburg. Meine Eltern und ein Mädchen aus der Nachbarschaft, die ebenfalls aussagen musste, begleiteten mich. Dort angekommen, saßen wir vor dem Verhandlungssaal und warteten auf unsere Vernehmung. An der Tür hing ein Schild mit der Angabe des Tatbestandes, ich glaube, es lautete »sexuelle Belästigung von Minderjährigen« oder so ähnlich. Genau kann ich mich an den Wortlaut nicht erinnern, doch als ich das gelesen hatte, wurde mir erst richtig klar, was W. mir angetan hatte. Das Schild sehe ich bis heute noch vor mir, und wenn ich die Geschehnisse im Moment des Schreibens alle wieder vor Augen habe, fällt mir auf, dass ich einige Situationen sogar mehr als präsent habe: Die Einrichtung des Arbeitszimmers (des Tatorts), die Autofahrten, der Tag des Pfarrfestes mit der Morddrohung, das Schild an der Gerichtssaaltür, sogar einige Gesichter der Gerichtsbeisitzer sind mir noch gut in Erinnerung und spuken in meinem Kopf herum.

Während der Verhandlung in Obernburg wurden wieder dieselben Fragen gestellt, die schon die Kripo beantwortet haben wollte: Was hat er an dir gemacht? Wie weit ging er? Wo hat er dich berührt? Immer wieder die gleichen Fragen. Außerdem saß W. in Obernburg bei meiner Vernehmung im Saal, was mir sehr Angst machte. Ich getraute mich nicht, ihn anzublicken.

Inwieweit diese Geschehnisse mich damals belasteten, kann ich heute nur noch erahnen. Seit den Vorfällen im Pfarrhaus, der Hetzkampagne gegen meine Mutter, den Verhören usw. hatte ich panische Ängste, wenn meine Eltern abends ausgingen. Ich hatte regelrechte Weinkrämpfe, wenn sie gingen, und war überglücklich, wenn sie wieder zu Hause waren. Dieser Zustand dauerte Jahre an. In der Pubertät verschwanden diese Ängste dann, Gott sei Dank!

Ebenfalls verließ ich seltsamerweise das Wohnzimmer, wenn der Politiker Johannes Rau im Fernsehen zu sehen war, da ich bei Rau damals eine gewisse Ähnlichkeit mit W. zu entdecken glaubte.

Für mich war die Zeit zwischen 1985 und 1986 wohl die schlimmste und auch qualvollste Zeit meines Lebens. In diesen Jahren ministrierte ich weder, noch wollte ich in die Kirche gehen. Dieser Zustand änderte sich erst mit meiner Firmung.

Gegen das Obernburger Urteil legte W. Berufung ein. Er beteuerte seine Unschuld, und so kam es zum nächsten Prozess, welcher in Aschaffenburg stattfand. Bei dieser Verhandlung musste Pfarrer W. auf Drängen meiner Mutter den Gerichtssaal bei meiner Aussage verlassen. Wieder wurde W. verurteilt, ich glaube, zu einer Geldstrafe. Von nun an wurde es ruhig um Pfarrer W. Auch in Miltenberg begann Gras über die Sache zu wachsen, und das war gut so. Des Öfteren wurde W. in Miltenberg gesehen, einmal sah ich ihn selbst im Auto an mir vorbeifahren.

1998 entschloss ich mich, ins Würzburger Priesterseminar einzutreten. In dieser Zeit sah ich Pfarrer W. in Walldürn bei einer Prozession teilnehmen. Kurz darauf lief er mir in einer Würzburger Bank über den Weg. Er erkannte mich nicht, worüber ich sehr froh war und bin. Im ersten Moment war ich perplex, stand wie angewurzelt da und dachte nur: »Das war Pfarrer W.!« So nah hatte ich ihn seit 15 Jahren nicht mehr gesehen, was mich sehr nachdenklich machte. Ich sprach darüber mit meinem geistlichen Begleiter in Würzburg, weil mir diese Begegnung keine Ruhe ließ. Alle genannten Begegnungen hatten eines gemeinsam: den Schrecken, diesem Mann zu begegnen, der mir einen großen Teil meiner Kindheit im wahrsten Sinne des Wortes »versaut« hat! Die Nachrichten über die Geschehnisse im Bistum Bamberg hatten zur Folge, dass die damaligen Ereignisse auch in meinem Leben wieder hochkochten. Vor allem tat mir die betroffene rumänische Familie leid, die nun durch den Schmutz gezogen wurde. Wie damals in Miltenberg waren auch hier wieder die Opfer die Täter und der Täter das Opfer. Wieder gestand W. keinerlei Schuld ein. Wieder wurde er von der zuständigen kirchlichen Behörde gedeckt. Leserbriefe im Würzburger Sonntagsblatt stimmten mich nachdenklich, ärgerlich und zornig. Es gibt also immer noch Menschen – und das bis heute! –, die diesen Verbrecher, der seinen pädophilen Trieb an unschuldigen Kinderseelen auslebt, in Schutz nehmen. »Im Zweifel für den Angeklagten ...« hieß es in einem Leserbrief. Der Verfasser dieses Leserbriefes hat hoffentlich keinen richtigen Einblick in den Fall W. Hat er ihn doch, macht er sich fast mitschuldig an den Schandtaten von W., da er mithilft, die Wahrheit zu vertuschen, und die Opfer, die diesen Leserbrief ja auch lesen, Lügen straft.

Überhaupt ist auffallend, dass man immer nur von W. spricht. Von den Opfern, deren Anzahl sogar noch wesentlich höher ist als bekannt, spricht niemand. Macht man sich einmal die Mühe, die Aussagen der Opfer zu vergleichen, muss einem etwas sofort ins Auge stechen: Die Aussagen der Kinder ähneln sich bis ins Detail, als hätten sie sich abgesprochen. Für alle, die immer noch glauben, dies sei der Fall und W. wäre unschuldig und nur einer Medienkampagne zum Opfer gefallen, sei gesagt: Der Tathergang ähnelt sich nicht, weil die Kinder sich untereinander abgesprochen haben, sondern weil seit ca. 30 Jahren ein Mann sein Unwesen treibt und sich keiner imstande sieht, dem Treiben dieses Mannes ein Ende zu bereiten. Wären die Presse und der Initiativkreis nicht auf die Barrikaden gegangen, hätte W. wahrscheinlich heute noch eine Pfarrei, in der er sein übles Spiel treiben könnte. Die Reaktionen der jeweiligen Bistumsleitungen waren beschämend. Nach dem Motto »Deckel drauf und zugehalten« wurde verfahren. Hauptsache kein Aufsehen um die Sache machen, das könnte nur schaden. Wenn ich die ganzen Vorgänge um W. betrachte und die Reaktionen der Bistumsleitungen, drängt sich mir die Frage auf: Um was geht es denn hier überhaupt? Um den Schutz für einen Pfarrer vor einer antikirchlichen Presse? Um den Machterhalt und die weiße Weste der Bistumsleitung? Oder nicht doch um den Schutz des menschlichen Lebens vor Missbrauch und Gewalt?

Letzteres scheint allerdings nur noch im Katechismus zu stehen! Während über W. immer eine schützende Hand gehalten wurde, sind die Opfer Zielscheibe von falsch informierten und aufgebrachten Gemeindemitgliedern. Seitens der Kirchenleitung tat man alles Erdenkliche, um zu vertuschen, geheim zu halten und das wahre Ausmaß des Skandals zu schmälern. Doch damit war und ist niemandem gedient. Hier sei auch erwähnt, dass durch die Vorfälle um W. viele mehr oder weniger Betroffene sich von der Kirche distanziert haben oder gar ausgetreten sind. Die Vorgehensweise der Zuständigen tat ihr Übriges dazu.

2005 trat ich aus dem Würzburger Priesterseminar aus. Durch Gebet und intensive Gespräche mit Vertrauenspersonen wurde mir klar, dass das Priestertum nicht mein Weg ist. Ich halte diesen Beruf trotz allem für wunderbar, wenn man eben dazu berufen ist. Dankenswerterweise konnte ich als Religionslehrer in den kirchlichen Schuldienst wechseln. 2006 lernte ich meine zukünftige Frau kennen.

2009 machte Pfarrer W. wieder von sich reden. Er wollte wieder einmal seine Rehabilitierung erreichen. In der Miltenberger Presse erschien ein Artikel über W., in dem berichtet wurde, dass er bei ehemaligen Opfern Nachforschungen anstellen ließ, um seine Unschuld zu beweisen. Dieser Artikel sorgte nicht nur in Miltenberg für Wirbel. Für mich war klar: Jetzt muss etwas geschehen. Dann kam die Anfrage eines Fernsehteams: »Würden Sie Ihre Geschichte vor der Kamera erzählen?« Meine Antwort: »Natürlich!« Ich sah in diesem Schritt die einzige Möglichkeit, meinen Teil beizutragen, um zu beweisen, dass Pfarrer W. lügt. Zusätzlich konnte ich einen Freund dazu bewegen, ebenfalls seine Geschichte zu erzählen, die bis dahin nicht bekannt war. Er steht stellvertretend für die große Zahl derer, die sich nie geäußert hatten.

Am 24. März 2009 wurde W. endlich vom Dienst suspendiert. Hiermit hat die Diözese Würzburg Pfarrer W. klar in seine Schranken verwiesen. Gerüchte, dass W. die Suspendierung nicht hinnehmen und in Rom vorstellig werden wolle, zeigen, dass die Causa W. wahrscheinlich noch nicht beendet ist.

Kirche war, ist und bleibt der Wahrheit verpflichtet, die Christus selbst ist. W. sollte zur Besinnung kommen und sein Fehlverhalten sich und allen Betroffenen eingestehen. Der Philosoph Robert Spaemann schreibt folgenden treffenden Text: »Wenn der Schmerz über das Vergangene, wenn das schlechte Gewissen ihn nicht ergreift und verwandelt, dann heißt das eben: er bleibt der, der er war.« W. zeigt bis jetzt weder Reue, noch ist er von einem schlechten Gewissen ergriffen. Daher gibt es immer noch Leute, die zu ihm halten. Daher kann er seine Lügengeschichten immer noch verbreiten und den Unschuldigen mimen. Schwer haben es aber die Opfer. Sie müssen versuchen, in ihrem Herzen dem Täter zu vergeben, da man als Christ ja nicht den Sünder, sondern die Sünde hassen soll.

Miltenberg, im Jahr 2010

Nichts Schlimmes passiert?
Bericht einer Betroffenen

Ich habe im Jahr 2000 das Examen für das Lehramt an Grund- und Hauptschulen mit den Fächern Musik, Deutsch und katholische Theologie absolviert und in einem Aufbaustudium Sonderpädagogik studiert. Seit 2005 arbeite ich als Sonderschullehrerin an einer Sprachheilschule, ich bin verheiratet und habe zwei Kinder.

Als ich etwa 15 Jahre alt war, wurde ich zum ersten Mal bewusst mit dem Fall Pfarrer W. konfrontiert. Ich erinnere mich, dass meine Mutter Besuch bekam und gebeten wurde, ihre damaligen Erfahrungen mit dem Pfarrer zu schildern. Und erst zu diesem Zeitpunkt wurde mir und meinen Eltern deutlich, dass nicht nur mein Bruder, sondern auch ich von den Missbräuchen des Pfarrers betroffen war. Doch ich versuche nun zuerst einmal chronologisch zu erzählen, wobei ich betonen möchte, dass ich zur Pfarrzeit von Herrn W. in Miltenberg noch sehr jung war. An viele Dinge kann ich mich nicht mehr detailgenau erinnern, nur einzelne Situationen, vor allem die Situation, in der der Pfarrer mich missbrauchte, sind mir noch sehr genau in Erinnerung.

Geboren wurde ich 1976 in Miltenberg und bin dort auch aufgewachsen. Durch meine Eltern habe ich schon früh an dem kirchlichen Gemeindeleben teilgenommen und mit meinem zwei Jahre älteren Bruder begeistert die Gottesdienste besucht. Durch das ehrenamtliche Engagement meiner Mutter und später durch die

Ministrantentätigkeit meines Bruders baute sich ein enger Kontakt unserer Familie zu unserem damaligen Pfarrer, Herrn W., auf. Nach den sonntäglichen Gottesdiensten warteten wir vor der Sakristei auf meinen Bruder und freuten uns auch immer darauf, mit Pfarrer W. einige Worte wechseln zu können. Durch die vielen Freizeitaktivitäten der Ministranten, wie Zeltlager und Radtouren, hatten wir über meinen Bruder zu Pfarrer W. mit der Zeit auch einen engen außerkirchlichen Kontakt. Ich erinnere mich gut daran, dass wir zwei Geschwister Pfarrer W. des Öfteren im Pfarrhaus besuchten und uns mit ihm unterhielten.

In der Schule erlebten wir Herrn W. als Religionslehrer. Pfarrer W. war für uns eine vertraute und väterliche Person, die uns in unserem Leben ein Stück begleitete und die wir, bedingt durch seine Pfarr- und Lehrtätigkeit, sehr achteten.

Daher war es für uns auch selbstverständlich, Herrn W. zu der familiären Kommunionfeier meines Bruders einzuladen. Wir feierten im Hause meines Großvaters und hatten dort eine lange Tafel gedeckt, um gemeinsam zu essen. Ich war damals sehr aufgeregt, packte mit meinem Bruder die vielen Geschenke aus und trug stolz einen feierlichen schwarzen Rock und eine weiße Bluse. Als wir uns zum Essen an die lange Tafel setzten, saß Pfarrer W. meinen Eltern genau gegenüber, und nach dem Essen nahm er mich auf den Schoß. An die folgenden Minuten erinnere ich mich sehr genau. Pfarrer W. griff mir unter dem Rock in meine Unterhose und streichelte meinen Po. Auch an meinem Poloch spielte er mit seinen Fingern. Ich war damals zu jung, um diese Situation zu verstehen. Verwirrt und fassungslos schaute ich zu meinen Eltern, wie diese wohl darauf reagieren würden, doch da die Kommunionfeier zwanglos und lustig weiter verlief, schoss mir nur der Gedanke durch den Kopf, dass der Pfarrer doch jetzt aufstehen müsste, um sich die Hände zu waschen, da er doch mit seinen Fingern an meinem Poloch gespielt hatte. Doch der Pfarrer blieb auch nach dem Vorfall ruhig sitzen und unterhielt sich weiterhin angeregt mit meinen Eltern. Erst als wir die Tischrunde allmählich auflösten, verabschiedete sich der Pfarrer und bedankte sich für die Einladung.

Meinen Eltern habe ich von dem Vorfall nicht sofort erzählt. Heute kann ich mir das nur damit erklären, dass ich einfach nicht begriffen hatte, dass gerade etwas Unrechtes geschehen war. Pfarrer W. behandelte mich genauso freundlich wie immer, und auch meine Eltern, die von alledem ja nichts mitbekommen hatten, begegneten dem Pfarrer liebenswürdig und normal, sodass ich die Tragweite des Vorfalls einfach nicht fassen konnte. Ich ging davon aus, dass anscheinend doch nichts Schlimmes passiert war, da keiner diesem Vorfall Beachtung schenkte.

Einige Zeit später erzählte mein Bruder meinen Eltern, dass der Pfarrer ihm nun schon mehrmals mit der Hand in die Hose gefasst hatte. Auch Stimmen anderer Kinder, die betroffen waren, wurden lauter, und unsere Eltern reagierten sehr bestürzt und fassungslos auf die Tatsachen. Mein Bruder litt sehr unter dem Missbrauch durch den Pfarrer, bis heute möchte er nicht darüber sprechen. Als es dann zur Debatte stand, gegen den Pfarrer auszusagen, haben sich meine Eltern hinsichtlich der stark angeschlagenen Psyche meines Bruders dagegen entschieden, ihn vor Gericht aussagen zu lassen.

Ich erinnere mich, dass auch ich in dieser Zeit zu meinen Eltern gegangen bin und erzählt habe, dass der Pfarrer auch mir mit der Hand in die Hose gefasst hatte. Meine Mutter konnte mir aber nicht voll glauben. Sie sah in meiner Erzählung mehr eine Art »Trittbrett-Fahren«, um vielleicht ebenso viel Aufmerksamkeit zu erhalten, wie mein Bruder sie durch den Vorfall bekam. Sie sagte mir ruhig, dass ich immer den Unterschied zwischen Fantasie und Realität erkennen solle, und ob es denn nicht möglich sei, dass ich mir das alles nur eingebildet habe, nachdem ich die Erzählungen meines Bruders gehört hatte.

Ich sprach von da an nicht mehr von meinen Missbrauchserfahrungen. Nicht, weil ich verbittert oder verletzt war, sondern weil ich in meiner kindlichen Naivität einfach davon ausging, dass, nachdem auch meine Eltern nicht reagierten, nichts Schlimmes passiert sein konnte.

Erst Jahre später, als meine Mutter diesen Besuch bekam und die alten Erinnerungen wieder aufgefrischt wurden, habe ich wie selbstverständlich erzählt, dass ich doch auch von den Missbräuchen des Pfarrers betroffen war. Erst von diesem Zeitpunkt an haben meinen Eltern und ich uns bewusst mit der Geschichte auseinandergesetzt. Nun habe ich auch erfahren, dass Pfarrer W. nach wie vor seinen Beruf ungestört ausübt, obwohl immer wieder betroffene Kinder von Missbräuchen erzählen. Auch heute noch bin ich fassungslos über die Tatsache, dass Herr W. trotz der vielen Anklagen, die aus den Gemeinden kamen, unter dem Schutzmantel der katholischen Kirche immer wieder den direkten Kontakt zu Kindern hatte und seine Vertrauensposition als Pfarrer gnadenlos ausnutzen konnte.

So hatte ich schon vor Jahren einen Brief geschrieben, der an den Bischof geleitet wurde. Der Brief enthielt eine Schilderung meines Falles und die Bitte um eine Stellungnahme zu dieser Anklage, doch leider erhielt ich nie eine Antwort. Auch meine Mutter wandte sich schriftlich an den Bischof von Bamberg und erhielt ebenso keine Antwort.

Trotz meiner persönlichen Erfahrung mit dem Pfarrer hatte ich bisher immer einen sehr engen und engagierten Kontakt zur katholischen Kirche. So war ich lange Zeit Pfarrleiterin der Jugendgruppe St. Michael, habe wöchentlich Jugendgottesdienste organisiert und musikalisch begleitet und letztlich auch katholische Theologie als Lehrfach studiert.

Heute habe ich große Zweifel und Probleme, mich mit der katholischen Kirche zu identifizieren. Durch den Fall Pfarrer W. fühle ich mich gleich zweifach verraten. Zum einen als sechsjähriges Kind, das einem Pfarrer vertraut und zu ihm aufgeschaut hat und durch diesen skrupellos ausgenutzt und missbraucht wurde, zum anderen aber auch als engagierte Christin durch das Verhalten der katholischen Kirche.

Denn meines Erachtens trägt auch die Kirche eine Sorgepflicht für die Gemeindemitglieder und hätte schon vor Jahren, nach den ersten Berichten von Kindern, reagieren und Herrn W. aus dem Pfarrdienst nehmen müssen. Den Pfarrer jedoch jedes Mal nur zu versetzen und ihm weiterhin Gemeinden zur Betreuung zu geben, erscheint wie ein bewusstes Ignorieren der Problematik und eine klare Entscheidung gegen das Wohl der unschuldigen Kinder.

Ich habe selbst am eigenen Leib erfahren, wie schwierig es ist, solche Missbrauchserfahrungen zu verarbeiten. Jahrelang habe ich die Erinnerung völlig verdrängt und nicht zugelassen. Heute versuche ich, damit umzugehen und meine Verletzungen durch den Pfarrer für mich spürbar zu machen. Doch es ist ein sehr langwieriger und schmerzhafter Prozess, der mich wohl noch längere Zeit beschäftigen wird.

Oft werde ich gefragt, warum gerade ich nun das Fach katholische Theologie studiert und somit die Kirche in meinen Beruf und mein späteres Leben integriert habe. Doch die Entscheidung zum Lehramt der katholischen Theologie habe ich aus meinem Glauben heraus getroffen. Meine Begeisterung und meine Freude an dem gelebten Glauben möchte ich gerne im unmittelbaren Kontakt und im Gespräch mit Kindern vorleben und eventuell auch weitergeben. Ich denke, es ist sehr wichtig, den Kindern Möglichkeiten zur Sinngebung nahezubringen und Antworten auf Fragen und Probleme zu eröffnen, die einen jeden von uns beschäftigen und auch belasten. Doch ebenso ist es mir ein großes Anliegen, Kinder zur Kritikfähigkeit und zur Bildung einer eigenen Meinung zu erziehen. Menschenwürde und Menschenrechte sind unabdingbare Prämissen für unser gesellschaftliches und kirchliches Zusammenleben, und jeder sollte diese für sich beanspruchen und im Umgang mit anderen beachten und respektieren.

Sexueller Missbrauch ist in meinen Augen eine enorm grobe Verletzung der kindlichen Würde. Sexueller Missbrauch durch einen Pfarrer, der durch seine Position nicht nur das Vertrauen der Kinder, sondern auch der Eltern und der kirchlichen Gemeinde skrupellos verletzt, macht in meinen Augen die Kriminalität und die Tragweite dieses Verbrechens umso deutlicher. Auch das Schweigen der katholischen Kirche zu diesen Vorfällen ist meiner Meinung nach dafür verantwortlich, dass noch weitere Kinder unter den Missbräuchen des Pfarrers zu leiden hatten.

Sicherlich habe ich manchmal Zweifel, ob ich mein zukünftiges Leben wirklich noch als ein Teil der katholischen Kirche gestalten und darauf aufbauen möchte. Denn es ist nicht von der Hand zu weisen, dass ich mich auch von der Kirche verletzt und betrogen fühle. Doch ich will von innen etwas bewegen und zeigen, dass die Kirche und der gelebte Glaube nicht durch das Fehlverhalten Einzelner zerstört werden müssen, sondern stark genug sind, auch solche Diskrepanzen zu verarbeiten. Doch dafür ist es wichtig, auf Unrecht hinzuweisen, egal von welcher Stelle aus es passiert, und für die Würde und Rechte der Menschen einzustehen. Gerade Kinder benötigen hier die volle Unterstützung von uns Erwachsenen, von Eltern, Lehrern und auch der Kirche. Daher habe ich in dem Prozess gegen den Pfarrer ausgesagt und die Aufklärung seiner Verbrechen nach Kräften unterstützt und somit letztlich auch diesen Aufsatz geschrieben.

IV. FAZIT

Persönliche Konsequenzen
Johannes Heibel

Da war es wieder, das Gefühl meiner Ohnmacht – im Juni 2010 beim Gespräch mit dem Personalreferenten des Bistums Aachen, Pfarrer Heiner Schmitz. Thema war der sexuelle Missbrauch an Minderjährigen durch Priester. Wie konnte ich dem Kirchenmann verdeutlichen, was für massive Beschädigungen der sexuelle Missbrauch bei den Opfern und deren Umfeld hinterlässt? Selbst die professionellen Helfer bleiben nicht verschont. Was für ein Schaden für unsere ganze Gesellschaft! In meiner Verzweiflung schlich sich folgendes Bild in meine Gedanken.

Während meiner über 20-jährigen Arbeit für Opfer von Gewalt und sexuellem Missbrauch habe auch ich als Helfer Verletzungen davongetragen. Sie sind der Preis für meinen Einsatz für die Opfer, die sich oft hilflos und alleingelassen fühlen und deren Anliegen niemand vertreten will. Viele meiner »Wunden« schließen sich mit der Zeit, nur »Narben« und die damit verbundenen kleineren Schmerzen erinnern mich in bestimmten Situationen an das jeweilige Verbrechen, an die betroffenen Kinder und deren Vertrauenspersonen.

Ich habe gelernt, mit diesen Situationen umzugehen, muss mich aber immer häufiger fragen, ob ich mir noch weitere Verletzungen zumuten kann oder will.

Denn es gibt auch jene Wunden, die noch offen sind. Die größte, noch immer klaffende Wunde entstand 1991 durch einen Fall, der die Gründung unserer *Initiative gegen Gewalt und sexuellen Miss-*

brauch an Kindern und Jugendlichen e. V. nach sich zog. Es ging um die sexuelle Belästigung von Schülerinnen durch einen Lehrer. Die Ignoranz und die äußerst täterfreundliche Haltung vieler Menschen in unserer Gesellschaft sind der Eiter in dieser Wunde. Durch diese Haltung werden Verbrechen an Kindern und Jugendlichen weiterhin begünstigt. Dazu kommt ein Rechtssystem, das in jedem Fall stärker den Beschuldigten schützt als das Opfer. Diese strukturelle Gewalt ist es, die wir unbedingt verändern müssen, da ansonsten jegliche Präventionsbemühungen scheitern werden.

Das Klima muss sich verändern. Betroffene müssen spüren und erleben, dass dem Opferschutz Priorität eingeräumt wird und nicht dem Täterschutz. Nur so werden sie ermutigt, ihr Schweigen zu brechen.

Mit einem flotten TV-Spot und einem »Runden Tisch« der Bundesregierung ist es nicht getan, es muss sich für jedermann sichtbar etwas verändern. Mit den bisherigen Strukturen werden wir jedenfalls – und da bin ich mir ganz sicher – dieser Herausforderung nicht wirkungsvoll und angemessen entgegentreten können.

Täter brauchen klare Grenzen, klare Ansagen und klare Konsequenzen für ihr verbrecherisches Handeln, Opfer dagegen unsere uneingeschränkte Unterstützung.

Ich erlebe jeden Tag das Gegenteil. Mit unseren gegenwärtigen gesellschaftlichen Strukturen weiter leben und arbeiten zu müssen, belastet mich sehr. Aus diesem Grund fühle ich mich zunehmend häufiger hilflos und ohnmächtig, obwohl es erfreulicherweise immer mehr Menschen gibt, die die Arbeit unserer Initiative und auch mich persönlich unterstützen.

Die Politik, aber auch die Einstellung der Kirchen sorgen dafür, dass Wunden nicht heilen, nicht vernarben können, sondern größer und schmerzhafter werden.

Trotz allem, oder gerade deswegen, werde ich mich weiterhin, solange ich die Kraft dazu habe, für die Opfer von Gewalt und für eine spürbare Verbesserung des Kinder- und Jugendschutzes einsetzen.

Es geht darum, klar und deutlich für die Opfer Partei zu ergreifen. Das gilt für Politik, Kirche, Gesellschaft und für jeden Einzelnen. Helfen Sie mit, denn nur gemeinsam können wir es schaffen!

Von Anbeginn meines Engagements für den Kinderschutz war mir bewusst, auf was ich mich einlasse, wenn ich mich für Opfer einsetze. Die Arbeit für die Opfer, für unseren Verein tue ich gerne – auch wenn ich dabei oft an persönliche und institutionelle Grenzen stoße, weil das Leid der Opfer nur allzu häufig unter den Teppich gekehrt wird oder als »abgeschlossener Fall« hinter Aktendeckeln verschwindet. Für die Betroffenen ist es damit nicht getan. Sie können nicht mehr weiterleben wie zuvor. Die Wunden ihrer Seele heilen nicht von selbst.

Meine Arbeit für die *Initiative gegen Gewalt und sexuellen Missbrauch an Kindern und Jugendlichen e. V.* hat mich verändert. Trotzdem unterstützt mich meine Familie nach wie vor und hält mir den Rücken frei. Darüber bin ich glücklich. Als großes Geschenk empfinde ich, dass es mir immer wieder gelingt, offen für neue Begegnungen zu sein. Eine vertrauensvolle Zusammenarbeit mit Menschen, Gruppen und Institutionen bereitet mir nach wie vor viel Freude. Solange das so ist, werde ich die Hoffnung nicht aufgegeben und mich weiter für betroffene Kinder und Jugendliche einsetzen.

Dennoch muss ich hervorheben, dass ich, bei all meiner Bereitschaft zu sozialem Engagement, von unserer Gesellschaft, unserem Staat sehr enttäuscht bin – ja, es macht mich sogar wütend, wenn ich sehe, was für einen Stellenwert Menschen in diesem Land haben, die Opfer von Gewalt und sexuellem Missbrauch geworden sind. Ich schäme mich dafür.

Warum wird für diese Menschen nicht mehr getan? Warum überlässt der Staat dieses so außerordentlich wichtige Thema privaten Organisationen und Privatpersonen – also mehr oder weniger dem Zufall? Warum gibt es kein Amt, kein Ministerium für Opferschutz, Aufklärung und Prävention?

Meine Vision ist ein *unabhängiges* Amt für Opferschutz, Aufklärung und Prävention, das, ähnlich wie die Jugendämter, angegliedert werden könnte an Kreise und kreisfreie Städte. Dort müsste es ein Fachberaterteam geben, in dem Juristen, Psychologen, Sozialarbeiter und eventuell Fachleute anderer Professionen eng zusammenarbeiten. Aufgabe dieses Amtes, dieses Fachberaterteams müsste es unter anderem sein, im Interesse des Kindeswohls ausnahmslos jedem Verdachtsfall nachzugehen und diesen möglichst aufzuklären. Dies wäre eine gute Vorarbeit für andere Behörden und hätte zur Folge, dass dadurch nicht nur die Jugendämter erheblich entlastet würden, die die Aufklärung jeglicher Verdachtsmomente nicht als ihre Aufgabe ansehen, sondern auch die Justizbehörden, die ihrerseits lediglich an der Aussage des Opfers interessiert sind, um damit eine beschuldigte Person zu überführen oder freizusprechen. Dazu muss noch ergänzt werden, dass diese Behörden durch das Gesetz und die daraus resultierenden Vorschriften und bestehenden Strukturen in ihrem Vorgehen so extrem eingeschränkt sind, dass es in Anbetracht der insgesamt hohen Anzahl der Verbrechen an Kindern, die leider überwiegend im sozialen Umfeld der Kinder passieren, nur selten gelingt, einen Verdacht lückenlos aufzuklären. Die Aufklärung solcher meist hoch manipulativer Verbrechen erfordert ein Höchstmaß an Professionalität, Flexibilität und Kreativität, was die derzeitigen gesetzlichen Strukturen unserer Gesellschaft nicht vorgeben. Mit einer formell zu sehr eingeschränkten Vorgehensweise kann nach meiner 20-jährigen Erfahrung bedauerlicherweise nur eine sehr begrenzte Anzahl von Verbrechen aufgeklärt werden, ganz zu schweigen von der weiterhin extrem hohen Dunkelziffer.

Die Opfer von Gewalt und sexuellem Missbrauch empfinden Strafverfahren auch heute noch häufig als extrem belastend und traumatisierend. Insbesondere beklagen sich die Geschädigten noch allzu oft darüber, dass sie unsensibel behandelt werden und das Gefühl haben, die an sie gestellten Erwartungen kaum erfüllen zu können. Neben ihren eigenen, natürlich unberechtigten Schuldgefühlen haben sie große Ängste, dass ihnen nicht geglaubt wird, und müssen zudem feststellen, dass die Erfolgsaussichten eines Strafverfahrens nicht gerade hoch sind. Es ist somit nicht zu erwarten, dass unter diesen ungünstigen Gesamtumständen die Dunkelziffer zurückgehen wird. Das Schweigen wird eher zu- als abnehmen. Diese immer noch vorherrschenden täterfreundlichen Strukturen in unserem Land nehmen Opfern oft den Mut, Strafanzeige zu erstatten. Um meine Aussage auch mit objektiven Kriterien belegen zu können, verweise ich auf die jährliche Statistik des Bundeskriminalamtes. Sieht man sich die Zahlen der Strafanzeigen in Bezug auf sexuellen Missbrauch von Kindern (§§ 176, 176a, 176b StGB) in den zurückliegenden Jahren genauer an, so wird deutlich, dass die Zahl der erfassten Fälle von der Tendenz her seit 1997 stetig zurückgegangen ist. Waren es 1997 noch 16.888 angezeigte Fälle, so betrug die Zahl 2009 nur noch 11.319, das sind ein Drittel weniger! Bis 2011 war wieder ein leichter Anstieg zu verzeichnen (auf 12.444), dennoch bleibt die Zahl der Anzeigen deutlich unter den Zahlen aus den 90er Jahren. Das drückt meiner Meinung nach eindeutig aus, dass das Vertrauen von Betroffenen und deren Bezugspersonen in die Justiz geringer statt größer geworden ist. Sollte sich diesbezüglich nichts Gravierendes ändern, wird es um den Opferschutz in unserem Land auch in Zukunft schlecht bestellt sein.

Die Vertuschung von Verbrechen – das muss nicht in böser Absicht geschehen, sondern kann auch bedingt sein durch Handlungszwänge – findet nach meinen zum Teil sehr bitteren Erfahrungen nicht nur in Familien, Kirchen, Schulen, Vereinen statt, sondern auch in der Justiz.

Austritt aus der katholischen Kirche

Mit Erscheinen dieses Buches erkläre ich offiziell meinen Austritt aus der römisch-katholischen Kirche.

Meine bisherigen persönlichen Erfahrungen mit der Institution Kirche, insbesondere im Fall des Pfarrers W., haben mir gezeigt, dass nicht einmal die christliche Gemeinschaft mir Trost und Halt geben kann bei der Arbeit für Opfer von Gewalt und sexuellem Missbrauch mit all ihren belastenden und schmerzhaften Erlebnissen. Sie gibt weder mir Halt und Trost noch den Opfern selbst.

Mein Anspruch an Kirche, an uns alle, ist, dass wir uns überall dort sichtbar und spürbar einmischen müssen, wo es Ungerechtigkeiten gibt, wo die Menschenwürde in Gefahr ist oder gar schon verletzt wird, wo Tiere, Pflanzen, unser Planet bedroht werden. Die Bewahrung der Schöpfung hat Gott in Menschenhand gelegt. Dieses Vertrauen, das Gott uns entgegenbringt, die damit verbundene große Verantwortung hat für mich eine zentrale Bedeutung. Unbequem wie Jesus Christus sein, auch, wenn man dadurch keinen weltlichen Profit herausschlagen kann – so verstehe ich meinen Glauben.

Die Kirchenobrigkeit ist jedoch mehr mit Machterhalt und den materiellen Reichtümern der Kirche beschäftigt, als sich den Menschen zuzuwenden, sie anzuhören, ihre Sorgen und Nöte zu verstehen, ihnen beizustehen und ihnen bei der Bewältigung ihrer Probleme zu helfen.

Ich habe getan, was mir möglich war, aber ich habe einsehen müssen, dass ich nicht dazu beitragen kann, dass sich diese Kirche im Sinne der Botschaft Jesu Christi positiv verändern wird.

Ich habe mir die Entscheidung nicht leicht gemacht, aber ich kann nicht mehr Mitglied dieser Kirche bleiben, mit deren Grundsätzen ich aufgewachsen bin. Ich will endlich frei sein – frei von hoch manipulativen und Angst machenden Botschaften, frei von Zwängen, die zumeist nur dazu dienen, Menschen abhängig, beeinflussbar, regierbar zu machen und zur Hörigkeit abzurichten, frei von Verlogenheit und von einer Doppelmoral, an der ich fast verzweifelt wäre.

**Was muss die Kirche tun,
um Missbrauch durch Priester möglichst zu verhindern?
Wie muss die Kirche bei konkretem Verdacht vorgehen?**
Johannes Heibel

Die von der Bischofskonferenz im August 2010 verabschiedeten Leitlinien gehen nicht weit genug.

Notwendigkeiten und Forderungen
- Einheitliche, verbindliche Regelungen aller Bistümer für die Vorgehensweise bei Verdacht des sexuellen Missbrauchs durch Priester
- Mehr Transparenz und Konsequenz:
  Offenlegung und gründliche Prüfung aller zurückliegenden und gegenwärtigen Verdachtsfälle inklusive der bereits strafrechtlich verfolgten und nach Rom gemeldeten Fälle in allen 27 deutschen Bistümern. Zudem muss Betroffenen in vollem Umfang Einblick in den Verlauf eines kirchenrechtlichen Verfahrens gewährt werden.
  Begründung:
  Eine grundlegende Überprüfung aller früheren Verdachtsfälle ist erforderlich, da zu befürchten ist, dass in der Vergangenheit die Schwere von Integritätsverletzungen nicht ernst genug genommen wurde und dass die erforderlichen strafrechtlichen und disziplinarischen Maßnahmen nicht ergriffen wurden. Die notwendigen Konsequenzen müssen in jedem Fall noch erfolgen, unabhängig davon, ob der Fall bereits verjährt ist oder nicht.
- Enge Zusammenarbeit der Bistümer mit erfahrenen Opferhilfevereinen und Fachkräften außerhalb kirchlicher Institutionen

- Öffentliche Entschuldigung und Wiedergutmachung:
  Die Kirche muss neben dem Priestertäter für die Folgen der Tat
  haften und den Betroffenen insbesondere auch finanzielle Hilfen anbieten, zum Beispiel die Finanzierung von Therapien
  und sinnvollen Erholungsmaßnahmen, die Finanzierung eines
  erfahrenen Opferanwaltes u. Ä. m. Außerdem ist es wichtig,
  auch langfristig in der Verantwortung zu bleiben und bei Bedarf jederzeit zur Verfügung zu stehen, da die Folgen von Missbrauch und Gewalt lebenslang wirken.
- Einrichtung von Ombudsstellen für die Opfer:
  Diese Stellen sind nur sinnvoll, wenn sie nicht unter kirchlicher
  Trägerschaft stehen, also völlig unabhängig sind.
- Anforderungen an das Priesteramt und strenges Auswahlver-
  fahren:
  Die Entscheidung, ob ein Priester zölibatär leben möchte, muss
  ihm selbst überlassen werden. Dies würde die Zahl geeigneter
  Kandidaten erhöhen und somit auch die Nachwuchsprobleme
  des Klerus lösen.
  Es muss ein stärkeres Augenmerk auf die körperliche und seelische Reife eines Priesteramtskandidaten gerichtet werden. Um-
  fangreiche medizinische und psychologische Untersuchungen
  müssen noch vor dem Beginn der Ausbildung im Vordergrund
  stehen. Dazu gehört auch eine intensive Auseinandersetzung
  mit der eigenen Sexualität. Das Thema »Distanz und Nähe« bis
  hin zur Integritätsverletzung darf dabei nicht ausgeblendet werden. Regelmäßige Fortbildung zu dieser Thematik muss auch
  nach der Priesterweihe gewährleistet werden.
- Einführung eines Controllingverfahrens für alle Priester:
  Das äußerst anspruchsvolle Amt eines Seelsorgers macht eine
  intensive, fachliche Begleitung notwendig. Neben regelmäßi-
  gen medizinischen und psychologischen Untersuchungen ist
  auch eine regelmäßige Supervison bei Fachkräften außerhalb
  der Kirche erforderlich.
- Prävention:
  Überall dort, wo Kinder und Jugendliche kirchlichen Einrichtungen oder Mitarbeitern anvertraut sind, müssen wirksame

Präventionsmaßnahmen regelmäßig durchgeführt werden. Dafür müssen kompetente und erfahrene Fachleute eingestellt werden, die auch gleichzeitig bei der Aufklärung von Verdachtsmomenten eingesetzt werden sollten.

– Gewährleistung der notwendigen Zusammenarbeit mit den staatlichen Ermittlungsbehörden
– Das seelische Wohl der Opfer und deren Familien muss im Vordergrund stehen:
Es muss ein offener und transparenter Umgang mit Missbrauchsfällen unter Wahrung des Persönlichkeitsschutzes der Betroffenen erfolgen.

Vorgehensweise bei konkretem Verdacht unter Hinzuziehung externer, kompetenter und erfahrener Fachleute

– Erfährt die Kirchenleitung von Grenzverletzungen bzw. Übergriffen eines Priesters, so ist der Beschuldigte umgehend zu suspendieren und die Glaubenskongregation in Rom in Kenntnis zu setzen.
– Die Kirche hat sich von Anbeginn uneingeschränkt auf die Seite der Opfer zu stellen und sie in jeglicher Hinsicht zu unterstützen. Dabei muss die Kirche mit den Opfern offen und ehrlich umgehen. In enger Abstimmung mit ihnen muss sie die Öffentlichkeit über den Verlauf der Geschehnisse zumindest grob informieren. Die Hinzuziehung von kompetenten, erfahrenen und kirchlich unabhängigen Fachleuten muss sofort in die Wege geleitet werden.
1. Falls die Opferfamilie sich zu keiner Anzeige durchringen kann, das betroffene Kind aber aussagewillig und vernehmungsfähig erscheint, sollte die Kirchenleitung in Abstimmung mit der Opferfamilie selbst die Initiative ergreifen und Strafanzeige stellen, sofern der beschuldigte Priester sich nicht schon selbst angezeigt hat. Bei Fällen, die lange zurückliegen, bzw. in denen schon Verjährung eingetreten ist, sollte trotz eventueller Einstellung des Ermittlungsverfahrens in jedem Fall alles Erdenkliche getan werden, um den Verdacht aufzuklären. Dadurch kann nicht nur den Opfern besser geholfen werden, sondern auch

angemessen und verantwortungsbewusst auf den Beschuldigten eingewirkt werden.

2. Lassen sich die Vorwürfe nicht völlig entkräften und bleibt der Priester uneinsichtig, so darf der Beschuldigte dennoch nicht mehr im Gemeindedienst bzw. in der Kinder- und Jugendarbeit eingesetzt werden. Der Dienst am Menschen, insbesondere auch die Seelsorge, müssen für ihn lebenslang tabu sein. Begründung: Der sexuelle Missbrauch ist ein hoch manipulatives Verbrechen. Neben dem Opfer manipuliert der Täter das gesamte Umfeld des Kindes, zum Beispiel die Messdiener- oder Jugendgruppe, seine Vorgesetzten und Mitarbeiter, Gremien, die Gemeinde bis hin zur Familie des Opfers.

3. Bestätigen sich die Vorwürfe gegen einen uneinsichtigen Priester, so ist dieser umgehend aus dem Kirchendienst und aus dem Klerikerstand zu entlassen. Er verliert sämtliche finanziellen Ansprüche gegenüber der Kirche und bekommt keine Bezüge mehr.

4. Zeigt der Priester ehrliche und umfassende Einsicht und leistet selbst Wiedergutmachung, so darf er auch nach »erfolgversprechender« Therapie nicht mehr im Gemeindedienst, in der Seelsorge und in der Kinder- und Jugendarbeit eingesetzt werden. Die Kirchenleitung kann ihm z. B. eine Anstellung in der Verwaltung anbieten. Lehnt der Priester dies ab, so verliert er jegliche Ansprüche. Auch in diesem Fall ist eine Entlassung aus dem Klerikerstand anzuordnen.

Kurzbiografie/Chronologie der Ereignisse
Der Fall Pfarrer K.

- 1973–1976 Ausbildung als Konditor
- bis 1979 Konditorgeselle
- ab August 1979 Abendgymnasium, Ziel: Abitur
- ab Oktober 1983 Theologiestudium
- Februar 1989 erfolgreiche Diplomprüfung
- von März 1989 bis März 1990 Priesterseminar Aachen
- nach Priesterweihe zunächst kurze Zeit Kaplan in Dürwies (Eifel) und anschließend bis 1994 Kaplan der Pfarre St. Cornelius in St. Tönis
- von Februar 1994 bis August 2001 Pfarrer in der Pfarre Christ König in Kempen
- von September 2001 bis Anfang 2007 Pfarrer in der Pfarre St. Sebastian Lobberich und St. Peter Hinsbeck, Nettetal
- ab 01.03.2007 Pfarrer in der Pfarre St. Bonifatius, Johannesburg/Südafrika
- 08.02 bis 10.02.2008: Pfarrer K. führt mit Kommunionkindern ein Camp durch. Danach erzählen Kinder ihren Eltern von Übergriffen des Pfarrers. Kurze Zeit später kommt es zur Anzeige.
- 09.03.2008: Der Leiter des katholischen Auslandsekretariats der Deutschen Bischofskonferenz, Dr. Peter Prassel, unterbindet Diskussionen über der Fall bei der Generalversammlung der Gemeinde St. Bonifatius und erklärt sinngemäß: Es liegt eine Anzeige gegen Pfarrer K. vor. Diese Anzeige wurde voreilig erstattet. Die Kirche hat ein internes Ermittlungsverfahren einge-

leitet. Sollte dieser Fall nach außen dringen, ist eine Wiedergutmachung unmöglich. Er sei nicht bereit, eine Diskussion zuzulassen.

– 20.03.2008: Die Deutsche Bischofskonferenz erklärt überraschend, dass Dr. Peter Prassel sein Amt aufgegeben hat.
– 10.05.2008: Betroffene Eltern schreiben Erzbischof Dr. Robert Zollitsch einen Brief und bitten darin um Unterstützung.
– 13.05.2008: Ein Vertrauensmann der betroffenen Familien aus Johannesburg meldet sich bei Johannes Heibel, dem Vorsitzenden der Initiative gegen Gewalt und sexuellen Missbrauch an Kindern und Jugendlichen e. V., in Deutschland.
– 19.05.2008: Pfarrer Georg K. wird von der katholischen Kirche suspendiert.
– 17.06.2008: Der Sekretär der Bischofskonferenz beantwortet den Brief der Eltern an Erzbischof Dr. Robert Zollitsch. Zitat: »(...) Sollte sich der Verdacht gegen Pfarrer K... als begründet erweisen, werden wir selbstverständlich Hilfen anbieten.«
– Das Ermittlungsverfahren gegen Pfarrer K. in Johannesburg geht nur schleppend voran.
– 26.05.2009: Die Westdeutsche Zeitung (»Staatsanwalt ermittelt gegen Georg K...«, Autor Peter Korall) berichtet erstmals über den Fall. Pfarrer K. dürfe Südafrika derzeit nicht verlassen.
– Juni 2009: Johannes Heibel beginnt mit intensiveren Recherchen in Pfarrer K.s früheren Pfarrgemeinden.
– 02.06.2009: WZ berichtet: »Pfarrer soll sich Kindern genähert haben«.
– 04.06.2009: Grenzland Nachrichten (GN) berichtet: »Kein Kontakt zu K... möglich«. Reporterin Daniela Veugelers schreibt darin, Gerüchten zufolge habe es bereits während K.s Amtszeit in Nettetal (2001 bis 2007) Beschwerden von Gemeindemitgliedern über K. gegeben. Der damalige Kaplan und Kollege von K., Franz-Karl Bohnen, gibt laut GN an, damals alles, was er dazu gewusst bzw. gehört habe, dem Bistum Aachen mitgeteilt zu haben. Nach Angaben der Aachener Zeitung wurden Hinweise, die damals von mehreren Seiten eingingen, vom Bistum als nicht verwertbar eingestuft und blieben folgenlos. (Quelle: www.aachener-

zeitung.de/mobile/lokales/region/seitwann-wusste-das-bistum-bescheid 1.664185, Autor Marlon Gego.)

- 05.06.2009: WZ: »Beginn des K...-Prozesses wieder völlig offen«.
- 11.06.2009: Leserbrief in den Grenzland Nachrichten: Es ist von einem Gerücht die Rede, dass K. mit Kindern in die Sauna gegangen sein soll.
- 26.6.2009: Drei der betroffenen vier Familien aus Südafrika beauftragen einen Rechtsanwalt, auch in Deutschland Strafantrag gegen Pfarrer K. zu stellen.
- Juli/August 2009: Ein Jugendlicher berichtet Johannes Heibel, von Pfarrer K. u. a. in dessen Privatsauna eingeladen gewesen zu sein; außerdem von einer Fahrt mit dem Pfarrer nach Italien mit einer gemeinsamen Hotelübernachtung im Doppelbett, wobei Pfarrer K. sich ihm auf unangenehme Weise näherte. Zudem gibt dieser Jugendliche genauere Hinweise auf einen anderen Jungen, der bei den Saunagängen manchmal dabei gewesen sei und dabei mit dem Pfarrer sehr vertraut zu sein schien. Wie sich später herausstellt, handelt es sich um Christopher (Name geändert), der Hauptbelastungszeuge wird.
- Oktober 2009: Ein junger Mann berichtet Johannes Heibel von Auffälligkeiten aus der Zeit des Pfarrers in St. Tönis in den 90er-Jahren. Pfarrer K. habe auch damals schon die körperliche Nähe zu den ihm anvertrauten Jugendlichen gesucht.
- November 2009: Zum wiederholten Mal wird der Beginn des Prozesses in Südafrika vertagt.
- 04.01.2010: Bericht im Magazin DER SPIEGEL: »Duschen mit Körperkontakt«, Autor Peter Wensierski; am gleichen Tag berichtet Peter Korall in der WZ.
- 07.01.2010: Es wird bekannt, dass Pfarrer K. weiterhin von der Bischofskonferenz Gehalt bezieht.
- 19.02.2010: Johannes Heibel erstattet im Auftrag von Betroffenen aus dem Bistum Aachen Strafanzeige und übergibt der Staatsanwaltschaft Krefeld u. a. Tonträgeraufnahmen eines von ihm durchgeführten Interviews mit zwei betroffenen Jugendlichen.
- März 2010: Prozessbeginn in Pretoria/Südafrika

- 19.04.2010: Bericht im Magazin Der SPIEGEL: »Nichts gelernt«, Autor Peter Wensierski.
- 26.04.2010 Sendung »Beckmann«, ARD: Johannes Heibel ist neben Bischof Stephan Ackermann und Bundesjustizministerin Leutheusser-Schnarrenberger zu Gast bei Reinhold Beckmann. Der besagte Christopher wurde zuvor interviewt, das Interview in der Sendung ausgestrahlt.
- 03.05.2010: Pressemitteilung Bistum Aachen: »Pfarrer K. erstattet Selbstanzeige bei der Staatsanwaltschaft Krefeld (...). Er bekennt sich zu seiner Schuld (...) erklärt, dass er den Opfern und ihren Familien Schaden und Schmerzen zugefügt habe.«
- Juli 2010: Eine Mutter berichtet Johannes Heibel über die Freundschaft ihres Sohnes mit Pfarrer K. während der Zeit, als dieser in Kempen Pfarrer gewesen sei. Erst im Nachhinein habe sie erfahren, dass wohl etwas vorgefallen sei. Ihr Sohn sei jedoch immer noch nicht bereit, konkreter darüber zu sprechen.
- 12.07.2010: Gemeinsame Podiumsdiskussion des Bistums Aachen und der Initiative gegen Gewalt und sexuellen Missbrauch an Kindern und Jugendlichen e. V. im Haus der Caritas in Viersen. Es wird dort u. a. ein Brief von Christopher verlesen. Auch die Mutter eines mutmaßlich betroffenen Kindes aus Südafrika ist anwesend und spricht über ihre Erfahrungen. Der Personalchef des Bistums, Pfarrer Heiner Schmitz, räumt erstmalig öffentlich ein, dass man damals die Saunabesuche des Pfarrers mit Jugendlichen nicht ernst genug genommen habe. Und: Georg K. habe Schmitz erst am 21. Mai 2008 – zwei Tage nach seiner Suspendierung – angerufen und ihm erzählt, dass er in Südafrika angezeigt worden sei, weil er Kinder bei einem Kommunioncamp sexuell belästigt haben solle. Seinem Vorgesetzten in Aachen gegenüber beteuert er offenbar, unschuldig zu sein. Man glaubt ihm. Erst am – 31. Mai 2010, nachdem er auf Missbrauchsvorwürfe aus Deutschland mit einer Selbstanzeige reagiert hat, erfolgt die Kündigung seines Vertrags mit dem Auslandssekretariat der Deutschen Bischofskonferenz. Auch das erfährt die Öffentlichkeit erst bei der Veranstaltung in Viersen. Für den Lebensunterhalt bekomme K. jetzt vom Bistum Aachen

eine Zuwendung von 1.100 Euro monatlich. Bis zu diesem Zeitpunkt habe die Bischofskonferenz K.s Anwaltskosten übernommen.

- Ende 2010: Der Prozess in Südafrika verzögert sich weiter.
- 29.06.2011: Die WZ berichtet über die Vernehmung eines betroffenen Jungen in Südafrika.
- 01.07.2011: Die WZ berichtet, es gebe einen internationalen Haftbefehl gegen Pfarrer K.
- 23.07.2011: Johannes Heibel spricht mit einem weiteren mutmaßlichen Opfer. Der junge Mann ist allerdings erst zu einem späteren Zeitpunkt zu einer Aussage gegenüber den Ermittlungsbehörden bereit.
- 10.08.2011: WZ, »Pfarrer: Zieht Verteidigung den Prozess in die Länge?«
- 24.11.2011: Der Vertrauensmann der betroffenen Familien aus Südafrika teilt der Initiative gegen Gewalt und sexuellen Missbrauch an Kindern und Jugendlichen e. V. mit, dass der Prozess in Südafrika erst im Januar 2012 weitergehen werde.
- 03.12.2011: WZ, »K. unterschreibt Geständnis.« K.s Verteidiger meldet sich und dementiert diese Aussage.
- 13.12.2011: Express Düsseldorf, »Sex-Pfarrer verschleppt seinen Prozess – Südafrika-Richter tadeln Angeklagten. Ihn erwartet hier noch ein Verfahren« (Autor Günther Classen). Bis zum Sommer des folgenden Jahres wird in Veröffentlichungen berichtet, dass das Verfahren auf der Stelle tritt.
- 2012: Die Verteidigung verzögert mit immer neuen Anträgen den Fortgang des Verfahrens.
- April 2013: Die Initiative gegen Gewalt und sexuellen Missbrauch an Kindern und Jugendlichen e. V. fordert den Missbrauchsbeauftragten der Deutschen Bischofskonferenz, Bischof Dr. Stephan Ackermann, auf, mit K. zu reden und ihn zur Vernunft zu bringen. Ackermann erklärt, dass er nicht helfen könne.
- 13.09.2013: Prozessende in Sicht. Auf Drängen von Interpol wird Pfarrer Georg K. in Johannesburg festgenommen und ins Gefängnis von Brits gebracht.

- 20.09.2013: dpa meldet: Nach Auskunft der Staatsanwaltschaft Krefeld sei Pfarrer K. schon in Auslieferungshaft gewesen, aber »nach inoffiziellen Informationen gegen Auflagen wieder auf freiem Fuß«. Kurze Zeit später wird bekannt, dass K. unter anderem eine Kaution in Höhe von umgerechnet 375 Euro zahlen musste.
- Am 2.04.2014 wird bekannt, dass sich der anstehende Verhandlungstermin gegen Pfarrer K. in Brits (3.04.2014) erneut verschiebt. Der Prozess soll nun am 12.05.2014 fortgeführt werden.

Stationen und Urteile
Der Fall Pfarrer W.

- 1940: Pfarrer W. wurde in Grätz (Erzbistum Olmütz/Sudetenland) geboren. Als Flüchtling kam er mit seiner Familie nach Laudenbach. W. besuchte die Gymnasien in Miltenberg und Münnerstadt. Nach dem Abitur studierte er in Würzburg und München Theologie.
- 1966: Bischof Dr. Josef Stangl weiht ihn am 29. Juni 1966 in Würzburg zum Priester. Anschließend kommt W. als Kaplan nach Hettstadt und ist vorübergehend auch als Pfarrverweser tätig.
- 1967: W. wechselt als Kaplan nach Haßfurt.
- 1969: Neuer Einsatzort von W. als Kaplan ist die Gemeinde Würzburg – Sankt Adalbero.
- 1973: W. übernimmt als Pfarrer die Pfarrei Eichenbühl.
- 1980: Pfarrer W. wird zum Stadtpfarrer und Dekanatsjugendseelsorger von Miltenberg berufen.
- 1985: Nach einem anonymen Hinweis von Schülern einer Miltenberger Schule, die auf Übergriffe auf Kinder hindeuten, und einer anonymen Anzeige gegen Pfarrer W. kommt es zu umfangreichen Ermittlungen der Strafverfolgungsbehörden. Unter diesem Druck verzichtet W. schließlich auf die Pfarrstelle in Miltenberg.
- 1986: Strafverfahren gegen Pfarrer W. vor dem Amtsgericht Obernburg wegen sexuellen Missbrauchs von Kindern. Urteil: 10.500 DM Geldstrafe wegen sexuellen Missbrauchs von Kin-

dern in Tateinheit mit Missbrauch von Schutzbefohlenen. W. legt Berufung ein. Noch im gleichen Jahr wird W. von seinem Heimatbistum Würzburg zum Dienst im Bistum Limburg freigestellt und wird Pfarrer von Ransbach-Baumbach (Rheinland-Pfalz/Westerwald).

– 1987: Einstellung des Berufungsverfahrens vor dem Landgericht Aschaffenburg gegen Geldauflage (gilt nach Urteil des Bundesgerichtshofs weder als Schuldspruch noch als Schuldanerkennung).

– Als sich W. im Jahre 1989/90 in seiner neuen Pfarrei Ransbach-Baumbach erneut Beschuldigungen wegen sexueller Belästigung von Kindern ausgesetzt sieht, muss er seine Pfarrei aufgeben. Das Bistum Limburg setzt ihn daraufhin in der Krankenhausseelsorge in einer Klinik in Frankfurt am Main ein. W. bleibt dort für ca. ein Jahr. Anschließend bemüht er sich um eine neue Pfarrstelle in einem anderen Bistum.

– 1992: Übernahme der Pfarrei Ebersdorf bei Coburg (Bistum Bamberg). W. ist dort auch für die Jugendarbeit zuständig.

– 1993: Ermittlungen gegen Pfarrer W. wegen angeblicher Unterschlagung. Ein gegen W. verhängter Strafbefehl wird später zurückgenommen.

– 1995: Pfarrer W. wird vom Bistum Bamberg zum Kammerer fürs Dekanat Coburg ernannt und ist damit Stellvertreter des Dekans.

– 1998: Während des Gottesdienstes in der kath. Kirche von Sonnefeld am 2. Weihnachtsfeiertag wird Pfarrer W. von dem Vater eines Messdieners öffentlich beschuldigt, seinen Sohn sexuell missbraucht zu haben.

– 2000: Der Prozess vor dem Landgericht Coburg endet mit Verurteilung von Pfarrer W. zu zwei Jahren Haft auf Bewährung wegen sexuellen Missbrauchs von drei Kindern in sieben Fällen. Zudem muss W. 12.000 DM Entschädigung an die Opfer zahlen. W. erhebt daraufhin Beschwerde gegen das Urteil beim Bundesgerichtshof. Diese wird jedoch abgewiesen. Das Urteil wird somit rechtskräftig. In den Folgejahren scheitern verschiedene Versuche seines Heimatbistums Würzburg, Pfarrer W. eine neue pastorale Aufgabe zu verschaffen, zumeist am öffentlichen Widerstand.

- Bischof Dr. Paul-Werner Scheele versetzt W. schließlich am 19. April 2002 in den Ruhestand. W. wird zudem auch untersagt, öffentlich Gottesdienst zu halten, woran dieser sich jedoch nicht hält.
- 2009: Im März 2009 schickt Pfarrer W. zwei Opferfamilien Detektive ins Haus. Diese sollen die Opfer dazu bewegen, ihre Aussagen aus dem Prozess vor dem Coburger Landgericht zu widerrufen. W. will damit eine Wiederaufnahme seines Verfahrens erreichen. Seine Bemühungen scheitern jedoch erneut. Nachdem dieser Vorfall öffentlich wird, suspendiert der Würzburger Bischof Dr. Friedhelm Hofmann Pfarrer W. am 24.3.2009.

Initiative gegen Gewalt und sexuellen Missbrauch an Kindern und Jugendlichen e. V.

Unser wichtigstes Ziel
Gewalt und sexuellen Missbrauch verhindern!

Unsere Aufgaben
- Wir beraten und begleiten Betroffene und deren Vertrauenspersonen, z. B. bei Gerichtsterminen. Telefonische Beratung ist auch anonym möglich.
- Wir entwickeln einen Hilfeplan für Betroffene, zeigen Perspektiven.
- Wir unterstützen, falls notwendig, Betroffene finanziell, z. B. bei der Fahrt zur Therapiestätte oder bei der Nebenklagevertretung vor Gericht.
- Wir führen Maßnahmen durch, die dem Schutz gefährdeter Kinder und Jugendlicher dienen.
- Wir arbeiten zusammen mit Behörden und Institutionen, weisen aber auch auf Missstände und Gesetzesdefizite hin und erarbeiten Verbesserungsvorschläge.
- Wir führen Fortbildungsveranstaltungen für Erzieherinnen, Lehrerinnen, Gruppenleiterinnen u. a. m. durch.
- Wir leisten Präventions- und Öffentlichkeitsarbeit.

Initiative gegen Gewalt und sexuellen Missbrauch
an Kindern und Jugendlichen e. V.
Poststraße 18, D–56427 Siershahn
Tel. u. Fax: 0 26 23 / 68 39
Ansprechpartner:
Johannes Heibel, Diplom-Sozialpädagoge (FH)
www.initiative-gegen-gewalt.de, www.schutzbaer-bulli.de
info@initiative-gegen-gewalt.de

Doina Rusti

LIZOANCA

Roman
Aus dem Rumänischen übersetzt von Jan Cornelius

ISBN: 978-3-89502-334-7
224 Seiten, Klappenbroschur
16,90 €

»Mit ihrem erschütternden Buch über Gewalt an Kindern macht [Doina Rusti] sich auch bei uns einen Namen. Das Buch geht unter die Haut und ist eine schwere Kost [...]. Der anspruchsvolle Stil steht im Gegensatz zu der brutalen Handlung.«

Martina Freier, ekz

HORLEMANN

Andreas Boueke

GUATEMALA

Recherchen auf heißem Pflaster

ISBN: 978-3-89502-356-9
336 Seiten, Klappenbroschur
zahlreiche Abbildungen
16,90 €

»»Guatemala – Recherchen auf heißem Pflaster« ist ein beeindruckendes, ein fesselndes Buch, gerade weil der Autor klar Stellung bezieht. Die Lektüre zieht einerseits hinein in das Leben eines Journalisten und seiner Familie in einem Land, das zu den gewalttätigsten in Lateinamerika gehört. Andererseits nimmt sie mit auf eine spannende Reise jahrelanger Recherchen, die für den Autoren selbst nicht ungefährlich sind.«

Uwe Pollmann, Neues Deutschland